한철학 2 통합과 통일

한철학이 적용된 에어컨부품 X-Fan

　위의 X-Fan 도면은 필자가 설명하는 한철학의 통합과 통일의 긍정성의 변증법이 세계최초로 기업의 컨설팅을 통해 적용되어 검증되고 실용화되고 상용화된 실예이다. 이 부품은 전 세계에 수출되는 LG전자의 '휘센 이브' 에어컨에 2004년 이후 장착되어 세계적으로 획기적인 명품으로 평가받으며 보급되고 있다.

　한갓 기계의 부품에도 이처럼 생명의 과정철학인 한철학의 원리가 적용될 때 상태의 최적화가 얻어진다는 사실이 객관적 세계에서 반복 가능한 보편타당한 방법으로 명백하게 증명해 보여준 것이다.

　이 에어컨부품에 적용된 원리는 고대한국에서 전해진 천부경, 삼일신고, 366사(참전계경)에 숨겨진 우주질서의 근본원리이며 또한 국가경영의 원리였다. 철학이론을 현실의 실재세계와 동떨어진 추상적인 이론으로 생각하는 것은 지금 당장 폐기해야 할 고정관념에 불과한 것이다.

통일변증법 팔강령

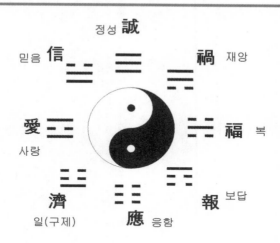

통일변증법 팔강령은 서로 상대를 부정하고 박멸하려는 쌍방이 드러내는 핵폭탄적인 부정성의 위력을 하나의 생명체로 통일하는 여덟 개의 과정원리이다. 이 무서운 대립은 노동자와 자본가, 남과 여, 백인과 유색인, 종교와 종교, 진보와 보수, 호남과 영남, 남한과 북한 등 우리사회 주변의 거의 모든 영역에 수없이 산재해 있다. 이 대립은 모든 철학의 이론과 모든 사회와 인문 그리고 자연과학의 이론의 배경에도 적용되어 있다. 심지어는 대부분의 공산품의 설계원리에도 이 부정성은 내재되어 있는 것이다.

이 같은 모든 대립과 갈등을 통합하고 통일하는 이 통일변증법의 원리가 고대한국의 개천開天의 핵심원리이며, 현재 한국사회가 가진 독특한 저력인 신바람의 원리이다. 이 원리는 오로지 천부경과 삼일신고와 366사(참전계경)라는 우리 한국인의 고대경전의 원리에서만 나타난다. 또한 이 팔강령이 설명하는 팔괘의 의미는 중국 측 자료에는 전혀 없다. 이 자료는 오로지 우리 한국에만 전해지는 고대한국의 경전인 366사에 팔괘에 대한 한마디의 설명도 없이 그 내용만 숨겨져 있었다.

이 통일변증법은 서양철학으로 말하자면 물자체와 현상계의 통일, 주관과 주체의 통일체와 객관과 객체의 통일체와의 통일이다. 동양에서는 태극과 64괘의 통일이며, 인도철학에서는 브라만(아트만)과 마야의 통일이다. 이들은 모두 혼돈의 영역이 질서의 영역으로 대혁신을 이루는 과정에서 불변의 영역과 필변의 영역이 하나의 생명체로 태어나기 위해 여덟 개의 테두리를 최적화하는 과정으로 이루어지는 것이다.

한철학 2
통합과 통일

CHAOS
COSMOS

지혜의나무

서장

1. 아침에 떠오르는 태양

우리 한겨레공동체는 결코 쉽지 않았던 긴 역사를 살아오면서 현실에서 주어진 과제가 단 하루를 내다보기 어려울 만큼 초조하고 급박할 때가 수도 없이 많았다.

우리 한겨레는 그럴 때일수록 조바심을 누르고 오래전 우리가 출발했을 때의 근본으로 돌아갔다. 그리고 우리 민족 앞에 주어진 해체와 분단과 대립과 투쟁과 전쟁의 위기를 통합과 통일로의 혁신으로 이끌었다.

그럼으로써 우리는 세계의 그 어떤 민족보다도 오랜 역사 속에서 수없이 많았던 내우외환을 모두 다 돌파하고 오늘에 이른 것이다. 우리의 역사에서 오직 통합과 통일의 길만이 최선이었듯 지금도 앞으로도 달라질 것은 아무것도 없다.

그동안 참다운 인간성의 철학, 휴머니즘의 철학은 세계철학사에서 단 한번도 존재한 적이 없다. 그러나 이 휴머니즘에 대해 대다수의 한국인들은 철학이론으로 설명하지 못할 뿐 구태여 말하지 않아도 모두가 알고 행동한다.

고조선, 고구려, 백제, 신라, 고려, 조선 그리고 아사달, 서울, 평양, 소부리, 서라벌 그리고 단군, 동명왕, 박혁거세 또한 동맹, 영고, 무천, 팔관회 등의 용어가 상징하는 바는 아침에 떠오르는 태양이다.

이들이 상징하는 의미는 모두 통합과 통일이고 그 철학적 배경은 인간성이며 나아가 휴머니즘이다. 그리고 한철학은 이 통합과 통일의 철학을 체계와 조직론으로 뒷받침한다.

서양인은 하늘과 땅 그리고 마음과 몸을 없다고 확신한 후에 "나는 있다. 나는 존재한다."[1]라고 주장했다. 그리고 그 철학이 근대서양철학의 시작이 되었다.

우리 한국인은 하늘과 땅 그리고 마음과 몸을 통합한 다음 그 중심에 목적과 수단을 통일한 인간성의 영역을 확보하여 통일체로서 행동한다. 따라서 우리는 소통疏通한다. 그러므로 우리는 통합과 통일을 추구追求한다.

이제 단편적인 철학지식 하나로 인간과 세계를 모두 설명할 수 있다던 괴짜철학자들이 사방에서 일어나 세계의 지식계를 번갈아가며 군웅할거 했던 '철학의 동화시대, 철학의 주술시대'는 지나갔다.

이제부터는 지금까지와는 정반대로 동서고금의 모든 단편적인 철학들을 하나의 철학체계와 조직에 통합하고 통일하고 나아가 인간성과 자유의지를 결합하여 행동하고 완성하는 새로운 철학의 시대이다.

다시 말하면 지난 삼천 년간 동서양의 철학은 단 세 가지의 방법론만이 존재한다. 부정성의 변증법과 이율배반과 통합과 통일의 긍정성의 변증법이다. 이 중에서 통합과 통일의 긍정성의 변증법을 한철학이 처음으로 제시하는 것이다.

---

1) "나는 지금 막 어떤 것도 이 세상에 존재하지 않는다고 확신했다. 하늘도, 땅도 없고, 마음도, 육체도 없다고 확신했다. …… 따라서 이 문제에 관해 잘 생각해 보고 나서, 그리고 모든 것을 신중히 검토해보고 나서 나는 결국 다음과 같은 명제를 결론으로 주장해야 한다. 나는 있다. 나는 존재한다는 것은 내가 그것을 말할 때마다 또는 그것을 생각할 때마다 필연적으로 참이다."
   (데카르트 성찰 김형효역 삼성출판사 1983년 142쪽 그리고 제임스 콜린스 이성환/박은옥역 합리론 중 데카르트의 성찰 부분 백의 1999년 44쪽 참조)

2. 사회의 대변동이론

우리는 우리가 사는 이 시대와 다가 올 시대를 이해하고 싶어 한다. 그것도 보편타당성이 있는 이론으로 알고 싶어 한다. 이러한 욕구를 충족시키는 철학이론이 시대철학이다. 따라서 우리는 시대철학을 다른 그 무엇보다 먼저 알 필요가 있다.

사회의 대변동 이론인 이 시대철학에 대해 알지 못한다면 눈을 뜨고도 눈 먼 장님과도 같이 시대의 변화와 변혁에 대하여 아무것도 모른 채 암흑 속의 세상을 헤맬 수밖에 없다. 현실을 사는 데 있어서 그 어떤 지식보다도 소중한 것이 시대철학이지만 그 어떤 철학자도 이에 대한 지식을 주지 못했다. 이 시대철학을 설명하기 위해서는 과정으로서의 철학 전체에 대한 철두철미한 체계와 조직을 갖추어야만 한다. 그러나 아직까지 누구도 그러한 철학체계와 조직을 제시한 바가 없는 것이다.

현대를 살아가는 우리가 늘 보고 느끼는 자동차, 아파트, 시위대의 삭발과 수염 그리고 한복, 신용카드, 웰빙사회, 전쟁뉴스, 2002 월드컵의 군중들, 햄버거, 영화 대부, 프로레슬링, 격투기 등은 누구나 아는 생활 속에서 만나는 상식이다.

그러나 이와 같이 현실 속에서 누구나 아는 평범한 상식 안에 지난 삼천 년간 어느 철학자도 알지 못했던 시대철학의 문을 여는 열쇠가 있다. 가장 평범하고 쉬운 상식이 가장 어려운 철학도 설명하지 못하는 시대철학을 설명하며 동시에 심원한 곳으로의 진리로 우리를 이끌어준다.

철학은 시대를 부정성의 변증법으로 보는 수많은 주장들을 끝없이 되풀이하고 있다. 즉 소비와 생산의 이원론, 자본과 노동의 이원론, 모더니즘과 포스트모더니즘의 이원론 등이다. 또한 최근에 논의되는 담론인 노마디즘조차도 정착과 유목의 부정성의 변증법에 지나지 않는다는 사실에서 고정관념이 얼마나 무서운 것인가를 알 수 있는 것이다. 아탈리는 미래는 유목적이 될 것이라고 내다보고 우리 한국인이 유목과 정착의 이원론에서 유목적 사고를 택할 것으로 전망하고 있다.[2]

그러나 우리는 이미 고조선과 그 이전에서부터 농경과 유목을 하나로 통합하고 통일한 국가로 시작했다.

시대철학에 대한 이해를 한 다음 그 시대의 테두리(Category)에 대한 통합과 통일의 원리를 이해할 때 고정관념이 주는 환각과 환상의 장막에 눈을 가려 도무지 알 수 없었던 이 세상의 본 모습이 드러난다. 그리고 그때 비로소 이 시대와 다가오는 시대는 이해할 수 있는 시대가 될 것이다.

한철학은 과정의 상태가 곧 철학의 가장 근본적인 테두리(Category)로 설정된다. 과정철학의 상태와 테두리는 완전히 일치하는 것이다.

우리가 이해하지 못하는 현실과 동떨어진 세계 또는 정반대의 세계가 진리라는 식으로 말하는 괴짜철학자들의 우스꽝스러운 억지는 한철학의 방식이 아니다.

한철학의 과정상의 테두리들은 그 자체가 철학원리이자 시대철학이며 동시에 사회의 대변동의 가장 자세한 설명이기도 한 것이다. 이 모든 것은 따로따로가 아니라 하나이다.

한철학이 설명하는 과정철학의 체계와 조직 자체가 과거와 현재와 미래의 과정을 바라볼 수 있는 살아있는 거울이기도 한 것이다.

---

2) 자끄 아탈리, 『호모 노마드』, 이효숙 역, 웅진닷컴, 2005, 5쪽.

3. 통합과 통일

아무리 위대한 민족이라도 그 민족을 오합지중烏合之衆으로 만들어 마음대로 좌지우지할 수 있는 간단한 방법이 있다. 그 민족을 둘로 나누어 서로가 서로를 부정하고 박멸하려는 적대감과 증오심을 심어 주는 부정성의 변증법을 사용할 수 있다면 그 일처럼 쉬운 일도 없다.

그 민족이 아무리 수천 년을 하나의 민족으로 역사를 살아 왔다 해도 서로가 서로를 부정하고 증오하게 할 수만 있다면 그 민족을 이용하고 지배하는 일처럼 간단한 일은 없다. 그들은 서로가 스스로의 반쪽을 향해 총칼을 휘두를 것이다. 그리고 그 민족의 위대한 역사와 강력한 능력을 시기하고 질투하던 주변 국가들에게는 그보다 더 즐겁고 행복한 구경거리는 없을 것이다. 그리고 무엇보다도 막대한 불로소득까지 보장되는 것이다. 물론 그 불로소득은 그 민족의 피와 땀과 눈물이다.

그러나 이들이 통합과 통일을 이루어 다시금 하나의 강력한 생명체가 된다면 세계에서 가장 강력한 국가라 할지라도 감히 무시하거나 침략하지 못할 것이며, 새로운 폭발적인 힘은 살아날 것이다.

우리는 지난 역사에서 자중지란에 빠져 자살과도 같은 역사를 살기도 했고, 수많은 침략군대[3]를 우리의 힘으로 격파한 역사를 살기도 했다. 이 둘의 차이는 통합과 통일인가 아니면 서로에 대한 부정과 적대와 증오인가의 차이뿐이다. 문제는 복잡한 듯 보일수록 오히려 단순한 것이다.

오늘을 사는 우리 한겨레공동체의 구성원 모두에게 통합과 통일은

---

3) 예를 들자면, 고구려와 수나라의 전쟁에서 수나라는 정규군 113만 3천 8백 명, 뒷바라지하는 군사는 400만이나 되니 지나 유사 이래 대 동병이었다. 신채호, 『조선상고사』, 일신서적, 1992, 280쪽.

간절한 소원과도 같은 것이다. 그러나 과연 우리 한겨레에게 통합과 통일을 구현할 방법론이라고 제시할 수 있는 보편타당한 이론, 다시 말해 철학이론이 하나라도 존재하는가?

모든 분야의 양극화兩極化는 반드시 계층간의 격차로 나타나며 그것은 반드시 사회의 불안요인이 된다. 철학은 이러한 양극화兩極化를 방지하고 이를 극복할 철학이론을 내놓아야 한다. 그러나 철학이 양극성兩極性을 먼저 주장하고 있는 것이 현실이다.

그것도 세계에서 가장 권위 있는 철학자의 이론이 그러하며 또한 가장 최근의 철학자들의 철학이론이 바로 이 양극성兩極性의 원리 위에 놓여 있다. 그 외에는 모두가 부정성의 변증법을 주장하는 것이다.

오늘날 냉전의 논리를 너나없이 비난하지만 그 대안을 보편타당성을 갖춘 체계적인 논리로 분명하게 제시하는 사람은 아직 보지 못했다. 다시 말하면 부정성의 변증법과 양극성의 논리를 제외하면 무엇으로 통합과 통일을 설명할 수 있는가 하는 것이다.

제3의 길? 시너지효과? 이러한 이론으로는 통합과 통일의 이론이 결코 될 수 없음을 우리는 이미 '한철학1- 생명이냐 자살이냐'에서 충분히 검토했다.

그렇다면 이것들 이외에 다른 방법론이 있다고 자신 있게 말할 수 있는 이론이 단 하나라도 있는가? 전혀 없는 것이다.

우리 한겨레공동체는 남북과 동서 그리고 노와 사, 진보와 보수, 남과 여 등 모든 대립과 갈등의 당사자들이 모두 공감할 수 있는 원칙과 실제적인 방법론이 필요한 것이다.

우리 민족의 생사와 명운이 달린 통합과 통일의 중요성에 대해 누구나 말하지만 구체적으로 어떤 철학이론을 바탕으로 해야 한다는 것에 대해 아직까지 아무런 논의조차 없음은 실로 놀라운 일이 아닐 수 없다. 통합과 통일을 한겨레공동체 구성원 전체가 납득할 수 있는

대원칙으로서의 철학이 준비되지 않았다면 도대체 무엇으로 이루어
낸단 말인가? 그리고 통일보다 더욱 중요한 통일 후의 통일은?

통합과 통일은 한겨레공동체 구성원 모두가 인정하고 받아들일 수
있는 명백한 철학원리가 가장 먼저 공개적으로 제시되고 그 원칙에
의한 사회적 합의가 이루어져야 하지 않겠는가? 그리고 그 합의에
의해 누구나 이해할 수 있고 감시가 가능한 공개적인 행동으로 실행해
야 하는 것은 너무도 당연한 순서일 것이다.

우리 한겨레공동체 모두의 생사와 미래를 결정할 통합과 통일에
한겨레공동체 구성원 모두가 납득하고 받아들여져 공동으로 행동할
현실적인 방법론의 근거가 되는 철학이 준비조차 되지 않았다는 사실
은 믿어지지 않는 일이다.

한철학은 모든 대립과 갈등과 전쟁의 문제를 해결할 수 있는 유일한
방법론으로 통합과 통일의 긍정성의 변증법을 제시한다.

통합과 통일의 철학은 서양철학과 인도철학, 중국철학이 지난 삼천
년간 꿈에서조차 상상해보지 못했던 영역이다. 그 통합과 통일의 철학
이 고대 한국인의 지혜를 바탕으로 하여 한철학에서 완성된 상태로
그 모습을 드러낸 것이다. 누가 감히 이 시대에 해체의 철학을 논하는
가?

한국적 가치를 대표하는 통합과 통일의 원리는 지난 철학의 역사에
서 많은 몽상적 철학자들이 제시한 어떤 유토피아적 철학이나 환상적
인 철학도 단지 부분으로 포함한다.

한철학의 통합과 통일의 원리는 구체나 추상 중 어느 쪽이 아니라
현실에서 생존할 수 있는 유일한 방법론이며 또한 개인과 기업과
국가의 경쟁력으로서의 긍정성의 변증법 철학을 제시한다. 그리고 그
생존의 바탕위에서 최대한의 번영과 행복의 방법론을 추구한다.

4. 한겨레의 철학이 만난 천재일우의 기회

서양철학에 있어서 최대의 영웅 두 사람을 들라고 한다면 필자는 아리스토텔레스와 칸트를 들 것이다. 서양철학은 아리스토텔레스에 의해 정립되었고 칸트에 의해 다시 재정립되었기 때문이다. 서양철학에 그들만큼 공헌이 큰 영웅은 다시없는 것이다.

또 서양철학에 있어서 최대의 역적 두 사람을 들라고 한다면 필자는 역시 아리스토텔레스와 칸트를 들 것이다. 왜냐하면 서양철학에서 통합과 통일의 철학의 출현이 바로 이 두 사람의 철학으로 인해 결정적으로 좌절되었기 때문이다.

아리스토텔레스와 고대 한국의 철학자들은 똑같은 철학의 재료를 가지고 출발했다. 그러나 아리스토텔레스는 그 재료들을 엉뚱하게 결합했고, 고대 한국의 철학자들은 그것을 제대로 결합했다.

칸트는 아리스토텔레스 이후 처음으로 아리스토텔레스의 결함을 만회할 결정적인 기회를 잡았지만 그 역시 잘못된 결합을 해체하고 다시 결합하지는 못했다. 그는 다른 방향에서 다시 실수를 거듭하고 칸트 이후의 모든 철학자들은 모두 칸트의 잘못을 반복했다.

이 두 사람의 결정적인 실수는 서양철학이 통합과 통일의 과정철학이 될 수 없도록 구조적인 결함을 만든 것이다. 이 두 사람은 철학의 전체 과정을 기형으로 고정시켰다.

서양철학자들은 그들 철학이 벽에 부딪혔다는 사실을 절실하게 깨닫고 있었다. 그러나 그 벽은 그들 철학이 시작하던 때에 이미 만들어진 것이다. 그 벽을 허물고 새로운 철학으로 시작하기 위해서는 그들 철학이 시작한 시원으로 돌아가야 함을 알지 못했다.

그들은 그들 철학을 마련해준 이 두 사람의 철학자들을 진정으로 존경해야 하는 이유를 모르고 존경했고, 무시해야 할 정당한 이유

없이 무시했다. 그리고 과학과 인도철학이나 중국철학에서 돌파구를 찾으려했지만 그것은 시간의 낭비일 뿐이라는 사실을 깨닫지 못했다. 그들은 그들 자신들의 철학의 근원인 아리스토텔레스와 칸트로 돌아가 철저하게 파헤쳤어야 옳았다.

그럼으로써 서양철학 체계의 가장 근본적인 설계도가 사실상 철학이 아니라 주술과 미신으로 확정되어 버렸다. 다른 모든 학문들은 이 설계도를 따랐고 아직도 그 상태에서 조금도 벗어나지 못하고 있는 것이다.

고대 한국인들이 우주에서 가져 온 신비하고 특별한 재능을 가진 것은 전혀 아니었다. 만약에 서양인들이 2500년 동안 그들에게 주어진 철학적 도구를 단지 시험적으로라도 단 한번만 완전히 해체하고 다시 결합해 보았다면 역사는 바뀌었을 것이다. 고대 한국인이 완성한 한철학은 이미 그들의 것이 되었을 것이다. 그러나 그들은 끝내 그러한 대혁신을 이루지 못했다.

우리 한국인의 한철학은 천년 이상 깊은 잠 속에 빠져 있었다. 만약 서양철학자들이 먼저 대혁신을 이루었다면 우리 한국인들의 위대한 조상들이 수천 년간의 영웅적인 노력 끝에 이룩한 장엄한 성과들은 단지 물거품처럼 사라지고 아무런 보람도 찾지 못했을 것이다. 그리고 세계철학사에서 한철학이라는 이름은 한번도 드러나지 못하고 사라졌을 것이다.

고대 한국인들은 찬란한 문명과 문화를 꽃피웠고 그 바탕에는 생명의 과정철학 한철학이 있었다. 우리 한국인들이 천 년간의 깊은 잠에서 깨어나 우리가 가진 철학의 가치와 기회가 무엇이지 알 수 있을 때까지 한철학의 비밀이 드러나지 않도록 지켜준 철학자가 바로 아리스토텔레스와 칸트인 것이다.

뒤를 돌아보면 우리에게 주어진 세계철학사적 기회란 참으로 위험천만하고 아슬아슬한 과정의 연속이었다. 한철학의 원리를 조금이라도 이해한 다음 세계의 위대한 철학자들의 철학서를 읽어보라! 그 철학서들은 그야말로 손에 땀을 쥐게 하는 과정들로 가득차 있다. 세계적인 철학전사들이 우리 한국인의 철학이 가진 비밀의 영역 바로 앞까지 와서 맴돌며 거의 다 다가왔다가는 끝내 그 안을 들어가지 못하는 숨 막히는 광경이 되풀이되는 것이다.

필자는 이들 위대한 철학자들의 책을 읽는 과정에서 너무나 놀란 나머지 벌떡 일어나 한참을 서성거리며 놀란 가슴을 진정시키고 다시 책을 읽은 적이 여러 번 있었다.

한철학의 핵심 원리가 이들에 의해 선점되어 한철학이 독일철학이나 프랑스철학 또는 영미철학이 될 뻔한 위험천만한 순간이 몇 번씩이나 있었다. 그러나 이들 위대한 철학전사들은 그들의 고정관념과 한계를 끝내 극복하지 못했다.

그리고 이 위대한 철학전사들의 후계자들은 모처럼 나타난 위대한 천재들의 영웅적인 시도에서 단 한발자국만 더 나가면 될 것이었다. 그러나 그들은 끝내 그 위대한 시도들을 거들떠보지도 않고 사장시키고 말았다. 이러한 여러 차례의 간발의 위기를 겨우 모면하고 한철학은 오늘의 한국에서 그 모습을 나타낼 수 있게 된 것이다.

결과적으로 본다면 우리 한국인의 한철학과 동서양의 철학 차이는 너무나 크고 넓으며 근본적인 것이다. 서양철학에서는 그동안 수많은 천재들을 배출했지만 이 엄청난 차이를 조금이라도 좁힐 수 있는 천재는 한명도 없었다.

고대 한국은 위대한 철학강국으로 수천 년간 그 누구에게서도 사유되지 못했던 철학의 영역을 창조하고 체계화하고 현실에서 실행해왔다. 한철학은 그 철학을 회복함으로써 새로운 기회를 얻은 것이다.

오늘날 우리 한겨레에게 주어진 한철학의 기회는 여러 가지 면에서

천 년 동안 단 한 번 만난다는 천재일우千載一遇의 기회라고밖에는 설명이 안 되는 기적인 것이다.

우리가 이 한철학을 모든 분야의 학문에 응용하면 세계인이 우리나라에 모든 분야의 학문을 배우러 오지 않을 수 없을 것이다. 그러나 다른 나라에서 한철학의 원리를 모든 분야의 학문에 응용하면 세계인은 그 나라로 그 학문을 배우러 가게 될 것이다.

5. 인간성의 포기와 악의 평범성

2004년 5월, 미군의 여군 린다 잉글랜드 이병(21)의 이라크 포로학대 사진은 세계인을 경악시켰다. 그 사진에는 이라크의 아부그라이브 교도소에서 벌거벗겨진 채 얼굴이 가려진 이라크 포로들에게 그녀가 담배를 입에 물고 손가락질하며 웃고 있었고, 나체의 이라크인 인간 피라미드 앞에서 엄지손가락을 치켜들고 있었다.

그녀는 시골에서 고교를 졸업하고 대학 등록금을 마련하기 위해 군대에 입대했다. 이 평범하고 성실했고 소박한 꿈을 가졌던 순진한 시골처녀와 세계인을 놀라게 했던 악마성을 어떻게 함께 이해할 수 있을까?

유태인 학살의 책임자 아이히만은 평범하고 성실한 사람이었다고 한다. 그러한 그가 어떻게 수백만의 무고한 사람들을 학살하는 일을 지휘한 악마가 될 수 있었을까?

나치 전범인 아이히만의 재판과정에 잡지 뉴요커의 통신원 자격으로 참관했던 철학자 아렌트는 인간으로서는 도저히 상상도 할 수 없는 대학살의 책임자에게서 발견한 악이 평범한 것이며, 현대인 누구나 범할 수 있는 것[4]이라고 주장하여 세계의 지식계에 큰 파문을 던졌다.

즉, 현대인은 누구나 아이히만일 수 있다는 것이다. 그런데 아렌트는 악의 위험은 판단을 회피하는 것, 즉 악의 평범성이며 이는 위기가 닥쳤을 때 자율적인 판단을 행사하지 않고 악의 세력에 자아가 굴복되는 것이라고 말했다.[5]

그러나 아렌트는 이 문제의 핵심은 칸트철학이 설명하는 태도나 판단력의 문제뿐만이 아니라 인간성의 포기에 따른 실재 세계에서의 행동에 있다는 사실을 전혀 설명하지 못했다.

우리나라의 근현대사에도 인간성의 포기로 인해 인간의 잔인성이 드러난 지극히 불행한 사건들이 혼란스럽고 암울한 정치 하에서 적지 않게 일어났다. 철학은 그들의 인간성의 포기와 잔인성을 철학의 영역에서 철저하게 분석하고 체계적으로 설명할 수 있어야 한다. 그러나 칸트와 아렌트를 비롯한 모든 철학자들은 이 인간성의 포기에서 일어나는 잔인성을 설명하는 철학체계를 제시하지 못했다.

지금도 지구촌에서는 이와 같은 잔인한 일이 계속 반복되고 있으며 우리 한겨레의 미래에도 언제든지 어떤 규모로든지 반복될 수 있다.

우리가 두려워해야 할 일은 인간성의 포기로 인한 잔인한 일이 얼마나 큰 규모로 언제 어디에서 일어나는가 하는 문제가 전혀 아니다. 이러한 문제는 근본적으로 그에 대한 해결방법이 제시되지 않는 한 필연적으로 재발한다.

우리에게 정말로 무서운 것은 아직까지 인간의 상상력과 판단력의 핵심인 철학이 이와 같은 문제에 대해 해결할 수 있는 이론을 전혀 내놓을 수 없었다는 끔찍한 무력감에 있는 것이다.

우리는 이와 같은 문제를 감정적 또는 정치적으로 생각하도록 암시 받아왔다. 그러나 이와 같은 암시는 문제의 근본적인 해결에 조금도

---

4) 한나 아렌트, 『칸트의 정치철학강의』 김선욱 역, 푸른숲, 2002, 17쪽(ebook).
5) 위의 책 276쪽.

도움이 되지 않는다. 이 문제는 철학에서 먼저 근본적인 분석과 해결 방법을 제시해야 하는 것이다.

우리 한국인들은 뼈에 사무치도록 어렵고 고통스러운 역사를 살아 오면서 이와 같은 문제에 대해서는 이미 처음부터 확고하고 완벽한 해결책을 가지고 있었다. 한철학은 그것을 통합과 통일의 긍정성의 변증법 체계와 조직으로 설명하는 것이다.

6. 한철학의 검증과 실용화

철학이론이 검증을 거쳐 반복가능한 이론체계를 갖추어 실제세계 에서 실용화된다는 것은 지금까지의 철학이론으로는 상상하기 불가 능한 일이었다. 그러나 철학이론을 실재세계와 동떨어진 지극히 추상 적인 이론으로 생각하는 것은 지금 당장 폐기해야 할 고정관념에 불과 하다.

한철학은 인류의 가장 오래된 지식 중의 하나인 고대한국의 경전인 천부경, 삼일신고, 366사의 설계원리를 체계화하고 조직화한다. 이렇 게 해서 오늘날 다시 태어난 한철학은 태어나는 과정에서 이미 검증과 실용화를 거치고 있다.

이 일은 지난 4년간 필자가 한철학시리즈를 집필하는 동안 다른 한편으로 진행했던 대기업에 대한 컨설팅작업을 통해 검증과 실용화 의 두 가지 작업이 동시에 이루어질 수 있었다.

전 세계의 기업들을 상대로 치열하게 경쟁하며 세계1위의 제품을 생산하는 우리나라 LG전자의 DAC 연구소 연구원들은 한철학의 원리 가 갖는 능력에 대해 큰 희망을 가지고 확신했다.

필자가 2년간 컨설팅한 영역은 에어컨의 일부를 차지하는 부품에 한정되어 있었다. 그러나 필자가 그 부품에 적용한 원리는 이 책에서 설명하는 통합과 통일의 원리로서 그것은 우주의 모든 질서의 근본원리이다. 또한 이 원리는 고대한국에서 국가경영의 원리였다.

고대한국에서 밝혀진 우주의 질서원리와 국가경영의 원리가 현대에 와서 에어컨의 부품원리에 적용되어 상태를 최적화하는 일을 의아하게 생각하는 분들이 많으리라 생각한다.

그러나 철학의 원리가 모든 학문의 그 자체로서 근본원리가 되는 것은 당연한 것이다. 진실로 보편타당성이 있는 철학원리라면 그것은 어떤 학문의 어떤 분야에도 적용되어도 최적화된 최대의 효과를 발휘할 수 있는 것이다.

LG 연구소의 젊은 연구원들은 필자가 적용한 한철학의 통합과 통일변증법의 원리로 에어컨의 부품을 설계함으로써 산업혁명 후 지금까지 서구인들과 일본인들이 고정관념으로 답습하며 뿌리박은 설계원리를 과감하게 혁신했다. 그리고 그 뿌리 깊은 고정관념으로는 결코 얻을 수 없는 최적화된 상태를 확보하여 현실화했다.

지금 메이드인 코리아의 상표를 달고 오대양 육대주에 수출되는 LG전자의 에어컨 '휘센 이브' 등에는 이 한철학의 통합과 통일의 긍정성의 변증법원리가 장착된 부품이 한자리를 차지하고 있는 것이다.

어떤 이론체계가 학계를 거치는 과정을 겪지 않고 막 바로 기업의 연구소에서 공업제품의 설계에 적용되어 제품으로 생산되는 경우는 거의 없을 것이다. 더구나 그 이론이 철학이론이라면 더 말할 것이 없을 것이다.

LG전자로서는 세계1위의 제품을 만드는 회사로서의 전 세계의 그 어떤 학회學會에도 보고되지 않은 한철학의 이론을 활용하여 제품을 설계하고 생산함으로서 남보다 앞서가는 경쟁력을 확보할 수 있었다.

필자로서는 이미 오래전에 확립했던 한철학의 이론체계를 세계적인 기업의 강력한 시설과 우수한 인력들을 통해 검증하게하고 또한 실용화되게 할 수 있었다. 이 일은 우리 한겨레의 위대한 조상들이 전해준 한철학의 체계가 새로운 시대에 새로운 비약을 위해 검증되고 실용화하여 한 단계 더 앞으로 나아가는 의미 있는 계기가 되었다고 본다.

우리 한겨레의 역사에서 국리민복을 위해 최전선에 앞장서서 싸워온 지도자들의 집단을 화랑과 조의선인, 천지화랑이라고 할 수 있다. 지금 우리가 이만큼 살고 있고 또 새로운 역사를 꾸며나가는 것은 이 시대에도 이와 같은 지도자집단이 우리 사회의 구석구석에 알게 모르게 존재하고 있기 때문일 것이다.

그렇게 생각할 때 우리나라에서 전세계를 대상으로 경쟁하는 기업의 실무자들은 오늘날 우리 사회에 존재하는 여러 지도자집단들 중의 하나임에 틀림없다. 특히 우리 한겨레의 한철학의 원리를 적용하여 실용화하는 일을 열성으로 주도한 하삼철 LG전자의 DAC 연구소 소장과 임경석, 손영복 책임연구원을 비롯한 여러 연구원들은 오늘 우리 사회에 존재하는 화랑이요 조의선인이요 천지화랑들 중의 한사람들 이라고 말해도 부족함이 없으리라고 생각한다.

돌이켜 생각해보면 그동안 필자가 한철학의 연구와 집필에 시간이 너무 쫓겨 연구원들이 한철학 이론의 도입과 적용에 적극적인 열성을 보였음에도 강의와 컨설팅을 위한 충분한 시간을 낼 수 없었음은 아쉬운 일이었다. 하지만 이처럼 열성과 의욕을 가진 사람들에게 지난 2년간 한철학의 원리를 컨설팅하여 실용화하게 한 것을 보람으로 생각한다.

한철학이 갖는 생명의 과정철학 원리를 검증하고 실용화한 이 작업은 매우 작은 성과에 불과하지만 대단히 큰 의미가 담겨 있다. 즉, 이 작업은 생명이 없는 한갓 기계의 부품조차도 한철학의 생명의 과정원리를 적용했을 때 그 기계가 발휘할 수 있는 능력을 최대한 발휘할 수 있도록 상태를 최적화해준다는 것을 현실적 세계에서 반복 가능한 보편타당한 방법으로 명백하게 증명해 보여준 것이다.

한철학은 우주삼라만상 전체와 그 모든 부분에 공통적으로 적용되는 실재적인 생명체의 철학이론이다. 특히 인간을 둘러싼 모든 이론체계를 생명의 과정철학 그중에서도 인간성의 완성을 위한 철학으로 대체할 때 인간과 인간이 만든 국가와 사회가 살아있는 생명체로서 발휘할 수 있는 능력을 최대한 발휘할 수 있도록 최적화한다는 것을 설명한다.

7. 물리적 핵폭탄보다 더 살인적이고 더 파괴적인 정신적 핵폭탄

생명의 과정철학인 통합과 통일의 철학원리를 사용할 때 기계부품도 생명을 가진 생명체처럼 가지고 있는 최대한의 능력을 발휘할 수 있다. 반대로 생명을 가진 생명체에게 물건에게나 통하는 원리나 인간의 상상에만 존재하는 원리가 적용될 때 그 생명체는 생명력을 잃고 자살상태가 되기도 한다.

더구나 생명체 중에서도 만물의 영장인 인간에게 생명의 과정원리가 적용되어야 함은 아무리 강조해도 지나침이 없을 것이다.

이 철학원리가 인간의 정치와 경제와 행정과 경영과 사회의 학문영역에 적용했을 때 그 영역을 최적화하여 인간이 발휘할 수 있는 능력을 최대한 발휘할 수 있음을 바라는 것은 당연한 기대일 것이다. 더구나 인간의 언어·문화·역사·철학 등의 영역은 더욱더 창조적으로 최적화된 생명력을 발휘할 것으로 기대할 수 있을 것이다.

그러나 우리는 이와 같은 인간의 모든 분야의 지식체계에 단순히 추상적 영역인 이론 또는 물건에게나 적용되는 이론이 적용되는 것을 일상적으로 보고 있다. 그 결과 살아 있는 생명체로서의 국가와 기업과 가정과 개인의 생명을 끊어버려 자살상태가 되어버리는 당연한 결과를 보고 체험하는 것이 또한 생활 그 자체가 된 지 오래이다.

특히 추상적인 영역의 원리를 구체적인 영역의 원리로 착각하거나 구체적인 영역의 원리를 추상적인 영역의 원리로 착각하는 여러 부정성의 변증법 철학 중에는 인류의 생존과 국가와 사회의 생존을 대립과 분리와 파괴라는 최악의 자살상태로 몰고 가는 살인적이며 극히 파괴적인 정신적 핵폭탄인 경우가 많았다.

우리는 이미 '한철학1 생명이냐 자살이냐'에서 이 무서운 정신적 핵폭탄으로서의 부정성의 변증법이 나름대로의 방법으로 평화롭게 살아가던 무고한 사람 수백 만 명 또는 수천 만 명을 이루 말할 수 없는 공포와 고통 속에서 살해했고, 고귀하고 평화롭게 살아가던 한 인종을 거의 몰살시키는가 하면, 품위 있고 활기찬 한 인종을 노예로 전락시켜 대대로 참혹하게 고통을 받게 하는 예를 비롯하여 많은 예를 살펴보았다.

즉, 이 정신적 핵폭탄으로서의 부정성의 변증법들은 인류에게 물리적 핵폭탄인 원자폭탄이나 수소폭탄과 비교가 안 되게 강력한 살상력과 파괴력을 지녔음을 우리는 '한철학1 생명이냐 자살이냐'에서 그 뿌리부터 철저하게 체계적으로 검토했었다. 그리고 거기에 더해 엄청난 공포와 무서운 고통을 수반하는 끔찍한 정신적 핵폭탄이라는 사실을 우리는 충분히 다루고 여기에 이르렀다.

그러나 일상인들은 이 정신적 핵폭탄이 현실에서 어떤 모습을 하고 있는지 얼마나 위험한지에 대해서 전혀 알지 못하고 있다. 이 정신적 핵폭탄은 인종간의 대립, 빈부간의 대립, 남녀 간의 대립, 종교간의 대립, 노사간의 대립, 진보와 보수의 대립, 영남과 호남의 대립, 남과 북의 대립 등 거의 모든 대립 속에 뿌리 깊게 고정관념으로 자리 잡고 있는 것이다.

그러나 인류는 그동안 이 무시무시한 정신적 핵폭탄에 대해 정면으로 고발하거나 그 대안을 제시하는 조그만 발상조차도 존재할 수 없는 무력하고 열악한 철학적 환경을 가지고 있었다. 때문에 우리는 눈에 보이는 물리적 핵폭탄만을 두려워해온 것이며 정작 물리적 핵폭탄보다 몇 십 배, 몇 백 배 더 살인적이고 더 파괴적이지만 눈에 안 보이는 정신적 핵폭탄에 대해서는 그 존재조차 인식하지 못했다.

한철학은 정신적 핵폭탄들을 파괴하지 않는다. 그 대신 한철학은 모든 존재자와 공동체를 파멸의 상태로 이끌며 많은 분야에서 광범위하게 대립하고 있는 정신적 핵폭탄을 살아있는 생명체로서의 창조적인 최적화로 이끌어 내는 것이다.

그리고 이 모든 자살적인 대립의 원인으로서의 정신적 핵폭탄을 한국인의 순수한 심성과 신성한 풍습을 철학화한 통합과 통일의 원리로 대체하는 한철학의 원리를 세계철학사 앞에 제출하는 것이다.

8. 한철학이 만들어지는 과정

칸트는 독일에는 철저성의 정신이 소멸하고 있지 않고 있으며, 오직 천재인 척하는 자유사상의 유행이 잠시 동안 그런 정신을 덮었을 뿐[6] 이라며 독일인의 철저성을 자랑했다. 과연 독일인들의 철저성은 독일

---

6) 칸트 순수이성비판 XLI I.

28

을 독일답게 만들었다.

한철학은 우리 한국에는 아직도 인간성이 소멸하지 않고 있으며, 오직 새로운 것인 척하는 지성과 이성이 서로 다투는 유치한 유행이 잠시 동안 한국인의 인간성을 덮었을 뿐이라고 말한다.

한철학을 책으로 엮는 과정도 한철학의 일부이기에 그 과정에 있었던 일을 공개하는 것은 무의미하지 않으리라고 생각한다. 특히 한철학이 만들어지는 과정에 힘을 보탠 분에 대한 이야기를 짧게나마 소개하려 한다. 김종호 선생은 칠십대 중반의 노인이시다. 아직도 힘든 일을 하시며, 넉넉하게 사시는 분은 결코 아니다.

필자는 한철학을 집필하는 동안 문을 잠그고 거의 사람들을 만나지 않았다. 선생은 이와 같은 상태의 필자를 어렵게 방문하여 필자의 작업에 동참하기를 희망하며 지난 4년간 아무 말 없이 소중한 피와 땀과 눈물을 여러 차례에 걸쳐 보내주셨다.

필자는 한철학시리즈를 쓰기 위해 지난 4년간 철학책과 관련서적 1000권 이상을 읽어야만 했고 그중 500권 이상은 새로 구입해야 했다. 선생께서 보내준 정성은 그 500권 이상의 책을 구입하는 일에 사용하였다. 그럼으로써 선생께서 이 일에 참여하며 사용한 인간성은 한철학에 영원히 하나로 통합되고 통일되었다고 생각한다.

또한 역시 필자를 어렵게 수소문하여 집필하는 동안 정성스러운 마음과 필요한 물건을 보내주신 이근숙 시인과 강성경 님 그리고 권영희 님이 사용한 인간성은 한철학이 갖는 활력에 더욱 더 힘을 보탰다고 생각한다.

생각해보면 이 사업은 필자 개인만의 것이 결코 아니다. 원하는 사람이면 누구나 참여할 수 있는 한겨레공동체 모두의 공동사업인 것이다.

한철학시리즈는 우리의 고유한 경전을 만들어주신 우리의 위대한 조상들과 그것을 전해주신 수많은 철인들과 의인들의 희생이 그 장대한 역사를 통해 마치 릴레이경주처럼 이어진 바탕 위에 만들어진 것이다. 이 분들의 공통점은 우리 한겨레공동체의 공적인 영역을 창조하고 그것을 유지하고 발전하게 하고 회복하는 일에 스스로의 인간성과 자유의지를 결합하여 아무리 어려운 상황에서도 용기를 발휘하여 직접 행동했다는 점에 있었다.

그럼으로써 인간성이 살아서 움직이고 있는 우리나라에서 인간성의 완성을 설명하는 한철학이 지금까지 한번도 단절됨 없이 계속 이어졌고 이 시대에 다시금 그 모습을 드러내는 것이다.

제1부
혼돈에서 통합으로

달걀 안의 병아리를 이해하지 못하는 철학은 달걀과 닭에 대하여 이해할 가능성이 전혀 없다. 마찬가지로 혼돈상태를 설명하지 못하는 철학은 가능상태와 질서상태를 설명하지 못한다. 이 상태를 설명하지 못하는 철학은 일반인들이 이해할 수 없는 괴상한 사람들끼리만 통하는 괴상한 학문에 지나지 않는 것이다. 지금까지 동서양의 철학이 바로 그러했다.

한철학은 혼돈상태를 철학의 출발 영역으로 삼는다. 그럼으로써 철학은 누구나 이해할 수 있는 상식의 영역 안에서 설명이 가능해지는 것이다.

1
혼돈과 시대철학

이 책은　혼돈상태와 질서상태를 설명하며 그것 자체가 또한 시대철학이다.

혼돈상태는 사물의 시대, 마음의 시대, 통합의 시대로 설명되며 사물의 시대는 생산의 시대인 산업시대이며, 마음의 시대는 소비의 시대인 후기산업시대 또는 포스트모더니즘의 시대, 노마디즘의 시대이다. 통합의 시대는 이제 우리의 목전에 와 있는 이 시대이다. 그리고 통일의 시대는 장차 올 최적화된 질서의 시대이다.

1) 사물의 시대

혼돈의 영역에서 사물의 영역은 상극의 법칙이 지배하는 영역이다. 사물의 시대는 성악설과 상극의 법칙이 지배하는 시대로서 산업시대가 이에 해당한다.

산업시대는 생산의 시대로서 사회의 모든 것은 생산에 맞추어져 있다. 이 시대에서 물질문명이 탄생한다.

(1) 영화 대부 God Father

영화 대부는 이미 대성공을 얻어낸 마리오 푸조의 소설을 원작으로 하고 있다. 이 영화의 특징은 산업시대의 자본주의가 이루어지는 모습을 서사적으로 그려냈다는 점에 있다.

이 영화는 두 개의 테두리를 가지고 있다. 하나는 이탈리아의 가난한 가장 비토 꼴리오네의 테두리이다. 또 하나는 뉴욕의 강력한 갱단 두목으로서의 돈 꼴리오네의 테두리이다.

① 비토 꼴리오네와 만인에 대한 만인의 투쟁상태

비토 꼴리오네라는 이탈리아의 남부 시실리섬 출신의 가난하고 힘 없는 가장은 뉴욕이라는 만인에 대한 만인의 투쟁상태의 상극상태에 내던져진다. 그는 오로지 자신과 가족이 살아남기 위해서 이 무서운 투쟁상태에서 몸부림친다.

이 상태는 강한 자만이 살아남는 냉혹한 산업시대 자본주의의 정글이다. 그것은 홉스가 그린 만인에 대한 만인의 투쟁상태로서 인간의 본성이 얼마나 악한가를 보여주는 성악설의 세계이다. 인생은 외롭고 가난하며, 더럽고, 잔인한데 그나마 짧다는 것이다. 홉스는 이렇게 말한다.

이러한 상태에서는 공업工業이 일어날 여지가 없다. 왜냐하면 생산물에 대하여 마음이 놓이지 않기 때문이다. 따라서 농지의 경작도 없을 것이며, 항해나 해외로부터 수입된 물품의 사용도 없을 것이다. 널찍하게 살기 좋은 집도 없을 것이며, 많은 마력수를 요구하는 이동 및 운반기구도 생기지 않을 것이다. 지구 위의 여러 현상에 대한 지식도 없을 것이며, 시대에 대한 이해도 없을 것이다. 예술도 없고, 문학도 없으며, 사교도 없다. 그리고 무엇보다 불행한

34

일은, 공포가 떠날 사이가 없으며 잔인한 죽음이 위협한다는 사실, 그리고 인생은 외롭고 가난하며, 더럽고 잔인한데 그나마 짧다.

17세기의 철학자 홉스는 이미 산업사회의 근본적 원리를 꿰뚫고 있음을 여실히 보여주고 있다. 그는 자연상태라고 말하는 무정부주의 상태와 군주통치하의 산업시대의 상태를 엄격하게 구분한다.

그리고 무정부주의 상태는 만인에 대한 만인의 전쟁상태라고 선언하는 것이다. 오로지 군주통치 상태만이 공업이 보장되며 기차와 같은 운반수단이 만들어지고 사용되며, 편리한 의식주가 보장된다는 것이다. 또한 문화와 안락함이 보장된다는 것이다. 즉 군주통치만이 자본주의가 존재할 수 있는 조건을 만들어 낼 수 있다고 주장하는 것이다.

그에게 있어서 무정부 상태라는 자연상태는 악의 소굴이며 거짓의 세계이며 추함의 구렁텅이이다. 홉스는 물질과 운동의 기계론적 법칙의 지배를 받지 않는 정신적 실체가 있다는 상상을 분쇄하고자 했다.[7] 그러나 군주통치의 산업시대는 기계론적 법칙의 지배를 받는 진실의 세계이며 아름다운 세계이며 선의 세계이다.

이제 영화 대부의 비토 꼴리오네와 그의 가족이 이탈리아에서 미국으로 왔을 때 내던져진 상태의 테두리가 무엇을 말하는지 명확해진다. 그것은 홉스가 말하는 자연상태이며 무정부 상태이며 악의 상태라는 것이다.

② 돈 꼴리오네의 영역

그렇다면 홉스가 말하는 선의 상태는 곧 군주통치 상태가 이루어지는 국가이다. 영화 대부는 돈 꼴리오네의 테두리를 이 군주통치 상태의 국가로 설명하고 있다. 자연상태의 무질서를 극복하고 뉴욕의 암흑

---

7) 스터얼링 P. 램프레히트, 『서양철학사』 김태길외 역, 을유문화사, 1963, 405쪽.

가에 강력한 왕국을 세워 스스로 그 왕국의 왕이 되는 돈 꼴리오네는 홉스가 말하는 선의 왕국을 스스로 건설한 것이다.

이제 만인에 대한 만인의 투쟁상태에 있던 가난한 이탈리아 출신의 가장은 뉴욕의 암흑가를 지배하는 왕이 되어 구체적인 영역을 장악하고 그 세계를 지배한다.

그는 이제 스스로 선이 되어 자연상태라는 무정부 상태 그리고 악의 상태에 있는 개인들을 부정하고 박멸할 수 있는 막강한 존재가 되었다. 이제 동업자들마저도 악으로 부정하고 박멸하여 아무도 그의 권력에 대해 넘볼 수 없는 절대권력을 갖게 된다.

산업시대의 자본가들은 이러한 과정을 거쳐 기업을 일으키고 권력을 갖게 되었고, 산업시대의 자본주의 그 자체가 이러한 과정을 거쳐 권력을 갖게 되었다는 점에서 이 영화는 산업시대 자본주의의 대서사시라고 할 수 있는 것이다.

우리나라의 경우도 이와 다르지 않다. 6.25 이후 폐허에서 벌어진 만인에 대한 만인의 투쟁에서 이루어지는 자본주의적 질서는 영화 대부가 그리는 미국의 산업시대의 자본주의 못지않게 비열하고 냉혹한 것이었다.

(2) 지상 최강의 존재 리바이어던

홉스는 사물의 영역인 물질의 세계를 강력한 권력의 세계로 묘사했고 국가를 리바이어던이라는 그 누구도 대적할 자 없는 지상최대의 강력한 존재로 묘사함으로써 산업사회적인 절대권력의 세계와 그것을 지배하는 통치자인 빅브라더의 사회가 도래함을 알렸다.

리바이어던은 구약 바이블에 나오는 수중 괴물의 이름이다. 마틴 루터가 번역한 바이블에는 리바이어던에 주석을 붙여 악어라고 했다.

36

한역 바이블의 욥기 41장을 보면 리바이어던은 악어로 번역되어 이렇게 묘사된다.

> 네가 능히 낚시로 악어를 낚을 수 있겠느냐, 노끈으로 그 혀를 맬 수 있겠느냐, 줄로 그 코를 꿸 수 있겠느냐, 갈고리로 그 아가미를 꿸 수 있겠느냐, 어찌 너와 계약하고 영영 네 종이 될 수 있겠느냐.…… 네가 능히 창으로 그 가죽을 찌르거나 작살로 그 머리를 찌를 수 있겠느냐.…… 소망은 헛것이라, 그것을 보기만 하여도 낙담하지 않겠느냐, 그것이 재채기를 한 즉 광채가 발하고 그 분은 새벽 눈꺼풀이 열림과 같고, 그 입에서는 횃불이 나오고, 그 콧구멍에서는 연기가 나오니 마치 솥이 끓는 것과 갈대가 타는 것 같구나. 그 숨이 능히 숯불을 피우니 불꽃이 그 입에서 나오며 힘이 그 목에 뭉키었고 두려움이 그 앞에서 뛰는구나…… 땅 위에는 그것 같은 것이 없나니 두려움 없게 지음을 받았음이라 모든 높은 것을 낮게 보고 모든 교만한 것의 왕이 되느니라.[8]

리바이어던이라는 가공동물은 지상최강의 존재를 상징한 것이다. 홉스가 내세운 리바이어던이라는 가공괴물이야말로 영화 대부에서 돈 꼴리오네가 건설한 암흑의 왕국이며, 기계론적 유물론의 세계이며 그것은 또한 산업시대 자본주의 그 자체이며 또한 자본주의의 기업들의 어두운 역사이기도 한 것이다. 로버트 카플란은

> "미국 건국의 시조들이 철학적 자양분을 얻은 곳은 자유보다 안보를 우선시하는 계몽전제체제를 권한 토머스 홉스의 조잡하고 반동적인 철학이었다.[9]"

---

8) 대한 성서공회, 『관주성경전서』 1984, 801-802쪽.
9) 로버트 카플란, 『무정부시대는 오는가』, 장병걸 역, 들녘, 2001, 79쪽.

고 설명하면서 미국식 민주주의가 그 내면에는 토머스 홉스의 조잡하고 반동적인 철학을 바탕으로 하는 것이라고 주장하고 있는 것이다.

(3) 빅 브라더

영화 대부가 그리는 영역은 만인에 대한 만인의 투쟁상태로서 그것은 무정부상태이며 인간은 본래 악하다는 것을 보여준다. 그것은 사물의 영역이며 상극의 영역이다.

홉스는 그 사물의 영역을 최적화하는 방법은 오로지 기계와 같이 질서 있게 움직이는 것이며 그것은 오직 군주통치에 의해서 이루어진 국가가 존재함으로써 가능하다고 보고 있다. 이것이 그가 말하는 선이다.

홉스의 철학은 서양철학 전반에 강력한 영향력을 행사하고 있다. 칸트도 홉스의 정치철학을 전반적으로 지지하고 있는 것이다. 즉 칸트는 자연상태는 불법과 폭행이 지배하는 상태요, 사람은 그런 상태를 떠나 법적강제에 복종해야 한다[10]고 주장한다.

우리는 산업시대를 통하여 절대권력을 가진 사람들이 어느 분야에서든 절대권력을 휘두르고, 또한 수많은 군중들이 기꺼이 그에게 복종하는 이상한 모습을 현실에서 많이 보아왔다. 그리고 이 시대에도 정치계는 아니더라도 경제계, 문화계, 종교계와 유사종교계 그리고 사회의 구석구석에는 이러한 소규모 절대 권력자가 존재하며 이들을 숭배하는 우스꽝스러운 모습을 어렵지 않게 볼 수 있다. 이는 여전히 홉스의 선이 통용되는 영역이다.

이러한 선악론의 설정은 산업시대에는 오로지 사물의 영역이 기계화될 때 선이라는 사실을 말해주는 것이다. 이 점에서는 마르크스가

---

10) 칸트 순수이성비판 B 780

동참하고 있다. 즉, 이들은 마음의 영역을 물화한 것이다.

프로이트는 정신을 분석하면서 정신의 영역을 이 육체적 성욕의 영역으로 물화시켰다. 그것은 마르크스가 정신적 영역을 사물의 영역으로 물화시킨 것과 같은 것이다.

그런데 사물의 영역이 선이 되어 악이 된 마음의 영역을 부정하고 박멸했다고 해서 마음의 영역이 사라진 것은 아니다. 또한 전통적으로 마음의 영역의 주인이었던 신이 사라진 것은 전혀 아니다.

한철학은 어떤 경우에든 마음의 영역과 사물의 영역은 공존한다는 과정의 원리를 원칙으로 설정하고 있으며 그것은 어느 경우에도 변하지 않는 원리이기 때문이다.

그렇다면 기계화된 사물의 영역이 선이 된 산업시대에서 마음의 영역은 어떻게 되었으며 특히 그 죽었다는 신은 어떤 모습으로 환생하여 나타나고 있을까?

산업사회에서 사물의 영역이 선의 영역으로 뒤바뀌어 나타난다고 해서 전통적인 선의 영역인 마음의 영역의 주인인 신이 정말로 죽은 것은 아니다.

산업사회의 지배자들은 사물의 영역의 주인으로서 군림하면서 과거의 마음의 영역의 신의 권위까지 획득하려 한다. 우리는 산업사회의 권력자들의 신의 권위에 버금가는 엄청난 권력을 가지고 있었다는 사실을 기억할 것이다. 그것을 가장 잘 설명하는 것이 소설 『1984년』의 주인공 빅 브라더이다.

산업사회라는 물질의 세계를 지배하는 수많은 빅 브라더들은 스스로 선이 되어 빅 브라더와 같은 신적인 권위를 가지고 무정부상태에 있는 개인들을 악으로 몰아 억압하고 감시하고 약탈한 것이다. 그리고 그들은 관념의 영역을 선전과 선동으로 전환하는 것이다. 산업시대는 신의 음성을 기계적인 라디오의 소리로 전환하여 선전과 선동의 수단

으로 바꾼 것이다. 이것이 후기에는 영상으로 바뀐다. 그리고 오늘날
에는 수많은 CCTV가 그들을 대신하고 있다. 또한 피하기 어려운 도감
청이 또한 이들을 대신한다.

이들은 과거 신의 영역이었던 신의 권위까지 물화하여 그것을 자신
이 지배하는 기계화된 사물의 영역에 편입시킨 것이다. 우리는 이러한
산업시대를 오랫동안 살아가야 했다. 그리고 지금은 이미 후기산업시
대이지만 아직도 산업시대적 사고에서 벗어나지 못하고 남을 억압하
려하거나 남에게 기꺼이 억압받아야 마음이 편하다는 식의 굴절된
사고를 가진 사람들이 많이 있는 것이다.

(4) 성악설

한철학은 인간은 근본적으로 사물의 영역과 마음의 영역의 통합체
이며 통일체라고 설정한다. 그러나 동서고금의 전통적인 교설은 사물
의 영역은 악이며 마음의 영역은 선이라고 주장해왔다. 그래서 사물의
영역과 마음의 영역이 하나로 통합되고 통일되는 경우는 아직 세계의
지식계에서 전혀 없었다.

그렇게 볼 때 인간의 본성이 악하다는 성악설은 사물의 영역, 육체
의 영역을 설명하는 교설인 것이다. 성악설은 사물의 영역을 설명하는
한 그리고 그 안에서는 참인 것으로 나타나기도 한다. 또한 그것은
홉스와 마르크스 니체가 설명하듯 산업시대의 자본주의와 사회주
의[11]의 진리인 것처럼 보이기도 한 것이다.

이러한 성악설은 홉스의 유물론에서 잘 드러난다. 그는 모든 실체들
은 물질적 실체라고 믿기에 이르렀다. 인간은 특수한 종류의 물체이

---

11) 자본주의와 사회주의는 모두 유물론이다. 사회주의는 생산수단을 공유한다
    는 주장이고, 자본주의는 생산수단을 사유한다는 주장의 차이가 있을 뿐이다.

며, 국가는 이 특수한 종류의 물체가 질서 있게 조직된 것이다. 이제 홉스는 물체의 성질과 운동의 법칙을 이해함이 철학의 사명의 전부라는 결론에 도달하였다.[12]

따라서 그에게는 물체만이 실체이며 정신 또는 마음의 영역은 도무지 존재해서는 안 되는 허상의 세계인 것이다. 공존을 불허하는 부정성의 변증법이다. 그가 자연의 상태라고 하는 세계가 바로 이 존재하지도 않고 존재해서도 안 되는 마음의 영역이라는 것은 이제 분명해진 것이다.

그의 철학은 이제 성악설로 귀착하게끔 되어 있는 것이다. 그의 성악설은 철저하며 또한 심오한 것이다. 홉스는 인간이란 이익을 추구하는, 즉 자기의 생계를 유지하면서 가능한 한 많은 자산을 소유하고자 하는 이기주의자로 보았다.[13] 따라서 본바탕이 악한 인간들이 자연 상태에 있을 때 만인에 대한 만인의 투쟁이 벌어지는 것은 당연하다는 것이다. 국가는 현존하는 신으로서 오직 그 본성이 탐욕스럽고 악한 인간들을 통제하여 무정부주의의 혼란으로부터 산업시대의 질서를 지켜주는 선한 존재라는 것이다.

우리는 동양에서 이미 이와 같은 성악설을 주창한 철학자가 있음을 알고 있다. 그가 곧 순자荀子이다. 순자는 독특한 이원론을 주장했다. 그는 하늘과 땅의 이원론에서 하늘의 영역을 부정했다. 이 역시 공존을 부정하는 부정성의 변증법이다.

순자는 도덕의 뿌리를 하늘에서 구하는 일을 비난했다. 그는 하늘을 사모하면서 정작 우리의 삶에서 반드시 해야 할 일을 등한시하는 고리타분한 학설을 배격했다. 대신 인간이 인간으로서의 자주적이고 독립적으로 능력을 발휘하여 주어진 상황을 최대한 활용함으로써 올바른

---

12) 스터얼링 P. 램프레히트『서양철학사』 김태길외 역, 을유문화사, 1963, 405쪽.
13) 슈퇴릭히, 『세계철학사』, 임석진 역, 분도출판사, 1988, 32쪽.

다스림을 얻을 수 있다고 생각했다.

이제 순자에게는 더 이상 하늘은 선이 아닌 것이다. 대신 인간이 활동하도록 주어진 환경으로서의 땅이 선의 위치를 차지하는 것이다.

순자가 생각할 때 인간은 도덕성을 지니지 않은 채 태어났으므로 그 도덕성을 지니지 않은 상태를 악이라고 말한 것이다.

순자는 그의 저서 마지막 장인 유명한 성악편性惡篇에서 이렇게 단정 지어 말한다.

인간의 본성은 악하다. 그 착함은 (후천적 교정이라 할) 인위의 결과이다. 이제 (생각컨대) 인간의 본성은 태어나면서부터 이익을 좋아함에 있어, 그 (본성)를 따르는 까닭에 남과 쟁탈을 하게 되고 사양함이 없게 된다. 태어나면서부터 남을 질투하고 미워함이 있어 그 본성을 따르는 까닭에 남을 해치는 일이 생기고 성실함과 신의 있음이 없어진다.

태어나면서부터 미성과 미색을 좋아하는 이목의 (감각적인) 욕망이 있어 그러한 본성을 따르는 까닭에 무절제함이 생기고 (사회규범으로서의) 예의와 (규범의 형식적 수식성으로서의) 문리가 없어지게 된다. 그렇다면 인간의 본래의 감정을 따르면 반드시 쟁탈하는 데로 나아가 예의의 조리를 범하고 어지럽혀 드디어는 천하의 혼란에 귀착하게 된다. 그러므로 반드시 스승에 의한 규범의 감화와 예의에 의한 인도가 있은 연후에야 사양하는 데로 나아가 예의와 조리에 합당하며 천하의 평화에 귀착하게 된다. 이로써 본다면 인간의 본성이 악함은 분명하다. 그 착함의 인위의 결과이다.14)

---

14) 인성지악　기선자위야　금인지성　생이유호리언　순시
　　人性之惡 其善者僞也 今人之性 生而有好利焉 順是
　　고쟁탈생　이사양망언　생이유질악언　생이유이목지욕호성색언　순시
　　故爭奪生 而辭讓亡焉 生而有疾惡焉 生而有耳目之欲好聲色焉 順是
　　고음란생　이예의문리망언　연즉종인지성　순인지정　필출어쟁탈
　　故淫亂生 而禮義文理亡焉 然則從人之性 順人之情 必出於爭奪

순자의 주장은 인간이 원래 악하므로 홉스처럼 만인에 대한 만인의 투쟁 상태라는 천하의 대혼란을 가져온다는 것이다. 인간의 태어난 그대로의 성격은 인간의 본능적 욕망이므로 이를 그대로 방치하면 인간세상은 서로가 싸우고 빼앗는 어지러운 세상이 된다는 것이다. 즉 홉스의 만인에 대한 만인의 투쟁 상태에 빠진다는 것이다.

다만, 홉스의 군주론보다는 다소 부드러운 스승의 가르침에 의해 천하의 평화가 찾아질 수 있다고 주장한다. 그 가르침에 따라 군주가 강력한 법과 형벌을 사용하여 사회정의를 세우면 예禮를 근본으로 하는 국가를 만들 수 있다는 것이다.

결국 홉스의 이원론은 순자의 이원론과 대동소이하다는 것을 알 수 있다. 순자가 선의 영역으로 삼은 것은 전통적인 선의 영역인 하늘의 영역을 부정한 사물의 영역이다. 그리고 하늘만을 받들며 실제적인 일을 아무것도 하지 않는 인간들이 사실은 본바탕이 악한 인간들로서 그들을 그대로 두면 반드시 혼란에 빠진다고 주장한 것이다.

대신 순자는 전통적인 악의 영역인 땅의 영역, 즉 사물의 영역을 강력한 법과 형벌로 다스리는 군주통치의 세계로 상징함으로써 선의 영역으로 만들었다.

그리고 군주통치의 주인공인 국가지도자에게 하늘의 영역이 갖던 권위를 찬탈하여 대신 갖게 함으로써 신만큼 위대한 강력한 독재자의 출현을 예고하였다.

순자의 학설이 한비자와 상앙에게로 전수되면서 그는 법가法家의 창시자가 되었다. 그리고 상앙이 진나라라는 역사상 가장 강력한 리바

합어범문리란이   이귀어폭 고필장유사법지화 예의지도
合於犯文理亂理 而歸於暴 故必將有師法之化 禮義之道
연즉인지성악명의   기선자위야
然則人之性惡明矣 其善者僞也
(荀子 荀子 안병주역 삼성출판사 1982. 468-470쪽)

이어던을 만들고 진시황이라는 신적 권위를 가진 빅 브라더를 만든 장본인이 된 것은 결코 우연이 아닌 것이다.

이는 마치 홉스의 유물론 교설이 스탈린과 히틀러라는 진시황에 버금가는 신적인 군주를 만들어낸 것과 조금도 다름이 없는 것이다.

① 진시황, 스탈린

우리는 이제 사물의 영역을 선이라고 주장하는 것은 마음의 영역을 물화시킨다는 사실을 알았다. 사물의 영역을 선으로 설정할 때는 인간의 마음의 영역을 부정하고 박멸함으로써 인간의 본성을 악하다고 말해야 한다는 것도 알았다.

이러한 교설을 사회에 적용할 때 그 사회는 마음의 영역의 주인인 신의 권위를 가진 지상의 권력자가 출현하는 것이 필연적인 역사의 법칙이라는 사실도 충분히 알게 되었다.

따라서 스탈린의 구소련은 홉스의 유물론이 만들어낸 리바이어던이었고 진시황의 진나라는 순자의 유물론이 만들어낸 리바이어던이었다. 다시 말하면 스탈린은 결국 홉스의 유물론이 만들어낸 빅 브라더였고 진시황은 순자의 유물론이 만들어낸 빅 브라더였다.

(5) 사물의 시대, 산업시대, 모더니즘의 시대

산업시대는 홉스와 순자가 말한 유물론이 하나의 시대 전체를 지배했던 인류역사상 최초의 시대였다는 사실은 이제 명백하다.

자본주의는 사물의 영역을 개인이 나누어 갖는 사회체제이다. 공산주의는 사물의 영역을 개인이 아니라 국가가 독점하는 사회체제이다.

자본주의와 공산주의가 사물의 영역 다시 말해 홉스가 말하는 유물론의 영역에 속하는 이데올로기라는 사실은 너무나 당연한 것이다.

44

따라서 자본주의와 공산주의의 투쟁은 단지 물질의 소유권을 개인이 갖느냐 아니면 국가가 갖느냐의 투쟁에 불과한 것이다. 자본주의든 공산주의든 그것은 홉스가 말하는 유물론의 영역이며 성악설의 영역이다. 이 양자 중 어느 것이 옳으냐는 질문처럼 한심한 질문은 다시 없다. 특히 자본주의가 사회주의를 비난하는 논리와 사회주의가 자본주의를 비난하는 논리는 근현대사에서 나타난 가장 지루한 유머이다. 이들은 모두 이미 지나간 산업시대적 이념이기 때문이다.

　사물의 영역이 인류 전체를 전반적으로 지배한 적은 인류의 전체 역사에서 한번도 없었다. 산업시대는 전면적인 사물의 시대로서 그것은 인류가 경험한 최초의 사건이었다.

　필자가 이 사실을 과거형으로 말하는 것은 이미 인류는 산업시대라는 사물의 영역의 시대, 생산의 시대 다시 말해 모더니즘의 시대를 넘어 추상적인 관념영역의 시대에 살고 있기 때문이다. 우리는 이미 소비의 시대, 포스트모더니즘의 시대, 노마디즘의 시대를 살고 있는 것이다. 그리고 이 또한 이미 지나가고 있다.

(6) 자연으로 돌아가자!

　자연으로 돌아가자! 는 루소의 외침은 자연을 선으로 보고 마음을 악으로 보는 것과 같다. 그는 인간은 나면서부터 선하다고 주장한다. 그런데 여기서 루소가 말하는 것은 사물의 영역의 인간이 선하다는 것이다. 루소는 그때까지 철학과 종교에서 불문율로 통하던 마음의 영역은 선하고 사물의 영역은 악하다는 통념을 완전히 뒤집어서 말한 것이다.

　루소의 관심은 사물의 영역인 현실세계 그 자체이며 현실 세계의 질서를 바르게 잡자는 것이었다. 순자는 하늘을 사모하면서 정작 우리의 삶에서 반드시 해야 할 일을 등한시하는 고리타분한 학설을 배격했다. 대신 인간이 인간으로서의 자주적이고 독립적으로 능력을 발휘하여 주어진 상황을 최대한 활용함으로써 올바른 다스림을 얻을 수 있다고 생각한 것과 루소의 생각은 거의 일치한다.

이러한 루소의 철학은 마침내 현실세계 자체를 뒤집어엎어서 새로 만들자는 프랑스혁명을 가능하게 했다.

민주주의 역사의 큰 흐름을 바꾼 프랑스혁명은 바로 사물의 영역의 최적화와 밀접한 관계가 있는 것이다.

(7) 상극시대[15]의 인간성의 포기

산업시대는 히틀러와 스탈린 그리고 이와 대동소이한 전체주의의

---

15) 상생과 상극은 하나의 전체로 조직되며 그것을 순수한 우리말로는 '온'이라고 한다. 상생과 상극이 하나가 되어 생성을 일으키는 것이다.
   한철학에서는 상생과 상극이 하나의 전체가 되는 아래의 그림을 천부도라고 하는데 이는 한철학의 가장 근본적인 원리를 설명한다. 이 그림 안에 하도낙서라는 동양의 가장 오래된 음양오행의 원리가 들어 있다.
   그리고 우리가 다루는 산업시대, 모더니즘 등의 시대는 상극의 원리인 낙서의 원리이며, 소비시대, 포스트모더니즘 등의 시대는 곧 상생의 시대이다. 그리고 이 양자의 경계면에 존재하는 통합의 영역이 통합의 시대를 설명한다.

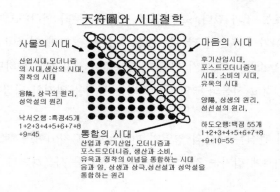

天符圖와 시대철학

사물의 시대

산업시대, 모더니즘의 시대, 생산의 시대, 정착의 시대

음陰, 상극의 원리, 성악설의 원리

낙서오행 : 흑점45개
1+2+3+4+5+6+7+8
+9=45

통합의 시대
산업과 후기산업, 모더니즘과 포스트모더니즘, 생산과 소비, 유목과 정착의 이념을 통합하는 시대 음과 양, 상생과 상극,성선설과 성악설을 통합하는 원리

마음의 시대

후기산업시대, 포스트모더니즘의 시대, 소비의 시대, 유목의 시대

양陽, 상생의 원리, 성선설의 원리,

하도오행:백점 55개
1+2+3+4+5+6+7+8
+9+10=55

독재자들이 무소불위의 절대권력을 휘두르던 상극의 시대였다.

이들은 공포정치를 펴면서 수많은 사람들을 희생시켰다. 이 악은 수백만, 수천만의 인명을 희생시켰던 무서운 정신적 핵폭탄이다. 우리나라에서도 근현대사에서 혼란과 독재정권하에서 죄 없는 많은 사람들이 희생당했다.

산업시대라는 상극의 시대에 벌어진 이 악을 직접 행동으로 저질렀던 실무자들이 어떤 사람들이며 어떤 상태에서 이와 같은 악을 저지를 수 있었나 하는 것을 알아보는 것은 이 시대의 이해를 넘어 인간의 이해에 대한 중요한 접근이 될 것이다.

우리가 먼저 이해해야 하는 것은 무질서와 혼돈의 시대에서의 사회는 인간성이 존재하는 자아의 영역이 없다는 것이다. 상극의 시대인 생산의 시대에는 인간은 물질로 취급을 당하고, 상생의 시대인 소비의 시대에는 인간이 관념으로 취급당한다. 사회적 단위에서 인간이 인간으로 취급받기 시작하는 것은 통합의 시대에서부터 가능하다.

따라서 생산의 시대인 산업시대의 사회에서 인간이 물건 취급을 받는 것은 피할 수 없는 일이었다. 문제는 그러한 시대에도 사회가 아닌 개인은 이 시대의 테두리를 넘어 정상적인 사고를 할 수 있는 존재라는 점이다.

특히 극악한 악을 저지르는 문제에 있어서는 얼마든지 그 당사자가 되지 않을 수 있는 것이다. 그런데 왜 그 당사자가 되어 악을 집행했는가 하는 문제가 이 시대의 문제일 것이다.

나치 전범인 아이히만의 재판과정에 잡지 뉴요커의 통신원 자격으로 참관했던 철학자 아렌트는 보고서를 뉴요커에 게재했다. 그런데 그 내용이 인간으로서는 도저히 상상도 할 수 없는 대학살의 책임자에게서 발견한 악이 평범한 것이며, 현대인 누구나 범할 수 있는 것이라는 분석은 아이히만에 대한 증오에 불타는 유대인들로서는 받아들이

기 어려운 것이었다. 더욱이 같은 유대인에 의한 분석이었으니 말이다.[16] 우리는 악에 대해서 세 가지로 나누어 생각할 수 있다.

① 한철학에 있어서 악은 과정상의 상태의 문제이다. 즉, 인간 외부의 상황 다시 말해 사회적 혼돈의 상태나 무질서의 상태에서는 자아가 실종된다. 전쟁상태는 대체로 인간을 죽이는 것이 허용되고 그 일이 명예로 연결되기까지 하는 부정성의 극치인 혼돈상태 내지는 무질서 상태이다. 무질서와 혼돈의 상태의 사회에서 그 사회의 공적 영역이 작동한다면 그 사회는 대단히 성숙한 사회이다. 특히 명분 없는 전쟁에서는 공적 영역을 작동시킬 동력이 없는 상태이다. 즉, 공적 영역의 인간성에 의한 판단력과 상상력과 통찰력이 전혀 작동하지 않는 상태인 것이다. 이 사회적인 인간성의 부재 상태가 그 사회 안에서 살아가야 하는 개인을 악하게 만들 수 있는 것이다.

② 두 번째로는 인간성과 자유의지의 문제이다. 아렌트가 말하기를 최악의 위험은 판단을 회피하는 것, 즉 악의 평범성이다. 이는 위기가 닥쳤을 때 자율적인 판단을 행사하지 않고 악의 세력에 자아가 굴복되는 것이라고 했다.[17]

그런데 아렌트의 주장은 부족하다. 예를 들면 미국 여군인 린다 잉글랜드 이병(21)은 2004년 5월 이라크의 아부그라이브 교도소에서 벌거벗겨진 채 얼굴이 가려진 이라크 포로들을 학대한 것으로 세계인의 공분을 자아냈다.

그녀는 버지니아주 포트애시비라는 시골에서 고교를 우수한 성적으로 졸업하고 대학 진학금을 마련하기 위해 미군에 입대했다. 또

---

16) 한나 아렌트, 『칸트의 정치철학강의』 김선욱 역, 푸른숲, 2002, 17쪽(전자책).
17) 한나 아렌트, 『칸트의 정치철학강의』 김선욱 역 푸른숲 2002 276쪽(ebook)

군인이 되기 전에 일했던 직장인 월마트에서 자랑스러운 직원으로도 뽑힐 만큼 성실하고 직장 동료들 사이에서도 인기가 높았던 여성이라고 한다.

아렌트는 위기가 닥쳤을 때 자율적인 판단을 행사하지 않고 악의 세력에 자아가 굴복되는 것이라고 주장했다. 그러나 린다 잉글랜드에게 미국 군대가 그녀로 하여금 악을 저지르도록 강압을 하여 그녀의 자아가 그 강압에 굴복된 상황에서 벌어진 악의 평범성으로 간주할 수 있을까? 이것은 가능하다고 보기 어려운 것이다. 여기에서 아렌트가 주장하는 가장 근본적인 부분이 명백하게 빗나간 것임이 입증된다. 위기가 닥쳤을 때 자율적인 판단을 행사하지 않고 악의 세력에 자아가 굴복되는 것이 아니라 다른 문제점이 있는 것이다.

아렌트의 연구는 아이히만이 보인 평범한 악, 즉 무사유(無思惟, thoughtlessness)가 어떻게 가능한가[18]에 귀착되고 있다. 즉 사유하기를 거부하는 평범성에 의해 야기된 악이라는 것이다.[19]

아렌트가 말하는 무사유의 문제는 상태의 문제이다. 즉 자아가 없는 상태, 인간성이 존재하지 않는 상태이다. 어떻게 해서 개인이 질서상태에 존재하지 않고 무질서와 혼돈상태로 전락할 수 있는가 하는 문제가 핵심인 것이다.

칸트와 아렌트에게 공통적으로 발견되는 점은 사유가 악과 직결된다는 생각이다. 그러나 문제는 이성과 지성을 통일하는 인간성의 영역인 것이다. 단순한 사유의 영역인 이성의 영역만으로는 이 문제가 해결되는 것이 아니다.

판단력을 사유의 테두리로 설정하는 것이 칸트와 아렌트의 문제인 것이다. 판단력은 사유와 직관을 통합하는 인간성의 영역이다. 그리고

---

18) 한나 아렌트, 『칸트의 정치철학강의』 김선욱 역, 푸른숲, 2002, 18쪽(전자책).
19) 위의 책 241쪽(전자책)

그 판단력은 자유와 의지를 통일하는 자유의지와 결합할 때 행동으로 나타난다.

즉, 문제는 사유를 하느냐 아니냐가 아니라 행동의 문제인 것이다. 아무리 악인이라도 사유는 바르게 할 수 있다. 즉 문제는 태도에 국한하는 것이 아니라 행동인 것이다. 그리고 아무리 큰 불이익이 있더라도 인간성과 자유의지의 결합을 무산시키지 않는 능력이 용기이다.

용기와 잔인함은 반비례하는 경우가 많다. 참다운 용기가 없는 것은 어쩔 수 없다 하더라도 그것이 잔인함으로 나타나는 경우는 문제가 심각한 것이다.

즉, 노예는 혼돈상태의 상극영역 또는 무질서상태에 갇혀 있는 자이다. 따라서 남에게 부정당하고 또한 언제든 기회만 있으면 남을 부정하는 상태에 있는 자이다. 그런데 용기는 질서의 영역에서만 발휘되는 것이다. 따라서 노예는 용기가 있을 수 없으며 노예상태의 인간은 인간성과 자유의지를 통합할 능력이 없고 그럴 때 인간은 잔인할 가능성이 있는 것이다.

결국 인간의 잔인성과 악의 문제는 이 인간성과 자유의지와 용기의 문제인 것이다. 사유의 문제는 단지 전체의 일부에 불과한 것이다.

③ 세 번째로는 서양문명의 바탕문제이다. 즉 많은 서양철학자들의 주장에는 대립하는 상대방과의 공존을 근본적으로 부정하는 부정성의 변증법이 기본적으로 바탕에 깔려 있다. 우선 철학부터가 그러하며 다른 모든 부분의 사고에 남과 함께 더불어 산다는 개념이 전혀 없다. 이 문제를 해결하겠다는 양극성의 원리인 이율배반이 있지만 이 역시 판단력을 자신의 내부에서 가져오는 것이 아니다.

또한 서양철학에서는 스스로를 악으로 설정하는 경우와 스스로를 하찮은 존재로 생각하여 염세주의가 되는 경우 등이 있다. 이 경우 판단력과 용기는 처음부터 존재할 근거조차 없는 것이다. 이런 경우의 판단력과 용기는 자신의 내부에 존재하는 악을 밖으로 드러나게 하는 판단력, 염세주의가 드러나게 하는 판단력이 되기 때문이다.

인간의 본성 중 가장 근본적인 인간성은 오로지 후하여 박함이 없는 것이다. 그것을 반드시 지키는 것은 용기로 가능하며 이것을 포기할 때 박함 즉 천박함이 나타나는 것은 당연한 것이다. 그것은 단순한 무사유의 차원이 아닌 것이다.

스스로를 존엄한 인간으로 설정하지 못하고 인간성을 스스로 포기하는 것이 인간의 천박함이다. 인간성이 없는 자는 천박하며 천박한 자만이 잔인할 수 있다. 어떠한 무질서와 혼돈상태에서도 스스로의 인간성을 지키려는 행동을 하는 것은 사유와 무사유의 차원이 아니라 행동을 결행하는 자유의지이다. 올바른 사유는 아무리 악인이라도 마음속에서는 얼마든지 할 수 있다. 그러나 그 올바른 사유를 어떤 경우에도 현실에서 행동으로 옮기는 용기야말로 인간성의 후함에서만 나타나는 고귀함이다.

인간은 천박한 만큼 잔인하고 고귀한 만큼 용기가 있는 것이다. 우리는 이것을 학교에서 배워야 하는데 학교는 결코 고귀함의 근원인 인간성과 자유의지를 가르치지 않는다. 대신 삶에 맹목적인 지성을 가르친다. 지성은 짐승이나 기계도 가지고 있는 것이다.

따라서 누구에게든 상태에 따라서 언제든 용기의 부재와 그 인간성의 천박함이 나타날 수 있다. 아이히만 뿐 아니라 누구든 무질서와 혼돈의 상태에서는 언제든 기회만 주어지면 인간성의 천박함과 잔인성이 드러날 수 있는 것이며 이것이 인간성의 포기인 것이다.

전시가 아닌 평상시의 일상에서도 이러한 용기의 부재와 천박함은 어디에서나 흔하게 발견된다. 공무원들이 법에 걸리지 않는 한에서의 무사안일은 바로 이 천박함이다. 그리고 누구나 겪는 일로서 자신의 마음속에서는 행동함으로써 인간성의 후함을 드러내도록 요구하지만 스스로 인간성을 드러낼 용기가 없어 인간성을 포기하고 행동하지 않고 단지 구경꾼으로 머무는 것도 아이히만의 것과 똑같은 천박함이다. 그들의 문제는 용기가 없는 만큼 천박했고 천박한 만큼 잔인했다는 것이다.

우리의 근현대사를 핏빛으로 물들였던 지극히 불행한 사건들을 담당했던 실무자들도 옳지 않은 일을 거부할 수 있는 용기의 부재와 그에 따른 인간성의 포기로 인한 천박함으로 설명해야 하지 않을까? 그들을 단지 무사유 즉 사유와 판단의 부재로 인한 악의 평범성으로 생각하는 것은 문제의 본질을 흐리는 것에 지나지 않는다.

그들의 문제는 인간성이 없는 만큼 용기가 없었고, 용기가 없는 만큼 천박했으며, 천박한 만큼 잔인했다는 점에 있는 것이다. 단지 바보 같은 겁쟁이에 불과한 그들이 그토록 무서운 일을 저지를 수 있었고 그토록 잔인할 수 있었던 것이다. 그들이 진정한 용기가 있었다면 그토록 바보 같은 겁쟁이일 수 없었을 것이다. 그리고 그토록 잔인할 수도 없었을 것이다.

교육의 목적은 지성인을 만들어내는 것이 아니다. 교육의 목적은 인간성과 자유의지를 가르쳐 올바르게 행동할 수 있는 인간을 만들어내는 것에 있다. 그리고 어떤 경우에도 인간성과 자유의지를 결합할 수 있는 용기를 가르치는 것이 교육이다. 지성인을 길러내는 현대교육은 인간성을 파괴하고 자유의지를 파괴하고 용기를 파괴하는 것이다. 그래서 현대인의 특징은 용기가 없는 만큼 가벼운 것이다.

악이 과정철학에서의 상태의 문제로서 사회가 전시상태나 비상사태일 때 악을 저지를 수 있는 상황은 쉽게 일어난다. 이 문제를 책임지는 것은 국가이다.

52

그러나 원하든 아니든 그 상태에 말려서 악을 집행한 사람들은 스스로 존엄한 인간으로 존재할 권리는 있는 것이다. 그 권리를 행사하지 못하고 천박한 인간이 되어 악의 집행자가 된 것은 그 개인의 책임인 것이다.

악의 평범성에 대한 문제는 개인이든 국가이든 질서상태에서 확고한 공적 영역을 확보하여 인간성을 그 중심에 두고 생각하고 행동하지 않는 한 언제 어디에서든 생길 수 있는 일상적인 것이다. 근본적인 해결방법은 국가가 질서상태에 현실적으로 존재하는 것이다. 전시나 비상사태라 하더라도 최소한의 질서상태는 유지해야 하는 것이다.

그리고 개인은 외부와 상관없이 스스로 인간성을 포기함으로써 천박하게 되는 일이 무엇을 의미하는 것인가를 알아야 하는 것이다.

이 모든 문제는 오로지 인간성이 작동하는 공적 영역, 즉 본체계가 존재할 수 있는 질서상태에 달려 있는 것이다.

2) 마음의 시대

서구철학이 자본주의와 공산주의로 나뉘어 싸우며 세월을 보내는 동안 정작 산업시대는 끝난 것이다. 그리고 아무도 모르는 사이에 아무도 상상 못한 새로운 시대가 이미 와 있다. 그리고 사람들이 이 시대를 감지하지 못하는 사이에 이미 이 시대는 지나가고 있는 것이다.

산업시대가 사물의 시대라면 이 시대는 마음의 시대이다. 그것을 우리는 후기산업시대, 소비시대, 포스트모더니즘의 시대, 노마디즘의 시대 등으로 부르고 있다. 그러나 이 용어들은 시대의 본질을 읽지 못한 것이다. 하지만 독자들의 이해를 위해 이러한 용어를 이 책에서도 사용할 것이다.

혼돈의 영역에서 마음의 영역은 상생의 법칙이 지배하는 영역이다. 마음의 시대는 성선설과 상생의 법칙이 지배하는 시대로서 후기산업시대, 포스트모더니즘의 시대, 노마디즘의 시대가 이에 해당한다.

인류사회가 사물의 영역에서 마음의 영역으로 혁신을 이루어낸 것은 인류역사상 산업혁명에 버금가는 대혁명이다. 그러나 이 엄청난 대혁신을 감지하고 그 의미를 정확하게 알고 행동하는 개인이나 회사나 국가는 그리 많지 않다.

사물의 시대가 사물의 영역의 가치를 선으로 설정할 때 그것은 마음의 영역을 물화物化시킨 것이었다. 마찬가지로 마음의 시대가 마음의 영역의 가치를 선으로 설정할 때 그것은 사물의 영역을 심화心化시킨 것이다.

이는 매우 분명한 도식으로 나타나는 것이지만 그것을 감지하기는 쉽지 않다. 왜냐하면 그것을 감지할 철학체계와 조직론을 아직까지 누구도 제시하지 못했기 때문이다.

(1) 포스트모더니즘의 시대

모던은 라틴어 modo에서 파생한 말로 '바로 지금'이라는 의미이며 포스트모던은 이 바로 지금을 이어받는 바로 지금이라는 의미이다. 서구의 이원론적 사고에 의하면 모더니즘은 포스트모더니즘에 의하여 부정되는 것이다.

이른바 포스트모더니즘이라는 시대의 개막은 1972년 7월 15일 오후 3시 32분 미국의 미주리주 세인트루이스에 있는 저소득층이 살던 아파트를 다이너마이트로 폭파하는 순간[20]부터 시작되었다고 말한

---

20) Richard Appignanesi, 『포스트모더니즘』, 이소영 역, 동양문고, 1999, 115쪽.

다.

산업시대의 아파트는 생산을 위한 주거공간으로서 생산기계의 일부였지만 후기산업시대 즉 소비사회의 아파트는 더 이상 생산을 위한 물질공간이 아니라 마음의 공간으로 더 가치를 가지기 시작했다.

오늘날 우리 대한민국의 아파트단지들을 보면 이 사실은 자명하다. 우리나라에서 생산기계의 역할을 하는 아파트단지는 오늘날 대도시에서는 찾아보기 어렵다. 아파트는 생활을 위한 생산기계라는 물질의 측면도 물론 가지고 있지만 안락함과 신분의 과시와 부의 증식을 위한 소비의 역할이라는 보이지 않는 새로운 관념의 측면이 뚜렷하게 드러난 것이다.

이미 소비사회에 접어든 우리나라에서도 잘 나타나듯 소비사회에서 사는 사람들은 그가 가진 물건이나 상품들에 의해 평가된다. 그중 아파트는 더 이상 생활공간의 가치가 아니라 사회적 지위와 사회적 성취 그리고 생활수준을 표현하는 대표적인 기호가 되는 것이다.

이는 사물의 영역이 관념의 영역으로 심화心化되어 나타나는 포스트모더니즘의 시대를 설명하는 것이다.

(2) 햄버거

자연 상태에서 육식을 하는 동물들은 대상이 되는 동물들을 공격하고 그들을 죽여서 피가 흐르는 그 고기를 뜯어 먹는다. 이것이 사물의 영역인 자연 상태이다.

그러나 포스트모더니즘의 세계에서 햄버거를 먹는 도시인들은 그들이 살아 있는 동물을 죽여서 그 고기를 먹는다는 사실에 대해 거의 인식을 하지 못한다.

햄버거 가게의 실내장식을 보라! 그곳은 살아 있는 동물을 죽여서 그 고기를 먹는 현장과는 너무나 다른 환경을 연출한다. 그와 같은 현실적인 육식상태와는 완전히 반대인 동화속의 세계를 연출한다. 다시 말해 추상적인 관념속의 공간인 것이다. 그곳의 실내장식과 햄버거를 먹도록 도와주는 종업원들의 옷차림을 보라! 그것은 자연 상태에서 소를 죽여서 그 가죽을 벗기고 피가 흐르는 고기를 손질하여 함께 나누어 먹는 수렵이나 유목상태의 동료들과는 조금도 닮은 점이 없다.

그들 종업원들의 외양과 실내장식은 소설이나 만화영화 속 같은 추상적인 관념의 세계에서 만나는 그런 것이다.

따라서 햄버거의 쇠고기는 반드시 살아있는 소를 죽여서 피가 흐르는 고기를 다듬어서 만드는 것이지만 그 쇠고기는 마치 아름다운 꽃이나 세련된 옷처럼 관념화되어 예쁘게 포장되고 그렇게 소비될 뿐이다.

이미 햄버거는 도살장이나 정육점에 매달려 있는 물질로서의 쇠고기와는 아무런 관련이 없다. 그것은 이미 마음의 영역 안에서만 인식되고 소비되는 심화心化된 물질에 불과한 것이다.

즉, 사물을 마음으로 착각하는 이 착각은 이미 착각이 아니라 그것 자체가 생활이며 실재가 되며 나아가 인간 자체가 관념으로 간주되는 시대가 바로 마음의 시대인 것이다.

(3) 텔레비전의 전쟁뉴스

우리는 가족과 함께 식사시간에 여러 가지 담소를 하면서 전쟁뉴스를 즐겨본다. 그곳 전쟁터에서 자살폭탄차량이 관공서에 부딪쳐 관공서가 파괴되는 현장을 즐겨본다.

그것은 결코 가상의 세계가 아니다. 분명히 우리가 보는 그 현장은 실제로 사람이 총에 맞아죽고 폭탄이 터지며 생사가 갈리는 충격적인 현장이다. 그럼에도 불구하고 우리는 그 생생한 현장을 별다른 감정

없이 즐겨본다.

우리는 전쟁터의 현장보도를 결코 현장이라는 물질적 영역에서 일어나는 구체적인 실제의 영역에서 일어나는 사건으로 받아들이지 않는다. 우리는 단지 눈앞에 보이는 그 사물의 영역의 사건들을 마음의 영역으로 심화心化해서 바라볼 뿐이다.

그 전쟁터의 현장은 결코 우리가 살고 있는 실제 현장 안으로 파고들지 못한다. 그것은 단지 상상의 세계나 꿈속의 세계와 같이 마음 안에서 벌어지는 여러 사건들과 같이 소비되어 버릴 따름이다. 즉, 이때 등장하는 전쟁터의 인간들은 인간이 아니라 단지 관념에 불과한 것이다. 이것이 마음의 시대를 설명하는 것이다.

(4) 프로레슬링과 격투기

격투기가 인기를 끄는 이유는 무엇일까? 그 이유 중의 하나는 억제되지 않은 본능에 있는 것으로 보인다. 기존의 모든 스포츠 경기가 그렇듯이 투기 종목은 억제된 기술만을 이용해서 상대를 제압해야 하고 그 외의 동작이나 공격은 모두 반칙이 된다. 하지만 격투기는 단지 몇 가지만을 제외하고는 모든 공격 수단을 마음대로 사용할 수 있다.

그야말로 처절한 승부의 세계가 펼쳐진다. 틀에 박힌 공격 형태만을 반복하는 재미없는 경기에서 벗어나 이제 관중들의 답답함을 풀어줄 대안으로 등장하게 된 것이다.

격투기가 인기를 끄는 또 다른 이유는 관중이나 스포츠 프로그램 시청자들이 그만큼 사회 내에서 폭력과 잔인함에 익숙해져 만성이 되었다는 의미도 될 것이다. 즉 격투기가 보여주는 것은 상극 상태에 가깝다.

격투기는 선혈이 낭자한 진실게임 그 자체인 것이다. 격투기 경기는 남성의 육체가 가지는 힘을 잘 보여준다. 두 명 중 한 명이 이김으로써 승자와 패자는 명백하게 갈린다. 이 경기는 이 시대의 냉혹한 적자생존의 원리와 인간이 가진 본능적인 속성을 그대로 보여주는 것이다. 즉 과거 로마의 콜로세움에서 벌어졌던 그 구체적인 실재의 세계와는 덜하지만 그와 같은 사실성이 적나라하게 재현되는 경기가 격투기 경기인 것이다.

그러나 프로레슬링은 이와 다르다. 프로레슬링 선수들은 격투기 선수들보다 육체적인 면이 더욱 두드러진다. 그들은 인간의 사물의 영역을 상징하는 근육이 극대화되어 있다.

또 그들이 보여주는 것은 격투기 경기와는 다르다. 그들이 보여주는 것은 선혈이 낭자한 육체적인 투쟁이 아니다. 다만 그 육체적인 투쟁을 관중들의 마음의 영역 속의 이미지로 표현한다. 연극이 실제상황을 표현하는 것이 아니라 실제상황을 인간의 마음의 영역 속에 끌어들여 이미지로 표현하는 것과 같은 것이다. 이것이 진정한 마음의 시대의 상징이다.

프로레슬링 선수들은 인간이 인간에게 가할 수 있는 가장 직접적인 고통을 여러 가지 기술로 현란하게 연출해낸다. 현실에서 그 같이 엄청난 체중과 근육을 가진 레슬러들이 기술을 실제로 사용했을 때 몸이 성할 사람은 아무도 없을 것이다. 그러나 그들은 경기마다 매순간마다 그 같은 기술을 사용하되 그것이 실체로 상대에게 고통을 주거나 상대의 몸을 다치게 하는 것은 아니다.

이제 프로레슬링 선수들의 역할은 분명해진 것이다. 그들은 육체와 육체가 격렬하게 부딪치며 매순간 끔찍한 장면을 연출하지만 그들이 목표로 하는 것은 상대방 선수의 육체에 고통을 주는 것이 아니다. 대신 관중들의 마음의 영역을 사로잡는 것이다. 마음의 영역은 언어와 깊은 관련이 있다. 현대의 프로레슬링은 이제 시합에서 선수들이 말을 하는 것이 중요한 요소가 된다. 육체의 영역을 마음의 영역으로 교묘하게 왜곡시켜 적어도 경기하는 동안만은 관중들의 마음의 영역을 완벽하게 지배하려는 전략이 바로 프로레슬링인 것이다.

따라서 프로레슬링은 승자와 패자를 분명하게 가르지 않지만 가장 극적으로 그것을 표현하는 형식을 취한다. 그리고 그 과정에서 반드시 한 선수가 선의 영역을 담당하고 또 한 명의 선수는 악의 영역을 담당하게 한다. 그리고 사실은 전혀 그와는 무관하지만 결국 선의 영역이 악의 영역을 부정하고 박멸한다는 전형적인 부정성의 변증법의 방식을 취하는 것이다.

이 방식은 육체의 영역 즉 사물의 영역을 사용하여 마음의 영역을 조작하는 심화心化의 시대의 조작된 부정성의 변증법을 잘 설명하고 있다. 즉 사물이 마음이 되는 착각을 상업화하는 소비시대의 특징을 적나라하게 보여주고 있는 것이다.

그리고 프로레슬링이라는 마음의 시대의 대표적인 심화의 형식이 격투기로 바뀌는 현상은 눈여겨 볼만하다. 그것은 상생의 시대가 상극의 시대로 회귀하거나 무질서의 상태로 전락하는 모습을 보여주는 현상일 수도 있기 때문이다. 마음의 시대에서 통합의 시대로 변혁하는 일은 생각보다 어려울 수도 있는 것이다. 마음의 시대에서 통합과 통일로 갈 수 있다는 주장은 한철학만이 내놓는 것이다. 그러나 많은 학자들은 무질서의 시대가 도래함을 경고하고 있다. 개인은 현명하지만 대중은 언제나 단순하고 유치하기 때문이다.

(5) 삭발과 수염 그리고 한복

몸과 그것을 둘러싸는 의복은 사물의 영역을 설명하는 것이다. 그것이 농경시대나 생산의 시대에는 직종에 따라 필요한 몸가짐과 의복을 갖추어야 했다. 즉 의복은 그 사람의 직업을 그대로 표현했다. 그러나 마음의 시대에서는 그것은 하나의 기호로서의 역할을 하며 대중들은 그 기호를 소비한다. 즉 사물의 영역이 마음의 영역으로 전환되는 것이다.

예를 들자면 한복과 수염을 들 수 있다. 어떤 재야지도자나 정치인이 한복을 입고 수염을 기르고 있다면 그는 설혹 안으로는 외래사상을 잔뜩 담고 있어도 밖으로는 한국의 전통적인 관습과 권위를 나타내는 것이다. 즉 그는 사물의 영역에서 표시하되 그것을 소비하는 대중은 그것을 마음의 영역에서 받아들인다.

즉, 과거 우리들의 조상들은 기호로 표시하려고 한복을 입거나 수염을 기르지 않았다. 그러나 오늘날 한복을 입고 수염을 기르는 것은 본인의 의사가 무엇이든 대중들은 그것이 가지는 본래의 물질적 용도와는 상관없이 그것이 가지는 마음의 영역에서의 의미만을 취하게 되는 것이다.

종교인들이나 대중적 시위의 지도자 또는 정치인들이 한복을 입고 수염을 길렀을 때 그것은 더 이상 한복 본래의 용도와 수염의 본래의 육체적영역의 용도는 아무런 의미가 없다. 이제 그들은 대중들의 마음의 영역에 미치는 영향력에만 관심이 있는 것이다. 한복과 수염은 사물의 영역을 인위적으로 마음의 영역으로 전환시키는 착각을 정치적 수단으로 교묘하게 사용하는 전략인 것이다.

삭발의 경우 그 경향은 매우 강렬하다. 삭발은 원래 종교인이나 군인들의 상징이다. 종교인의 경우 그것은 내적인 부정성을 상징하는 것으로 보인다. 즉 속세의 모든 심적 갈등들을 모두 부정한다는 상징적 의미로 받아들여진다. 군인의 삭발은 내적인 의미도 있겠지만 군인이 전쟁을 상징한다는 점에서 적에 대한 부정성을 나타내는 것으로 보인다.

어떤 사회적인 문제가 생겼을 때 그 투쟁을 선도하는 세력이 삭발식을 보도진에게 공개하는 것을 우리는 흔히 본다. 이 때 삭발은 삭발이라는 육체적 영역의 행동을 통해 대중들의 마음의 영역에 자신들의 부정성을 보여준다는 의미가 있는 것이다.

의복과 수염을 기르거나 머리를 삭발하는 등의 육체적인 영역 물질적인 영역의 행동은 더 이상 육체적 또는 물질적인 영역이 가지는 본래의 의미와는 아무런 관계가 없다. 그것은 마음의 영역에 호소하는 기호적인 의미에만 관련하는 것이다.

말하자면 그가 수염을 기르고 한복을 입음으로써 한국의 정신세계를 대표하는 기호를 생산한 것이 중요한 것이다. 그가 정말로 한국적인 정신을 대표할 내면의 세계를 가졌느냐 하는 것에 대하여 그 자신은 물론 대중도 아무런 관심이 없는 것이다. 다만 한복과 수염을 기호로 생산하는 것만으로도 대중들에게 자신이 한국적 정신을 대표한다는 사실을 알리기에는 충분히 성공적이라는 사실이 중요한 것이다. 그것이 마음의 시대의 특징인 것이다.

(6) 심화心化의 철학 - 버클리

우리가 살고 있는 이 세상이 하늘과 땅의 결합이며 인간이 몸과 마음의 결합으로 이루어졌다는 사실은 한철학에서 주장될 뿐 동서양의 철학에서는 이 자명한 사실은 인정되지 않는다.

모더니즘의 시대는 물화物化의 시대로서 이 세상을 지배하는 하늘의 가치와 인간의 마음의 가치는 부정되고 그것은 대신 사물의 영역을 지배하는 자의 획득물로 규정된다.

포스트모더니즘의 시대는 사물의 시대와 정반대의 현상이 지배하는 사회이다. 이는 참으로 어마어마한 가치의 대혁명임에도 이 대혁명은 대중들에게 잘 알려지지 않았다. 이 혁명은 프랑스혁명이나 쿠데타와 같이 눈에 보이는 힘에 의한 혁명이 아니기 때문이다.

그것은 이 혁명을 주도했던 세력이 언론이기 때문이다. 이 혁명으로 대중은 신문과 방송을 상상력과 판단력의 절대적인 척도로 삼게 되었다.

그러나 여기에는 기준이 없는 기준의 악순환이 있다. 대중들은 언론을 판단의 절대적인 척도로 삼지만 언론은 판단의 기준을 생산하지 못한다. 왜냐하면 언론은 대중에게 영향력을 행사하지만 언론은 또한 가장 중요한 상상력과 판단력의 기준을 대중에게서 얻어내기 때문이다.

따라서 기준은 누구에게서도 만들어지지 못하고 기준이 없는 기준의 악순환은 대중에게서 언론에게로, 언론에게서 대중에게로 탁구공처럼 왔다 갔다 하며 끊임없이 계속되는 것이다.

가령 우리나라의 지방언론의 경우 스스로의 상상력과 판단력이 없으므로 서울과 같은 대도시에서 상상력과 판단력의 기준을 가져온다. 우리나라의 서울과 같은 대도시에서도 상상력과 판단력을 가진 언론이 없으므로 일본이나 미국과 유럽과 같은 곳에서 상상력과 판단력을 가져온다.

그러면 미국이나 유럽이나 일본의 언론은 어디에서 상상력과 판단력을 가져오는가? 그들은 단지 세계적인 정보망을 가지고 있을 뿐 그들도 상상력과 판단력이 없기는 마찬가지인 것이다.

이렇게 보면 세계를 지배하는 것은 언론이나 대중이 아니라 상상력과 판단력을 가진 소수집단이라는 사실이 드러난다.

상상력과 판단력은 사실상 포스트모더니즘의 시대를 지배하지만 아직 포스트모더니즘의 시대에서는 그 가치가 드러나지 않는다. 왜냐하면 포스트모더니즘의 시대는 인류역사상 상상력과 판단력이 가장 빈곤한 사람들의 시대이기 때문이다.

그들은 단지 마음의 시대를 살 뿐이다. 상상력과 판단력을 가져오는 영역은 인간성의 영역이다. 그러나 이 영역은 질서상태에서만 나타난다. 마음의 시대인 포스트모더니즘의 시대에서는 결코 스스로의 힘으로 상상하고 판단하지 않는다. 이 시대의 군중은 오로지 집단의 일원으로서 적응만을 추구할 뿐이다.

이와 같은 심화心化의 대혁명은 이미 철학에서 일어났다. 그것을 주도한 철학자는 버클리이다. 칸트는 버클리를 빗대어 "독단적인 관념론자란 물질의 현존을 부정하는 자[21]"라고 말한다. 즉 버클리는 물질일반의 가능성에 대하여 모순이 있다고 믿기 때문[22]이라는 것이다. 그리고 존재하는 모든 것은 오로지 마음속에만 존재하는 것이라는 극단적인 관념론을 내세웠다. 버클리는 이렇게 말한다.

> 이 진리의 첫째 것은 우리가 직접 지각하는 것들은 실재하는 것이라는 것이요, 둘째 것은 직접 지각된 것은 관념이고, 관념들은 오로지 마음속에만 존재한다고 하는 것이다. 이 두 가지 생각을 합친 것이 결국 내가 내세우려하는 주장의 핵심이다.[23]

그는 모든 물체를 지각하는 것은 그것을 지각하는 마음의 외부에는 존재하지 않는다고 주장한다. 따라서 버클리는 이렇게 주장한다.

> 내가 앉아서 글을 쓰고 있는 책상이 존재한다고 나는 말한다. 즉 나는 그 책상을 보며 또 손으로 만진다. 어디선가 무슨 냄새가 났

---

21) 칸트 순수이성비판 A377
22) 위의 책 A377
23) 스터얼링 P. 램프레히트 『서양철학사』 김태길외 역, 을유문화사, 1963, 449쪽.

다고 하자. 그 냄새는 곧 내가 맡은 것이다. 어디선가 무슨 소리가 났다고 하자. 그것은 곧 내가 들은 소리이다. 어떤 빛깔이나 모양이 있다면 그것은 시각이나 촉각에 의해 지각된 것이다.[24]

따라서 그 촉각과 시각을 지각한 것은 나의 관념이지 그 외부에 무엇이 존재한 것은 아니라는 것이다.

사물의 영역을 과감하게 마음의 영역으로 전화시킨 버클리의 다음 순서는 마음의 영역을 누가 지배하는가 하는 점에 집중되는 것은 당연한 귀결이다. 그리고 전통적으로 사물의 영역을 부정하고 마음의 영역을 긍정하는 사상은 철학보다는 신학의 고유한 영역일 것이다.

버클리는 그 순서를 그대로 밟아나갔다. 버클리의 셋째 명제는

하나님의 정신이, 세계의 웅대한 조직을 구성하는 수많은 관념들의 존재를 유지하고 있다[25]

는 것이다. 따라서 버클리는 자신의 철학이 회의론, 무신론 및 무신앙의 근거의 논파로, 또 회의론자들과 무신론자들에 반대하여 신의 직접적인 섭리의 증명으로 보았다.[26]

결국 버클리는 마음의 영역이 사물의 영역을 지배하는 철학을 내세웠고 그 마음의 영역의 지배자를 신으로 설정한 것이다. 그의 관념론은 전통적인 신학의 영역과 조금도 다름없는 도식을 그린 것이다.

버클리의 관념론은 포스트모더니즘의 시대에 중요한 관점을 제공한다. 즉 사물의 영역을 관념의 영역으로 전환하는 것이 실제로 포스트모더니즘 시대의 생활이기 때문이다.

---

24) 스터얼링 P. 램프레히트, 『서양철학사』 김태길외 역, 을유문화사, 1963, 455쪽.
25) 위의 책 458쪽.
26) 위의 책 458쪽.

산업시대 이후 철학은 신을 제거시켰다. 그리고 산업시대를 이은 포스트모더니즘의 시대에는 사물의 영역에서 마음의 영역으로 그 무대를 옮겼다. 따라서 다시금 마음의 영역이 사물의 영역을 흡수하는 시대로 돌아온 것이다. 이러한 방식의 생각을 한 버클리의 관념론은 다시금 부활된 것이다. 다만 그의 관념론의 핵심은 신은 제거된 상태에 있다. 아니 보다 정확하게 말하면 다른 존재가 신의 영역을 차지하고 군림하고 있다.

(7) 성선설性善說[27]

마음의 영역을 지배하는 존재가 무엇인가 하는 문제에 대한 기념비적 업적은 맹자의 성선설이다. 그는 인간은 악하므로 인간은 만인에 의한 만인의 투쟁상태에 있다는 홉스나 인간은 악하다는 순자와는 정반대의 주장을 내세웠다.

---

27) 한철학에서 성선설과 성악설은 서로 부정하는 관계가 아니라 하나의 전체를 조직하는 부분일 따름이다. 산업시대는 성악설, 후기산업시대는 성선설의 원리가 사용되는 것이며 통합의 시대에는 공동선의 원리가 사용된다. 이 셋은 하나의 전체를 이루는 세 개의 부분일 따름이다.

성악설,성선설, 그리고 공동선

성악설:

산업시대,모더니즘의 시대, 생산의 시대,정착의 시대

음陰,상생오행의 원리

공동선
음양과 상생상극,
성악설과 성선설을
통합하는 공동선의 영역

성선설

후기산업시대,
포스트모더니즘의 시대,소비의 시대.유목의 시대

양陽,상생의 오행의 원리

즉, 홉스와 순자는 유물론적인 관점에서 사물의 영역을 선으로 설정했다. 그러나 맹자는 관념론적 관점에서 마음의 영역을 선으로 설정한 것이다.

사물의 영역을 설명하는 유물론이 지배했던 모더니즘의 산업시대는 홉스와 순자와 같은 성악설의 철학이 진리로 통용되던 시대였다. 그러나 후기산업시대는 마음의 영역이 설명하는 유심론의 포스트모더니즘의 사회로 맹자의 성선설은 또 다시 새로운 의미와 가치를 가지게 되는 것이다.

그리고 이미 그 모습을 나타내기 시작한 전혀 새로운 시대인 통합과 통일의 시대에서 맹자의 성선설이 설명하는 사단四端의 철학은 매우 소중한 의미와 가치를 지니는 것이다. 왜냐하면 상상력과 판단력을 자신의 내부에서 가져올 수 있는 철학이기 때문이다. 인간을 악하다고 보는 철학은 어떤 경우에도 상상력과 판단력을 인간 자신의 내부에서 가져오지 못한다. 아니, 가져와서는 안 된다.

맹자의 사단론四端論은 이러하다.

불쌍히 여기는 마음을 사람들은 모두 가지고 있으며
부끄러워하는 마음을 사람들은 모두 가지고 있으며
공경하는 마음을 사람들은 다 가지고 있으며
시비하는 마음을 사람이 다 가지고 있으니
불쌍히 여기는 마음은 인이요
부끄러워하고 미워하는 마음은 의요
공경하는 마음은 예요
시비하는 마음은 지이니
인과 의와 예와 지가 밖으로부터 나에게 밀고 들어온 것이 아니라
내가 본래 가지고 있는 것이지만 생각하지 않을 뿐이니
고로 말하기를 구하면 얻고 놓으면 잃는다 한다.[28]

(8) 고독한 군중들의 시대

물질의 단계가 생산의 사회라면 마음의 단계는 소비의 사회이다.
1950년대에 소비의 사회는 미국에서 시작되었다. 데이비드 리즈먼은
생산시대에서 소비시대로의 변천에 관련된 전반적인 사회발전에 대
해 설명했다.

리즈먼은 산업사회를 특징짓는 사회학적 특성을 인구증가로 보았
고 소비사회를 특징짓는 가장 큰 사회학적 특성을 인구감소人口減少로
규정했다.

이 규정은 대단히 큰 설득력을 가진다. 과연 산업사회는 인구증가를
특징짓고 있으며, 소비사회는 인구감소를 특징짓고 있다.

출생율이 사망률을 따라가기 시작함에 따라 사회는 인구의 초기
감퇴의 시기에 이른다. 토지 및 획득경제, 또는 제조업에조차도 종
사하는 사람이 점점 줄어든다. 노동시간이 단축된다. 사람들은 풍
부한 물자와 여유를 가외로 얻는다. 그러나 이런 변화에 대하여 -
여기서도 항상 그렇듯이 낡은 문제의 해결은 새로운 문제의 출현

---

28) 孟子 券之十一/告子章句上
측은지심 인개유지 수치지심 인개유지
공경지심 인개유지 시비지심 인개유지
측은지심 인야 수치지심 의야
인의예지 비유외삭아야 아고유지야 불사이의
고왈 구즉득지 사즉실지

惻隱之心 人皆有之 羞恥之心 人皆有之
恭敬之心 人皆有之 是非之心 人皆有之
惻隱之心 仁也 羞恥之心 義也
恭敬之心 禮也 是非之心 智也
仁義禮智 非由外鑠我也 我固有之也 弗思耳矣
故曰 救則得之 舍則失之
(孟子 朱熹 한상갑역 삼성출판사 1986 289쪽)

이 된다. - 사람들은 중앙집권적·관료주의적 사회에 살며 제인종·국가 및 문화의 접촉-산업화에 의하여 촉진되는 - 에 의해 위축되고 교란되는 세계에 살고 있는 스스로를 발견함으로써 대가를 지불한다.[29]

산업시대의 폭발적인 인구증가가 인구감소로 돌아서면서 제조업 등에 종사하는 노동자가 줄어들고 노동시간은 단축된다. 그리고 오히려 풍부한 물자와 시간적 여유를 갖게 되면서 산업시대의 문제를 혁신하게 된다는 것이다.

산업시대에는 국가가 선으로서 무정부상태의 악의 세계에 살고 있는 개인들을 구원한다는 주체였다. 그러나 포스트모더니즘의 사회에서는 산업시대의 중앙집권적이며 관료주의적인 모든 것은 다시금 개인이 선인 가치영역으로 개편되어야 한다는 것이다. 전체적인 관점은 다원적인 관점으로 전환되는 것이며 사물에 대한 관념은 마음에 대한 관념으로 바뀌는 것이다.

다시 말해 산업시대라는 사물의 영역에서의 가치는 더 이상 산업시대에 있어서 선이 아닌 것이다. 리즈먼은 산업사회를 내적 지향에 의존하는 사회로 규정하고 그 시대의 인간을 내적지향의 인간[30]이라고 불렀다.

즉 산업사회와는 달리 후기산업사회에서는 판단의 기준이 자기 자신의 내부에 있지 않고 다른 사람들에게 있다는 것이다.

리즈먼의 규정은 날카로운 것이었다. 사물은 응집력을 그 기본성질로 삼는다. 따라서 사물의 시대인 산업시대의 인간은 내적인 지향 즉 응집력을 특성으로 한다. 마음은 확산을 그 기본성질로 삼는다. 따라서 마음의 시대인 후기산업시대는 외적인 지향, 즉 확산을 특성으

---

29) 데이비드 리즈먼, 『고독한 군중』, 유익현 역, 을유문화사, 1964, 39쪽.
30) 위의 책, 25쪽.

로 하는 것이다. 리즈먼의 관찰은 그야말로 100점짜리인 것이다.

　이제 세계는 마음의 영역으로 대변혁을 이루었고 이러한 새로운 조건에서는 물질적 환경은 더 이상 중요한 것이 될 수 없는 것이다. 대신 인간 그것도 타인이 문제가 된다는 것이다. 리즈먼은 이렇게 말한다.

　　모든 사람이 어떤 때는 어떤 사람에게서 호감을 사기를 원하며, 또 그럴 필요가 있기는 하지만 이것을 그들의 주요한 지향원천으로 삼으며, 감수성과 주요 분야로 삼는 것은 현대의 타인지향형 밖에 없다.[31]

　리즈만은 이러한 타인지향형 인간이 갖는 심리적인 지렛대는 막연한 불안감[32]이라고 한다. 이들은 스스로의 내면에서 상상력과 판단력을 가져올 능력이 없다. 그리고 설혹 있다 하더라도 그것을 실행할 용기가 없다. 따라서 모든 것을 다른 사람들과 함께 할 때만 마음이 놓이는 것이다. 따라서 이들의 관심은 어떤 일의 질이 아니다. 무슨 일에서 어떤 것을 얻느냐는 것이 아니라 그 일에 몇 사람이 모였느냐 하는 것이 가장 큰 판단의 척도가 된다. 많은 사람이 모였으면 그만큼 가치 있는 일이라고 생각하는 것이다. 또 어떤 가치의 일을 할까 라는 것은 관심 밖의 일이다. 무슨 일이 중요한 것이 아니라 무슨 일이든 상관없이 사람을 얼마나 모을 수 있을까 하는 사람의 숫자에 관심이 집중되는 것이다.

　이와 같은 마음의 시대는 들뢰즈와 가타리가 설명하는 유목주의와 비슷하다. 그들은 천개의 고원에서 "인간을 수에 따라 조직한다는 정말 기묘한 생각은 원래 유목민들의 것이기 때문"[33]이라고 말하고 있

---

31) 데이비드 리즈먼, 『고독한 군중』, 유익현 역, 을유문화사, 1964, 45쪽.
32) 데이비드 리즈먼, 『고독한 군중』, 유익현 역, 을유문화사, 1964, 50쪽.

다.

리즈먼은 소비사회의 주역들이 성장기에서 어떻게 타인지향의 소
비인간이 되는가를 이렇게 설명한다.

> 대부분의 아이들에 있어서 상상력은 청소년기에 이르면서 소멸되
> 고 만다. 뒤에 남는 것은 예술적 재능도 예술적 환상도 아니다. 그
> 것은 아이들이 그림과 이야기에서 그림이 형식화하는 과정에서 이
> 미 보일 수 있는 취미와 관심의 사회화인 것이다[34]

리즈먼이 말하는 그림이 형식화되는 과정이라는 것은 동화 대신에
기차와 전화 등을 들고 있다. 오늘날 텔레비전과 인터넷은 1900년대
에 리즈먼이 상상할 수 없었던 취미와 관심의 사회화를 보여주고 있
다. 물론 그것은 상상력과 창조력의 무자비한 파괴 위에 이루어지는
것이다. 그리고 그것은 자아의 말살로 이어지는 것이다. 즉 스스로의
중심에서 상상력과 판단력을 가져온다는 것이 어린 시절부터 불가능
하게 만들어져 있는 것이다.

그렇다면 같은 나이의 또래 집단이 가지는 가치는 어디서 가져오는
가? 그것은 매스미디어이다. 즉 신문과 방송은 동배 집단에 가치를
제공하고 그것은 모든 타인지향형 인간에게 만물의 척도로 군림하는
것이다.

즉, 스스로의 행동을 결정한 상상력과 판단력을 자신에게서 가져올
능력이 없으므로 그것을 동년배 친구들에게서 가져오는데 그 친구집
단들은 상상력과 판단력을 신문과 방송에서 가져오는 것이다.

스스로는 어떤 일에 무슨 가치가 있는지를 알아낼 스스로의 상상력

---

33) 질 들뢰즈·펠릭스 가타리, 『천개의 고원』, 김재인 역, 새물결출판사, 2001,
744쪽.
34) 데이비드 리즈먼, 『고독한 군중』, 유익현 역, 을유문화사, 1964, 107쪽.

과 판단력이 없으므로 신문과 방송이 규정하는 것에 무조건 따르는 것이다. 물론 이 시대의 신문과 방송도 스스로는 상상력과 판단력이 없다. 따라서 다른 신문과 방송에 의지하는 것이다. 그 중 극소수만이 자신만의 상상력과 판단력을 가지고 있고 그들이 전체를 움직이는 것이다.

포스트모더니즘 시대의 사람들은 스스로는 아무런 상상도 판단도 할 수 없는 것이며, 스스로는 아무런 독자적인 행동도 할 수 없는 것이다. 따라서 어떤 방법으로든 집단 속에 자신을 끼워 넣기 위해 눈물겨운 노력을 기울이는 것이다. 사람들과 떨어져 혼자서 생각하고 혼자서 판단하고 독자적인 행동을 하는 용기를 가진다는 것은 상상조차 할 수 없는 것이다.

그러면 이들에게 판단과 행동의 원인이 되어주는 신문과 방송을 지배하는 자는 누구인가? 그것은 권력과 기업이다. 따라서 기업은 물건을 팔기 위해 소비의 영웅을 끊임없이 만들어내고 타인지향형 인간들은 그것을 열심히 그리고 생각 없이 소비하는 것이다. 또한 권력을 유지하고 창출하기 위해 정치가들은 신문과 방송을 지배하려고 치열한 전쟁을 벌이는 것이다.

타인지향형의 인간은 무엇을 이루려는 꿈을 결코 가지지 않는다. 그들은 무엇인가를 배우게 되는 순간부터 집단에 적응하기를 배우는 것[35]이다. 다시 말해 이들은 무언가를 배우는 그 순간부터 자아를 버리고, 상상력과 판단력을 버리고, 독자적인 행동을 할 수 있는 능력을 내버리기 시작하는 것이다.

그러나 그 집단속에 어렵게 적응한다 해도 집단 내의 인간들의 결속력은 그야말로 공기처럼 그 무게가 가벼운 것이다. 이 시대의 사람들은 그 누구와도 진실한 마음의 교류를 갖지 못한다. 왜냐하면 진실한

---

35) 데이비드 리즈먼, 『고독한 군중』, 유익현 역, 을유문화사, 1964, 391쪽.

마음의 교류는 질서상태에서만 가능하기 때문이다. 질서상태여야 자아가 존재하는 것이며 자아를 가진 사람끼리여야 진실한 마음의 교류가 가능한 것이다.

그러나 이 시대의 사람들은 남처럼 살겠다는 생각 외에는 없다. 나처럼 살겠다는 생각은 없는 것이다. 왜냐하면 판단을 해야 할 나 다시 말해 자아가 없기 때문이다.

여기에 이 시대 사람들의 고독과 슬픔의 뿌리가 있는 것이다. 수많은 가정이 파괴되고 분해되는 이유가 여기에 있으며, 수많은 기업과 정권이 파괴되고 분해되는 이유가 여기에 있는 것이다.

따라서 집단에는 적응하지만 결코 행복하지 않은 고독한 군중의 시대가 전개되는 것이다. 우리는 그 전형적인 모습을 대중음악이나 영화 그리고 운동경기와 대중집회 등에서 볼 수 있다. 그 백미는 대형 체육관의 집회와 같은 것이다. 특히 인터넷은 포스트모더니즘 사회의 정치와 경제, 사회의 중요한 무대인 것이다.

이들 체제의 집단 안에 소속되어 있는 한, 스스로 판단하거나 독자적인 행동을 하지 않아도 된다. 대신 판단해주고 대신 행동하도록 지침을 내려주는 자들이 있기 때문이다.

그리고 타인지향형 인간에게 무엇보다 문제가 되는 것은 그들에게 만물의 척도가 되는 또래집단의 가치는 신문과 방송이 이끄는 데로 만들어지는 것이지만 신문과 방송은 결코 그들을 위해 존재하지 않는다. 그들은 그들을 존재하게 해주는 세력을 위해 끊임없이 정보를 조작하는 것이다.

따라서 대중은 심화된 사물의 영역, 다시 말해 조작된 마음의 세계에서 그것이 조작된지도 모르면서 세상을 살고 있다. 이 시대의 대중은 모든 판단을 외부에서 가져온다. 즉 스스로 판단할 자아가 없는 인간들이 군중 속에 자신을 감추지만 그것은 사실상 최악의 고독을 가져오는 것이다. 자아가 없다는 고독, 판단력과 상상력과 통찰력과 소통력과 통일력이 없다는 고독, 그럼으로써 행동할 원인을 나 이외에 다른 곳에서 가져와야 한다는 고독, 그리고 무엇보다도 스스로의 판단으로 행동할 수 있게 하는 원동력인 용기가 그들에게 전혀 없다는 사실에서 나타나는 고독 등은 그들이 피하고 싶었던 상대적 고독과는 다른 차원의 고독이다. 그것은 절대적 고독이다.

(9) 대중사회- 신이 죽은 영역을 차지한 지배자들

오늘날 버클리가 말하는 신의 영역을 대신 차지한 지배자는 매스미디어이다. 인간의 마음은 개인이 아니라 군중으로서 신문, 텔레비전, 인터넷 등에 결정적인 지배를 받고 있다. 그리고 이들에게 영향력을 행사하는 기업과 정치세력은 그들의 목적을 성취하는 수단으로 이 통신매체를 활용한다. 예를 들면 스크린을 바라보는 개인은 산산이 흩어져 있는 고립적이고 익명적이기 때문에 대중이다. 대중은 여하한 사회조직도, 여하한 관습이나 전통의 묶음도, 어떠한 확립된 지도권도 전혀 가지고 있지 않다는 것이다. 대중의 일부가 되는 것은 자기와 절연하거나 자기로부터 소외된 것에 불과하다.[36]

마음의 영역을 지배하는 매스미디어는 인간을 익명적인 대중으로 만들어버린다. 즉 인간을 관념으로 취급해버리는 것이다. 이 도식에서 예외적이기는 불가능하다. 대중은 개인으로서의 자신과 절연하고 그럼으로써 자신에게 소외된 개인들의 집단에 불과하다는 것이다.

평화가 당연시 되는 시대에 전자매체는 갈수록 일반군중의 열망에 충실히 따른다. 군중은 TV카메라를 닮아가며 역사에 대한 기억을 잃고 시야가 좁아진다. 눈앞에 보이는 것만 생각하고 그 너머에 있는

---

36) 다니엘 벨, 『이데올로기의 종언』, 삼성문화재단, 1972, 25쪽.

복잡한 사실들을 고려하지 않는다.37)

여기서 새로운 문제가 발생한다. 이제 매스미디어는 과거 신이 주인
이었던 마음의 영역을 완전히 지배하고 있는 것이다. 이는 마음의
영역이 사물의 영역을 완전히 지배하는 새로운 관념의 시대의 도래를
알리는 것이다. 마음의 시대가 보여주는 새로운 양상이다.

그러나 이 매스미디어가 지배하는 시대는 오래가지 못한다. 포스트
모더니즘의 시대의 언론은 당연하게도 상상력과 판단력, 통찰력과 소
통력과 통일력을 스스로 생산하지 못하기 때문이다. 상상력과 판단력
등은 혼돈상태가 아니라 질서상태의 공적 영역을 확보하는 사람들에
게만 존재하는 것이다. 따라서 혼돈상태인 이 시대에 상상력과 판단력
을 갖는다는 것은 미래의 것에 대한 선취가 되는데 그것은 집단에게는
절대로 불가능한 것이다.

이 시대의 개인에게 상상력과 판단력과 통찰력을 얻도록 해주는
교육기관은 존재하지 않는다.

현대문명이 지니고 있는 이러한 주술적인 면은 동시대의 사람들에
게는 보이지 않는다. 오히려 전혀 동떨어진 문명권에서 사는 사람의
눈에 정확하게 나타난다. 인디언 현자의 말을 들어보자.

> 우리들 중에도 백인처럼 옳은 길을 혼자만 아는 체하는 사람이 있
> 다. 그런 사람은 대가 없이는 그 길을 보여주려고 하지 않는다. 하
> 지만 나는 그들의 길을 믿지 않는다. 모든 사람은 스스로 자신의
> 길을 만들어가야 한다고 믿기 때문이다.
>
> 검은 매 - 사우크족38)

---

37) 로버트 카플란, 『무정부시대는 오는가』, 장병걸 역, 들녘, 2001, 185쪽.
38) 조셉추장 외, 『여러 인디언 흙 한줌 물 한모금의 가르침』, 이현숙 역, 1999,
    98쪽.

아메리카 인디언 중 사우크족의 검은 매라고 불린 현자는 우리 현대인이 사람을 판단하는 기준인 학벌로 따진다면 초등학교도 나오지 못한 사람이다. 또한 사회적 지위로 따진다면 최하위 계층의 사람이며 재산으로 따진다면 가진 것이 거의 없는 노숙자에 가깝다.

그러나 그는 현대사회의 최고학벌을 가진 사람이나 최고위 사회적 지위를 가진 사람이나 최고위 재산을 가진 사람이 결코 가지기 어려운 상상력과 판단력과 통찰력을 보여주는 것이다.

그가 자신의 길을 만들어나간다는 말은 곧 사적 세계의 모든 것을 인식하면서 그 어떤 것에도 의지하지 않는 공적 영역을 스스로의 내부에서 발견해야 한다는 말과 같다. 바로 이 영역이 인간성의 영역으로 본체계이다.

혼자만 아는 체하는 철학자들 중 지난 삼천 년간 그 누구도 이 영역을 제대로 설명한 철학자는 없는 것이다. 혼자 다 아는 듯한 신문과 방송은 이 영역에 대해 관심조차도 없다. 왜냐하면 이러한 지식에는 광고주가 따르지 않기 때문이다.

철학은 이성과 지성이 균형을 가져야 하며 무엇보다 이 양자를 하나의 영역에 포함하는 인간성을 위주로 설명되어야 하는 것이다. 사우크족의 철학자 검은 매가 말하고 싶어한 것은 인간은 상상력과 판단력과 통찰력과 소통력과 통일력을 스스로의 본체계에서 가져와야 한다는 것이다.

그러나 혼자만 아는 체하는 철학자들은 비싼 대가를 받고서야 그들의 지식을 제공하지만 그들의 지식이 이러한 인간성의 능력을 발휘하게 할 것으로 믿지 않는다는 것이다. 왜냐하면 이러한 귀한 가치는 스스로가 자신의 길을 만들어가야 한다고 믿기 때문이다.

우리 현대인들이 초등학교에서 대학까지 받는 교육은 이러한 상상력과 판단력을 전혀 가르쳐주지 않는다. 왜냐하면 그것을 가르치는 교육자들부터 이러한 상상력과 판단력을 자기 자신에게서 가져와야 한다는 사실을 그 누구에게도 배우지 못했기 때문이다.

그리고 적지 않은 수의 탁월한 인격과 통찰력을 가진 교육자들은 이 방법을 안다. 그러나 그것은 개인적인 인격수양에서 얻은 능력이므로 그것을 학생들에게 가르쳐주기도 어렵고 그것을 제도권에서 가르치는 과목조차 애매한 것이다.

우리는 이 인디언 현자가 하는 말에서 현대사회의 군중들이 믿고 있는 지식이라는 것이 단지 환각과 환영에 지나지 않는 것임을 알 수 있는 것이다. 진정한 지식은 그 환각과 환영이 춤추는 사적 영역의 중심인 공적 영역에서 얻을 수 있는 것이며 그것은 자신의 내부에 이미 존재하고 있는 것이다.

(10) 마음의 산업

산업사회 즉 모더니즘의 사회는 생산사회로서 사회의 보편적가치는 오로지 생산에 있다. 후기산업사회 즉 포스트모더니즘의 사회는 소비사회로서 사회의 보편적 가치는 오로지 소비에 있다.

작업시간 단축으로 생겨난 여가 활용은 이제 과거 사물의 영역에서 존재하던 산업으로서의 가치를 인정받는다. 영화나 게임, 여행 등과 같은 마음의 영역에 해당하는 문화는 이제 과거 사물의 영역인 철강산업이나 조선산업을 능가하는 산업이 되었다.

(11) 소비사회의 주술 신용카드

생산자의 상품공급이 언제나 부족하고 대신 소비의욕이 언제나 과잉될 때 산업시대는 산업시대로서의 명목을 유지할 수 있었다.

그러나 상품공급이 언제나 과잉상태에 있고 소비의욕은 늘 부족할 때 산업시대는 종말을 고하고 산업시대와는 전혀 다른 새로운 소비시대가 열리게 되었다. 이제 소비사회가 살아남는 방법은 오로지 소비자의 소비에 달려 있는 것이다.

과거 생산사회에서는 사물의 영역이 정신적 영역을 물화物化시키는 주술에 생산사회의 사활이 달려 있었다. 그러나 소비사회에서는 사물의 영역을 정신적 영역으로 심화心化시키는 주술에 소비사회의 사활이 달려 있다.

① 부적과 신용카드

우리 사회에서 점술사들이 파는 부적이라는 조그만 한 장의 종이에 대해 모르는 사람은 없을 것이다. 점술사들은 사물의 영역인 종이에 붉은 글자를 써넣는다. 그럼으로써 그 한 장의 종이는 마음의 영역의 가치가 엄청나게 증대하여 종이와 글씨라는 사물의 영역은 마음의 영역 안으로 심화心化되어 버린다. 따라서 심화된 물질로서의 부적은 이제부터 단순한 종이와 글씨가 아니라 인간이 겪는 흉凶한 일이나 화禍를 길吉과 복福으로 바꾸어준다는 신비스러운 물질로 바뀌는 것이다. 따라서 사람들은 그 부적이라는 종이가 지니는 마음의 가치가 그 물질가치보다 아무리 더 크더라도 기꺼이 사는 것이다.

점술사는 사물의 영역을 마음의 영역으로 심화시켰지만 그것을 비싼 돈을 주고 산 소비자는 자신의 마음의 영역 안에 자리 잡은 객관성이 결여된 욕망에 의해 자신이 소유하는 물질적 영역을 상징하는 구체성(돈)은 사라지고 만다.

부적은 사물의 영역에 해당하는 인간의 일을 관념의 영역으로 심화한 종이 한 장으로 바꾸어 상품화한 것이다. 그리고 소비자는 추상적인 마음의 영역을 위하여 사물의 영역을 상징하는 돈을 소비한 것이다. 이 거래의 중심은 단지 한 장의 종이다.

신용카드도 이와 마찬가지이다. 신용카드는 사물의 영역에 해당하는 상품을 마음의 영역으로 심화한 플라스틱 종이 한 장으로 바꾸어 상품화한 것이다. 그리고 소비자는 마음의 영역이 가지고 있는 욕망을 위하여 사물의 영역의 상품을 외상으로 사고 소비자 소유의 사물의 영역을 상징하는 실제적인 돈을 나중에 지불하는 것이다. 역시 이 마술적인 거래를 가능하게 하는 것은 단지 플라스틱 종이 한 장이다.

신용카드도 부적과 같이 사물의 영역인 상품을 마음의 영역으로 심화시키는 주술적 도구이다. 소비사회의 인간들은 마음의 영역에서 원하는 사물의 영역의 상품을 원하는 대로 돈 없이 가질 수 있다. 그것이 신용카드의 신비한 마술이다.

그러나 그것은 외상인 것이다. 즉 신용카드회사에 빚을 내서 물건을 사는 것이다. 그리고 상인들은 돈 안 받고 먼저 물건을 판매한 후 나중에 그 돈을 받는 것이다.

소비사회는 이처럼 귀찮은 일을 사회체계 전체가 동원되어 부추기지 않으면 살아남지 못한다. 그것은 절체절명의 위기감이 만들어낸 주술적 도구인 것이다.

신용카드는 생산사회의 저축과는 정반대의 개념을 가지고 있다. 생산사회는 시민들이 저축한 자본에 의해 사회 전체가 생산체제로서 살아남을 수 있었다. 그러나 소비사회는 시민들에게 빚을 지움으로써 강제로라도 상품을 소비하게 해야만 사회전체가 소비체계로서 살아남을 수 있는 것이다. 소비사회는 모든 것을 빚으로 사게끔 소비자를 세뇌시킨다. 집과 자동차는 물론 거의 모든 상품을 외상으로 사게 하여 빚을 지운다.

인간은 무한대의 욕망을 가지고 있으며 그 욕망의 집인 마음의 영역은 이루지 못할 일이 아무것도 없다. 그 어떤 사물의 영역의 물건도 마음의 영역에서는 가질 수 있다. 그러나 실제상황에서 마음의 영역이 가진 욕망은 물질적 세계인 사물의 영역에 늘 억제를 강요당해 왔다. 그것이 신용카드를 사용한다고 해서 조금도 달라지는 것은 아니다. 그러나 적어도 신용카드로 돈 안주고 물건을 가지는 행위는 마음의 영역이 가진 욕구를 어느 정도는 채워주는 듯 인간을 감미롭게 속인다.

과거 사회체제 전체가 나서서 저축을 장려하던 것과 마찬가지로 오늘날은 사회체제 전체가 나서서 신용카드의 사용을 장려한다. 시민 전체가 빚쟁이가 되게 함으로써 소비사회는 겨우 겨우 살아남을 수 있는 것이다.

이와 같이 신용카드가 단적으로 보여주는 소비사회의 전략은 갈수록 대담하고 치밀하여 시민들은 도저히 빚쟁이가 되지 않으면 살 수 없을 정도로 전 국민을 빚쟁이로 만들고야 만다.

심지어는 민간경제가 침체될 때 국가가 개입하는 방식으로 국가가 국민에게 빚을 지지 않으면 국가가 유지될 수 없는 기이한 형태의 구조가 생겨나는 것이다. 소비국가에서 나타나는 과도한 국채발행이나 공적자금 투여 등이 그런 것이다.

과거 생산사회가 나라 전체를 공장으로 만들어 모든 시민들은 생산의 노예로 만들었던 것처럼 소비사회는 나라 전체를 쇼핑센터로 만들어 모든 시민들을 소비의 노예로 만드는 것이다. 인간에게 있어서 생산의 노예나 소비의 노예는 고통스러운 점에서 아무런 차이가 없다.

(12) 자동차의 신화시대

오늘날의 자동차는 산업시대의 자동차와는 다르다. 거의 고장이 나지 않으며 성능도 매우 우수하다.

그러나 비슷비슷한 자동차의 성능에 비해 가격은 엄청나게 차이가 있다. 즉 사물의 영역에서는 큰 차이가 없지만 마음의 영역에서는 큰 차이를 보이는 그 무엇이 있는 것이다. 마음의 영역에서의 차이는 소비사회의 지위를 나타내는 기호로서의 의미와 가치이다.

　같은 성능의 자동차라는 사물의 영역의 같은 의미와 가치도 그 자동차를 만든 회사에 따라 마음의 영역에서 느끼는 의미와 가치는 명백하게 다르다. 모두가 알아주는 회사의 자동차를 사용하는 사람은 소비사회의 상위계급의 지위를 확보한다. 그 상위계급의 지위를 얻는 일에 아무리 많은 돈을 지불하더라도 상관없다고 하는 사람들은 소비사회에 얼마든지 줄을 서있는 것이다. 소비사회는 바로 그러한 마음의 영역에서 지위가 결정되기 때문이다.

　따라서 소비사회에서 최고급 자동차를 지닌 사람은 소비사회의 신과 다름이 없는 것이다. 그 지위에 비하여 그 비싼 가격은 조금도 비싼 것이 아니다.

　과거 철학자 니체 이전의 마음의 영역은 신의 영역으로서 동서양을 막론하고 이 영역을 지배하는 사제들은 신적 권위를 인정받았다. 그들 사제들이 종교행위에서 부여받는 지위는 신성불가침적인 것이었다.

　오늘날 신이 죽은 마음의 영역은 더 이상 종교적 사제들이 지배하는 영역이 아니다. 이 시대는 고급자동차를 타고 골프장이나 고급 사교장을 드나들 때 사람들을 과거 사제들에게 부여했던 지위를 그들에게 부여한다.

　즉, 과거 제정일치사회의 제사장들이 군중들 앞에 나타날 때 몸에 지니던 왕관이나 칼과 같은 것은 그들의 지위를 말해주는 것이다. 그 칼이 부엌에서 쓰는 칼과 같은 재료일지라도 그 의미는 사물의 영역을 넘어 마음의 영역에서 신적인 의미와 가치를 부여받는 것이다.

　마찬가지로 오늘날 값비싼 고급차는 군중들이 사용하는 값싼 차와 똑같은 성능과 재료일지라도 그것은 사물의 영역을 넘어 마음의 영역에서 신적인 의미와 가치를 부여받는 것이다.

따라서 고급차를 소유한 사람은 그가 아무리 무지하고 야비하고 천박한 위인 일지라도 (실제로 그런 사람일 가능성은 높다) 마음의 시대라는 주술의 시대를 사는 한 그는 제정일치시대의 제사장과 같은 지위를 뽐낼 수 있고 저가 차를 탄 사람에게 그 지위를 강요할 수 있다. 이 놀라운 시대에 우리는 살고 있는 것이다.

혼돈상태에서는 오로지 남과의 비교판단만이 모든 것이다. 남보다 조금이라도 물질적인 면에서 우월하면 그것으로 행복하며 남보다 조금이라도 물질적인 면에서 못하면 불행한 것이다. 남이 가질 수 없는 물건을 가지고 있으면 그것이 곧 지위가 되는 것이다. 비교판단은 남이 기준이다. 스스로에게 자아가 없기 때문이다. 그러나 자아를 가지고 있는 사람은 남과 비교판단을 하지 않는다. 스스로의 자아에 존재하는 공적 영역에서 판단력을 가져온다.

우리가 타임머신을 타고 니체 이전의 시대의 종교인들이나 제정일체시대의 제사장들이 연출하는 엄숙한 모습을 본다면 신기해 하거나 우스꽝스러운 생각이 들 것이다. 그러나 그 자리에서 신기해하며 떠들거나 웃음을 참지 못하고 웃어버리면 아마 큰 봉변을 당할 것이다.

마찬가지로 포스트모더니즘의 주술시대의 비밀을 아는 사람이나 질서시대의 공적 영역에서 생각하는 사람들이 포스트모더니즘의 사회에서 고급자동차에 대한 이 엄청난 숭배현상에 대해 그 어리석은 사람들이 요구하는 경건한 마음을 조금도 가지지 않을 것이다.

그들은 포스트모더니즘의 시대를 사는 사람들이 자동차에 대해 가지는 천박한 숭배현상이 적도지방의 미개인들이 가지는 알 수 없는 대상에 대한 기이한 숭배보다 더 미신적이라는 사실을 단번에 간파하고 경멸할 것이다.

그리고 그들이 자동차에 대해 가지는 고급자동차 숭배현상에 대해 기가 막혀 하거나 웃음을 참지 못해 웃음을 터뜨려버릴지 모른다. 그러나 그들은 자신들의 토템인 고급자동차에 대한 엄숙한 율법을 무시하는 이상한 사람이라며 그 사람에게 이방인이라는 낙인을 찍을 것이다.

(13) 아파트의 신화시대

생산사회의 아파트는 사물의 영역으로서 생산기계로서의 공간이다. 이 시대의 아파트는 공장시설의 일부에 지나지 않는 것이었다. 그러나 소비사회의 아파트는 더 이상 사물의 영역이 가치를 지니지 않는다.

소비사회의 아파트는 마음의 영역이 사물의 영역을 심화한다. 가령 어느 지역의 아파트는 어느 회사의 자동차와 마찬가지로 소유자의 사회적 지위를 결정짓는다. 아파트는 부의 증식은 물론 사회적 지위를 결정하는 보이지 않는 새로운 관념의 측면이 뚜렷하게 드러난 것이다.

소비사회에서는 어떤 사람이 그 아파트에 사는가는 전혀 중요하지 않다. 이제부터는 그 아파트에서 누가 사는가가 매우 중요한 것이다. 소비사회에서 이름난 지역의 아파트를 지닌 사람은 소비사회의 신과 다름이 없는 것이다. 그 지위를 얻는 일에 비한다면 비싼 가격은 얼마든지 지불할 수 있는 것이다. 이는 아파트의 본래 목적인 주거와는 아무런 상관이 없는 영역의 것들이다.

오늘날 사물의 영역이 심화되는 시대의 비싼 아파트는 과거 마음의 영역을 지배하던 신의 영역과 그 상징성이 비슷한 것이다.

소비시대의 소비자들이 이러한 아파트들을 대하는 마음가짐은 과거 니체 이전시대의 사람들이 종교시설을 대하듯 경건하고 엄숙한 마음으로 대한다.

고급 아파트에 대하여 가해지는 엄숙하고 경건한 마음은 그야말로 신성불가침의 종교적 영역에 대한 숭배심 바로 그것과 같은 것이다. 이미 아파트는 주거공간이 아니라 엄숙한 토템이 되었다.

그러나 마음의 시대의 비밀을 아는 사람에게는 이처럼 우스꽝스러운 일도 없는 것이다. 도대체 이러한 집단적 최면은 어디에서 오는가?

그것은 모든 판단과 행동의 원인을 자기 자신에게서 가져올 수 없는 대중들이 만들어내는 집단적인 주술행위와 같은 것이다. 그리고 소비에 무한히 봉사하는 매스컴에 의해 끊임없이 조작된 정보에 의하여 집단적 최면상태가 깨어나기 어려울 정도로 극심해진 것이다.

미개부족들은 그들의 토템을 포기하기가 거의 불가능하다. 그 이유는 그 토템의 문제를 파악할 수 있는 판단력과 통찰력을 가져올 인간성이 없기 때문이다. 포스트모더니즘의 시대를 사는 사람들도 이와 똑같다. 혼돈상태에서는 공적 영역이 없다.

(14) 웰빙사회라는 신화시대

소비사회에서 건강은 더 이상 사물의 영역의 건강이 아니다. 과거 생산사회에서의 건강은 사물의 영역인 육체의 노동의 능력을 상징한다. 그러나 소비사회의 건강은 그것을 가진 사람의 재산과 지위를 상징한다.

소비사회의 하층계급은 이러한 건강을 위한 고급스러운 소비를 할 여력이 없다. 그들은 단지 매달 신용카드로 지출한 돈을 막기에도 급급하며 사는 집의 월세나 융자금과 의료보험비와 자녀들의 학자금을 지출하기에도 숨이 찰 지경인 것이다.

따라서 소비사회의 계급적 지위는 그가 의료보험이 제공하는 제도

권의 의료혜택을 넘어선 고급스러운 의료혜택을 충분히 받는가 하는 것에서 잘 나타난다.

병원의 고급스러운 의료혜택을 비롯하여 그 외에 그의 건강을 위해 봉사할 수 있는 약품과 식품 그리고 헬스클럽이나 실내수영, 스키, 골프, 요가나 단전호흡, 성형수술 등을 얼마나 많이 소비하는가 하는 점이 소비사회 내의 그의 지위를 설명한다.

20:80으로 계층화되는 소비사회에서 이와 같은 의료혜택과 운동이나 건강수련법 등은 점차 저소득층에서는 누릴 수 없는 혜택이 되고 고소득층에서 주로 누릴 수 있는 혜택이 되는 것이다.

육체는 사물의 영역의 육체가 아니라 소비사회라는 마음의 영역에서의 육체가 보여주는 사회적 지위로서의 육체 즉 심화된 육체가 된 것이다. 즉 육체는 이제 지위를 과시하는 육체인 것이지 노동으로서의 육체가 아닌 것이다.

따라서 소비사회에서 건강유지에 가장 비싼 가격을 투자하는 사람은 소비사회의 신과 다름이 없는 것이다. 그 지위에 비하여 그 비싼 가격은 조금도 비싼 것이 아니다.

고대의 신관들이 몸치장을 하는 것은 멋을 내기 위해서가 아닌 것이다. 그 몸치장은 그들의 지위 그 자체와 관련이 있는 것이다. 오늘날 육체를 가꾸고 건강에 막대한 돈을 투자하는 것이 육체와 건강에도 물론 관련이 있을 것이다. 그러나 보다 더 큰 연관은 사회적 지위의 과시이다.

인간성이 없는 사람들은 도대체 부끄러움이 무엇인지를 모른다. 그리고 가치가 무엇인지도 모른다. 왜냐하면 다른 사람과 비교할 능력이외에 다른 가치판단 능력을 조금도 가지고 있지 못하기 때문이다. 즉 자아가 없는 것이다. 이러한 사람들의 사회가 마음의 시대이다.

(15) 재미가 모든 것이다!

사물의 시대인 산업시대, 모더니즘의 시대에는 생산이 최상의 가치이며 사회의 모든 계층은 오직 노동을 위해 존재할 뿐이었다.

그러나 마음의 시대인 소비의 시대, 포스트모더니즘의 시대는 소비가 최상의 가치이며 모든 계층은 오직 소비를 위해 존재할 뿐이다. 그리고 소비의 영역은 마음의 영역이며 전통적으로 마음의 영역은 놀이의 영역이다. 생산시대의 노동은 이제 소비시대에서 놀이로 전환된 것이다.

물질의 시대는 육체의 시대이며 그것은 노동으로 가치를 창조한다. 마음의 시대는 놀이가 가치를 창조하는 것이다. 이제는 생산된 상품의 품질이 문제가 되는 것이 아니라 재미가 다른 무엇보다도 문제가 되는 것이다. 재미는 놀이에 의해서 생산된다.

이제는 더 이상 공장의 기계가 가치를 창조하지 않는다. 대신 소프트웨어와 컴퓨터 게임이나, 음악과 춤 그리고 영화, 여행 등이 기계와 근육을 대신한다.

재미있다는 것은 마음의 영역의 것이다. 그리고 그것은 사물의 영역의 물질적이고 기계적인 것과 무관한 영역의 것이다. 놀이는 인간의 근원적인 영역과 맞닿아 있다. 이 놀이가 갖는 재미란 그래서 아무도 거부할 수 없는 것이다.

소비시대의 인간은 이와 같은 놀이가 곧 생활이며 그것에서 얻는 가벼운 재미가 곧 가치인 것이다.

(16) 노마디즘(유목주의)과 마음의 시대

소비시대, 포스트모더니즘의 시대는 유목시대와 같이 집단을 이루려고 한다. 유목민이 양이나 소나 말의 떼를 이루어 기르듯 그들 스스로도 집단을 이루려는 경향이 있다. 이는 정착민이 땅에 집착하는 것과는 다른 것이다. 즉 정착은 응축의 개념으로 사물의 영역이며 유목은 확산의 개념으로 마음의 영역이다.

들뢰즈와 가타리가 "유목민이야말로 하나의 추상, 하나의 이념 즉 실재적이면서도 현재적이지 않은 그 무엇이라고 할 수 있다"[39]는 말에서 그가 말하는 유목의 개념이 한철학의 확산의 영역, 추상의 영역, 마음의 영역과 하나임을 설명한다.

현대인은 사물의 영역에 집착하면서 한편으로 유목민과 같이 떼를 이루며 마음의 영역을 지향한다. 과거 유목민도 강력한 결속력을 가진 집단을 이루는 것은 위대한 영웅이 출현했을 때나 가능한 것이다. 하물며 현대인에게 과거 유목민과 같은 강력한 결속력이 나타나기는 불가능에 가깝다. 현대인의 슬픔은 여기에 있는 것이다. 현대인은 강한 결속력이 없는 집단의 일원이 되기 위해 많은 희생을 치루지만 집단이 일원이 된다 해도 그 집단에서 안정을 얻기는 불가능하다. 그 결속력은 깃털처럼 가벼운 것이기 때문이다.

자크 아탈리는 문명을 유목과 농경으로 나누고 유목문명이 농경문명보다 더 많은 기여를 했다는 주장을 한다.

이는 세계를 유목과 농경의 이원론으로 보고 유목문명이 농경문명을 부정하고 박멸하는 식의 부정성의 변증법이다. 이 시대가 마음의 시대이며 마음의 시대는 확산의 특성이 있다. 이 같은 특성은 유목문명과 일치하는 것은 사실이다. 그러나 유목적 특성이 미래를 지배하리라고 보는 것은 서구문명의 어쩔 수 없는 이원론적 일원론의 한계를 드러내는 것에 지나지 않는다.

---

39) 질 들뢰즈·펠릭스 가타리, 『천개의 고원』, 김재인 역, 새물결출판사, 2001, 806쪽.

우리는 유목과 농경의 이원론을 하나로 통합하고 통일하는 문명을 창조한 문명을 알고 있다. 그 문명이 곧 떠오르는 태양으로 상징되는 조선문명이요 고구려문명이요, 백제문명이요 신라문명이며 발해문명이다.

우리의 고대한국은 서양식 이원론으로는 상상할 수 없는 문명과 문화이며 현대한국인이 일으키고 있는 문명과 문화 또한 서양인이 상상한 소비와 생산, 자본과 노동, 모더니즘과 포스트모더니즘 그리고 정착과 유목의 시대적 부정성의 변증법을 시대적 긍정성의 변증법으로 통합하고 통일하는 차원의 문명이 될 것이다.

(17) 상생의 시대의 인간성의 포기

마음의 시대, 상생의 시대에 있어서의 평범한 악은 사회에 만연되어 있지만 그것은 결코 그 모습을 드러내지 않는다. 평범한 악은 사물의 시대나 마음의 시대나 그 속성은 같은 것이다. 즉 스스로가 스스로를 존엄하게 생각하지 못함으로써 스스로의 인간성을 지킬 수 있는 용기의 부재로 나타나는 것이다. 그것은 인간성의 포기에 따른 천박함으로 나타난다.

아렌트는 이 문제를 주로 산업시대의 전체주의에 초점을 맞추었지만 그것은 어느 시대이건 나타난다. 그것은 주로 과정의 상태에 영향을 받는 것이며 사회가 질서의 상태가 아닌 한 그것은 언제나 집단적으로 일어나는 것이다.

아렌트는 아이히만의 재판과 뉘른베르크 재판 모두에서 요구되었던 것은,

자신을 인도해줄 것이라고는 자기 자신의 판단력밖에 없을 때조차

도, 게다가 그 판단력의 결과가 주위의 모든 사람의 일치된 의견이라고 간주되는 것과 완전히 배치될 때조차도 인간에게는, 옳음과 그릇됨을 분간하는 능력이 작동하고 있다. 여전히 옳고 그름을 구분할 수 있었던 그 극소수의 사람들은 자기 자신의 판단만을 의지해서 나아갔고, 또한 그렇게 자유롭게 행위했다. 그들이 직면했던 특수한 경우에 적용할 수 있는 준수될 규칙은 존재하지 않았다. 사건이 발생할 때마다 그들은 결정을 내려야 했는데, 이렇듯 전례 없는 사건을 위해 존재하는 규칙이란 없기 때문이다.[40]

라고 주장했다. 그러나 우리가 진실로 이 사건에 대해 통찰력을 가지고 관찰했다면 판단력이 중요한 것은 이와 같은 인류적 또는 민족적인 사건에 한해서 요구되는 것은 아니라는 사실을 인식하는 일이다. 이와 같은 전례 없는 사건은 그 규모의 차이뿐 우리의 주변에서 일상적으로 일어나고 있다는 사실이다.

아렌트는 개인의 도덕적 책임에 대해 판단하기를 어디에서나 분명히 꺼려하는 태도와 더불어 진행한다. 슬픈 아이러니는, 이러한 판단 기능의 파국이 바로 아이히만의 끔찍한 범죄를 일차적으로 가능하게 만들었다는 점[41]이라고 주장한다.

물론 아렌트가 말하는 판단력은 우리가 말하는 이성과 지성을 통일한 인간성에서 발현되는 판단력은 아닌 것이다. 혼돈상태의 사회는 스스로의 판단력을 스스로의 공적 영역에서 가져올 수 있는 능력이 없다. 스스로가 스스로를 존엄하게 설정하는 공적 영역이 없기 때문이다. 이런 상태에서 가장 큰 문제는 옳은 판단력이며 그것을 행동으로 옮길 자유의지이며 어떤 경우에도 판단력과 자유의지를 결합하여 행동으로 옮기게 하는 용기이다.

---

40) 한나 아렌트, 『칸트의 정치철학강의』, 김선욱 역, 푸른숲, 2002, 243쪽(전자책).
41) 위의 책, 46쪽.

아렌트는 "살인자를 비난한 재판관조차도 집에 가서는 신의 은총이 없었더라면 내가 그렇게 되었을 거야라고 말할 수 있다. 게다가 당신 자신도 같은 상황에 있었더라면 잘못을 저질렀을 것이라는 생각이 용서의 정신을 일으킬 수도 있지만"[42] 이라고 말한다.

다시 말하면 극악한 살인자라는 것은 스스로의 인간성과 자유의지를 결합하여 행동으로 옮길 수 있는 용기가 전혀 없는 사람임을 말하는 것이다. 이는 남 보기에는 무서운 사람으로 보이겠지만 실제적으로는 그보다 더 겁쟁이는 없는 것이다. 우리의 근현대사에서 있었던 끔찍한 사건들에서 악역을 맡았던 사람들도 마찬가지인 것이다.

또 일상생활에서 일상적으로 일어나는 인간성의 포기 역시 해야 할 일을 함으로써 스스로의 인간성을 지킬 용기를 가지지 못한 나약함이 만들어내는 평범한 악인 것이다.

인간성을 행동으로 옮기는 자유의지가 없는 사람을 모두 겁쟁이로 몰아세우는 것은 부당할 것이다. 그러나 겁쟁이만이 남에게 무섭고 잔인할 수 있는 것이다. 어떤 경우에도 인간성과 자유의지를 결합하게 하는 용기가 있는 사람은 잔인하지 않다. 그는 선하며 깨끗하며 후한 것이다. 그는 부드럽고 인자한 것이다. 용기가 없는 사람이 악하고 탁하고 잔인할 수 있는 것이다.

현대문명은 이와 같이 전례 없는 사건을 위해 존재하는 규칙만 가지고 있지 않은 것이 아니다. 문제는 우리가 일상적으로 맞고 있는 모든 인간성의 포기에 대해 존재하는 규칙을 가지고 있지 못하고 그에 대한 판단력과 그것을 행동으로 옮길 수 있게 하는 자유의지와 용기를 가지고 있지 않은 것이다.

소비의 시대는 우리가 살펴보았듯 자동차나 아파트와 같은 토템을 신의 영역이나 신의 물건처럼 숭배하는 시대이다. 그리고 놀이가 모든

---

42) 위의 책, 245쪽.

것인 듯 집단적으로 광란하는 것은 그 어느 미개부족들보다 더 미개한 것이다. 그리고 빚지지 않고는 살 수 없을 정도로 만인을 빚지게 만든다. 이와 같은 사회전체가 집단적으로 주술적인 사회는 그 어느 미개부족들에게도 없는 것이다.

후기산업시대에서는 산업시대와 같이 처참한 대량학살을 하는 경우는 별로 없다. 대신 눈에 안 보이는 대량학살이 언제나 일어나며 당하는 사람은 누구에게 어떻게 당하는지도 모른 채 처참한 경우가 된다.

가령 IMF 구제금융체제하에 있었던 남미나 러시아 그리고 우리나라의 경우 그 처참함은 전쟁을 방불케 했다. 그것은 눈에 보이지 않는 대량학살 행위였다.

우리나라의 경우 이 일의 책임이 누구에게 있는지 밝혀지지 않았지만 분명한 것은 누군가 책임져야 할 사람의 평범한 악이 있었다는 것은 분명하다.

누군가 소수의 책임이 있었던 사람들이 인간성을 포기한 천박함에서 수많은 기업과 가정이 파괴된 것이다. 그들은 그 같은 상황을 미리 파악하고 보고했어야 했던 연구기관이나 실무기관, 그것을 미리 파악하고 대중에게 알려야 했던 언론기관, 긴박한 상황에 몰리기전 그 상황에 미리 대처해야 했던 관계기관의 책임자들, 해당 국가기관의 책임자, 그리고 막상 일이 닥쳤을 때 그 것에 최선의 방법을 찾아야 했던 최고실무자와 지도자들이 있었을 것이다. 이들 중 대부분은 자신이 해야 할 일이 무엇인지 모를 정도로 바보들은 아니었을 것이다. 그러나 그들의 중심에 존재하는 인간성과 그것을 움직일 자유의지가 결합하지 못함으로써 인간성의 포기가 일어난 것이다.

이들 가운데도 인간성의 포기는 반드시 있을 것이다. 그들은 인간성을 포기한 만큼 용기가 없는 겁쟁이였고, 겁쟁이인 만큼 잔인했으며 그 잔인함에 의해서 우리 한겨레의 수많은 가정이 파괴된 것이다. 어떠한 상황에도 인간성의 후함을 유지하려는 용기로부터 나타나는 고귀한 행동은 그 어디에서도, 그 누구에서도 작동되지 않았다. 이 일은 다름 아닌 서양식 지성중심의 교육제도가 만들어낸 필연적인 결과였다. 즉 우리가 받아들인 서구교육이 실패했음을 말해주는 증거인 것이다.

우리와 가까운 외국들 중에서도 조금만 우리를 도와주었다면 우리가 그러한 곤경에 빠지지 않을 수도 있을 것이지만 어느 나라에선가 그 인간성을 포기했을 것이다. 그리고 IMF 구제금융체제가 되었다. 이 체제로 이익을 얻은 외국인도 물론 문제이지만 그보다는 그들에게 국가의 이익을 넘겨주고 대신 국민에게 고통을 안겨준 사람들의 인간성의 포기가 문제인 것이다. 물론 그들이 누구인지는 영원히 밝혀지지 않을 것이다.

이들 중 단지 한 사람만이라도 마땅히 가졌어야 했을 인간성과 자유의지가 있었고, 어떤 경우에도 이를 결합하게 하는 용기가 있었다면 그 같은 국가적 참사는 일어나지 않았거나 피해는 최소화되었을 것이다. 무질서와 혼돈의 시대에 마땅히 해야 할 일을 어떤 상황에서도 하고 마는 용기처럼 고귀한 것은 없다는 사실을 잘 말해주는 사건이 곧 IMF 구제금융체제였다. 국가와 민족의 영웅이 필요한 시기에 국가와 민족의 영웅이 있었어야 할 자리에는 대체로 자신의 삶에만 맹목적인 의지를 불태우는 지성인들이 있었던 것이다.

소비의 시대는 빈부의 격차가 극심해진다. 서아프리카와 같은 곳은 거의 무정부상태인 나라가 많다. 그 가난과 무질서의 원인은 대부분 부자나라가 제공한 것임에도 아무도 그들에게 눈길을 주지 않는다.

개개인도 마찬가지이다. 소비의 시대는 부를 가진 상류층과 가지지 못한 하류층만 존재한다. 양극화시대에서 중산층은 사라진다. 양극화

철학에는 중산층이 존재할 자리가 없다. 중산층은 통합과 통일의 철학에서만 보장되는 계층이다.

양극화시대에의 상류층과 하류층의 비율은 최소한 20:80이다. 물론 이 시대의 상류층 20%에게 상류층이어야 할 도덕성을 기대하기는 거의 불가능하지 않을까?

그러한 가운데에서도 빈부차이는 갈수록 극심해질 때 부자는 가난한 사람을 외면함으로써 인간성의 포기가 일어나고, 가난한 사람은 부자에 대한 증오심으로 인간성의 포기가 일어나는 것이다. 인간성의 포기는 일상적이 된다. 그것은 국가간에도 일어나고 사회의 내부에서도 일어난다. 이제 남는 것은 용기가 없는 겁쟁이들 중에서 자신들이 얼마나 무서운 잔인함을 보여줄 수 있는가 하는 것이다.

우리는 이미 이와 같은 모습을 서아프리카와 멕시코에서 보고 있다. 카플란은 서아프리카에서 겪은 일을 이렇게 말한다.

코트디부아르 수도 아비장 거리의 식당입구에는 방망이와 총을 가진 사람들이 경비를 서고 있다. 그들은 식당을 찾는 손님들이 차에서 내려 식당입구까지 불과 4~5미터 거리를 걸어가는 동안 호위를 해준다. 미국도시들이 미래에 어떻게 변할지 보여주는 살벌한 풍경이다. 이탈리아 대사가 아비장의 어느 식당에서 식사를 하던 중 강도들이 난입하는 바람에 총격전 중에 사망한 일도 있다. 나이지리아 대사 가족이 대사관저 안에서 포박당한 채 금품을 털린 일도 있다. 대학생들이 기숙사에 침입한 도둑들을 붙잡은 뒤 그들의 목에 타이어를 걸어 놓고 타이어에 불을 붙여 처형한 일도 있다. 당시 부근에 있던 경찰관들은 이를 저지하기는커녕 겁을 먹은 채 그 목걸이 화형식을 지켜보기만 했다. 아비장의 버스터미널에는 눈빛이 불량한 청년들이 떼거리로 몰려와 내가 타고 있는 택시에 기대어 선 채 배낭 하나뿐인 내 짐을 날라주겠다면 팁을 강요하는

행위를 여러 번 겪었다. 아프리카 6개국의 여러 도시에서 비슷한 청년들을 무수히 목격했다.[43]

우리는 이 책에서 혼돈상태와 질서상태라는 장밋빛 미래를 논하지만 오히려 세계는 무질서상태가 될 것으로 보는 학자들도 많이 있다. 사실 그 가능성은 매우 높은 것이다. 혼돈상태의 통합과 질서상태의 통일에 이르는 길은 국민 모두가 총체적으로 단합하여 함께 피와 땀과 눈물을 흘리며 장기간 노력하지 않는다면 그 성과를 얻기는 불가능하다. 세계가 무질서상태 무정부상태로 가고 있다는 관측은 옳은 것이다. 우리가 논의하는 통합과 통일의 길을 가기는 실로 어려운 것이다. 그러나 생존과 번영의 방법은 오로지 통합과 통일뿐인 것이다.

『세계화의 덫』을 쓴 마르틴은 브라질의 제2의 대도시인 사웅파울로에서는 이미 가난한 사람들과 부자들이 완전히 분리되어 부자들은 국가가 지켜줄 수 없을 정도가 되어 경비업체들을 고용하지 않고서는 살 수 없음을 보고하고 있다.

부자들의 지역인 알파빌라지역은 넓이는 정확하게 축구장 44개 정도 되는 넓이이다. 아주 작은 움직임까지도 포착할 수 있는 탐조등과 전자감응장치를 설치한 수미터 높이의 담으로 둘러 쌓여 있다. 도심지에서 부랑자들과 저항자들을 두려워하는 대도시의 주민들에게는 이상적인 도피처이다.[44]

이미 브라질 등의 남미국가들에서는 이처럼 부자들이 가난한 사람들에게 포위되어 갇혀 있는 모습으로 나타나고 있다. 그들 부자들끼리 가지고 자랑하던 토템과 주술은 이미 가난한 사람들에게 파괴되어야 할 악으로 비치고 있으며 실재로 그것은 파괴되고 있는 것이다.

우리는 저 남미의 정글에 버려진 마야나 아즈텍의 신전들과 앙코르

---

43) 로버트 카플란, 『무정부시대가 오는가』, 장병걸 역, 들녘, 2000, 25쪽.
44) 한스 페터 마르틴, 『세계화의 덫』, 강수돌 역, 영림카디널, 2002, 300쪽.

와트의 거대한 신전들 그리고 지구상 곳곳에 폐허만 남아 있는 수많은 유적들에서 그 문명을 일으킨 사람들에 의해 파괴되고 버림받은 이유가 우리에게도 나타날 수 있음을 생각할 필요가 있다. 어떤 사회이든 그 사회의 지배자들과 피지배자들 간의 극심한 대립과 갈등은 언제라도 그 문명을 폐허로 만들 수 있다는 사실이 지구상에 존재하는 수많은 위대한 문명들의 폐허에서 나타나는 것이다. 그것은 어느 시대 어느 사회이든 똑같은 것이다. 대립과 갈등과 전쟁을 야기하는 것은 그것의 이름이 무엇이든 결국은 토템과 주술이 되는 것이며 환각과 환영을 실재처럼 만드는 것이다.

포스트모더니즘의 사회에서 만연하는 천박한 토템과 주술은 가난한 사람들이 그것을 인정해주고 존경해줄 때까지만 환각과 환영으로라도 효력이 있다는 사실이 드러나는 것이다. 그 토템과 주술은 단지 상대적인 것에 불과하다는 사실이 현실에서 드러나는 순간 모든 토템과 주술의 환상과 환영은 사라지고 무서운 무질서의 공포가 드러나는 것이다.

포스트모더니즘의 사회의 토템과 주술의 정체가 드러나고 부자들이 가난한 사람들에게 포위되어 약탈과 납치와 살해의 공포 속에 사는 상황은 모든 나라의 대도시로 확산되어가고 있는 것이다.

문명의 정점에서는 극단적인 억압이 나타난다. 그것이 사물의 시대인 산업시대의 문제이다. 문화의 정점에서는 극단적인 방종이 나타난다. 그것이 마음의 시대인 소비시대의 문제이다.

문명의 정점이든 문화의 정점이든 문제가 되는 것은 스스로 상상하고 판단할 공적 영역을 그 사회가 가지고 있지 않다는 점이다.

어느 문명이든 그 문명이 몰락하는 것은 문화의 정점에서이다. 역사를 조금만 관심 있게 읽었으면 그것은 불변의 법칙으로 나타나는 엄숙한 법칙임을 알 것이다.

공적 영역의 부재로 인해 모두가 인간성을 포기함으로써 천박해져 그 문명이 폐허가 되는 것은 문화의 정점에서 맞는 일반적인 현상이다. 그러나 극히 일부는 이러한 상황에서 혼돈상태의 통합과 질서상태의 통일을 이루어 그 위기를 극복한다. 그러나 역사에서 그 경우는 극히 일부에 불과하다.

3) 통합의 시대 – 온힘의 시대[45)

통합의 시대는 문화의 정점에 이른 사회에서 나타날 수 있다. 지금 우리가 맞고 있는 이 시대는 이미 전 세계적으로 통합의 시대이다. 그러나 이 시대가 갖는 그 의미심장한 동력은 빛을 보지 못하고 사라질지 모른다. 지난 삼천 년간 존재했던 철학은 이 현상을 감지할 지적 도구가 전혀 없다. 지금까지의 철학적 도구는 부정성이 아니면 이율배반이라는 두 가지 밖에 없다. 이 두 가지의 도구로는 통합이라는 사회

---

45) 통합의 영역은 상생과 상극의 영역의 경계면에 존재하면서 상극과 상생의 영역을 하나의 전체로 통합한다. 이 영역을 순수한 우리말로는 온힘이라고 한다.

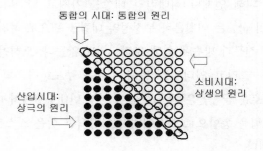

통합의 시대와 천부도

적 현상을 설명할 수도 없고 감지할 수도 없다. 따라서 통합의 의미심장한 현상이 자연적으로 발생한다 하더라도 그것은 무지로 인해 묵살될 가능성이 많은 것이다. 지금까지 철학은 이와 같은 통합의 현상을 만들어내는 생산적인 일을 하는 것보다는 그것을 파괴하는 비생산적인 일에 주로 종사해왔기 때문이다.

통합이라는 사회적 현상은 과정상에서 혼돈상태를 정확히 파악하고 그것을 통합할 수 있는 체계와 조직을 갖춘 철학을 가지고 있을 때 감지할 수 있다. 즉, 통합상태는 혼돈상태의 대립을 최적화함으로써 이루어지는 것이다. 그리고 그것을 질서상태로 이끌어 그 상태를 통일로 이끌 체계와 조직을 갖춘 철학이 존재할 때 그 현상을 파악하고 그것을 통합과 통일로 이끌 수 있다.

마음의 시대인 포스트모더니즘의 시대에서의 군중은 떠다니는 부평초와 같이 고독한 군중일 따름이었다. 이들이 원하는 바는 오로지 적응 그 뿐이었다.

그러나 마음의 시대에 이어서 다가온 통합의 시대에는 전혀 다른 양상의 군중이 등장한다. 그들은 적응과는 다른 차원의 것을 필요로 한다.

통합의 시대의 군중은 부정하는 대상을 가지지 않는다. 즉 적을 필요로 하지 않는다는 말이다. 산업시대와 후기산업시대에는 선동과 선전과 조작에 의해 언제나 적대적인 대상을 가지고 있었다.

통합의 시대의 군중은 이원론적 부정성의 대립을 필요로 하지 않을 뿐더러 더 이상 신문과 방송에 의해 조작되지도 않는다. 오히려 군중은 신문과 방송 그리고 인터넷을 통해 여론을 주도한다.

이와 같은 새로운 군중들은 적응을 넘어 서로 반대방향에서 대립하는 이원론적 대립을 통합으로 이끌어내려는 강력한 힘을 스스로에게서 발견하게 된다.

이 새로운 군중은 우선 자원봉사라는 유연한 움직임에서 먼저 그 모습을 드러낸다. 자원봉사는 노동이지만 산업사회식의 경직된 노동이 아니며 포스트모더니즘의 시대의 적응과도 다르다. 그것은 사물의 영역과 마음의 영역의 경계면에 존재하는 영역의 고유한 성격을 반영하는 행동이다. 다시 말해 산업시대와 후기산업시대의 사고로는 현대사회의 자원봉사자들의 그 적극적인 참여를 설명할 방법이 없는 것이다.

그것은 마음의 영역과 사물의 영역을 하나로 통합하려는 새로운 움직임인 것이다. 이와 같은 행동의 실례가 우리나라에서 있었던 2002년 월드컵의 군중들에게서 잘 나타난다.

그들이 열광한 것이 축구만이 아니라는 것은 명백하다. 그들이 축구를 통해 얻으려 한 것은 축구시합 승리 정도의 작은 것이 아니었다. 그들은 지난 시대의 군중들이 상상도 못할 것을 표현하고 있었다. 그것은 자원봉사자들에게 나타났던 것을 뛰어넘는 다른 어떤 것을 추구하고 있었다. 그것은 소통행동이었고 정체성의 추구였고 통합행동이었다.

(1) 통합의 군중 자원봉사자

리즈먼이 1950년대의 미국사회에서 고독한 군중들이 출현한 것을 발견한 것은 사회학적인 대발견이었다. 그것은 후기산업사회의 소비사회가 출현했음을 알리는 날카로운 호각소리였다.

1990년대에는 소비사회의 고독한 군중들과는 전혀 다른 새로운 군중이 출현했지만 그 신호가 무엇을 의미하는지 감지한 철학자나 사회학자는 아직 없다.

1990년대 초 미국 안에는 거의 100만개 가까운 비영리 기관이 사회

부문에서 활동하고 있으며 그것은 돈으로 따지면 GNP의 10분의 1과 맞먹는다.[46]

그리고 비영리기관은 미국의 최대 고용자가 되었고 미국의 성인 두 사람 가운데 하나는 - 합해서 9000만 명쯤 된다- 적어도 일주일에 3시간씩 무보수 스태프처럼 일을 한다.

예를 들면 비영리기관의 자원봉사자들은 교회나 병원을 위해 의료 보호기관이나 적십자, 보이스카우트 또는 걸스카우트와 같은 지역사회활동, 구세군 또는 금주단체와 같은 재활활동, 구타당한 아내를 위한 보호소의 운영 그리고 슬럼가의 흑인청소년을 위한 교육활동 등을 한다는 것이다. 2000년 혹은 2010년 까지는 이러한 무보수 스태프로 활동하는 사람들의 숫자는 무려 1억 2천만 명으로 증가할 것이고 그들의 평균 봉사활동도 주당 5시간으로 늘어날 것이 틀림없다.[47]

바로 이러한 사실이 미국은 포스트모더니즘을 넘어 이미 통합사회로 접어들고 있다는 사실을 말해주는 것이라는 사실을 알아차린 철학자나 사회학자는 아직 한명도 없다. 왜냐하면 이 사실을 알기 위해서는 통합철학이 있어야 한다. 그런데 그것은 아리스토텔레스와 칸트의 철학을 철저히 극복하고 그것을 넘어서는 거대한 철학적 체계와 조직을 가지고 있어야 하는 것을 의미하기 때문이다. 단순한 지적 순발력으로는 이 현상을 알아차리기가 불가능한 것이며 설명하기도 불가능하다.

미국에 있어 자발적인 봉사활동의 수가 폭발적으로 증가하는 주된 이유는 봉사활동의 수요가 증가했기 때문이 아니다. 주된 이유는 자원봉사자들 편에서 지역사회를 찾고, 참여와 봉사의 기회를 찾아 나섰기 때문이다. 그들은 전문직업을 가진 남편과 아내로서 맞벌이 부부들이

---

46) 피터 드러커, 『자본주의 이후의 사회』, 이재규 역, 한국경제신문사, 1994, 260쪽.
47) 위의 책, 261쪽.

고, 30~40대 중반이고, 교육수준이 높고, 풍요롭게 살며, 바쁜 사람들이다. 그러나 그들은 여기저기서 흔히 듣는 표현대로 '우리들이 효과를 낼 수 있는 곳'에서 무엇인가를 해보려는 필요를 느끼고 있는 것[48]이다.

이러한 사실들이 과거 리즈먼이 1950년대의 미국에서 포착한 포스트모더니즘 사회의 고독한 군중들과 본질적으로 다른 통합사회의 1990년대의 미국 군중들의 새로운 특징들이다.

리즈먼이 1950년대에 고독한 군중을 발견했지만 새로운 통합의 시대의 군중들이 미국에서 본격적으로 등장하는 것은 1990년대에 들어서이다.

통합사회의 군중들이 자원봉사를 하는 것은 마음의 영역과 사물의 영역을 통합하는 제삼의 영역이 깨어났다는 사실을 말한다. 그리고 그 제3의 영역은 양자를 통합하는 신뢰信賴의 영역이 핵심적인 동력이다. 비영리기관의 봉사활동은 생산사회와 소비사회에 존재하지 않았던 제3의 사회인 통합사회가 새롭게 깨어나기 시작하고 있음을 알리는 것이다.

(2) 붉은 악마와 통합의 상징

2002년 국내의 유력한 신문의 칼럼에는 '군중을 넘어'라는 제목 하에 이 사건을 1950년대 미국이 소비사회로 넘어가며 나타나기 시작한 고독한 군중에 비교하는 기사가 실렸다.[49]

우리가 이미 다룬 바 있는 리즈먼의 주장을 이 칼럼은 현대의 대중소비사회가 사람들을 동질성과 획일성으로 몰아가고 있으며 대중들

---

48) 피터 드러커, 『자본주의 이후의 사회』, 이재규 역, 한국경제신문사, 1994, 261쪽.
49) ≪중앙일보≫, 2002년 06월 18일, 문창극 칼럼.

은 이런 동질성 안에 자신을 몰입시켜 존재의 의미를 발견코자 하나 결국은 외로운 군중에 불과하다고 말했다는 사실을 인용한다. 그리고 이 칼럼은 현대의 대중사회가 대중들의 이러한 경향이 개인의 자율성과 사회적 자유를 오히려 위협한다고 경고했음을 설명한다. 그리고 월드컵의 군중에 대해 "몇십 만 몇백 만의 인파요, 단군 이래 최초의 단합이요 하며 우리 국민의 결속력을 놀라워하고 찬양하고 있다."[50] 라고 말한다.

"그러나 이러한 기쁨과 결속은 끝나게 되어 있다. 우리가 8강 진출을 하고, 아니 우승을 한다 해도 이것이 하나의 스포츠 행사인 한 행사가 끝나면 우리는 흩어지게 되어 있다"[51]라는 비관적인 주장을 하고 있다.

그리고 "지금 이 순간의 이런 마음들이 지속될 수만 있다면 우리는 무엇이 두려울 것인가. 그러나 감히 단언하건대 이런 현상은 신기루와 같아 금방 사라질 수밖에 없다. 왜냐 하면 그것이 군중의 속성이기 때문이다."[52]는 것이다.

월드컵의 군중들이 이 같은 속성을 지닌 무리들이었을까? 그는 그들이 "비록 애국심으로 포장돼 있다 할지라도 군중의 이러한 획일성과 단일성이 무슨 큰 덕목인 양 강조될 때 우리는 자신도 모르게 막 뒤에 숨은 세력으로부터 조종되고 이용될 수 있다"[53]고 주장한다. 과연 그렇게 보아야 할까? 그는 마지막으로 이렇게 주장한다. "우리는 다시 일상으로 돌아가야 한다. 아무리 외치고 부르고 몰입하고 감동해도 현실은 달라지지 않는다. 그곳에 계속 머무는 한 우리는 고독한 군중이 될 수밖에 없다."[54]

50) ≪중앙일보≫ 2002년 06월 18일, 문창극 칼럼.
51) 위의 글.
52) 위의 글.
53) 위의 글.

이 칼럼의 주장처럼 과연 월드컵의 군중을 데이비드 리즈먼이 말했던 고독한 군중의 테두리로 설정하는 것이 옳은 것일까?

이 칼럼의 주장은 2002 월드컵의 군중들을 리즈먼이 주장하는 타인지향적 인간들이 만들어낸 고독한 군중으로 단정하고 있다.

그런데 리즈먼은 고독한 군중의 시대의 타인지향적 인간들은 신문과 방송에 의해 모든 상상력과 판단력을 가져오는 것으로 설명했다. 그러나 2002 월드컵의 군중은 신문과 방송에 의해 상상력과 판단력을 가져오지 않았다. 오히려 그 군중들에 의해 신문과 방송이 움직였다. 또한 신문과 방송을 움직이는 기업과 정치도 이 군중에게 아무런 영향력을 행사하지 못했다. 오히려 그들이 이 군중들에 의해 움직였다. 당연하지만 이 칼럼의 주장은 월드컵 군중에게 거의 아무런 영향을 주지 못한 것으로 보인다.

이러한 여러 가지 관점에서 볼 때 리즈먼이 말하는 고독한 군중과 월드컵의 수백만 군중은 전혀 다른 차원의 군중이다.

우리는 신문방송이 모든 상상력과 판단력의 기준이 되는 후기산업시대, 소비시대 그리고 포스트모더니즘으로 불리던 시대가 오는지 전혀 알지 못하는 가운데 그 시대를 맞았다.

통합의 시대도 마찬가지이다. 그러나 통합의 시대는 수백 만의 군중들이 세계인의 이목을 집중시키며 대대적인 사건으로 그것도 우리나라에서 일어났음에도 우리는 그 사건이 통합의 시대를 알리는 혁명일수 있다는 사실을 모르고 지나갔다.

① 투쟁대상이 없는 월드컵 군중

2002년 월드컵의 군중들은 부정성의 변증법을 사용하지 않았다. 그들은 투쟁의 대상을 전혀 설정하지 않았다. 예를 들어 영국의 열성

---

54) 위의 글.

축구팬들인 훌리건들은 늘 투쟁의 대상이 있다. 그리고 그들은 종종 그 투쟁의 대상에 대해 과격한 행동을 함으로써 국제적인 비난의 대상이 되곤 한다.

그러나 그날 수백만의 군중들은 누구에게도 적대감을 보여주지 않았다. 이점이 산업시대와 후기산업시대를 살아온 사람들에게 가장 이해할 수 없는 점이었을 것이다.

지금까지의 사고방식으로는 악을 설정하지 않고 스스로 선이 되는 통합적 사고가 존재하는 일은 상상조차 할 수 없다. 그러나 2002 월드컵의 그 수많은 군중들은 악을 설정하지 않고 스스로 선이 되었다. 그것은 부정성의 변증법적 사고를 가진 사람들은 도저히 이해할 수 없는 긍정성의 변증법이다.

② 새로운 시대로의 혁명

2002년 월드컵의 군중들은 세계가 놀랄 만큼 질서정연한 가운데 강력하게 그러나 평화롭게 주장하는 것이 있었다. 그들은 그것을 태극기와 치우 그리고 대한민국의 구호로 상징했다. 태극기는 우리 대한민국의 상징이다. 그리고 치우蚩尤는 우리의 고대국가인 고조선보다 더 오래된 배달국의 천왕의 이름으로 군신軍神이다. 이 치우의 상징인 그림을 그들은 내세웠다. 대한민국은 우리가 만든 우리의 나라이며 이 대한민국 안에 우리의 모든 역사가 있고 우리 한겨레의 공적 영역이 있다.

이 세 가지의 상징의 의미는 우리 한겨레의 정체성이다. 사물의 영역에서 질서를 찾고 마음의 영역에서 질서를 찾는다면 그 양자를 통합할 수 있는 정체성을 필요로 하게 된다. 정체성을 통하지 않고는 대립하는 양자가 하나로 통합할 방법은 없는 것이다.

월드컵의 군중들이 태극기와 치우 그리고 대~한~민~국!의 구호

102

를 외치며 내세운 것은 바로 그 통합의 상징으로서의 정체성이다.

산업시대와 소비시대의 군중들에게는 결코 이러한 통합의 상징이 없다. 그러나 월드컵 군중들은 그 누구에게도 조작당하지 않았고 그들 군중 스스로가 그 기호와 구호를 가져왔다. 그것은 그들 군중은 이미 하나의 독립된 사회로서 희미한 상태로나마 공적 영역을 가지고 있었음을 의미하는 것이다. 다시 말해 그 독립된 사회로서의 군중은 신문과 방송으로부터 상상력과 판단력을 가져오는 것이 아니라 스스로에게서 상상력과 판단력을 가져온 것이다. 이 점이 포스트모더니즘시대의 지배자인 신문과 방송에게는 무엇보다도 당혹스러운 점이었을 것이다.

새로운 시대로의 혁명은 권력은 총구에서 나온다는 식의 무력혁명이거나 일부 선동가들에 의해 대규모 군중이 정권을 뒤엎는 식의 혁명이 아니다. 그와 같은 혁명은 주로 산업시대의 혁명에 해당한다. 혁명을 이런 관점에서 보는 한 그는 아직도 산업시대에 살고 있는 것이다.

후기산업시대 즉 포스트모더니즘 시대의 혁명은 인류가 겪은 가장 큰 것이지만 그 혁명은 신문과 방송이 대중의 상상력과 판단력을 지배하면서 일어났다. 아무도 모르는 가운데 가장 큰 혁명이 일어난 것이다. 시대를 바꾸는 혁명은 그 시대에 따라 그 모습이 다른 것이다.

통합의 시대의 혁명은 포스트모더니즘시대 군중들의 상상력과 판단력을 장악했던 신문과 방송이 그 역할을 잃고 다른 세력이 군중을 지배하며 일어난다. 그 다른 세력이 군중 그 자체이며 그것도 군중의 외부가 아니라 군중의 내부에서 상상력과 판단력을 가져온 사건이 수백만 명에 달하는 군중의 결집된 힘이 대도시의 중심부를 가득 메우며 나타났다면 그것은 단순한 사건이 아니라 혁명이다. 그 결집동기가 단순한 축구경기라고 생각한다면 그는 통찰력이 거의 없다고 할 수 있다. 축구경기로 결집동기를 일으킬 수 있다면 다른 결정적인 사회적 문제에서 그 이상으로 강력한 결집동기를 가지지 않을 아무런 이유가 없는 것이다.

그리고 우리나라 이상으로 축구열기가 강렬한 남미에서 우리나라에서 일어난 월드컵과 같은 대규모의 군중이 출현하여 상상력을 공유하는 행동은 나타난 적이 전혀 없었다. 심지어는 월드컵을 공동개최한 일본에서도 우리나라와 같이 수백만의 대규모 군중이 보여주는 자발적이면서도 그 일사분란하고 생명력이 넘쳐흐르는 행동이 보여주는 사회현상은 전혀 일어나지 않았다. 그것은 오직 우리나라에서만 일어난 사회현상인 것이다.

통합의 시대로의 혁명은 통합의 시대의 가치로 발생하는 것이다. 그것은 산업시대나 후기산업시대의 관점으로는 결코 인식할 수 없다.

③ 상상력의 공유

2002 월드컵의 그 수백만의 대군중의 일사불란한 모습이 보여준 가장 큰 것은 상상력의 공유이다. 그 많은 사람들이 하나의 통합적인 상상력의 영역을 가질 수 있었다는 사실은 이 새로운 시대의 군중들이 더 이상 혼돈상태에 머물지 않고 질서상태로 나아갈 수 있는 가능성을 보여준 것이다. 그것은 신문이나 방송 또는 권력이 주도한 것이 결코 아니었다. 상상력은 오로지 그 많은 대중들의 중심에 확고하게 존재했던 것이다.

상상력의 공유는 곧 판단력의 공유로 나아갈 수 있는 것이며 통찰력과 소통력의 공유로 나아갈 수 있다. 그것은 공적 영역의 능력이며 이미 공적 영역을 약하게나마 형성하고 있음을 말하는 것이다.

무엇보다 중요한 것은 우리 한겨레공동체는 한겨레가 출발할 당시부터 이미 공적 영역을 가지고 있다는 사실이다. 월드컵 군중들에게서 드러난 상상력의 공유는 정체성의 공유이며 그것은 우리 한겨레가 원래 가지고 있는 공적 영역과의 합일을 추구하는 모습의 일단이 드러난 것으로 볼 수 있는 것이다.

우리가 머지않아 우리 사회를 통합하고 통일할 때 보이지 않던 공적 영역은 드러날 것이며 이 때 우리는 2002 월드컵을 기억할 것이다. 온 나라의 골목골목을 젊은이들이 밤늦도록 돌아다니며 외쳤던 대~한~민~국 ! 이 무엇을 의미하는 것이었는지를 그때 가서야 알게 될 것이다.

(3) 성선설과 성악설의 긍정성의 변증법

홉스와 순자에서 보았듯 성악설이란 혼돈상태의 사물의 세계 안에서는 명백한 진리로 통하는 것이다. 인간은 마음만으로는 살 수 없는 것으로 반드시 의식주를 해결해야 한다. 의식주는 사물의 세계에서 구해야 하는 것이다. 그것을 구하기 위해서는 남과 경쟁해야 하고 그 과정에서 인간은 악해지지 않을 수 없다. 이러한 만인에 의한 만인의 투쟁상태는 아무리 법치국가라도 그 형태만 바꾸었을 뿐 언제나 존재하는 것이며 그 안에서 인간이 선하다가는 모든 재산을 잃고 목숨을 부지하기가 어려운 것이다.

사물의 세계에서 선하다는 것은 단지 물화된 선으로서 그것은 가장 무자비한 위선인 것이다. 사물의 세계의 모든 것은 늘 상극의 원리로 움직이고 있으며 그렇게 함으로써 그나마 사물의 세계는 생산을 이루어낼 수 있다. 따라서 낙서洛書의 상극원리는 생산의 원리이며 성악설의 원리인 것이다.

그러나 마음의 영역 안에서 불가능한 것은 아무것도 없다. 인간이 마음의 영역을 가지고 있다는 것은 인간이 근본적으로 선하다는 성악설을 강력하게 뒷받침하는 것이다. 따라서 맹자의 성선설은 마음의 영역을 버클리와 같이 신의 영역으로 귀착시키지 않으면서도 마음의 영역을 잘 설명했다는 점에서 성선설의 금자탑을 쌓은 것이다.

마음의 영역과 사물의 영역을 하나로 통합하는 것은 그 경계면에 있는 통합의 영역에 달려있다. 그것은 물화된 마음과 심화된 권력을 배제하고 물질과 마음의 순수한 역할만을 통합시킴으로서 가능한 것이다.

그것이 온힘의 가장 중요한 역할인 것이다. 정체성만이 교란과 조작으로 혼란하고 상처 입은 몸과 마음을 회복시킬 수 있는 것이다. 그리고 미래를 창조할 수 있는 것이다.

한철학의 생성적 존재가 성선설과 성악설을 원천적으로 통합한 존재라는 의미는 새로운 가치를 가진다. 그것은 진과 위, 선과 악, 미와 추 등 가장 첨예하게 대립하는 가치들을 모두 하나의 생명체로 통합한다는 사실이다. 그것은 새로운 세계로 갈 수 있는 탄탄대로를 열었다는 말과 같은 것이다. 그 새로운 세계가 바로 질서의 세계이다.

(4) 노마디즘과 통합의 시대

동서양의 역사를 크게 보면 정착민과 유목민과의 투쟁임에 틀림없다. 서양철학의 이원론으로 본다면 역사는 정착민이 유목민을 부정하고 박멸하든가, 유목민이 정착민을 부정하고 박멸하는 부정성의 변증법의 반복에 지나지 않을 것이다.

그러나 역사에 부정성의 변증법을 적용하는 것에는 무리가 있다. 유목민이 정착민을 부정하고 박멸한 예가 많다 해도 정착민이 유목민이 된 역사는 찾기 어렵다. 또한 정착민이 유목민을 부정하고 박멸한 예가 많다 해도 유목민이 정착민이 된 예는 많지 않다.

오히려 유목민과 정착민은 서로 교역이나 전쟁을 통해 하나로 통합됨으로서 서로에게 유익한 결과를 얻은 경우가 대부분이다. 정착민은 응축하는 성격이 있어 외부와 활발한 소통행위를 하지 못하는 성향이 있다. 유목민은 외부와 소통에는 원활하지만 땅에서 얻는 이익을 활용할 능력이 없다.

몽골이나 투르크족이 정착민을 정복하고 열 개가 넘는 세계제국을 세웠다고 했을 때 그것은 유목과 정착이 통합됨으로써 얻는 여러 가지 유익한 점을 인류에게 선사한 것이다.

즉 방대한 영토를 하나로 묶는 소통력은 유목적인 것이며, 땅에서 얻는 이익을 극대화하는 것은 정착적이다. 역사에서 유목민과 정착민의 충돌은 이 양자를 하나로 묶어 최적화하려는 무의식적인 통합행위라고 보는 것이 옳을 것이다.

이렇게 본다면 현대의 노마디즘을 이해하는 길이 저절로 열리는 것이다. 산업혁명이후 도시의 산업조직이 강대해지면서 농촌은 자연히 피폐해지기 마련이었다. 살기 어려워진 가난한 농민들은 도시로 몰려와서 자신의 노동을 팔아서 생계를 유지하는 노동자가 되었다.

이들 노동자들은 도시의 유목민이다. 그리고 산업조직을 가진 자본가들은 정착민인 것이다. 이제 유목민과 정착민이 충돌하던 역사는 노동자와 자본가의 충돌로 양상이 바뀐 것이다.

이 역시 서양의 부정성의 변증법으로 본다면 노동자와 자본가는 서로가 서로를 부정하고 박멸하는 사이가 된다. 즉 자본은 정착적이고 노동은 유목적이다.

그러나 역사는 노동자와 자본가가 서로 통합하여 하나의 전체가 되지 않을 수 없음을 보여주었다. 도시의 유목민과 정착민의 투쟁도 역시 긍정성의 변증법이 적용되는 것이다. 아탈리는 인류를 세 가지 부류로 나누고 있다.

첫 번째 부류는 비자발적인 노마드 또는 인프라 노마드로서 대물림

에 의한 노마드(원시부족의 마지막 후손들)와 어쩔 수 없이 노마드가
된 이들(주거지가 없는 사람, 이주 노동자, 정치 망명객, 경제관련 추
방자, 트럭운전수나 외판원 같은 이동 근로자)이 포함된다. 두 번째
부류는 정착민으로 농민, 상인, 공무원, 엔지니어, 의사, 교사, 한 곳에
소속된 노동자, 장인, 기술자, 은퇴자, 어린이 등이다. 세 번째 부류는
자발적 노마드로서 이 또한 하이퍼노마드(창의적인 직업을 가진 사람
들, 고위간부, 연구원, 음악가, 통역사, 안무가, 연극배우, 연극연출자
또는 영화감독, 짐 없는 여행자)와 유희적 노마드(관광객, 운동선수,
게이머)로 나뉘는데, 유희적 노마드는 다른 부류 사람들이 한 때 포함
될 수 있는 부류이다.[55]

지난 역사에서 유목민이 정착민을 침략한 이유는 악천후로 목초가
말라 유목이 불가능해질 때 유목민들은 생존을 위해 대규모로 정착민
을 침공하곤 했다.

현대의 유목민인 도시의 빈곤층은 빈부의 양극화로 급격히 그 숫자
가 늘어나고 있다. 그 숫자가 1940년에는 5억이었다가 2003년에는
25억으로 증가했으며 2040년이면 50억으로 늘어날 것[56]이라는 전망
이 있다.

우리는 이 전망에서 뻔히 보이는 결과를 예측할 수 있다. 그것은
과거 유목민과 정착민과의 충돌과 조금도 다르지 않은 일이 전개될
것이라는 점이다. 그것은 범세계적인 혼란이 될 것이다.

2015년에는 인구가 1천만 명 이상인 도시가 24개가 될 것이다.
인구 1백만 이상의 도시는 550개가 될 것이며 이 도시들의 인구를
합하면 전 세계 인구의 45%에 이를 것이다. 2025년에는 7개의 대도
시군이 각각 2천만 이상의 주민들을 수용하게 될 것이다. 2050년에는

---

55) 자끄 아탈리, 『호모 노마드』, 이효숙 역, 2005, 웅진닷컴, 418쪽.
56) 위의 책, 452쪽.

10억 인구가 아시아의 50개 도시에 아직도 살고 있을 것이다. 각 도시는 2천만 명 이상, 어떤 도시는 3천만 이상의 주민들을 수용하게 될 것이다.[57]

우리는 장차 이 거대도시들에서 벌어질 도시의 유목민과 정착민 사이의 충돌양상이 얼마나 끔찍할 것인가를 어렵지 않게 예상할 수 있다. 그러나 이 분명한 결과에서 우리는 새로운 시대철학을 세울 수 있다.

이 거대한 양극화를 극복하며 파괴와 혼란을 막고 생존할 수 있는 방법은 통합과 통일이외에 다른 것이 될 가능성은 전무한 것이다. 서양의 몰락은 이 도시들의 유목민과 정착민이 서로가 서로에게 부정성의 변증법을 적용할 수밖에 없다는 사실에서 분명히 예상되는 것이다.

인구 2천만의 대도시 또는 그 인구에 도달하기 이전에 부정성의 변증법으로는 도저히 지탱할 수 없는 한계가 드러날 것이다.

그리고 이 거대도시들의 주민들이 드러낼 양극화를 긍정성의 변증법으로 통합과 통일을 이끌어낼 수 있는 철학을 가진 나라가 미래의 강대국이 될 것임은 자명한 것이다.

들뢰즈와 가타리는 『천개의 고원』에서 이 문제의 핵심의 주변에 도달했지만 끝내 그 핵심에는 도달하지 못하고 있다. 즉

> 가령 징기스칸과 그의 추종자들은 정복한 여러 제국에 부분적으로 통합되면서도 스텝의 매끈한 공간 전체는 그대로 유지해 제국의 중심을 바로 이 공간에 종속시켰기 때문에 오랜 세월동안 체제를 유지할 수 있었기 때문이다. 이것이 바로 이들의 천부적인 소질을 발휘한 팍스 몽골리카의 핵심적인 비밀이었다.[58]

---

57) 위의 책, 434쪽.
58) 질 들뢰즈 · 펠릭스 가타리, 『천개의 고원』, 김재인 역, 새물결출판사, 2001,

들뢰즈와 가타리는 팍스 몽골리카의 비밀이 그들의 제국을 양분하는 정착과 유목의 영역의 대립에서 유목의 영역에 제국의 중심을 종속시켰기 때문이라고 주장한다.

그러나 팍스 몽골리카가 오랫동안 그 체제를 유지한 것은 정착과 유목의 영역이 하나의 전체가 되고 그 경계면에 이를 하나로 묶는 영역이 존재했기 때문임은 의심의 여지가 없는 것이다. 즉, 응축과 확산 또는 부정과 긍정의 45:55의 비율이야말로 팍스 몽골리카의 비밀인 것이다. 들뢰즈와 가타리는 여기까지는 이르지 못한 것이다.

통합과 통일의 긍정성의 변증법은 철학이론이 아니라 미래국가의 생존과 번영을 위한 불가결의 경쟁력으로 등장하라는 것을 우리는 어렵지 않게 예측할 수 있다.

아탈리는 미래는 유목적이 될 것이라고 내다보고 우리 한국인이 유목과 정착의 이원론에서 유목적 사고를 택할 것으로 전망하고 있다.

> 오늘날 한국은 또한 아주 현대화된 나라들 중의 하나여서 이 책에서 언급된 노마드적 물건들, 즉 새로운 형태의 노마디즘과 함께 나타나는 새로운 기술의 제품들이 매일같이 발명되는 나라이기 때문입니다. 예를 들어 오늘날 음악과 TV의 사용을 노마드화하는 방식에서 한국은 그 어느 나라보다 앞서 있습니다. 이는 한국인들이 자신의 정체성의 노마드적인 원천과 미래에 대한 명철한 파악사이를 연결시킬 수 있음을 보여줍니다. 태초에 인류가 그러했듯이, 이 긴 정착민시대가 지나고 나면 미래의 세계는 다시 노마드의 세계가 될 것입니다. …… 한국은 분명 이러한 미래의 인류가 발명되는 실험실 중의 하나가 될 것입니다.[59]

802쪽.
59) 자끄 아탈리, 『호모 노마드』, 이효숙 역, 웅진닷컴, 2005, 5쪽.

아탈리는 정착과 유목의 부정성의 변증법에서 우리 한국인이 유목을 택하리라고 보는 것이다. 그러나 우리 한국인은 이에 대해 국가를 처음 세울 때부터 이미 정착과 유목의 통합과 통일의 방법론이 적용되어있다.

즉, 고조선은 분명히 농경국가이기만 유목적인 요소를 그 배경에 깔고 있다. 고조선의 통치조직에서 바람과 비와 구름을 상징하는 직책인 풍백과 우사, 운사와 같은 직책은 명백히 농경적이다. 그러나 양과 소와 말과 돼지와 개를 상징한 오가는 분명히 유목적이다. 이것만 보아도 고조선은 농경과 유목을 통합하고 통일한 국가체계를 가지고 있음을 알 수 있는 것이다. 이는 유목적 사고와 농경적 사고의 통합과 통일을 의미하는 것이다.

오늘날 모두가 유목의 시대 노마디즘을 새로운 조류인 것처럼 주장할 때 전혀 다른 차원에서 새로운 정착과 유목의 통합과 통일의 시대를 이끄는 민족이 우리 한겨레가 되는 것은 당연한 역사의 요구인 것이다.

2

혼돈상태의 원리

사막에는 아무런 생명도 없을 것 같지만 일년 중 몇 일간은 비가 내리는 때가 있다. 그러면 그 살풍경한 사막이 갑자기 푸른 초원으로 변하면서 순식간에 식물들은 꽃을 피워내고 열매를 맺는다. 그리고 이내 다시 이전의 삭막한 사막으로 돌아간다. 언제 무슨 일이 있었는가 하는 식이다.

우리가 늘 보는 불모지대인 사막은 가능상태이다. 그러나 어느 순간 그 가능상태는 혼돈상태로 전환하고 그것은 순식간에 질서상태가 되며 다시 혼돈을 거쳐 가능상태로 돌아가는 것이다. 만일 가능상태까지 파괴되면 무질서상태[1]가 되는 것이다.

이 신기한 광경이 우리에게 무엇을 가르쳐주는가? 가능상태내의 생명은 가능상태로 존재할지언정 현실적인 여건은 주어지지 않은 것이다. 몇 년이고 비가 오지 않으면 그 씨앗들은 그 상태에서 계속 가능상태가 지속되는 것이다.

---

[1] 무질서상태는 당연히 존재하는 것이다. 무질서상태는 어느 경우에도 무無는 아니다. 가령 달이나 화성을 무질서상태라고 볼 수 있지만 그것은 가능상태로 전환이 불가능한 것이라고 볼 수는 없다. 물론 그것을 무라고 말하지는 않는다.

그러나 어느 순간 비가 내리면서 씨앗에서 싹을 틔우고 꽃을 피우고 수분을 하고 열매를 맺을 여건이 주어진다. 그 여건이란 무엇인가? 그것은 시작과 끝이다. 이는 시간과 공간이 비가 내린 사막 그 자체의 내부에 주어지는 것이다. 그리고 그 사막에 존재하는 그 씨앗, 즉 가능 상태의 내부에 주어지는 것이다. 물론 이 생명체에게 주어지는 시간과 공간은 우리가 말하는 상식적인 외부적 시공간과는 다르다. 이 생명의 과정에 적용되는 시공은 가능상태에서 시작과 끝이 주어짐으로써 혼돈상태와 질서상태의 진행기간 내내 생명을 지속하게 해주는 시공이다. 그리고 시작과 끝이라는 시공이 제거되는 순간 다시 가능상태로 돌아간다.

이 시간은 혼돈상태에서의 시간과 질서상태에서의 시간에서 차이가 있다. 결국 생명의 과정은 가능상태와 혼돈상태와 질서상태라는 상태의 변이를 말하는 것이며 그 변이의 중심은 시간인 것이다. 생명은 자신의 과정을 스스로 창조하기 위해 시공을 필요로 하는 것이다.

이 생명의 시간이라는 것은 생명존재에 내재하는 것으로서 그것은 곧 생명의 여건의 충족이라고 할 수 있다. 기계적인 시간만으로 익숙해진 우리들의 사고로서는 생명의 시간과 여건의 충족을 같은 것으로 생각하기가 쉽지 않을 것이다.

그러나 예를 든 것처럼 가능상태로서의 사막에 비가 내려 사막의 표면에 있던 씨앗들이 발아하고 꽃피우고 수분하고 열매 맺는 과정을 창조할 수 있는 여건의 충족이 곧 시간의 충족과 같은 의미라는 사실을 생각하면 이해가 되리라 믿는다. 따라서 우리는 생명의 과정에 있어서 생명의 시공의 충족은 곧 자연적인 여건의 충족과 같은 것으로 생각할 수 있는 것이다.

생명체에게 내재된 시공은 자연적인 여건이 충족될 때 주어지는 것이며 자연적 여건이 박탈될 때 생명체의 내재된 시공도 박탈되고 동시에 생명도 가능상태나 무질서상태로 사라지는 것이다.

1) 혼돈 Chaos

생명이 주어진다는 것은 존재자의 내부에 대립이 시작되었다는 것을 의미한다. 생명체는 반드시 사물의 영역을 필요로 한다. 그리고 생명체는 사물의 영역을 이끌고 갈 생명력과 같은 것이 필요하다. 그것을 그동안 추상적인 관념이라고 여겨왔다.

생명체의 육체라는 구체적인 실재는 마음의 영역의 힘으로 움직인다. 그것을 철학에서는 전통적으로 추상적인 관념으로 보아왔지만 관념에 앞서 그것은 힘이며 생명력이다.

플라톤은 이 생명적인 힘을 이데아로 생각했다. 그리고 구체적인 실재를 감옥과 같은 동굴의 세계로 생각했다. 소위 관념의 영역은 생명의 세계에서는 힘이며 기능이며 생명력과 같은 것이다. 또한 사물의 영역은 물질의 영역이다.

이 영역들이 정적이고 전체일 때는 지나간 철학이며 다원적이고 동적일 때는 현대의 철학이라는 것은 어리석은 생각이다. 우리는 모든 상태를 모두 고려할 수 있어야 한다. 우리는 세계를 볼 수 있는 모든 다양성을 모두 알고 그것을 적재적소에 적용할 수 있어야 한다.

서양철학은 플라톤 이전에 헤라클레이토스가 대립을 통합의 차원에서 설명하고 있다. 즉

> 한 쌍은 전체를 이루고 있으면서도 전체가 아니다. 또한 동시에 끌리면서, 개별적으로 끌리며, 조화를 이루면서도 부조화를 이루고 있다.[2]

114

언제나 한 쌍이 하나가 되고 전체를 이루며 그 내부는 조화로우면서
도 부조화라는 사실을 말한다.

하나의 생명체 내부에는 사물의 영역이 있고 그것은 힘의 영역과
서로 대립하고 있다. 그 대립의 비율은 최소한 사물의 영역이 가지고
있는 에너지보다 힘의 영역이 가지고 있는 에너지가 더 커야 한다.
그것은 조화속의 부조화이다.

그래야 힘의 영역은 사물의 영역을 움직일 수 있고, 그럼으로써
생명체로서 활동할 최소한의 여건을 만들 수 있을 것이다.

(1) 상생과 상극의 원리와 순수시간

45:55가 설명하는 혼돈상태 즉 생성적 상태는 앞으로 가장 기본적
으로 사용하는 원리이므로 좀 더 역동적인 예를 들어 이해를 넓혀보
자.

서양철학은 대립하는 쌍방간의 공존을 허락하지 않는 부정성의 변
증법을 가지고 있다. 그 같은 관점에서 보면 자연은 약육강식의 치열
한 경쟁사회이다.

그러나 약육강식의 부정성의 변증법은 인간의 관념상에만 존재하
는 법칙일 뿐 자연에 전반적으로 적용할 수 있는 법칙은 전혀 아닌
것이다. 이 점을 서양철학자들은 착각하고 있다.

가령 우리가 지금 알라스카나 캐나다에 와있다고 생각해보자. 알라
스카와 캐나다의 평원은 순록 떼와 늑대 떼라는 두 집단이 끝없는
상호교류를 하며 서로가 서로에게 도움을 주며 이 대립되는 집단은
하나의 통합적 사회를 이루며 살고 있다. 만일 약육강식의 원칙이
자연의 법칙이라면 순록사회는 벌써 늑대사회에게 부정되어 박멸되

---

2) B. 러셀, 『서양철학사』 최민홍, 집문당, 1979년, 67쪽.

어 버렸을 것이다. 그러나 그런 일은 적어도 대자연에서는 일어나지 않았다.

오히려 자연의 세계에서는 일어나지 않는 약육강식의 원리가 인간 사회에서는 실제로 일어났고 일어나고 있다. 가령 백인이 인디언을 멸종상태로까지 대량학살 했고, 나치스가 유태인을 대량학살 한 것 등이 대표적인 예일 것이다. 이것이 철학이 이 세상에 존재하는 그 어떤 물리적 핵폭탄보다 무서운 핵폭탄인 이유를 잘 설명해주는 것이다.

물론 순록은 늑대에 잡아먹히며 얼핏 보면 그것은 전형적인 약육강식으로 보인다. 그러나 부분을 넘어 전체를 바라보면 전혀 다른 진실이 펼쳐진다. 순록사회와 늑대사회는 서로 팽팽한 대립을 이루고 있으며 그것은 처음부터 지금까지 그리고 앞으로도 계속 유지된다.

순록사회는 늑대가 잡아먹지 않아도 어차피 노쇠하고 병들거나 선천적으로 유전자가 열성적인 개체들이 끊임없이 발생하고 있다. 늑대들은 그들의 예민한 후각과 시각으로 그러한 개체들을 골라 선택적으로 죽인다. 왜냐하면 그래야 사냥에 성공할 확률이 높아지기 때문이다.

그 결과 순록사회는 자연히 우성적인 유전자를 가진 개체들만 남고 또한 늙고 병든 개체들이 거의 없는 가장 건강한 사회를 가지게 된다. 순록사회 전체로 볼 때 이보다 더 좋을 수는 없는 것이다.

늑대사회로서도 순록사회로부터 정기적으로 식량을 얻어 개체수를 유지할 수 있으므로 역시 순록사회는 그들에게 없어서는 안 되는 존재들이다.

하나의 전체를 조직하는 이 두 개의 사회에서 순록 무리는 긍정적인 영역이며 늑대 무리는 부정적인 영역을 차지한다. 만일 부정정인 영역의 힘이 긍정적인 영역의 힘보다 크다면 이 두 개의 사회는 모두 파멸한다. 또한 이 두개의 영역이 힘이 50 : 50으로 똑같은 양극성의 칸트식 이율배반의 대립이라면 이 두 개의 사회는 균형을 잃고 생명력은 위기를 맞는 것이다.

이 순록과 늑대의 무리들이 모두 공존하면서 서로에게 이익이 되면서 살아가기 위해서는 반드시 부정적인 영역을 차지하는 늑대의 무리가 가진 힘보다 긍정적인 영역을 차지하는 순록의 무리가 가진 힘이 조금은 커야 한다. 그 최적의 비율이 45:55이다.

즉 순록과 늑대의 무리들이 공존하며 살아간다는 것은 긍정적인 영역을 차지하는 순록의 영역의 힘이 10%는 더 큰 것이다. 그 10%가 온힘의 영역이다.

우리는 대립하는 양자에서 부정적인 영역을 상극의 원리 그리고 긍정적인 영역을 상생의 원리로 설정하는 것이다. 그리고 상생의 영역이 상극의 영역보다 10%가 더 큼으로써 이 대립은 하나의 전체를 조직할 수 있는 것이다. 이 여건이 충족됨으로써 두 개의 사회가 하나로 통합된 전체에게 순수시간이 존재하며 그럼으로써 이 두 개의 사회는 하나의 생명체로 존재할 수 있는 것이다.

늑대와 순록의 무리는 이 최적의 비율을 유지하며 지금까지 하나의 생명체로 살아온 것이다. 우리의 지각을 직관하는 지성이 알려주는 자연의 법칙은 약육강식이다. 즉 일방적으로 강한 자가 살아남는 것이다. 그러나 우리의 지성이 직관한 것과 이성이 개념을 구성한 것을 통일하는 인간성의 영역의 판단력이 제대로 움직이고 있다면 자연의 법칙은 통합과 통일인 것이다. 부분을 관찰하는 것과 전체를 관찰하는 것 그리고 지성의 단편적인 직관과 인간성의 종합적인 판단력이 알려주는 바는 이처럼 전혀 다른 결과를 가져온다.

(2) 시간, 공간, 순수지속

칸트에 있어서 경험의 내용은 외부의 대상에서 얻고 주관은 그 내용에 형식을 부여한다. 칸트는 직관에서 시간과 공간을 감성의 형식으로 제시한다. 그리고 개념화 단계에서는 테두리를 사유의 형식으로 제시한다.

칸트는 시공을 직관의 순수형식으로 보았다. 즉 선천적으로 본유적 本有的으로 주어진 것으로서 주어진 대상과 관계 할 때에만 존립하는 것이다. 그리고 시공을 현상계에 국한 시키고 물자체계는 시공에 초월해 있다고 보았다.

쇼펜하우어는 칸트의 선험적 감성론에 의해서 시간과 공간의 결합이 물질의 본질이기 때문에 물질은 철두철미하게 이 둘의 특색을 구비하고 있다3)고 말한다.

칸트와 쇼펜하우어는 시간과 공간을 현상계에만 국한시키고 물자체계 즉 본체계는 시공에서 초월해 있다는 것을 기본적인 가정으로 채택했다. 이것은 대단히 탁월한 안목이며 철학의 진보임에 틀림없다.

그러나 이들이 주장하는 바가 과연 참인지 거짓인지를 떠나 이들의 주장을 모두 받아들인다 해도 근본적인 문제가 남는다. 이들은 단지 현실상태 즉 질서상태만을 모든 것으로 설정한 것이다. 이들뿐 아니라 칸트의 후계자들 모두에게서 발견되는 치명적인 문제점이 바로 이것이다.

그들은 무슨 권리로 가능상태와 혼돈상태를 무시했는가? 또 그들은 무슨 권리로 성취상태와 완성상태 다시 말해 재세이화와 홍익인간이라는 인류의 이상을 상상조차 하지 못하게 막았는가?

---

3) 쇼펜하우어, 『의지와 표상으로서의 세계』, 곽복록 역, 을유문화사, 1992, 51쪽.

무엇보다도 전체과정에서 가능상태와 혼돈상태 없이 어떻게 질서 상태가 성립할 수 있는가라는 점이 그들에게는 구제불능의 치명적인 결함이다.

생명의 문제, 과정의 문제가 철학의 근본적인 문제라는 사실은 칸트 뿐 아니라 다른 철학자에게도 인식되지 못했다. 생명의 차원에서 과정을 조금도 고려하지 않는 것이다. 인간을 물건으로 보는 것보다 더 큰 인간에 대한 모욕이 어디에 있는가? 그런데 다른 학문도 아닌 철학이 인간을 물건으로 본다는 것이 말이 되는가?

시간과 공간의 문제는 가능상태와 혼돈상태에서는 전혀 다른 것으로 나타난다. 혼돈상태에서는 공적 영역과 사적 영역이 형성되지 않은 상태이다. 따라서 칸트가 말하는 물자체계 즉 공적 영역으로서의 본체계가 존재하지 않는 상태이다.

가능상태와 혼돈상태라는 상태는 지금까지의 철학자들에게서 논의된 바조차 없는 전혀 다른 차원의 시공간을 가지고 있는 것이다. 우리는 이 문제를 한 번에 이해할 수 있는 상식적인 예를 통해 알아보기로 하자.

씨앗을 생각해보자. 씨앗이 죽은 것이 아니라 살아 있는 것이라고 한다면 씨앗의 안에는 순수시간이 존재한다. 씨앗 안이 좋은 조건이라면 대단히 오래 지속될 수 있는 순수시간이 그 안에 내재되어 있다. 그 순수지속은 곧 생명의 근원이다. 씨앗 안에 순수시간이 없다면 씨앗에게 발아할 조건이 주어져도 발아하지 못하기 때문이다.

씨앗의 상태는 가능상태이다. 씨앗이 발아하면 혼돈상태가 된다. 가능상태와 혼돈상태의 차이는 무엇인가? 가능상태인 씨앗은 그 내부에 순수시간을 가지고 있지만 생명력을 확장할 시간과 공간을 아직 가지고 있지 못하다.

물론 씨앗의 외부에는 시공간이 존재한다. 그러나 그 시공간과 상관없이 씨앗이 스스로의 내부에 시공을 가지지 못하는 한 생명은 활동하지 못하는 것이다.

가능상태는 스스로의 내부에 구체적인 실재의 영역과 힘의 영역을 가지고 있다. 여기에 시공간이 결합될 때 혼돈상태가 되는 것이며 또한 현실상태와 성취상태와 완성상태를 바라볼 수 있는 것이다.

순수시간은 모든 생명이 있는 상태에 모두 존재하는 것이다. 순수시간은 구체적인 실재의 영역과 마음의 영역의 경계면에서 추상적인 영역에 편에 존재한다. 그럼으로써 구체적인 실재의 영역을 움직이는 힘이 된다.

즉 구체적인 실재의 영역은 사물이다. 이 사물을 움직이는 영역이 추상적인 관념의 영역이다. 사물을 움직이는 힘은 사물이 가진 힘보다 조금은 더 큰 힘으로 움직여야하는데 그 조금 더 큰 힘이 바로 온힘의 영역에서 나타나는 순수시간 즉 순수지속의 힘이다.

즉 씨앗 안에는 씨앗을 이루는 물질과 그 물질을 나무로 만들려는 힘이 공존한다. 그런데 나무로 만들려는 힘이 물질이 가지고 있는 힘보다 조금은 더 커야 나무로 만드는 과정이 진행된다. 그 힘은 씨앗 즉 가능상태에서는 주어지지 않는다. 그것은 가능상태에서 시간과 공간이 주어지는 혼돈상태에서부터 주어지는 것이다. 그러나 엄밀히 말하면 씨앗상태 즉 가능상태에서도 대립은 존재하며 미세하지만 변화가 진행된다.

인간의 경우 태아상태는 가능상태이며 출산과정이 곧 혼돈상태이다. 모든 인간은 혼돈상태를 거쳐 질서상태의 영역에서 살 수 있다. 이 질서상태에서 인식이 가능해지는 것이다.

칸트를 비롯한 모든 철학자들은 질서상태만을 철학의 대상으로 간주함으로써 질서상태를 이해하는 일에 결정적으로 실패한 것이다. 그 이전에 가능상태와 혼돈상태에 대한 지식이 없다면 질서상태를 이해하는 일은 불가능하다. 칸트철학의 근본적인 문제가 바로 여기서 드러나는 것이다. 물론 이 문제의 시작은 아리스토텔레스이다.

시간과 공간과 순수지속도 마찬가지이다. 이들을 가능상태와 혼돈상태와 질서상태에서 구분해서 이해하지 못하는 한 이들에 대한 정확한 이해는 불가능한 것이다.

(3) 혼돈의 세 영역

혼돈의 영역은 우리말 '온'으로서 100을 의미하며 사물의 영역 45와 힘의 영역 55의 영역으로 대립하고 있다. 그리고 이 대립의 경계면에 존재하는 10의 영역이 존재함으로써 사실상 혼돈의 영역은 삼원론으로 조직되는 것이다.

이 혼돈의 영역을 세 영역으로 구분한 것은 한철학이 처음이지만 혼돈의 영역을 대립의 영역으로 사용한 것은 페르시아의 짜라투스트라이다. 그는 사물의 영역을 악으로 보고, 힘의 영역을 선으로 간주했다. 그리고 플라톤은 사물의 영역을 동굴의 감옥으로 보고, 힘의 영역을 이데아의 세계로 보았다.

이와 같은 관점은 서양철학 내내 변치 않고 전해진다. 그리고 이 같은 이원론은 인도철학에서도 사용되고 중국에서도 사용되어 왔다.

지금까지 모든 철학은 사물의 영역은 경험론이나 유물론, 실재론 등으로 보았고, 힘의 영역은 마음의 영역 또는 정신의 영역으로 간주하여 관념론 등으로 사용되었다.

그런데 지금까지의 철학들은 마음의 영역을 힘의 영역, 생명력의 영역으로 생각하지 못함으로써 철학을 결정적으로 정체시키며 지금에 이르고 있는 것이다.

이제 혼돈의 영역을 나누어보자. 우선 전체를 온인 100으로 볼 때 사물의 영역은 45이며 마음의 영역은 55이다. 사물의 영역과 마음의 영역의 경계면에 존재하는 10을 고려해야 하므로 마음의 영역은 다시 10과 45로 구분된다. 이 경계면에 존재하는 영역을 통합의 영역이라고 부르기로 하자.

사물의 영역   = 45   →   상극의 영역 - 감
마음의 영역   = 45   →   상생의 영역 - 밝
통합의 영역   = 10   →   통합의 영역 - 온힘

여기서 상생의 영역45와 통합의 영역 10은 크게 보아 둘을 합쳐서 55로 상생의 영역이라고 말해도 상관없다.

(4) 손바닥 안의 우주

우리가 인식하려는 대상이 무엇이든 그것은 응축과 팽창으로 조직된 것이다. 응축은 물질로 나타난다. 팽창은 그 물질에 힘을 제공한다. 즉 우주는 응축과 팽창이 100의 수로 나타나는 것이다. 또한 이 100의 수는 100개의 점으로 나타낼 수도 있다. 그럴 경우 우주 전체를 손바닥 안에 100개의 점으로 그려진 그림으로 표현할 수 있는 것이다.

이 그림의 경우 응축은 검은 점으로 표현하고 확산은 흰점으로 표현한다면 우리는 인식하려는 대상의 본질적인 조직을 일목요연하게 알 수 있을 것이다. 즉 모든 인식의 대상은 내부에 응축과 확산이 대립하고 있는 상태이기 때문이다.

비율이 같으면 즉 50 : 50이면 그것이 물리적 역학체이든 생명체이든 정지된 것이다. 응축의 영역은 사물로 나타나며 확산의 영역은 힘으로 나타난다. 가령 모든 아파트가 땅 위에 서 있다면 그 아파트의

내부에 응축하는 영역과 확산하는 영역이 똑같은 것이다.

만약 응축하는 영역인 콘크리트가 99이고 확산하는 영역의 힘이 1이라면 그 아파트는 형체를 유지하지 못하고 하나의 알맹이로 축소되고 말 것이다. 반대로 확산하는 시공간에서의 아파트로서의 영역이 99이고 응축하는 영역인 콘크리트가 1이라면 그 아파트는 즉시 폭발해버리고 말 것이다.

응축과 확산이 50 : 50의 상태로 영원히 유지된다면 그 아파트는 움직이지 않는 상태로 영원히 존속할 것이다. 그러나 존재 중에 시공간을 초월하는 경우는 없으므로 50 : 50의 균형은 언젠가는 깨어지고 아파트는 무질서로 흩어질 것이다. 칸트와 그의 후계자들의 철학은 기본적으로 이 50 : 50의 비율로 이루어져있다. 그들은 영원히 존속하는 철학적 아파트를 꿈꾸고 있었다.

그러나 움직이는 모든 역학적 조직체 가령 태양계나 은하계 또는 소립자의 세계나 생명을 가진 모든 조직체는 50 : 50의 상태로 멈추어 있을 수 없다.

그들은 움직이고 있는 것이다. 이 경우 응축과 확산의 50 : 50의 비율은 견딜 수 없다. 움직이고 있는 모든 사물은 응축보다 확산이 조금은 크다. 확산이 너무 크면 폭발할 것이며 너무 작으면 움직임이 정지되거나 축소될 것이다.

그 비율을 전체100=응축45 : 확산55로 보는 것이 가장 적당하다는 것을 '한철학1 생명이냐 자살이냐'에서 다루어보았다. 우주는 칸트식의 정적 우주가 이미 아니다. 우리가 인식하려는 그 어떤 대상도 시공간상에서 움직이고 있다.

우리는 칸트식의 정적 우주가 100=50+50의 상태이며 한철학의 동적 우주가 100=45+55임을 알았다.

결국 정적 우주와 동적우주의 차이는 45와 55의 차이인 10에 있다는 사실을 알 수 있는 것이다. 즉 응축과 확산의 경계면에 존재하는 제삼의 영역이 있으며 이 영역이 10으로 나타나는 것이다. 한철학에서 이 제3의 영역으로서의 10은 매우 중요한 것이다. 그것을 우리는 온힘이라고 불렀다.

따라서 그 전체가 무엇이든 우리가 인식하려는 대상의 전체는 100이며 순수한 우리말 온이다. 그리고 그것은 응축과 확산을 하고 있으며 응축은 순수한 우리말 감이며, 확산은 순수한 우리말 밝이다. 그리고 감45을 흑점 밝55을 백점으로 표현하여 손바닥에 올릴 수 있는 우주의 거울이며 척도로서의 그림을 천부도天符圖[4]라고 부른다. 그리고 필자는 이 원리를 우주의 거울이며 척도로서의 경전인 천부경天符經에서 가져왔음을 처음부터 밝혔다.

2) 혼돈의 원리

우리는 혼돈이 사물의 영역과 힘(마음)의 영역이 서로 대립하고 있으며 하나의 전체를 조직하는 상태라는 것을 알았다. 그리고 사물의 영역은 상극의 영역이며 이는 곧 음陰이라고 말하는 영역이다. 힘(마음)의 영역은 상생의 영역이며 이는 곧 양陽이라고 말하는 영역이다.

(1) 물질과 마음 중 어느 것이 먼저 활성화되는가?

동서양의 철학은 사물의 영역과 마음의 영역 중 어느 것이 우월한가에 대한 어리석은 논쟁으로 무려 삼천년의 세월을 낭비하고 있다.

---

4) 이 천부도는 현묘지도 시리즈에서는 일적십거도라고 부른다. 한철학에서는 같은 도형이지만 천부도라고 부른다.

필자는 사물의 영역과 마음의 영역을 통합한 혼돈의 영역에서 어느 것이 먼저 활성화되는 것일까라는 명제를 세워보았지만 동서양의 철학에서는 처음부터 통하지 않는 명제이다.

이 물음을 가질 수 있었던 철학자는 칸트뿐인 것이다. 저명한 칸트는 마음의 영역을 관념론으로, 사물의 영역을 경험론으로 구분하여 이를 대립시키는 비판적 방법론을 철학의 기본구도로 삼았다. 그리고 그 대립이전에 어느 것부터 먼저 다루는가 하는 단계별 순서를 이렇게 결정했다.

순수이성에 대한 첫째 단계는 순수이성의 유년기로 특징 지워지고, 독단적이다. 이미 말한 두 번째 단계는 회의적요 경험에 의해서 현명하게 된 판단력의 신중성을 증시證示한다. 그러나 셋째 단계가 필요하다. 이것은 성숙한 장년의 판단력에만 귀속하고, 그 일반성에 관하여 확증된 견고한 준칙을 근저에 가지는 것이다.[5]

그러나 칸트는 이 부분에서 먼저 관념론의 영역에서 유치한 과정을 겪은 다음에 경험론으로 그것을 다듬는 순서를 취한 다음 이 양자를 똑같이 대립시키는 방법을 택하고 있다. 추상영역과 사물영역 그리고 비판을 단계적으로 제시한 칸트의 주장은 실망스러운 것이다.

이제 우리는 동서양의 모든 이론들을 모두 무시하고 우리만의 논의로 다시 돌아가자. 우리의 논의의 주제는 인류에 있어서 문명과 문화 중 어느 것이 먼저인가라는 의문과도 같은 것이다. 그리고 태아가 몸이 먼저 형성되는 가 마음이 먼저 형성되는가 하는 의문과도 같다.

이 문제에 대해서 한철학은 이미 확고한 답을 가지고 있다. 그것은 사물과 마음의 영역은 어느 것이 먼저 형성되는 것이 아니라 동시에

5) 칸트 『순수이성비판』 B789

형성된다는 사실이다.

문명과 문화는 어느 것이 먼저 형성되는 것이 아니라 동시에 형성되며 태아의 몸과 마음도 동시에 형성된다.

왜냐하면 혼돈의 영역은 사물의 영역과 마음의 영역이 따로 형성되는 것이 아니다. 이들이 이미 결합해 있는 가능상태에서 다만 시간과 공간이 주어진 것에 불과한 것이기 때문이다. 그리고 혼돈이 사라지는 것도 사물과 마음(힘)의 영역 중 어느 하나가 사라지는 것이 아니다. 다만 주어진 시간과 공간이 사라지며 상태가 변하는 것에 불과하다.

따라서 이들 양자에서 어느 하나가 먼저 형성된다는 것은 결코 있을 수 없는 것이다. 이 부분은 생명의 과정철학 전체의 향방을 결정짓는 대단히 근본적인 문제이지만 이 문제에 이르러서는 그 누구에게도 참고할 최소한의 억견臆見조차 찾을 수 없다. 이제부터는 한철학 스스로 길을 가야 하는 것이다.

그러나 여기에 매우 예민한 문제가 아직도 남아 있다. 사물과 관념의 영역에서 어느 것이 먼저라는 명제는 성립되지 않지만 어느 영역이 먼저 활성화되는가는 반드시 물어야 한다.

가령 어린아이의 경우 육체와 마음은 동시에 형성된다. 육체가 자라는 동안 마음도 동시에 자라나지만 마음이 자라나는 것은 육체의 발달에 비해 잘 드러나지 않는다. 그러나 육체가 완전히 성장한 다음에야 관념의 영역은 비로소 그 모습을 드러내기 시작하는 것이다.

또한 문명이 사물의 영역이고 문화가 관념의 영역일 때 이 양자는 항상 동전의 양면으로 존재하지만 반드시 사물의 영역인 문명이 먼저 두드러지게 나타난다. 그리고 그러는 사이에 문화는 보이지 않게 발전하다가 문명이 한계에 도달했을 때 문화는 문명이 세운 물질적 토양위에서 꽃을 피우고 열매를 맺는다. 이것이 역사가 보여주는 일반적인 법칙인 것이다.

어느 문명이든 먼저 농사를 위한 치산치수와 수로와 관개시설 그리고 도로와 항만과 같은 문명시설이 만들어지면서 문명이 시작됨과 동시에 문화도 형성된다. 그러나 문명의 전성기에 이르러야 비로소 문화는 그동안 축적되었던 자신의 모습을 드러내기 시작하고 문명의 말기까지 그것은 지속한다.

먼저 사물의 영역이 만족스럽게 최적화되어야 관념의 영역이 최적화될 수 있는 것이다. 이것은 상식의 세계와 동일한 것이다. 즉 배가 불러야 예의도 있는 것이다.

우리는 이제 혼돈의 영역에서 대립하는 물질과 힘(마음)의 영역은 동시에 형성되지만 먼저 사물의 영역이 활성화되고 그 후에 관념의 영역이 드러난다고 말할 수 있게 되었다.

(2) 혼돈의 원리와 시대철학

우리가 살펴본 혼돈상태가 설명하는 과정은 그대로 시대철학에 적용되는 것을 우리는 이 책의 첫 부분에서 볼 수 있었다. 사물의 영역이 먼저 최적화되고 다음에 마음의 영역이 최적화되는 것이 혼돈의 원리라면 그것은 시대철학에도 적용되는 것이다.

시대철학은 먼저 문명이 최적화되고 다음에 문화가 최적화되는 것이다. 그리고 그 다음에 무질서로 사라지던가 아니면 사물과 마음의 경계면에 존재하는 통합의 영역에 존재하는 생명의 시간을 사용하여 다음의 과정인 질서의 영역으로 혁신하는가하는 문제가 대두된다.

혼돈상태에서 사물의 영역은 인류에게 생산의 시대인 산업시대이다. 그리고 마음의 영역은 소비의 시대인 후기산업시대이다. 또한 후기산업시대의 다음 시대는 무질서의 시대와 통합의 시대 둘 중의 하나를 선택하는 시대가 되는 것이다.

그리고 지금 현재가 바로 그 선택을 해야 할 통합의 시대인 것이다. 혼돈의 원리를 설명하는 시대철학의 대상은 인류가 새로운 인류로 새롭게 태어나는 과정을 혼돈으로 포착하여 설명한다.

그리고 후기산업시대 혹은 소비시대 또는 포스트모더니즘, 노마디즘으로 불리는 시대는 산업시대의 생산사회와는 전적으로 다른 양상을 보인다. 이 시대는 추상적 관념의 영역인 마음의 시대이며 문화의 시대이다.

이제 인류는 새로운 문명과 문화를 형성하여 일찍이 볼 수 없었던 새로운 인류로 태어나려는 사물의 영역과 마음의 영역을 형성했다. 그러면 그 다음에 통합의 영역이 나타나야 한다는 사실을 알 것이다. 이 통합의 영역이 혼돈상태의 소통행동 영역이며 또 정체성의 확보와 통합자체를 이끌면서 혼돈의 상태는 질서상태로 혁신하게 되는 것이다.

필자는 혼돈의 영역이 갖는 세 가지 과정을 시대철학에 맞추어 알기 쉬운 현상들을 설명하고 원리를 설명한 다음 최적화의 원리를 설명함으로서 전체적인 이해가 쉽게 될 수 있도록 했다.

우리가 이제 혼돈이론을 살펴보면서 다시 확인할 수 있는 것은 이 시대의 사람들은 혼돈상태를 살아간다는 것이다. 그것은 모든 판단과 행동을 원인을 스스로에게서 가져오지 못한다는 것이다. 즉 자아가 없다. 따라서 공적 영역이 존재하지 않으며 인간성과 자유의지가 없는 것이다. 단지 삶에 대한 맹목적인 의지만이 있거나 분망한 자유만이 있다.

이 시대를 극복하고 현실상태 즉 질서상태에 들어갈 때 비로소 자유와 의지와 자유의지가 주어지며 진정한 자아가 생겨난다.

따라서 우리가 사는 이 혼돈상태로서의 시대는 그야말로 공적 영역이 없는 시대로서 상상력과 판단력과 통찰력과 소통력이 전혀 주어지지 않는 시대에 지나지 않는다.

이와 같은 시대에 공적 영역과 사적 영역을 구분하여 자신과 사회의 공적 영역을 합일한 영역에서 사유하고 삶을 사는 사람은 극소수이다. 그러나 그 극소수만이 상상력과 판단력과 통찰력과 소통력을 가짐으로써 각 분야에 남다른 천재성을 발휘할 수 있는 것이다.

3

한철학의 이해

이 책의 본문은 마치 앞으로만 가는 기차와 같아 포괄적인 내용을 설명하고 싶어도 그것을 설명할 기회를 포착하기가 쉽지 않다. 따라서 한철학에 대해 약간의 이해를 갖춘 이 시점에서 본격적으로 한철학의 원리를 설명하기 전에 꼭 알아야할 내용을 이곳에서 이해할 수 있도록 했다.

1) 아리스토텔레스와 칸트의 실패와 한철학의 기회

달걀이 닭이 되는 과정을 제대로 이해할 수 있다면 서양철학 2500년 동안 모든 철학자들이 끝내 이해하지 못했던 과정철학을 한 번에 이해할 수 있다.

달걀이 닭이 되는 과정에 엄청난 비밀이 있느냐 하면 그것은 전혀 아니다. 다만 달걀이 닭이 되기 전에 달걀 안의 병아리라는 과정을 거친다는 단순한 사실만 안다면 그것으로 족하다. 문제는 이 간단한 사실을 서양 철학자들 모두가 2500년간 이해하지 못한 것이다.

아리스토텔레스는 달걀을 가능상태[1] 보고 닭은 현실상태로 보았다.[2] 그러나 아리스토텔레스는 달걀과 닭 사이에 달걀 안의 병아리라는 혼돈상태가 존재한다는 사실을 전혀 알지 못했다.

한철학은 전체과정에서 우선 가능상태와 혼돈상태와 현실상태를 확정한다. 여기서 지금까지 전혀 알려지지 않은 상태가 혼돈상태이다. 한철학은 먼저 이 혼돈상태를 포착함으로서 전체과정에 대한 설명의 실마리를 풀어 나가기 시작하는 것이다.

혼돈상태는 자연 상태에서는 달걀안의 병아리요, 지금 막 태어나는 태아 반 신생아 반의 아기이다.

혼돈상태는 전체과정에 있어서 시간적으로는 그야말로 순간적이다. 그러나 이 순간을 포착함으로써 우리는 생명과정의 매우 중요한 연결고리를 확보하는 것이다. 즉 혼돈상태에 대하여 우리가 알 수만 있다면 혼돈상태 이전의 가능상태에 대한 지식도 알 수 있는 실마리를 얻을 수 있게 된다. 그리고 동시에 현실상태에 대한 지식도 알 수 있는 실마리를 얻게 되는 것이다. 그리고 전체 과정을 전망해 볼 수 있는 여건이 마련되는 것이다. 따라서 생명의 과정철학은 반드시 혼돈상태에서 시작하는 것이다.

즉, 달걀 안의 병아리를 포착하면 그것에서 우리는 달걀에 대한 지식과 닭에 대한 지식을 알 수 있는 중요한 실마리를 얻을 수 있는

---

1) 아리스토텔레스는 능력, 잠재력,가능성을 뒤나미스로 설명하고 현실적인 것 현실적인 작용을 에네르게이아로 설명했다.(아리스토텔레스 형이상학 조대효 역해 문예출판사 2004년 248~249쪽)

2) 아리스토텔레스는 사람이나 곡식은 씨에서 생긴다고 보았다. 즉 가능상태는 씨앗이고 현실상태는 사람이나 성장한 벼로 본 것이다. 성인은 아이보다, 인간은 그 씨(정자)보다 먼저라고 본 것이다.
  인간의 경우 성인과 아이 사이에는 청소년이라는 혼돈상태가 있다. 그리고 인간의 씨와 인간 사이에는 태아라는 혼돈상태가 있다. 벼의 씨와 벼사이에는 발아기간이라는 혼돈상태가 있다. 아리스토텔레스는 이 모든 혼돈상태를 무시한 것이다.

것이다. 그리고 달걀이 달걀안의 병아리가 되고 그것이 닭이 되는 생명의 과정을 전체적으로 파악할 수 있는 것이다.

아리스토텔레스는 혼돈상태를 포착하는 데 실패함으로써 가능상태와 현실상태만으로 철학을 해야 했다. 이것은 서양철학의 논리학을 비롯하여 모든 분야에 결정적인 구조적 결함으로 작용하게 된다.

18세기의 칸트에 이르러 그의 판단양상에서 다시 가능상태와 현실상태는 필연상태와 함께 나타나지만 그 명민한 칸트에서도 끝내 혼돈상태는 발견되지 못했다. 그리고 칸트의 후계자들도 칸트를 반복했다.

(1) 낫 놓고 기역자도 몰라본 아리스토텔레스

아리스토텔레스는 달걀의 상태에서 중간의 상태 없이 닭의 상태로 갑자기 넘어가는 것으로 생각했다. 그러나 고대 한국인들은 달걀상태에서 달걀도 아니고 닭도 아닌 애매한 혼돈상태를 거쳐서 닭이 된다고 생각한 것이다.

이 차이는 2500년간 존재했던 서양철학의 근본적인 뿌리 자체를 완전히 뽑아버리는 엄청난 결과를 가져오는 것이다.

아리스토텔레스의 형이상학은 한마디로 말해 플라톤의 상식화라고 할 수 있다. 그런데 플라톤과 상식은 좀처럼 뒤섞이지 않으므로 그의 철학은 난해하다.3) 그는 플라톤의 이데아의 원리를 형상과 질료이론에 도입한다.4)

---

3) B. 러셀, 『서양철학사』, 최민홍 역, 집문당, 1979, 212쪽.
4) 플라톤은 다음의 설명은 아리스토텔레스의 형상과 질료의 내용을 상당부분 앞서 설명하고 있다.
   "각 가구의 장인들은 그 이데아를 보면서 저마다 우리가 사용하는 침상들이나 식탁들을 만들며, 또한 어느 것들도 마찬가지 방식으로 만든다고 우리가 또한 말해 버릇하지 않았던가? 그 어떤 장인도 이데아 자체를 만들지는 않을 테니까 말일세."(플라톤 『국가』 596b 박종현역 서광사 2001년)
   여기서 플라톤은 장인이 나무를 다듬어 침상과 식탁을 만드는 것은 이데아

아리스토텔레스는 모든 자연물이 질료와 형상으로 구성되었다고 생각한다.[5] 그리고 질료는 신체이며 가능태 그리고 형상은 영혼이며 현실태이다.[6]

아리스토텔레스가 이 가능상태와 현실상태를 도입한 것은 정적인 존재론인 형상과 질료에 변화와 운동을 부여하려고 한 것이다.

만물이 과정일 때 과정은 여러 가지의 상태를 갖는다. 그 상태는 어떤 상태이든 반드시 사물의 영역과 관념의 영역의 복합체이다. 아리스토텔레스의 방식으로 말하면 질료와 형상의 복합체이다. 그 복합체가 가능상태에서 혼돈상태로 또 현실상태로 변이를 진행하는 것이다.

질료와 형상이 하나의 복합체[7]인 것으로 설정한 것은 문제가 없다. 그러나 아리스토텔레스는 가능상태를 질료와 형상의 복합체로 보지 않는다.

그가 예로든 씨앗과 식물을 생각해보자.[8] 하나의 과정에서 씨앗은 가능상태이다. 그리고 씨앗이 발아하는 과정은 혼돈상태이며 혼돈상태인 발아과정은 반쯤은 씨앗이고 반쯤은 식물이다. 혼돈상태에서 발아하면 그 때부터 식물이 된다. 이것은 모든 생명체에 적용되는 과정

즉, 형상에 의한 것임을 설명하는 것이다. 즉 나무에 침상과 식탁의 형상을 적용하면 침상과 식탁이 되는 것이다.

5) 아리스토텔레스, 『자연학』 194a 12-b 15 (아리스토텔레스, 『영혼에 대하여』 유원기 역주, 궁리, 2001, 28쪽의 각주)

6) 영혼은 반드시 생명을 잠재적으로 가지는 자연적 신체의 형상이라는 의미에서의 실체여야 한다. 그리고 실체는 현실태이다. 따라서 (영혼)은 그런 신체의 현실태인 것이다. (아리스토텔레스, 『영혼에 대하여』 412a 유원기 역주, 궁리, 2001)

7) 개별자는 질료와 형상으로 이루어져 있다는 이유에서 복합적인 실체(synolos ousia) 또는 복합체(synolon) (아리스토텔레스, 『형이상학』 조대효 역해, 문예출판사, 2004, 90쪽)

8) 아리스토텔레스는 "성인은 아이보다 인간은 그 씨(종자)보다 먼저이니, 전자는 이미 그 형상을 가지고 있으나, 후자는 그렇지 않기 때문이다."라고 말한다. (아리스토텔레스, 『형이상학』 제9권 - 소광희 철학의 제분석 가능개념의 분석의 아리스토텔레스 원문인용, 지학사, 1983, 244쪽)

이다.

가능상태인 씨앗에는 그 내부에 이미 질료와 형상이 주어져 있다. 그 상태에서 시간과 공간이 주어지면 혼돈상태가 된다. 역시 혼돈상태에도 질료와 형상이 주어져 있다. 그리고 혼돈상태가 통합되고 통일되면 질서상태가 된다. 이 역시 그 내부에는 질료와 형상이 주어져 있는 것이다.

아리스토텔레스에게는 가능상태인 씨앗과 현실상태인 식물뿐이며 발아상태라는 혼돈상태는 없다.

그리고 무엇보다도 종자는 그 자신의 형상을 가지지 않고 식물의 형상을 가지고 있을 뿐이다. 그런데 이것이 종자 속에는 실현되어 있지 않다는 것이다[9].

씨앗은 씨앗의 형상이 있는 것이지만 아리스토텔레스는 씨앗의 형상을 인정하지 않고 그것이 나무의 형상을 가지고 있지 않는 가능태라고 주장한다. 아리스토텔레스는 도저히 이해할 수 없는 괴상한 억지를 부리며 그것이 철학이라고 우기고 있는 것이다. 결국 아리스토텔레스에게 씨앗은 자신의 형상을 가지지 않은 유령 같은 존재가 된다. 즉 질료만 가진 괴기스러운 존재가 된 것이다.

아리스토텔레스의 가능상태는 서양철학전체에 치명적인 문제를 남긴 것이다. 이러한 가능상태에서 혼돈상태가 사유되기는 불가능하며 또한 제대로 된 현실상태를 유추하기도 불가능한 것이다. 가장 근본적인 시작이 가능상태인데 그 상태가 서양철학에서는 괴이쩍은 유령으로 설정되어 버린 것이다.

이런 상태에서는 과정을 형성하는 근본적인 요소들인 상태가 죽어버리고 해체되는 것이다. 아리스토텔레스에게는 엄밀하게 말하면 생명체로서의 가능상태도 혼돈상태도 현실상태도 존재할 가망이 전혀

---

9) 하르트만, 『존재학양상론』, 하기락 `역, 형설출판사, 1996, 28쪽.

없는 것이다. 해체철학은 이미 아리스토텔레스에게서 나타난 것이다.

한철학과 아리스토텔레스 철학의 차이는 그야말로 하늘과 땅처럼 크다. 그러나 처음부터 그런 것은 아니다. 그 차이는 이처럼 대단히 단순한 곳에서 발생한다.

아리스토텔레스가 말하는 형상과 질료가 바로 한철학의 상태를 조직하는 기본재료인 것이다. 즉 아리스토텔레스가 말하는 현상과 질료의 복합체가 한철학의 가능상태와 혼돈상태가 될 수 있으며 질서상태가 될 수 있다.

아리스토텔레스는 한철학과 똑같이 주어진 사물의 영역과 관념의 영역과 가능상태와 현실상태라는 네 가지의 요소를 한철학과 같이 과정적으로 결합하지 않고 모순을 가진 단순한 이원론으로 엉뚱하게 결합했다. 그럼으로써 제대로 된 철학체계를 자신의 눈앞에 두고도 알지 못한 것이다. 우리 한국의 속담에 낫 놓고 기역자도 모른다는 말은 바로 이런 경우에 쓰는 말이다. 그는 손에 쥐고 있었던 철학원리를 보고도 알지 못했던 것이다.

그러나 한철학은 이 네 개의 개념으로 그림에서 설명한 바와 같이 가능상태와 혼돈상태와 현실상태 그리고 성취상태와 완성상태라는 과정으로서의 다섯 가지 상태를 만드는 일에 성공했다. 여기서 최종적인 상태인 성취상태와 완성상태가 우리 한겨레의 영원한 이상인 제세이화, 홍익인간이다.

아리스토텔레스는 한철학과 똑같은 네 개의 개념으로 출발했지만 유령적인 가능상태와 현실상태 밖에 만들지 못했다. 아리스토텔레스가 만든 이 가능상태와 현실상태는 명백히 이원론이다. 그것도 모순율이 적용된 이원론이다. 다시 말하면 가능상태와 현실상태는 양립하지 못하는 것이다. 가능상태는 곧 현실상태의 내용에 불과한 것이다.[10]

---

10) 헤겔, 『논리학』, 전원배 역, 서문당, 1982, 304쪽.

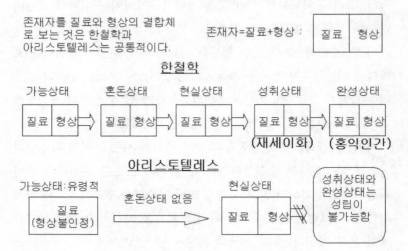

한철학과 아리스토텔레스의 상태가 갖는 근본적인 차이

존재자를 질료와 형상의 결합체
로 보는 것은 한철학과
아리스토텔레스는 공통적이다.

존재자=질료+형상 : 질료 | 형상

한철학

가능상태　　　혼돈상태　　　현실상태　　　성취상태　　　완성상태

질료 형상 ⇒ 질료 형상 ⇒ 질료 형상 ⇒ 질료 형상 ⇒ 질료 형상
　　　　　　　　　　　　　　　　　　　　　　(재세이화)　(홍익인간)

아리스토텔레스

가능상태:유령적　　　　　　　　　　　현실상태　　　성취상태와
　　　　　　　　혼돈상태 없음　　　　　　　　　　완성상태는
　質료　　　　⇒　　　　　　　　질료　형상　↛　성립이
(형상불인정)　　　　　　　　　　　　　　　　　불가능함

대립하는 가능상태와 현실상태에서 가능상태는 부정되고 현실상태만
긍정되는 것이다. 세계철학사에서 이보다 더 한심한 농담이 또 있는
가?

　아리스토텔레스는 생명의 과정철학을 조직하기가 불가능했다. 따
라서 그는 한철학1에서 검토한 바와 같이 과정이론을 계층이론으로
대체했다. 그러나 그의 계층이론은 단지 철학에 대한 엉뚱한 왜곡에
불과하다. 이것이 그의 후계자들에게는 고정관념이 되었다.

　따라서 서양철학은 처음 출발할 때부터 달걀에서 닭으로 갑자기
변한다는 현실에서는 존재할 수 없는 무지막지하고 우악스러운 상태
변화에 대한 관념을 가지게 된 것이다. 아리스토텔레스는 달걀은 달걀
의 형상을 가진 달걀로 생각하지도 못하게 한다. 달걀은 오로지 아직
닭의 형상을 가지지 못한 닭이라고 끈질기게 우겨대며 꼭 그렇게 생각

하라고 독자들에게 2500년을 두고 강요하고 있는 것이다. 그럼으로써 달걀은 닭의 형상을 가지지 못한 유령으로 만들어버린 것이다.

그리고 무려 2500년간 수많은 대학에서 수많은 철학자들이 배출되어 수많은 철학이론이 나왔지만 아리스토텔레스가 억지로 우겨댄 이 근본적인 오류를 뒤집어버리고 새롭게 철학의 근본을 마련한 철학자는 단 한명도 없었다.

지나가는 어린아이도 포복절도하고 박장대소하며 웃을 이 우스꽝스러운 아리스토텔레스의 미신迷信과 주술呪術이 무려 2500년간 전 세계의 수많은 대학의 철학 강의실에서 막강한 권위를 가진 고정관념이 되어 버리고 또한 수많은 하위학문의 이론적 근거가 되어버린 것이다.

서양철학은 서양철학의 모든 것이 시작하는 바로 이 뿌리 부분을 완전히 뽑아버리고 다시 시작하지 않는 한 그들의 철학은 2500년간 지속된 미신과 주술적인 사고에서 벗어나지 못한다. 그리고 생명적인 과정철학을 결코 이해하지 못한다. 그리고 올바른 존재론과 인식론도 이해하지 못한다. 좀 더 자세하게 아리스토텔레스 이후를 살펴보고 동양철학도 한번 살펴보자.

18세기에 명민한 칸트에 이르면 그의 테두리론(Category)에서 양, 질, 관계에 이어 판단의 양상을 설명함으로써 가능상태는 가능존재로 그리고 현실상태는 현실존재로 그리고 필연존재를 추가하면서 이 부분은 아리스토텔레스 이래 처음으로 다시 철학사의 전면에 부각되었다.

그러나 칸트의 12테두리의 판단양상에도 가능존재와 현실존재의 중간에 혼돈존재가 빠져 있었다. 칸트의 테두리의 양상은 가능성과 불가능성, 현존성과 비존재성을 따지고 있다. 아리스토텔레스의 근본적인 오류는 칸트에 와서는 논리적인 영역으로 자리 잡고 있는 것이다. 헤겔은 칸트의 문제가 무엇인지 알았고 이 문제를 마음껏 비웃었지만 정작 그는 가능상태와 현실상태를 모순의 관점에서 보고 있다. 즉 부정성의 변증법적으로 보고 있는 것이다.

20세기에 들어 탁월한 하르트만은 양상의 중요성을 날카롭게 간파하고 나름대로의 철학을 전개했다. 그는 양상론[11]을 논리학에서 따로 분리시켜 야심차게 전개했지만 그 역시 가능존재와 현실존재 사이의 혼돈존재를 규명하지는 못했다.

결국 아리스토텔레스 이후 2500년간 가능상태와 현실상태의 중간에 혼돈상태가 존재한다는 사실도 아무도 알지 못한 채 지금에 이른 것이다. 그리고 아무도 유령적인 가능상태를 생명적인 가능상태로 전환시키지 못했다. 즉 아리스토텔레스가 엉뚱하게 만든 가능상태와 현실상태의 이원론을 정상적인 생명적 과정상태로 되돌려놓지 못한 것이다.

이렇게 혼돈과 질서의 개념을 살펴보면 혼돈과 질서는 서양철학에서는 분명히 실패한 시도이기는 하지만 그 핵심적인 의미에 접근하려는 아슬아슬한 시도가 분명히 몇 번씩이나 있었음을 알 수 있는 것이다.

그러나 동양에서는 그러한 시도조차 없었다. 음양오행의 하도낙서(용도구서)[12]가 곧 혼돈상태(45+55=100)이며, 태극과 64괘가 곧 현실상태(36+64=100)이다. 이 사실은 중국문명이 처음으로 발생하는 삼황오제시대 또는 그 이전에 이미 확정된 것인데 후세로 가면서 그 본체적인 영역은 잊혀지고 지엽말단의 현상적인 내용만 전해지고 있는 것이다.

동양은 이미 혼돈상태와 질서상태를 완성하는 일에 서양과는 달리

---

11) 하르트만은 그의 비판적 존재학에서 존재학 양상론을 따로 한권의 책으로 만들었다.
12) 최동환, 한철학1 『생명이냐 자살이냐』, 지혜의 나무, 312~317쪽

처음부터 성공했지만 그 성공을 이루었던 수수께끼의 민족은 중국대
륙에서 어느 순간 홀연히 사라져버렸다. 그리고 그 철학의 비밀을
알지 못했던 현재의 중국인들에게는 지엽말단의 내용만 전해지는 것
이다.

결국 동양과 서양은 모두 생명의 과정을 철학에 도입하는 일에 실패
하고 만 것이다. 오로지 한국만이 생명의 과정을 철학의 근본원리로
만들 수 있었다.

한철학은 가능상태와 혼돈상태와 현실상태와 성취상태와 완성상태
그리고 무질서상태라는 6가지의 상태로 과정철학이 전개되는 것이다.
우리 한겨레의 이상인 재세이화, 홍익인간은 성취상태와 완성상태를
각각 네 글자로 설명한 것에 지나지 않는다.

결국 아리스토텔레스는 현실상태에서 멈추었고 우리 한겨레의 조
상들은 시종일관 처음부터 끝까지 생명적 과정철학을 밀고나아가 재
세이화, 홍익인간이라는 성취상태와 완성상태에 까지 도달하게 된 것
이다.

이것이 한겨레의 공적 영역인 한철학이다. 그리고 그 한철학의 과정
을 이루는 상태들인 것이다. 또한 한철학에 있어서 상태는 곧 테두리
인 것이다.

(2) 테두리론

동서양의 철학이 그동안 발견한 것 중 가장 중요한 것은 철학의
내용보다는 철학을 하는 방법론이었다. 그 방법론 중 세계를 테두리
(Category)로 구분하여 파악하려는 시도가 있다.

아리스토텔레스가 그러했고 칸트가 그러했고 하르트만이 그러했고
화이트헤드가 그러했다. 인간과 세계에 대한 올바른 철학을 규명하기

위해서는 가장 보편적인 영역을 통해 그 바탕과 세부적인 근원을 조직적으로 분석해야하며 그 방법은 오로지 테두리를 통한 방법이외에는 달리 없기 때문이다.

그러나 지금까지의 모든 철학자들이 찾아낸 테두리는 모두 정적인 것이다. 20세기 최대의 형이상학의 세계를 구축한 위대한 철학자인 하르트만과 화이트헤드는 모두 동적이고 다원적인 과정의 세계를 염두에 두고 철학을 했지만 그들이 설정한 테두리 자체가 한철학의 경우처럼 생명체로서의 상태가 되어 움직이는 것은 아니었다.

이들 두 명의 철학자들은 모두 과정을 그들의 철학에 매우 중요한 것으로 생각했고 또 테두리론을 철학적 방법론으로 설정하는 공통점이 있었다. 그러나 그들은 과정에 있어서 테두리와 상태를 일치시키는 데까지는 이르지 못했다.

한철학에서는 과정의 다섯 가지 상태인 가능상태, 혼돈상태, 현실상태, 성취상태, 완성상태가 그대로 테두리이다. 즉 과정의 상태와 테두리는 완전히 하나로 일체가 된 것이다.

아리스토텔레스가 조금만 주의 깊게 생각했더라도 이 부분은 이미 2500년 전에 도달할 수 있었다. 그러나 서양철학은 결코 그렇게 할 수 없었다. 이미 플라톤에서부터 철학은 통합과 통일이 아니라 철저하게 분할과 부정성으로 시작했기 때문이다.

반면에 한겨레의 한철학은 처음부터 완전하게 통합과 통일로 시작함으로써 모든 과정은 그 자체가 테두리로서 동적이고 생명의 철학으로 시작할 수 있었다.

이 결정적인 차이를 서양인들이 인식할 수 없었던 문제의 근원으로 제공한 철학자는 역시 아리스토텔레스이다. 아리스토텔레스의 철학은 한마디로 '분류하라!'는 주문으로 압축된다. 하나의 전체를 끝없이 분류하는 과정이 서양철학 2500년간 계속된 것이다. 그 주문은 '그런데 무엇을 분류하는가?' 라는 의문을 원천적으로 봉쇄한다. 무엇을 분류하는지 모르고 주어진 것에 대한 한없는 분류의 연쇄에만 몰두한 것이 서양철학이며 서양학문이다.

한철학은 무엇이 전체인가를 먼저 결정한다. 그리고 그 전체를 조직하는 원리인 테두리론을 전개하는 것이다. 따라서 한철학은 서양철학을 만나자마자 서양철학이 2500년 동안 분류한 부분들을 한철학의 전체 과정을 이루는 테두리들의 내부에 즉각적으로 채워 넣을 수 있다. 그러나 그 역은 성립할 수 없었고 앞으로도 불가능한 것이다. 왜냐하면 전체과정과 테두리를 그들은 만들 수 없는 것이며 그 누구도 다른 것을 만들 수 없기 때문이다.

2) 철학의 세 가지 방법론

베르그송은 철학에는 통틀어 세 가지의 선택만을 할 수 있다고 주장했다. 그는 정신이 사물을 따르든가, 사물이 정신을 따르든가, 그렇지 않으면 사물과 정신 사이에 신비스런 일치를 가정해야 하는 세 가지 중에서 한 가지를 선택해야 한다고 주장했다.

정신이 사물을 따르거나 사물이 정신을 따르는 방식은 대립하는 정신과 사물 중 하나가 다른 하나를 부정하는 부정성의 변증법에 의해 가능하다. 베르그송이 말하는 사물과 정신 사이에 신비스런 일치란 바로 칸트의 양극성의 철학적 방법인 이율배반을 말하는 것이다. 이것이 베르그송이 말한 철학에 있어서의 세 가지의 선택이다.

베르그송이 통틀어 세 가지 밖에 없다는 방법은 결국 부정성의 변증법과 칸트의 이율배반에 불과하다. 그가 세 가지 방법밖에 없다는 것은 그의 상상력 나아가 서양철학의 2500간의 상상력의 한계에 불과

141

한 것이다.

베르그송과 모든 서양철학들이 생각하지 못한 것은 정신과 사물의 혼돈상태와 질서상태이다. 나아가 통합과 통일의 상태이다.

베르그송은 이 세 가지 중에서 하나를 선택해야 한다고 주장했지만 사실은 이 세 가지가 따로따로가 아니라 단 하나의 상태에 불과하다는 것을 그는 꿈에도 몰랐다. 즉 정신과 사물은 양자택일이나 이를 이율배반으로 대립하는 것이 아니라 이 양자를 결합해야하는 것으로서 그것은 결국 한철학의 혼돈상태인 것이다.

이 단 하나의 혼돈상태 안에 베르그송이 선택해야 한다는 정신이 사물을 따르든가, 사물이 정신을 따르든가, 그렇지 않으면 사물과 정신 사이에 신비스런 일치를 가정해야 하는 세 가지 방법이 모두 있으며 칸트와 베르그송이 생각 못한 차원의 것이 그 중심원리로 자리 잡고 있는 것이다.

우리는 아리스토텔레스의 미신과 주술을 베르그송이 변함없이 답습하고 있는 현상을 볼 수 있다.

그리고 칸트의 이율배반은 이 양자를 통합한 상태에는 이르지 못하는 미완의 통합에 불과했다. 따라서 베르그송이 말한 세 가지는 단지 한철학의 혼돈상태 즉 생성상태에 모두 포함하는 것이다.

베르그송은 자신이 설명하는 지속을 이 세 가지에 이은 새로운 방법[13]이라고 주장한다.

베르그송이 말하는 지속이란 한철학의 질서상태의 본체계를 설명하는 여러 가지 특성 중 하나임에는 틀림없다. 그러나 그것은 단지 남이 생각해낼 수 없었던 질서상태의 일부 특성을 선취해낸 천재의 빛나는 상상력이라고 말하는 것이 옳을 것이다.

철학에게 필요한 것은 남이 보지 못하는 영역의 부분적인 특성을

---

13) 베르그송, 『창조적 진화』, 서정철 역, 을유문화사, 1992, 172쪽.

알아내는 천재성이 아니다. 철학은 전체과정의 전체 원리를 모두 다 규명하고 그 체계와 조직을 분명하게 제출해야 한다. 즉, 베르그송은 질서상태 전체를 설명했어야 했다. 그러나 그는 그 영역을 모두 드러낼 철학조직과 체계를 가지고 있지 못했다. 단지 그는 그가 가진 빼어난 천재성으로 그 영역을 어렴풋이 인식하고 있었고 그것을 탁월한 문장력으로 설명할 수 있었던 것이다.

따라서 한철학이 제시하는 세 가지 방법론은 베르그송이 제시한 세 가지 방법과는 근본적으로 다른 것이다. 즉 부정성의 변증법과 이율배반과 통합과 통일의 긍정성의 변증법이 그것이다.

철학의 방법론은 이 세 가지 밖에 없으며 누구든 이 세 가지 방법론에서 하나를 선택해야 하는 것이다.

(1) 부정성의 변증법

서양철학은 플라톤과 에피쿠로스 이후 2500년간 유물론이나 경험론 또는 합리론이나 관념론의 전쟁터였다.

좀 더 근본적으로 말하면 모든 대립은 결국은 사물의 영역으로서의 구체적인 실재와 마음의 영역으로서의 추상적인 관념이 어느 한쪽이 다른 한쪽을 부정하는 부정성의 연쇄이다. 관념론의 철학은 자동적으로 유물론의 철학을 부정하는 것이며, 유물론의 철학은 자동적으로 관념론의 철학을 부정하는 것이다. 다시 말하면 이들은 스스로 자신을 내세우지 않아도 모두 부정성의 철학인 것이다.

그런가 하면 양자를 모두 부정함으로써 최종적으로는 결국 무無가 남는 양자부정의 부정성의 변증법이 있다. 그리고 우리가 이미 살펴본 상극의 법칙이 작용하는 사물의 영역의 부정성의 변증법이 있다.

어떤 부정성의 변증법이든 그것은 상대를 부정하고 박멸한다는 점에서 똑같다. 즉, 대립하는 쌍방간의 공존을 허락하지 않는 방법인 것이다. 그 방법이 일부냐 전체냐 또는 끝없이 부정하고 박멸하여 무에 이르도록 하느냐 하는 것만 다를 뿐이다.

이 부정성의 변증법을 인간에게 적용할 때 일부만, 그것도 매우 조심스럽게 적용할 수 있다. 그 때 그것이 진리가 될 가능성이 있다고 한다면 그것은 제한적으로 옳을 수 있으며 유용할 수 있다. 이 부분을 이해하지 못하고 모든 부정성의 변증법을 거부하는 것은 또한 문제가 있다.

인류사에 나타난 대부분의 비극은 단지 추상적 영역의 부정성의 변증법이 실제적영역의 진리인 것으로 착각하여 사용한 것에 기인한다.

따라서 필자는 '한철학1 생명이냐 자살이냐'에서 이 부분을 자세하게 다루었다. 필자는 이 부분을 설명하기 위해 알타이어족의 고대신화와 짜라투스트라에서부터 현대철학에 이르는 과정과 이 부정성의 변증법이 야기한 인류의 불행한 사건들을 설명해야 했다. 그와 같은 방법이 아니면 부정성의 변증법이 가진 무서운 실체를 설명할 방법은 없기 때문이었다.

그리고 이 부정성의 변증법적 방법론은 무엇보다도 철학의 진보에 기여하기가 어렵다. 단지 끝없는 부정과 부정의 악순환이 계속되는 것이다. 그러므로 칸트가 말하듯 다른 학문에 비하여 철학은 조금도 진보가 없는 것이다. 그리고 화이트헤드가 지금까지의 철학은 플라톤의 각주에 불과하다고 한 말은 칸트의 말과 조금도 다른 말이 아니다. 이와 같은 부정성의 변증법적 방법론들은 철학을 침체시키면서 한없이 제자리를 맴돌게 하는 것이다.

철학이 이원론을 바탕으로 하는 것에 문제가 있는 것이 아니다. 문제는 이원론의 해결이 부정성의 방법론인가 아니면 긍정성의 방법

144

론인가이다.

부정성의 변증법은 부정하는 대상이 존재할 때 자신이 존재이유를 가지게 된다. 때로는 누군가를 악으로 몰아세울 수 있을 때에 한해 자신이 선이 되는 것이다. 대립하는 쌍방 가운데 어느 한쪽이 선이면 다른 한편은 반드시 악이 된다. 반대로 어느 한쪽이 악이면 다른 한쪽 은 반드시 선이 된다.

우리의 주위에는 노동자와 자본가, 남과 여, 진보와 보수, 호남과 영남, 남한과 북한 등 많은 대립이 있다. 여기서 노동자가 선이면 자본가는 자동적으로 악이다. 또한 남성이 선이면 여성은 자동적으로 악이며, 영남이 선이면 호남은 자동적으로 악이다.

또한 남한이 악이면 북한은 자동적으로 선이 된다. 또한 내 종교가 선이면 남의 종교는 역시 자동적으로 악이 되는 것이다. 물론 이들의 반대도 성립한다. 인류적으로 본다면 여기에 유색인과 백인의 대립 등이 있을 것이다.

부정성의 변증법이 추상적인 관념의 영역 안에서 관념을 다룰 때는 훌륭한 철학적 도구가 될 수 있다. 그러나 이 방법론이 관념의 영역을 탈출하여 구체적인 현실세계에도 적용될 수 있다는 단순환위의 착각 이 일어날 때 대립하는 상대를 부정하고 공격하고 파괴해야만 자신의 삶이 유지되는 삶의 방법론일 경우가 될 수 있다.

이 경우 이 방법론은 남을 공격하고 파괴한 만큼 자신을 공격하고 파괴한다는 비극적 사실이 축적되다 어느 순간 갑자기 그 문제가 드러 난다. 이 방법론이 갖는 그 고정관념이 깨어지는 어느 순간 갑자기 괴물이나 악마와 같은 정신적 핵폭탄의 모습을 드러내기 전까지는 사람들은 이 고정관념이 갖는 종말론적인 파괴력을 인식하지 못한다.

물리적 핵폭탄의 뿌리는 명백히 정신적 핵폭탄이다. 정신적 핵폭탄 은 대체로 부정성의 변증법이라는 철학적 방법론에 근거한다. 그렇다면 인류에게 철학은 얼마나 무서운 흉기였던가?

우리는 '한철학1 생명이냐 자살이냐'에서 인류의 역사가 이 무섭고도 비극적인 사실이 끊임없이 반복되는 현장이라는 사실을 철저하게 살펴보았다. 그러나 인간은 역사가 가르쳐주는 그 적나라한 진실에서 아직도 배우는 바가 별로 없다는 사실도 우리는 안다. 따라서 아직도 인간은 이 무서운 철학적 흉기로부터 벗어날 길이 없는 것이다.

지난 3천 년간 이원론을 해결하는 방법으로 부정성의 방법론이 사용되었다. 그리고 그 방법론으로는 아무것도 해결될 수 없었고 오히려 없던 문제도 부정성의 이원론이 사용될 때 생겨나는 것을 보았다.

(2) 이율배반[14]

칸트의 이율배반에 대해 칸트의 연구가들은 그의 순수이성비판 중 가장 먼저 쓰였을 것[15]이라고 말해진다. 칸트 스스로가 1798년 가르베에게 보낸 서한에서 나의 출발점은 하나님의 현존이나 영생의 연구가 아니라, 순수이성의 이율배반[16]이라고 고백했다.

그의 철학 전체에 이율배반은 근본을 이룬다. A. Devirin은 우리들은 바르게 다음과 같이 말할 수 있다. 칸트의 우주개벽론의 근본 사상 중에는 이미 부량負量에 관한 시도가 있었다.[17]라고 말한다.

모든 자연적인 또 제한을 받았던 힘은 다른 힘에 대항하여 작용한다. 그것은 동시에 정 및 부의 작용을 갖는다. 즉 양극성兩極性과 같은

---

14) 배반은 반대되는 단독적인 주장을 의미하지 않고, 우리가 그 어느 것에 대해서도 타자보다도 낫다고 하는 요구에 찬동함이 없이, 외관상으로 독단적인 두 인식(정립과 반정립)간의 항쟁을 의미한다. 이에 배반론은 일면적인 주장에 종사하지 않고, 이성의 보편적인 인식들을 그 상호 모순과 이런 모순의 원인과의 관해서만 고찰한다. 칸트 『순수이성비판』 B 449
15) A.C 유잉, 『순수이성비판입문』, 김상봉 역, 한겨레, 1994, 214쪽.
16) 최재희, 『실천이성비판』, 내 부록 510쪽, 박영사, 2001.
17) A. Devirin, 『칸트의 변증법』, 한정석 역, 경문사 1993년, 21쪽.

정극正極 및 부극負極을 갖는다. 인력과 반발력의 관계는 정의 인력과 부의 인력과 같다.[18]

칸트의 양극성兩極性의 철학적 방법인 이율배반이 설명하는 비판철학을 그대로 철학의 근본원리로 이어받은 비판적 존재론의 창시자 하르트만도 철학의 모든 대립을 기본적으로 칸트와 같이 양극적兩極性으로 보고 있다는 점에서 한철학과는 근본적으로 다른 것이다. 양극성兩極性 이론의 창시자인 칸트는 그의 양극이론은 이렇게 단순화해서 말한다.

"A가 생긴다면 세계의 자연적 변화에서는 -A도 또한 생기지 않으면 안 된다고 나는 주장한다. 요컨대 하나의 결과의 자연적 근거가 있다면 동시에 그것과 부호를 달리하는 또 하나의 결과의 근거가 있지 않으면 안 된다고 주장한다."[19]

즉 칸트와 칸트의 후계자들에게 결정적인 영향을 미친 50 : 50의 양극이론인 것이다. 이 양극성兩極性은 칸트철학의 기본 뼈대인 이율배반에서 양가논법兩可論法[20]으로 나타난다. 이것이 칸트철학의 핵심 중의 핵심이다. 이에 대해 순수이성비판에서 칸트의 연구의 출발점은 바로 이 순수이성의 이율배반에 있었던 것이다. 즉 양가논법兩可論法이다. 다시 말하면 양극성兩極性이다.

칸트의 이율배반은 플라톤과 에피쿠로스 이래 모든 경험론과 관념론을 대립시키고 양자긍정을 함으로써 모든 경험론자와 관념론자들의 독단에 대해 즉시 입을 다물 것을 명령할 수 있었다. 그리고 그는

---

18) 위의 책.
19) 칸트 부량의 개념을 철학에 도입하는 시도 152쪽(A. Deborin 『칸트의 변증법』 한정석 역 경문사 1993년)
20) 칸트 순수이성비판 B 531~533

제1, 2 이율배반은 정립과 반정립을 모두 부정했지만 제3, 4 이율배반에서 정립측은 물자체의 영역에서는 가능하다고 주장했다.

이것은 자유의 내재적 가능성을 설명한 것이다. 이것이 칸트가 이루어낸 철학사상 가장 큰 혁명이었다. 나아가 그와 그의 후계자들은 관심을 두지 않았지만 내재적인 무제약자의 가능성도 똑같이 제시된 것이다.

양극성兩極性이라는 개념은 화이트헤드의 과정과 실재에서도 핵심적인 개념으로 설명되는데, 그 근본은 바로 칸트의 양극성兩極性이 설명하는 비판적 방법론의 원리임을 알기에는 어려움이 없다.

> 각 합생에는 창조적 충동creative urge의 이중적인 측면이 있다. 한 측면에는 단순한 인과적인 느낌의 발생이 있고, 다른 한 측면에서는 개념적인 느낌의 발생이 있다. 대조되는 이 두 측면은 현실적 존재의 물리적인 극physical pole과 정신적인 극mental pole이라고 불린다. 이 두 극은 현실적 존재들에 따라 그 상대적인 중요성이 달라지긴 하지만, 어떠한 존재도 이 양극 가운데 어느 하나를 결할 수 없다. 그리고 종합에 있어서의 요소로서 개념적 느낌을 포함하지 않는 의식적 느낌을 있을 수 없지만, 개념적 느낌이 반드시 의식을 포함하는 것은 아니다. 따라서 현실적 존재는 본질적으로 양극적인 것으로서, 물리적인 극과 정신적인 극을 가지고 있다. 그리고 물리적 세계조차도 정신적 작용들의 복합체인 반대쪽 측면과의 관련을 떠나서는 올바르게 이해될 수 없다.[21]

화이트헤드의 양자론적 과정철학의 핵심인 현실적 존재가 양극적이며 물리적인 극과 정신적인 극을 가지고 있다는 설명에는 칸트의 양극성兩極性과 조금도 다르지 않은 이론의 전개를 볼 수 있다. 화이트

---

21) 화이트 헤드, 『과정과 실재』, 오영환 역, 민음사, 2001, 433쪽.

헤드는 스스로 자신의 유기체 철학은 칸트철학의 전도이다.[22]라고 주장한다. 그 스스로 밝힌 것처럼 화이트헤드의 철학은 칸트철학을 뒤집은 것이다.

화이트헤드는 데카르트 이후의 이원론을 극복하기 위해 양극성兩極性의 개념을 도입했지만 그것에는 칸트가 사용한 비판적 방법론의 철학이 사용되어 있다. 다만 그것이 그의 말처럼 거꾸로 나타나는 것이다.

하르트만의 비판적 존재론에서 비판적이라는 그의 핵심개념도 바로 비판적 방법론임에 다름이 아닌 것이다.

바로 이것이 칸트가 일으킨 철학의 대혁명임과 동시에 칸트가 서양철학에서 만든 아리스토텔레스에 이은 두 번째 원죄인 것이다.

세계를 설명함에 이보다 더 확실한 원리는 없다. 이는 과학의 근본원리이며 동시에 만물에 적용되는 보편적 원리인 것이다. 칸트는 양극성兩極性으로 대립하는 쌍방을 진리의 법정이라는 한자리에 다시 모으는 엄청난 반전을 시도했다. 서양철학사에서 이보다 더 큰 사건은 없었다.

그러나 정과 부의 양극성兩極性은 결코 생성을 일으키지 못한다. 적어도 정이 조금은 커야 그 힘으로 정과 부를 하나의 전체로 조직한 생명체는 창조적 전진을 할 수 있는 것이다.

그는 거의 다 한철학의 혼돈상태에 도달했지만 결국 미세한 차이로 혼돈상태를 만드는 일에 실패하고 말았다. 이 미세한 차이가 근본적인 차이인 것이다. 즉 50 : 50[23]이라는 이율배반과 45 : 55[24]라는 혼돈상

---

22) 화이트 헤드, 『과정과 실재』, 오영환 역, 민음사, 2001, 191쪽.
23) 50 : 50은 사물의 영역과 추상적영역이 대립하는 비율이다. 50 : 50의 비율의 대립이 문제가 되는 것은 같은 힘으로 대립함으로 해서 정지상태가 된다는 점에 있다. 모든 생명체는 이와 같이 50 : 50의 비율의 내부적 대립이 있을 경우 생명활동은 멈추게 되는 것이다. 칸트의 이율배반의 문제가 이처럼 정지상태를 만듦으로써 생명활동이 정지된다는 점에 있다.

태의 차이는 무생명과 생명의 차이이다. 숫자상으로는 큰 차이가 아니지만 현실적으로는 무생명과 생명이라는 근본적인 차이로 나타나는 것이다.

칸트는 이 혼돈상태 즉 생성상태를 만들지 못함으로써 그 다음부터의 그의 3대비판서의 모든 이론은 모두 다 이 근본적인 문제를 안고 간다. 이른바 첫 단추를 잘못 꿴 것이다.

칸트철학의 불멸의 업적은 이율배반이라는 양극성의 상태에서 자유와 무제약자의 내재성의 가능성을 발견한 것이다. 그런데 이 논리는 스스로 만든 이율배반의 형식을 완전히 파괴하지 않고서는 성립이 불가능한 것이다.

팽팽한 50 : 50의 이율배반적 대립에서 내재적 자유와 무제약자가 출현할 가능성은 조금도 없는 것이다. 베르그송이 칸트의 이율배반을 신비적이라고 비판하는 것은 정당한 것이다. 그러나 이 부분은 칸트철학이 미신과 주술로 전락하는 가장 결정적인 문제임에도 이 문제를 해결하려는 철학자는 그동안 한명도 없었다.

서양의 모든 철학자들이 아리스토텔레스의 미신과 주술을 극복하지 못했듯이 칸트의 미신과 주술도 극복하지 못했다. 이 두 사람의 위대한 철학자들이 끝내 좌절한 영역이 바로 혼돈의 영역 즉 생성의 영역이다.

칸트의 비판적 방법론은 칸트의 시대에 적당한 것이었다. 그리고 50 : 50의 양자긍정방식의 대립은 무엇보다도 냉전시대의 대립에 가장 적합한 이론을 제공하는 것이다. 우리나라에서도 최소한 지금까지는 이 이론의 틀이 가장 분명한 평화를 줄 수 있는 이론을 제공했다.

---

24) 45 : 55는 사물의 영역과 추상적영역이 대립하는 비율이다. 이 비율은 정지하려는 힘이 45일 때 움직이려는 힘이 55가 됨으로써 내부적인 지속이 이루어진다. 따라서 이 비율은 생명체가 생명을 유지하는 비율이 되는 것이다. 이 비율이 혼돈상태를 조직한다.

그러나 이제는 아니다. 이제는 더 이상 칸트의 이율배반이 제공하는 냉전논리는 더 이상 도움이 되지 않는다. 여기에 우리 한겨레의 정신을 철학화한 한철학의 소중함이 있는 것이다.

칸트의 이율배반의 이론은 부정성의 변증법이 결과하는 무질서상태에서 혼돈상태에 이르는 과정의 중간지점에서 더 없이 소중한 사고의 훈련장을 우리에게 제공하는 것이다.

즉 한철학의 통합과 통일이론의 전단계에 존재하는 유일한 철학이론으로 우리에게 매우 중요한 기초적인 지식을 준다.

(3) 통합과 통일이론

칸트의 우주개벽론은 마음과 사물 즉 관념론과 경험론 또는 하늘과 땅의 이론 중 어느 것에도 기댈 수 없다. 그러면서도 철학이 성립하려면 철저해야 한다. 이러한 사정에 대해 칸트는 도덕철학서문에서 이렇게 한탄한다.

> 철학이 사실은 하늘에도 매달릴 곳에 없고, 땅에도 의지할 곳이 없으면서도 견고해야 한다는 미묘한 입장에 처해 있음을 아는 바다.[25]

이것이 이율배반의 방법론이 필연적으로 만나게 되는 철학의 한계이다.

한철학의 우주개벽론은 하늘의 이론인 관념론과 땅의 이론인 경험론과 그 통합의 영역을 모두 창조적으로 최적화한다. 그리고 혼돈의 영역을 넘어 질서의 영역에서 자유와 의지와 자유의지의 영역을 확보

---

25) 칸트, 『도덕철학서문』, 최재희 역, 219쪽(실천이성비판 내 부록 박영사 2001년)

하고 그 영역마저 창조적으로 최적화한다.

철학의 방법론은 부정성의 변증법과 이율배반 그리고 긍정성의 변증법 세 가지이다. 그 이외에 그 다른 방법은 없다.

한철학은 이 세 가지 방법론 중 최종적으로 나타난 철학적 방법론인 긍정성의 변증법을 처음으로 사용하는 것이다. 긍정성의 변증법적 방법론들 중에서 두 가지가 혼돈의 영역을 통합하는 통합철학과 질서의 영역을 통일하는 통일철학이다.

철학의 세 가지 방법론인 부정성의 변증법과 이율배반, 긍정성의 변증법은 모두 똑같은 철학재료를 가지고 대립하고 있다. 다만 대립에 대해 대처하는 방법이 서로 다를 뿐이다.

부정성의 변증법은 대립에 대하여 한쪽이 다른 한쪽을 부정하고 박멸하는 방식이다. 이율배반은 대립에 대하여 양자를 긍정하는 상태에서 해결을 얻는 방법이다.

한철학의 긍정성의 변증법은 대립에 대하여 양자가 최적의 조화調和를 이룰 수 있는 최적의 비율을 찾아내어 그것을 실현하여 통합과 통일을 이루어내는 방법이다.

부정성의 변증법을 관념의 세계가 아니라 실재세계에 적용한 존재자는 반드시 내부적으로나 외부적으로 적을 필요로 한다. 그러나 긍정성의 변증법을 적용한 존재자는 내부적으로나 외부적으로나 적을 조금도 필요로 하지 않는다.

그는 스스로 자신의 내부와 외부를 파괴하지 않고 보존하면서 스스로 존재한다. 그리고 자신의 내부적 영역과 외부적 영역을 최적화하는 일을 행동으로 옮긴다. 그는 진정으로 내부적으로나 외부적으로 열려 있는 것이다.

부정성의 변증법이 실재세계에 적용될 때 자신의 삶을 위해 남을 파괴하는 삶의 방법론이지만 이는 결국 자기 자신을 먼저 결정적으로 파괴하는 방법론인 것이다. 긍정성의 변증법은 진정으로 자신을 위하는 삶의 방법론이며 동시에 자신을 둘러싼 모든 존재자를 위한 삶의 방법론이다. 즉 진실로 더불어 사는 방법론이며, 공존과 공영의 방법론인 것이다.

따라서 통합과 통일의 긍정성의 변증법만이 인간에게 인간성과 자유의지를 보장하게 해준다. 이 방법만이 개인과 사회의 공적 영역을 드러나게 한다. 그럼으로써 상상력과 판단력과 통찰력과 소통력 그리고 통일력이 행동으로 움직일 수 있는 것이다. 이 방법만이 생명철학으로서의 과정철학이 가능하다.

한 번 제대로 된 철학을 알게 된 사람이라면 다시는 지난 철학의 그 지루한 농담을 되풀이하고 싶은 마음이 없을 것이다. 그리고 참다운 철학에서 인간성과 자유의지를 결합한 날개를 달고 새롭게 발견된 철학의 대륙에 날아가 자신만의 영토를 마음껏 확보하고 그곳을 다스리려고 할 것이다.

3) 미신과 개화

사물세계의 법칙에 인간이 복속해야 한다고 생각하거나, 인간의 관념에 사물의 세계가 복속해야 한다고 생각하는 것을 한철학은 미신迷信과 주술呪術이라고 한다. 또한 사물의 세계와 관념의 세계가 하나의 생명체로서의 전체가 되어 과정을 살아가는 길을 막는 주장 또한 위험하다고 말한다.

인간과 세계는 모두 사물의 세계와 관념의 세계를 통합하고 통일하는 원리에 따라 움직이며 궁극적으로는 과정자체가 진리라는 사실을 알고 행동하는 것을 개화開化라고 한다.

서양의 과학적지성이 종교적 이성을 부정한 이래 종교는 치명적인 타격을 입었고 과학은 승리자가 되었다. 그러나 이 맹목적인 과학적 지성이 인간성과 자연을 돌이킬 수 없을 정도로 파괴했다. 그렇다고 다시 종교가 과학을 치명적으로 파괴하는 것보다 더 어리석은 일은 없을 것이다. 대신 인간은 종교와 과학이 가지고 있는 모든 기량을 다 발휘하도록 여건을 마련해야 한다. 인간이 종교와 과학을 모두 최대한으로 위대하게 만들어야 하는 것이다.

그 방법론은 이성과 지성을 통일하고 자유와 의지를 통일하는 인간성의 영역을 확보하는 것이다. 그 공적 영역을 확보하는 일이 가능할 때 종교와 과학은 하나의 전체가 되어 모두가 위대해 질 것이다.

칸트는 어떻게 선천적 종합판단이 가능하냐 하는 문제를, 만족스럽게 해결하기까지는, 자기들의 일에 손을 대는 것을 엄격히 또 합법적으로 중지 받는 것이다.[26]라고 주장했다.

철학자가 한 말 중에 이 말보다 더 진지한 말은 아직까지 없었다. 그러나 그의 이율배반의 방법론이 선천적 종합판단을 가능하게 하는 것은 전혀 아니다.

선천적 종합판단의 영역은 다시 말해 본체계이며 공적 영역이다. 이 영역은 혼돈상태가 창조적으로 최적화되어 통합될 때 혁신이 일어나 형성된다. 즉 그 내부가 공적 영역으로 본체계이며 외부가 사적 영역으로 현상계이다.

선천적 종합판단은 선천적 종합영역인 본체계가 성립할 때 그 본체계가 갖는 여러 가지 능력 중 단지 하나의 능력에 불과한 것이다.

즉 본체계는 인간성의 영역이며 그것은 자유의지로 나타난다. 여기서 나타나는 능력은 단지 선천적 종합판단뿐 아니라 통찰력과 판단력 그리고 통찰력, 소통력 등 여러 가지 능력이 나타나는 것이다.

---

26) 칸트, 『철학서문』, 최재희 역, 279쪽(실천이성비판 내 박영사 2001년)

선천적인 종합판단도 중요하지만 그보다 더 근본적인 문제는 선천적 종합영역인 공적 영역 다시 말해 본체계가 어떻게 성립할 수 있는가 하는 문제가 근본적인 문제인 것이다. 그리고 그 영역이 어떻게 통일을 이룰 수 있는가 하는 문제가 핵심문제이다.

이 문제는 결국 사물의 영역과 관념의 영역을 통합하고 통일함으로서 스스로 미신에서 벗어나 개화하는 문제와 직결되는 것이다. 따라서 이 문제는 이 책에서 본격적으로 다루는 질서상태 즉 현실상태의 테두리론의 내용이다.

칸트는 선천적인 종합판단이 가능한가 아닌가에 철학의 성쇠 그리고 철학의 존재 자체가 달려 있다고 주장했다. 칸트는 "비록 누군가가 철학에 대해 아무리 교묘한 주장을 하더라도, 숨 막힐 만큼 추리에 추리를 거듭하더라도, 그가 먼저 이 문제에 만족할 만한 답을 할 수 없다면, 나는 그것이 전혀 근거 없는 철학이요 거짓된 지혜라고 말할 권리가 있다"[27]고 주장했다. 이 주장은 매우 옳은 말이지만 역시 부족한 말이다.

왜냐하면 그의 주장은 단지 질서상태의 존립여부를 묻는 것이다. 질서상태가 존립하려면 그 이전에 가능상태와 혼돈상태가 있어야 한다. 그리고 질서상태 이후에 성취상태와 완성상태가 또한 존재할 수 있는 것이다.

진정한 철학의 성쇠 그리고 철학의 존재 자체가 달려 있다고 말할 수 있는 것은 과정의 어느 한 부분이 아니라 과정자체라고 말해야 옳다. 과정이 갖는 이 여러 상태에서 질서상태 하나에 모든 것이 달려 있다고 말하는 것은 대단히 부족한 말인 것이다.

---

27) 칸트, 『철학서문』, 최재희 역, 278쪽(실천이성비판 내 박영사 2001년)

4) 한철학의 조직론

새로운 철학을 조직할 때 제일 먼저 문제가 되는 것은 철학적 용어이다. 한철학을 전개하는 과정에서 현존하는 용어로는 도저히 표현할 수 없는 개념들이 매우 많이 나타난다. 그것들을 모두 새로운 용어로 만들어서 사용한다는 것은 필자에게도 어려운 일이지만 무엇보다 독자들에게 큰 부담이 될 것이다.

필자는 가능한 한 기존의 용어를 사용했고 새로 만들더라도 기존의 용어를 복합해서 사용했다. 가령 주관과 주체의 통일체의 내부를 공적 영역 또는 본체계 또는 주관체라고 하고 객관과 객체의 통일체의 내부를 사적 영역, 현상계, 객관체라고 사용하는 식이다. 그리고 핵심적인 개념에는 가능한 한 한겨레 고유의 우리말의 사용을 병용했다.

사실 순수한 우리말은 그 자체가 더 할 나위 없이 그 자체로서 철학적이다. 이를 테면 순수이성은 우리말 한으로 설명될 수밖에 없으며, 순수지성도 우리말 검으로 밖에 설명될 수 없다. 그 외에 주관은 얼, 주체는 울, 주관체는 알 또는 밝이 되는 등 철학의 세밀한 테두리를 구성하는 영역을 설명하는 정확한 의미의 우리말이 있었다는 사실은 경이로운 것이었다. 그런데 우리의 한철학이 우리의 한겨레공동체의 공적 영역을 성명하는 것일 때 이러한 현상은 오히려 당연한 것이다. 우리에게는 이러한 철학이 출발할 당시부터 있었던 것이다. 필자는 단지 그것을 오늘에 맞게 복원하고 있는 것이다.

그리고 철학을 이론을 설명하는 일에 지금까지처럼 언어로만 설명해야 한다는 것은 필자로서는 받아들일 수 없다. 왜냐하면 글로는 한권의 책에 담아도 알기 어려운 내용을 단 한 장의 도형이나 단 한 줄의 수식數式으로 충분히 이해할 수 있기 때문이다. 그리고 이 방식을 우리의 위대한 조상들이 완벽하게 발전시켰기 때문이다.

그런 점에서 화이트헤드가 언어만이 철학의 필수적인 도구라고 보는 것은 일종의 주술이라고 생각한 것은 옳은 것이다.

필자는 언어로 표현하는 것은 다른 철학에서처럼 하겠지만 그 언어에 담긴 모든 개념은 거의 다 도형으로 표시하고 또한 그것들을 숫자로 환원할 것이다.

따라서 한철학을 읽다보면 어렵고 복잡한 이론들이 간단한 도형으로 이해되는 것을 알 수 있을 것이다. 또한 단순한 더하기 빼기의 수식만으로 어려운 이론들이 모두 설명되는 것을 자연스럽게 알 수 있을 것이다.

한철학에 있어서 수학과 철학은 동전의 앞과 뒤와 같은 것이다. 이성이 개념에 의해 인식을 할 때 그것은 철학의 영역이다. 이성이 개념의 구성에 의해 인식을 할 때 그것은 수학의 영역인 것이다.

한철학은 인간의 인식구조에 맞추어 먼저 수학으로 개념을 구성하고 철학으로 수학이 구성한 개념을 인식할 수 있게 한다. 이 양자는 어느 한쪽만으로는 성립하지 않는 것이다.

철학에 있어서 이와 같은 방법론은 피타고라스 이후 존재하지 않았다. 피타고라스는 추리에 있어서 궁극적인 일반성의 중요성을 주장했고, 자연의 질서에 포함된 여러 조건의 어떠한 것을 밝히는 데도 그 보조수단으로서 수의 중요성을 통찰했던 사람이다.[28]

플라톤의 이데아의 세계는, 수가 현실계의 기저에 존재한다는 피타고라스의 학설의 세련되고 수정된 것이라고 할 수 있다. 수를 점點의 패턴으로 표시하는 그리스인의 방법 때문에, 수의 개념과 기하학적 도형배치의 개념은 우리의 경우처럼 그렇게 분리되어 있지는 않다.[29]

우리 한국인의 조상들이 사용한 도형인 천부도天符圖[30]는 피타고라

---

28) 화이트 헤드, 『과학과 근대사상』, 오영환 역, 삼성출판사, 1982, 63쪽.
29) 화이트 헤드, 『과학과 근대사상』, 오영환 역, 삼성출판사, 1982, 64쪽.
30) 필자는 그동안 현묘지도 시리즈에서는 일적십거도라는 이름으로 이 천부도

스가 사용한 점點의 패턴과 수의 개념과 기하학적 도형배치의 원형임에 틀림없다. 한국인의 조상들의 천부도天符圖는 점의 패턴과 수 그리고 기하학적 도형배치로 표현했다. 화이트헤드가

> 피타고라스는 확실히 순수한 수학적 존재라고 할 수 없는 도형의 형상 그대로를 포함시키고 있다. 그러므로 오늘날 아인슈타인이나 그의 후계자들이, 가령 중력 같은 물리적 사실은 시공적 성격을 갖는 국소적인 특성을 나타내는 것으로 해석되지 않으면 안 된다고 단정했을 때 ,그들은 이미 순수한 피타고라스의 전통을 따르고 있었던 것이다.[31]

라고 말했을 때 이들은 피타고라스의 전통을 따랐음과 동시에 한국인의 조상들이 사용한 방법을 충실히 따랐다고 말할 수 있는 것이다. 피타고라스는 수나 형상과 같은 수학적 존재가 우리들의 지각 경험에 나타나는 현실적 존재를 구성하는 궁극적인 소재라고 가르쳤다고 전해진다.[32] 한국인의 조상들은 바로 이와 같은 방법을 철학화 했으며 그 방법을 천부경, 삼일신고, 366사 등 십수 권의 경전에 숨겨두었다. 그것이 천부도天符圖이며 이는 우주의 가장 근본적인 패턴인 것이다.

한겨레의 조상들의 이러한 철학적 방법론을 태백일사의 삼신오제본기의 한 구절은 이렇게 설명하고 있다. 즉

온갖 사물들은 모두 각자의 수數를 가졌으되 ,
수數는 아직 온갖 사물들에 다하지 못하였다.

라는 도형을 불렀다. 한철학시리즈에서는 천부도라는 이름으로 부른다.
31) 화이트 헤드, 『과학과 근대사상』, 오영환 역, 삼성출판사, 1982, 64쪽.
32) 화이트 헤드, 『과학과 근대사상』, 오영환 역, 삼성출판사, 1982, 63쪽.

온갖 사물들은 모두 각자의 도리理를 가졌으되 ,
도리理는 아직 온갖 사물들에 다하지 못한다.

온갖 사물들은 모두 각자의 힘力을 가졌으되 ,
힘力은 아직 온갖 사물들에 다하지 못한다.

온갖 사물들은 모두 각자의 시공간에 끝이 없음無窮을 가졌으되,
시공간에 끝이 없음無窮은 아직 온갖 사물들에 다하지 못한다.

庶物各有數而數未必盡厥庶物也 庶物各有理而理未必盡厥庶物也

庶物各有力而力未必盡厥庶物也 庶物各有無窮而無窮未必盡厥庶物也[33]

철학에 있어서 가장 먼저 수數가 주어지며 다음으로 그것에 기초하여 이치理가 나타나고 힘力과 무궁함無窮이 나타나는 순서로 주어졌다. 그러나 그 주어진 것은 사물들에게 주어진 만큼 다하지 못하고 있다는 것을 말하는 것이다. 화이트헤드는 피타고라스에 대해

> 수학 및 수학적 물리학의 시조 피타고라스 학설의 번안飜案으로
> 마침내 되돌아왔다는 점이다. 그는 추상관념의 중요성을 발견하였
> 고, 특히 음악의 각 음부音符의 주기성의 특징을 짓는 수에 주의를
> 기울였던 사람이다. 주기라고 하는 추상관념의 중요성은 수학과
> 유럽철학이 탄생되던 당초부터 인식되고 있었다.[34]

라고 주장한다. 그것은 유럽철학이 탄생되던 당초부터 수천 년전에 한국인의 조상들이 살았던 영광스러운 시대인 단군시대이전에 이미

---

33) 계연수『한단고기』, 임승국 역, 정신세계사, 1986, 149쪽.
34) 화이트 헤드,『과학과 근대사상』, 오영환 역, 삼성출판사, 1982, 72쪽.

인식되었을 뿐 아니라 완성된 상태로 전해지는 것이다.

화이트헤드는 "참으로 피타고라스가 서구의 철학과 수학의 기초를 세운 것은 지극히 우연한 일로 이루어진 것일까? 아니면 신과 같은 그의 천재성이 만유의 본질을 꿰뚫은 것일까?" 라고 자문했다.

우리는 마찬가지로 이렇게 정당하게 자문할 수 있다. 한인, 한웅, 왕검 이래 한국인의 조상들에 의해 인간성의 철학의 기초를 세운 것은 지극히 우연한 일로 이루어진 것일까? 아니면 신과 같은 우리의 조상들의 천재성이 만유의 본질을 꿰뚫은 것일까?

또한 우리 고대 한국인들의 철학에서 수數는 가장 근본적인 바탕을 이루는 것이라는 사실을 잘 보여준다. 이것은 우리말 온이 100이라는 수를 나타낸다는 사실에서 극명하게 나타나는 것이다. 한철학은 바로 100이라는 수가 나타내는 전체 즉 순수한 우리말 온에서 철학을 시작하여 그 중심에 존재하는 순수이성인 우리 말 한에서 질서상태가 창조되고 유지되는 것이다.

인간은 경험적 직관이나 수학을 통한 순수직관을 통해 인식을 얻는다. 철학은 경험하지 않고 그 스스로가 경험의 경험이 되는 방법을 얻는 학문이다. 그 방법은 수학의 순수직관으로 구성한 절대 확실한 개념을 철학이 사용하는 방법 이외엔 없는 것이다.

칸트는 이 방법을 철학에 사용하려 했지만 그가 사용한 수학적 틀은 생성 즉 혼돈을 일으키고 질서를 확립하는 절대 확실한 개념을 만들지 못함으로써 그의 철학은 성공하지 못했다.

한철학은 생성 즉 혼돈을 일으키고 질서를 확립하는 확실한 철학을 만듦으로서 칸트가 꿈꾸었던 선험적 철학을 꿈이 아닌 현실에서 이루어냈다.

수학은 인간정신이 달성할 수 있는 가장 완전한 추상관념을 다루는 학문35)이며 우리의 조상들은 이러한 추상관념을 학문이 아니라 생활에서 적용하여 사용하고 있었다.

그리고 천부경, 삼일신고, 366사를 비롯한 십수 권의 우리 한겨레 고유한 경전에 이 수학체계가 공통적으로 사용되고 있음을 필자는 이미 1991년 이래 이들 책을 해설하면서 밝혀낸 바 있다. 필자는 그 체계가 절대 확실한 수학체계임을 이해하고 그것을 철학의 절대 확실한 기반으로 사용한 것이다.

칸트가 꿈꾸었지만 끝내 이루지 못했던 철학은 이미 수천 년 전에 고대한국에서 존재했던 것이며 그것이 한철학인 것이다. 필자는 단지 그 방법론을 복원하는 지식의 고고학과 그것을 미래를 위해 다시 다듬는 지식의 미래학에 입각해서 철학을 진행했을 따름이다.

필자가 특히 이 책에서 사용한 수학은 광범위한 것으로서 수론 자체와 도형과 부호가 있으며 이는 동서양에 이미 알게 모르게 사용되고 있는 것이다. 그리고 이 수학을 사용한 철학 안에 동서양의 철학이 하나가 되는 상당히 큰 의미를 가지는 현상들이 나타나고 있다.

서양에서 피타고라스가 사용한 도형은 한철학의 기본도형인 천부도의 일부이다. 그리고 그 천부도는 또한 동양철학의 근본인 하도낙서 그 자체를 담고 있다. 이로써 고대 동서양의 수학과 철학이 이미 한철학의 수학적 기반인 천부도안에 들어온 것이다.

한철학이 사용하는 부호는 태극과 팔괘와 64괘 등으로 이는 동양에서는 이미 일반화된 것이다. 다만 한철학은 그동안 잊혀져서 무슨 의미인지 모르고 사용하는 그 부호들의 근본원리를 밝혀내어 철학적으로 사용한다.

그리고 서양철학의 근본적인 뼈대가 되는 주관과 주체, 객관과 객체는 모두 한철학에서 수로 표시되는 것이며, 주관과 주체는 한철학의 주관체이며 이것은 태극이며 팔괘와 팔강령으로 표시되고 개념화한

---

35) 화이트 헤드, 『과학과 근대사상』, 오영환 역, 삼성출판사, 1982, 69쪽.

다. 서양철학의 객관과 객체는 한철학의 객관체이며 이것은 64괘이다.

한철학이 이루어낸 동서양 철학의 통일현상은 서양철학에서는 그동안 칸트이래 침체일로를 걷던 철학적 상황에서 혁명적인 새로운 환경을 만들어주고 있다. 물론 동양철학에 있어서도 서양철학보다 훨씬 더 오래전부터 침체되었던 철학환경에 완전히 새로운 활로를 열어준다.

5) 온과 한 −여럿과 하나

온과 한의 개념은 한철학에서 매우 중요하며 또한 다른 분들이 한철학과 한사상이라는 제목에서 이를 이미 설명한 바 있다. 그러나 필자가 설명하는 온과 한의 개념과 근본적으로 다르므로 그에 대한 약간의 설명이 필요해졌다.

우리말 온이라는 단어 하나의 원리가 동서양의 철학에서 치열하게 싸워온 경험론 또는 유물론과 관념론 또는 합리론과의 수천 년 동안의 싸움을 종식시키고 그것을 통합하는 이루 말할 수 없이 막대한 힘을 가진 원리라는 것이 드러났다.

여기서 온이 가지는 가장 큰 힘은 긍정성의 변증법이 가지는 통합의 힘이다. 즉 서양의 철학은 그동안 대립하는 두개의 개념을 하나로 통합하는 경우가 전혀 없었다. 반드시 하나의 이론이 다른 이론을 부정하는 것이 마치 관례와 같은 것이다. 칸트의 이율배반이 빛나는 것은 부정성의 변증법을 대립시켜 양자긍정을 했다는 사실에 있다. 한철학의 온은 이를 양자긍정에서 더 나아가 양자를 통합하는 것이다. 이는 서양의 부정성의 변증법과는 완전히 반대의 차원의 것이다.

온이라는 혼돈의 영역은 질서의 영역으로 혁신하면서 공적 영역인 본체계와 사적 영역인 현상계로 구분된다. 사적 영역은 인과율이 지배하는 세계이며, 공적 영역은 의지와 자유와 자유의지가 지배하는 세계이다.

이 공적 영역을 칸트는 물 자체라고 했으며 우파니샤드는 브라만과 아트만이라고 했다.

순수한 우리말 '온'이 차지하는 철학적 비중은 이루 말할 수 없을 정도로 막대하다. 우리말 온은 현존하는 고려시대의 자료인 계림유사에서 "백왈온百曰醞"이라고 명문화되어 나타나고 월인석보와 용비어천가등에서 이를 입증하는 자료가 명백히 드러남으로써[36] 순수한 우리말 온은 전체이며 100이라는 수이며 혼돈상태 즉 생성적 존재임이 확정되었다.

이 온이 의미하는 100은 여럿이 하나가 된 전체로서 한철학의 혼돈의 영역을 설명하는 것이었다.

그 온(여럿이자 하나인 전체)100=사물의 영역45+관념의 영역 55로 수식과 도형으로 설명되었다.

이와 같은 온은 서양철학사가 2500년 동안이나 행해온 경험론이나 유물론과 관념론의 대립을 하나의 전체로 포함하는 것이었다.

한철학은 공적 영역과 사적 영역을 통일함으로써 완전히 하나의 전체를 조직한다. 이것이 또한 한철학이 설명하는 긍정성의 변증법이다. 그 공적 영역이 곧 태극이며 태극의 중심에 순수이성으로서의 한이 존재한다. 따라서 온이라는 바탕위에 존재한 질서의 중심이 곧 한이다. 즉 온을 온이게 할 수 있는 중심이 곧 한이다.

따라서 온이 전체일 때 한은 그 전체의 중심인 것이다. 이로써 여럿과 하나는 일체가 되는 것이다. 그 여럿과 하나가 한철학에서는 전체 100과 순수이성으로서의 하나의 관계로 설명되는 것이다.

---

36) 최동환 『한철학1 생명이냐 자살이냐』 지혜의 나무, 2004, 25-54쪽

우주 전체로서의 온에 중심이 되는 우주적 무제약자로서의 순수이성인 한이 존재한다. 즉 한은 긍정성의 긍정성이며, 긍정성 그 자체인 것이다.

그리고 그 우주적 전체의 각 부분은 또한 그 자체가 소우주로서 스스로 전체로서의 온이며 그 질서상태의 중심에는 한이 존재한다. 인간은 소우주로서 스스로 전체인 온이며 그 중심에 무제약자로서의 순수이성인 한을 가진다.

그런데 그동안 우리나라의 지식계에서는 한을 부정성으로 설정하는 것이 상례처럼 되어 있었다. 한을 어떻게 규정하는가 하는 문제는 우리 한겨레공동체의 공적 영역의 중심에 대한 성격을 결정하는 중요한 문제이다.

한을 부정성으로 설정하는 분은 동서고금의 철학사를 읽어보면 부정을 강조하는 훌륭한 철학자들이 나타나서 큰 공헌을 했다고 말하고 있다. 그것은 사실이다. 인도와 중국에서도 부정을 강조하는 철학자들이 큰 공헌을 했고 특히 체계적인 철학을 발전시킨 서양철학은 더 말할 나위가 없을 정도로 부정성을 강조한 철학자들 일색이다.

동서양의 훌륭한 철학이 모두 부정성이므로 한철학도 부정성이라는 주장은 우리 것을 세계수준의 철학의 위치로 높이려는 선의이겠지만 이 주장에 충분한 근거가 있다고는 할 수 없다.

한철학은 이 땅에 들어온 모든 외래정신을 반대하지 않는다. 오히려 이들 철학의 근본에는 한철학과 합치되는 부분이 있을 것으로 생각하고 있다. 그러나 그렇다고 해서 한철학이 외래정신의 한철학이 되어야 한다는 말은 결코 아니다.

우리 한겨레 철학의 근본원리를 설정하는 기준은 어디까지나 우리 한겨레의 경전과 관습에 의한 우리민족만의 상상력과 판단력을 위주로 결정되어야 하는 것이 정당하다고 생각한다.

한철학의 가장 중요한 원리를 우리 한겨레의 공적 영역이 아니라 외래정신에서 가져오는 것은 우리가 한겨레의 공적 영역을 파괴하는 행위가 될 수 있다. 즉 우리 한겨레 스스로는 상상력과 판단력의 영역을 가지고 있지 않음으로 우리의 공적 영역을 버리고 그 공적 영역의 내용을 외래정신으로 바꾸어야 한다는 것을 의미할 수도 있는 것이다.

한을 부정성으로 설정하는 주장에 의하면 한이 그 자체 안에 부정성을 가지고 있다고 한다. 현실계에서 사물을 부정함 없이는 참된 실재를 기대하지 못한다는 것이다. 따라서 한철학은 부정정신을 매우 중요시한다는 것이다. 그래서 한철학은 부정이 있는 곳에 진보와 발전이 있고 반대로 부정이 없는 곳에서는 정지나 후퇴만이 있다[37]고 주장한다.

그러나 필자에게서 한은 부정성의 영역과 긍정성의 영역을 통합하고 통일하는 위대한 긍정성인 것이다. 부정정신은 통합과 통일의 반대개념으로 한철학과는 인연이 없다고 본다.

저명한 김상일은 파괴된 곳에서 나타난 가운데(中)를 파괴한 다음에 나타나는 것이 한의 다음 개념인 어떤(About)이라고 주장한다.[38] 이는 철저한 부정성否定性이 나타난 이후에 어떤(About)이라는 부정성不定性이 출현한다는 견해로 보인다. 그는 이러한 방법에서 한사상을 푸는 묘가 있다[39]고 주장한다.

---

37) 최민홍, 『한철학사』, 성문사, 1997, 96쪽
38) 그러한 상태에서 중中마저 파괴시켰을 때 나타나는 것이 한의 다음 개념인 About이다. About은 '한 십분' '한 십리' 등에서 나타나는 폭이 있는 개념이다. 묶음 혹은 다발로서의 개념이다. 그리고 무언가 아직 확정되지 않은 상태를 두고 말 할 때 About의 '한'을 즐겨 우리는 사용한다(김상일 한사상 온누리 1986년 24, 95, 96쪽)
39) 인도나 중국철학이 추구하던 그리고 서양철학이 20세기에 와서야 발견한 중中(Middle)을 왜 승랑은 그것까지 파괴시켜야 한다고 보았는가? 여기에 한사상을 푸는 묘가 있는 것이다. 제1명은 사실의 대칭이요, 제2명은 사실속에 있는 대칭을 파괴하는 것이요, 그리고 제3명은 파괴한다는 것을 파괴하는 것이다. (김상일, 『한사상』 온누리, 1986, 95쪽)

이와 같은 견해를 가진 분은 그 대립하는 양자를 모두 부정하는 양부논법兩否論法에서 더욱더 나아가는 철저한 부정성의 방법을 사용하는 것으로 보인다.

그런데 양자부정을 한 이후 가운데 나타나는 중中을 한으로 보고 그것을 다시 파괴한 다음 나타나는 것이 어떤(About) 것이라면 그 어떤(About) 것이 다시 파괴되지 말아야 할 이유가 있는 것일까?

필자로서는 이 견해를 수용하기가 불가능하다. 필자에게 '한'은 양자를 부정한 가운데 나타나는 중中이 아니다. 부정의 영역과 긍정의 영역을 하나로 통합하는 위대한 긍정성의 중심에 순수이성으로서의 한이 출현하는 것이다. 한은 절대적 부정의 극점40)이 아니라 절대적 긍정의 극점에 출현하는 것이다. 한을 부정성이라고 한다면 한철학의 중심인 한이 가지고 있는 긍정성 그 자체의 영역이 성립하지 못하는 것이다.

한철학은 칸트의 이율배반二律背反적 방법인 대립하는 양쪽을 모두 긍정하는 양가논법兩可論法에서 더 나아가 부정의 영역과 긍정의 영역을 하나로 통합하는 긍정성의 변증법적 방법론을 취하고 있는 것이다.

유명한 김상일은 "하나님과 창조성과의 관계가 곧 천부경의 한一과 온無과의 관계와 같고, 온은 가치중립적이며, 결코 생성을 하지 못한다."41)고 주장한다.

우리는 우리말 온이 여럿이자 전체로서 천부경의 일적십거인 100이라는 사실을 '한철학1'에서 여러 자료를 통해 충분히 알았다.

그리고 온은 곧 혼돈상태로서 생성적 존재였다. 온은 결코 생성을 못하는 것이 아니라 온이 곧 생성 그 자체로서의 생성적 존재인 것이

---

40) 이러한 부정성은 헤겔이 주장한 "자기의 절대적 부정이라는 극점"이라는 개념과 비교해볼만 하다. 헤겔, 『법철학강요』, 권응호 역, 홍신문화사, 1997, 438쪽.
41) 김상일, 『한철학 전망사』, 1985, 125쪽.

다.[42] 따라서 이 견해 역시 필자로서는 수용할 수 없는 것이다.

필자에게 한은 긍정성 그 자체이다. 온은 생성 그 자체인 것이다. 철학의 방법론은 부정성의 변증법과 이율배반과 긍정성의 변증법 세 가지 뿐이다. 이 세 가지 방법 중 어느 것이 옳은가는 각자가 판단할 일이다. 그러나 필자로서는 한철학은 부정성의 변증법이 아니라 긍정성의 변증법이라고 생각한다. 온과 한은 그 대표적인 예이다.

6) 한겨레의 만년사업론萬年事業論

태어난 지 얼마 안 된 아기의 기저귀를 훔치고, 옷을 훔치고, 입에 물린 우유병을 훔치고, 남이 안볼 때 꼬집고 발로 차고 심지어는 성과 이름까지 바꾸려는 잔인한 사람들이 있을 수 있을까?

우리가 인간성을 가진 인간이라면 남의 아이라도 위태로울 땐 보호해주고, 내 아이가 아니더라도 아이가 배가 고파 울면 젖을 주고, 달래주는 일을 마다하지 않을 것이다.

한겨레공동체의 공적 영역으로서의 한철학은 우리 한겨레에게는 천년 만에 다시 태어난 간난 아기와 같은 것이다.

아무리 위대한 민족도 흥망성쇠가 반드시 있다. 따라서 광활한 땅을 잃고 강건한 힘을 잃어 극도로 위축되어 있을 때도 반드시 있는 것이다. 하지만 우리가 아무리 위축되어 있다 해도 한겨레공동체의 공적 영역을 회복할 수 있는 원리 즉 한철학만 남아 있으면 언제든 한겨레의 모든 분야의 대립을 통합하고 통일하여 다시금 전성기 때의 부강한 나라로 발전시켜 나갈 수 있는 것이다. 나아가 우리는 세계 시민의 공적 영역을 건설해나갈 수 있는 것이다.

---

42) 최동환, 한철학1 『생명이냐 자살이냐』, 지혜의 나무, 46~55쪽, 312~317쪽.

이와 같은 이유로 우리의 고대국가의 지도자들은 언제든 공적 영역을 회복할 수 있는 책들을 제작하고 후세에 전하기 위해 대를 이어가며 할 수 있는 최선을 다하여 모든 노력을 다 기울인 것이다.

우리 한겨레가 삼성三聖으로 모시는 한인, 한웅, 왕검 할아버지들이 중심이 되어 창조된 영역이 바로 한겨레의 공적 영역으로서의 본체계인 것이다. 이 세 분이 만들고 전한 책이 곧 천부경, 삼일신고, 366사, 단군팔조교이다. 그리고 단군조선의 여러 단군들과 고구려의 고주몽, 발해의 대조영님도 직접 그 원리를 책으로 남겼다. [43] 이 책들에 공통적으로 적용된 원리가 곧 한철학의 근본원리이다.

우리의 고대 국가지도자들은 최종적으로 믿을 수 있는 것은 넓은 땅이나 강력한 군사력이 아니라 한철학의 원리라는 사실을 충분히 인식하고 그것을 전하는 일에 수 천 년을 하루같이 전력을 다한 것이다.

따라서 한겨레의 공적 영역을 창조하고 유지시키고, 발전시켜온 사업은 우리 한겨레가 한겨레이기 시작한 이래 한번도 쉬지 않고 해온 일로써 그야말로 한겨레의 만년사업萬年事業인 것이다.

그러나 지난 천 년의 역사로 볼 때 우리가 사는 이 시대는 물질적으로는 가장 풍요롭지만 오히려 한겨레의 만년사업은 풍전등화와 같다.

지난 천 년간 우리의 정신을 지키려는 분들은 개인의 힘으로 모든 어려움을 극복한 것이다. 오늘날 다시 살아나는 우리 한겨레의 한철학은 이 전통에 따라 어떤 어려움도 어려움으로 생각하지 않고 일을 해나가고 있다. 지금도 국가의 도움 없어도 개인의 힘으로 헤쳐 나가고 있고, 앞으로도 그 어떤 고난이 닥쳐도 어떡하든 앞길을 헤쳐 나갈 것이다.

---

43) 역대단군들은 여러 경전을 남겼으며 고구려의 고주몽은 개물교화경, 발해의 대조영은 삼일신고의 어제찬을 남겼다.

또 일반대중들이 이 일을 아직 이해하지 못한다고 해도 조금도 문제가 되는 것이 아니다. 설혹 대중들이 이 일에 대해 천 년 동안 외면한다고 해도 조금도 개의치 않는다. 대중의 인기에 힘입어 수십 년 또는 수백 년 동안 일어나고, 대중이 외면하면 바로 시들해지는 일들은 사적 영역의 일들이다. 그러나 이 일은 우리 한겨레가 만년을 바라보고 수천 년간 하루도 중단 없이 해온 만년사업인 것이다.

그러나 정작 문제는 온갖 어려움 속에서 이제 막 태어난 어린 아기로서의 한철학의 기저귀를 훔치고, 옷을 훔치고, 입에 물린 우유병을 훔치고, 남이 안볼 때 꼬집고 발로 차고 심지어는 성과 이름까지 바꾸려는 잔인한 사람들인 것이다.

필자는 수천 년 동안 한겨레의 공적 영역을 위해 평생을 하루같이 노력해온 삼성님을 비롯하여 수많은 철인과 의인들의 성스럽고 고귀한 피와 땀과 눈물에 힘입어 한겨레의 고유한 경전들에 공통적으로 적용된 원리들을 찾아낼 수 있었다. 원래 능력이 크게 부족한 필자는 짧지 않은 세월동안 수많은 어려움과 시행착오를 거듭한 끝에 경전의 해석과 한철학의 바탕이 될 수 있는 원리를 겨우 마련하게 된 것이다. 물론 이 작업은 끝난 것이 아니라 진행중이며 앞으로도 계속 진행되어야 하는 일이다.

그런데 이렇게 수천 년 동안 위대한 분들에 의해 전해지고 또한 부족한 필자에 의해 어렵게 찾아진 한겨레의 공적 영역의 원리들을 훔쳐서 마치 자신의 개인적인 능력으로 발견한 자기 것처럼 대중의 눈을 속이는 사람들이 있는 것이다.

이러한 행위들은 한겨레의 공적 영역을 지키기 위해 모든 것을 바쳐 수천 년 동안 평생을 하루같이 노력해온 삼성님을 비롯하여 수많은 철인과 의인들의 피와 땀과 눈물로 이루어낸 고귀한 성과물을 자신의 허황된 사리사욕으로 잔인하게 겁탈하는 행위와 다르지 않다. 같은 단군의 자손으로서 위대한 역사와 조상들에 대해 이보다 더 큰 능멸과 모독도 없을 것 같다.

이들은 마치 불나비가 불을 보고 뛰어드는 것처럼 천박한 욕망에 눈이 어두워 엄숙한 역사와 공적 영역 앞에 스스로를 던져 버리고 있다는 사실을 깨닫지 못하는 것이다.

수천 년간 우리 한겨레의 성인들과 철인들 그리고 의인들께서 전해 주신 경전의 원리들이 이제 겨우 빛을 보고 경전의 해설과 한철학으로 설명되는 것이다.

이 원리는 사적 영역에서 널리 사용되어야 하며, 모든 사적 영역에서 사용되는 것보다 더 좋은 일은 없는 것이다. 그러나 이 원리를 자신의 능력으로 자신이 만든 것처럼 둔갑시키는 일은 지난 수천 년간을 하루 같이 노력한 위대한 분들의 성스러운 노력을 천박한 인간성으로 잔인하게 짓밟는 일에 지나지 않는 것이다.

우리는 인간성과 자유의지를 결합할 수 있는 용기가 없는 사람들은 그만큼 겁쟁이일 수 있고 또한 그만큼 잔인할 수 있다는 사실을 안다.

같은 단군의 자손으로서 이제 막 태어난 아기인 한철학이 천신만고 끝에 이루어낸 원리들을 훔쳐서 수천 년간 위대한 분들의 업적을 가로채서 자기 것으로 대중을 속이려는 이들보다 더 비겁하고 더 잔인한 사람들은 없을 것 같다. 왜 하늘 아래 땅 위에 밝고 떳떳한 일을 마다하고 한갓 미물들처럼 어둡고 비좁은 굴속에 숨어서 자신을 속이고 세상을 속이려 하는가?

인간성과 자유의지를 갖춘 사람이라면 또 참다운 용기가 있는 사람이라면 이 원리를 사용하되 그 출처를 정당하게 밝힐 것이며 또한 필자에게 협력을 해야 할 일은 떳떳하게 협력을 하여 일을 성취해 나갈 것이다. 그럼으로써 수천 년간 노력해온 위대한 분들의 업적을 더욱 더 빛내고 그에 따라 자신의 업적도 이 위대한 역사와 공적 영역과 하나가 되고 또 그 위대한 분들과 하나가 되어 빛나게 되는 것이다. 얼마나 자랑스러운 일이며 또한 아름다운 일인가!

한겨레의 공적 영역의 중심인 한철학의 회복과 발전은 한겨레의 위대한 역사 앞에 투명하게 공개된 상태로 진행되는 것이다. 이 공적 영역의 원리에 조금이라도 연관된 사람은 현행법 이전에 엄숙한 역사 앞에 발가벗겨진 채 공개적으로 서 있다는 사실을 인식할 필요가 있는 것이다.

더구나 지난 한겨레의 역사에서 공적 영역을 창조한 한겨레의 많은 성인들과 현철 그리고 목숨을 바쳐 이를 지켜온 한겨레의 수많은 의인들의 눈들이 지금 이 시대에 회복되고 있는 한철학에 연관된 사람들의 일거수일투족에 지대한 관심을 가지고 지켜보고 있으리라 생각한다. 한겨레의 공적영역, 한겨레의 한철학 이론을 사용하는 일에 조금이라도 연관된 사람으로서 이 무서운 눈들이 자신을 항상 쳐다보고 있음을 느끼지 못한다면 그는 자신의 삶을 위해 꼭 알아야 할 하늘의 법칙을 전혀 모르는 너무도 어리석은 사람일 것이다.

되돌아보면 지난 한겨레의 역사에서 하늘의 별들만큼이나 훌륭한 한철학자들이 많았듯이 우리의 공적 영역은 앞으로의 장구한 역사에서 수많은 한철학자들과 이를 실행할 인물들을 배출함으로써 한겨레의 만년사업은 진행될 것이다.

한겨레의 만년사업은 한인·한웅·왕검할아버지 이래 지금까지 단 한번도 단절됨 없이 인간에서 인간으로 이어진 사업이기 때문이다.

자신의 중심에서 공적 영역을 발견하고 나아가 우리 한겨레공동체의 공적 영역을 발견하여 그 양자를 합일할 수 있는 사람들은 아무리 암울한 시대라도 반드시 출현하기 마련이다.

따라서 지난 천 년간 누가 시키거나 권하지 않아도 이 일을 할 사람들은 그 시대가 필요로 하는 만큼 평범한 백성들 가운데서 충분히 배출된 것이다. 한겨레의 만년사업은 인류사회 전체에 재세이화, 홍익인간이 이루어질 때까지 쉬지 않고 계속되는 것이다.

4
혼돈상태의 최적화와 통합론

혼돈상태는 사물의 영역과 마음의 영역과 통합의 영역으로 조직된 것이다. 이 세 영역이 창조적으로 최적화 되었을 때 비로소 통합상태 자체가 존립할 수 있으며 동시에 질서상태로의 혁신을 진행할 수 있다. 생명의 과정상에 존재하는 모든 존재자들은 언제나 주어진 상태가 있고 그 상태가 어떤 것이든 끊임없이 변화하고 있는 것이다.

1) 사물의 영역의 최적화 원리

우리는 모두 가난하다. 모두가 정직하기 때문이다.
- 붉은 사냥개 오글라라 수우족 [1]

인간의 지성은 "경험의 법칙을 탐구하고 이것을 매개로해서 자신의

---

[1] 조셉추장 외,『여러 인디언 흙 한줌 물 한모금의 가르침』, 이현숙 역, 1999, 64쪽.

확고하고도 명백한 인식을 끝없이 확대할 수 있다."[2]

구체적으로 인간의 지성이 어떻게 경험의 세계를 법칙으로 만들어 냈는가 하는 점에 대해서 서양철학은 경험론을 발전시켰다.

근대 경험철학의 선구자 베이컨은 우리 인간이 모든 일을 할 것으로 기대하지는 않지만 자연법칙에 순응할 줄 안다면 많은 일을 이룰 수 있을 것이라고 생각했다. 이와 같은 베이컨의 경험철학체계의 기본 바탕은 다음과 같이 그의 이상국가인 신아틀란티스의 학술원에 대한 설명에서 잘 드러난다.

우리 학술원의 목적은 사물의 숨겨진 원인과 작용을 탐구하는데 있습니다. 그럼으로써 인간 활동의 영역을 넓히며 인간의 목적에 맞게 사물을 변화시키는 것입니다.[3]

우리는 싸리가지들을 적당한 형태로 묶어줄 끈이 없는 빗자루로 마당을 깨끗이 쓸 도리가 없다. 그와 마찬가지로 우리는 적절한 원리가 결여된 단편적인 견문의 집합을 가지고 자연을 충분히 조사할 수 없다. 베이컨에 의하면 과학적 방법의 비결은 자연에 관한 진리가 명백히 드러나도록 관찰된 사실을 정리하는 수법에 있다. [4]

즉, 어떤 한 가지 법칙이 제시되면 그것을 새로운 여러 가지 환경에 적용시켜 시험해 보아야 한다. 만일 그 법칙이 그러한 환경에 적용되면 그 법칙은 그 만큼 확장된 것이다.[5] 특수한 개별적인 사실이나 원리를 전제로 하여 시험을 통해 일반적인 사실이나 원리로서의 결론을 이끌어 내는 방법이 귀납법이다. 이 귀납법이 확실성을 얻는 시험

2) 칸트 순수이성비판 B 496
3) 프렌시스 베이컨, 『신아틀란티스』, 김종갑 역, 에코리브르, 2002, 72쪽.
4) 스터얼링 P.램프레히트, 『서양철학사』, 김태길/운명로 역, 1963, 388쪽.
5) 러셀, 『서양철학사』, 최문홍 역, 집문당, 1979, 689쪽.

이란 것은 부정성이다. 우리는 실험실에서 하나의 원리를 확신하기 위해 죽어가는 수많은 실험용 쥐들에서 이와 같은 부정성을 볼 수 있다. 하나의 귀납법적 확신은 수많은 대상을 부정한 후에야 결론에 도달하며 그 결론도 언제든 부정될 운명에 놓여 있는 것이다.

이와 같은 귀납법은 인과관계를 확정하는 데 사용되며 그것은 사물의 영역을 최적화하는 중요한 법칙이다. 그러나 귀납적 방법론이 사용하는 사적인 경험은 사물들의 진정한 본성을 말해주지 못하기 때문에 신뢰를 얻기가 쉽지 않다. 다시 말해 이 방법이 공적 영역 즉 본 체계를 설명하지는 못하는 것이다.

(1) 홉스

홉스는 관념을 쇠약해진 감각으로 보았다. 그리고 감각과 기타의 심리현상을 신체적 운동의 결과로 보았다. 그래서는 그의 철학은 물체라는 개념을 중심으로 종합적인 체계를 조직할 수 있다고 믿었다.[6]

그는 자연 중에서도 가장 이성적이고 합리적인 창작품이 바로 인간인데 인체를 모방함으로써 창작품은 한결 더 고급품이 될 수 있다고 믿었다. 그는 정치공동체, 즉 국가를 이러한 인공적 인간과 도 같은 리바이어던이라고 주장하며 이 리바이어던은 자연인보다 그 모습이나 힘이 더 크면서 자연인을 보호하기 위해 만들었다고 주장하며 다음과 같이 그 기능을 말한다.

> 국가의 주권은 몸 전체의 생명과 동작을 주는 혼이며, 각부장관이나 행정부·사법부의 관리는 인공적 관절이다. 그리고 보상이나 처벌은 신경으로 이것은 관절기관과 함께 국민을 국가 주권자에게

---

6) 스터얼링 P. 램프레히트, 『서양철학사』, 김태길외 역, 을유문화사, 1963, 405쪽.

묶어서 그 의무를 수행하게 만드는 데 필요하다. 모든 국민의 안전이 국가의 사업이며 고문관들은 기억에 해당하며, 형평과 법은 인공이성이며, 의지이다. 조화는 건강이요, 반란은 병환이며 내란은 죽음이다.[7]

동양에 낙서가 있다면 서양에는 리바이어던이 있다고 말해도 좋을 만큼 홉스의 리바이어던은 사물의 영역을 최적화하는 이론으로 압권을 이룬다.

홉스의 유물론은 물질의 세계를 최적화하기 위한 타당한 나름대로의 이론을 전개하고 있으며 그것은 부족할지언정 조금도 틀린 것은 아닌 것이다.

홉스가 모든 국민의 안전이 국가의 사업이며 고문관들은 기억에 해당하며, 형평과 법은 인공이성이며, 의지이다. 조화는 건강이요, 반란은 병환이며 내란은 죽음이라고 말할 때 그의 국가이론은 절정에 이른다.

그러나 이 홉스의 이론은 철저한 지성과 의지의 산물이다. 여기에는 이성과 인간성이 실종되어 있다. 이 이론이 가장 이상적으로 적용될 수 있는 곳은 공장이며 그 중에서도 구식기계에 한해서이다.

(2) 아담스미스

아담스미스는 홉스나 상앙 또는 한비자와는 달리 이 상극의 원리가 국가에 의해 통제되는 것을 반대했다. 그는 생산물이 최대의 가치를 갖도록 산업을 운영하는 것은 오로지 그 자신의 이득만을 위해서이다. 그러나 그는 이렇게 함으로써 다른 많은 경우에도 보이지 않는 손에

---

7) 홉스, 『리바이어던』, 임명방 역, 삼성출판사, 1983, 149쪽.

의해 인도되어 스스로 의지하지 않았던 하나의 목적을 촉진하게 된다. 그 자신 이익을 추구함으로써 진실로 사회의 이익을 증진코자 의도하였을 때보다 더욱 유효하게 사회의 이익을 증진하는 수가 많은 것이다.[8]라고 주장했다.

아담스미스의 주장은 모두가 이익을 극대화하기 위해 노력하다 보면 상극의 원리는 자연스럽게 이루어져서 물질의 생산은 최적화될 수 있다는 것이다.

아담스미스의 국부론은 자본주의의 성전聖典이 되었다. 그것은 사물의 영역을 최적화하는 일에 개인의 이기심이 필수불가결하는 것이다. 아담스미스의 주장은 예리하고 온건하다. 그러나 저 슘페터의 창조적 파괴론은 우리가 한철학1『생명이냐 자살이냐』에서 살펴보았듯이 그것은 부정성의 변증법의 극단적인 예에 지나지 않는 것이다.

(3) 낙서洛書(龜書)의 상극원리(相剋原理)

동양에서는 낙서洛書(龜書)의 상극원리(相剋原理)라는 방법론이 있다. 이 방법론은 서양철학처럼 개개의 경험을 토대로 하는 것이 아니라 확정된 사물의 영역의 테두리들의 선험적 원리를 토대로 가진다.

따라서 서양의 귀납법적 방법론과 서로 장단점을 각각 가지고 있다. 마음의 영역을 최적화하는 방법론은 긍정의 원리로 가능하다. 그것을 하도河圖(龍圖)의 상생원리(相生原理)라고 한다. 이것은 관념론을 철학의 법칙으로 구체화한 최초의 법칙이다.

그리고 최적화된 사물의 영역과 최적화된 관념의 영역을 하나로 묶어 전체를 최적화시키는 방법론은 하도河圖(龍圖)의 중앙에 존재하는 위대한 긍정성의 영역이다. 이는 통합의 법칙을 철학의 법칙으로

---

8) 아담스미스, 『국부론』, 세계사상대전집 31권, 대양서적, 1981, 288쪽.

구체화한 최초의 법칙이다.

사물의 영역을 살펴보자. 사물의 영역이 만인에 대한 만인의 투쟁상태에 있다면 그 사회가 가지고 있는 능력은 조금도 발휘하지 못하고 사회의 조직은 무질서의 상태로 사라지고 말 것이다. 서양에서는 홉스의 물리학적 결정론이 이 무질서를 최적화하는 방법론이며 동양에서는 순자에서 출발하여 한비자와 상앙이 전개하는 법가이론이 이 무질서를 최적화하는 방법론이다.

이 동서양의 최적화 이론은 낙서洛書(龜書)의 상극원리가 충분히 설명해내고 있다.

낙서洛書(龜書)의 상극원리는 물질의 세계를 다섯 개의 서로 다른 위상을 가진 테두리로 구분한다. 우리가 혼돈의 영역에서 다루는 것은 물질이든 마음이든 경험의 영역에 한해서이다. 모든 경험의 세계는 서로 같은 것과 다른 것으로 구분된다. 그리고 그것은 시공간상에서 원인과 결과를 가지는 것이다.

이렇게 볼 때 사물의 영역은 다섯 가지의 다른 요소들로 나눌 수 있다. 여기서 다섯 가지의 상사성相似性과 상이성相異性을 가진 요소들이 시공간에서 원인과 결과를 갖는 인과성의 원리를 만들어낼 수 있는 것이다. 이것은 인과율의 법칙에 체계를 부여한 것이다.

이 지식은 경험을 통해 얻는 지식이 아니라 경험하지 않아도 경험세계의 원리가 된다는 점에서 선험적이다. 칸트를 비롯한 서양철학자들은 이러한 선험적 원리가 경험의 세계 안에 존재한다는 사실을 전혀 알지 못했다. 동양철학자들은 이 원리가 지니는 선험성이 가지는 그 의미심장한 중요성에 대해 조금도 인식하지 못했다.

한철학의 입장에서 우리가 동양철학과 서양철학을 모두 연구해야 할 필요성이 이 부분에서도 역력하게 드러나는 것이다. 이 하도낙서의 원리는 우리가 현묘지도 시리즈와 한철학1『생명이냐 자살이냐』에서 충분히 검토한 것처럼 천부경의 네 글자 일적십거一積十鉅⁹⁾의 원리에서 출현하기 때문이다. 그리고 바로 이 일적십거가 혼돈상태의 45:55를 설명하는 원리인 것이다. 따라서 하도낙서의 원리는 동양철학이 아니라 한철학의 핵심원리중 하나이기 때문이다.

먼저 세계를 불과 흙土, 물水, 불火, 쇠金, 나무木라는 다섯 가지의 상사성과 상이성의 영역으로 구분한다. 그런데 사물의 영역을 분할하는 다섯 개의 영역이 아무런 원리 없이 뒤섞여 있다면 그것은 단지 무질서의 세계에 불과할 것이다.

그러나 다섯 개의 영역이 각각의 능력을 최적화하는 원리로 조직된다면 그것은 질서까지는 아니더라도 혼돈상태 내부의 상극상태의 영역을 최적화하는 정도에는 도달할 수 있을 것이다.

즉 흙土, 물水, 불火, 쇠金, 나무木의 다섯 가지 영역은 서로가 상극하는 순환을 이룰 수 있다. 즉 흙이 물을, 물이 불을, 불이 쇠를 쇠가 나무를 상극하는 것이다. 이 순환원리는 인간이 자연에 존재하면서 도구를 사용하여 인간일 수 있는 불변의 경험적 지식을 얻게 해주는 것이다.

즉, 흙을 이용하여 물의 흐름을 인간에게 도움이 되게 바꿀 수 있다(토극수土克水). 물을 사용하여 불을 끌 수 있음으로서 인간의 경험세계에 불을 사용할 수 있다(수극화水克火). 불의 사용하여 금속을 녹여 인간의 도구로 사용할 수 있다(화극금火克金). 금속을 사용하여 나무를 마음대로 인간이 활용할 수 있다(금극목金克木). 나무를 사용하여 흙을 인간이 마음대로 활용할 수 있다(목극토木克土). 이는 철저히 체계화된 인과율의 법칙을 완전히 순환원리화한 것이다. 이러한 철저하게 실용적이면서 완전하게 사물의 영역을 지배하는 선험적 원리는 서양철학

---

9) 일적십거一積十鉅의 원리는 천부경의 81자 중 네 글자인데 이 네 글자에서 하도낙서(용도구서)의 원리가 설명된다. 이 에 대한 설명은 필자가 해설한 천부경과 삼일신고의 전반적인 원리에 모두 적용되어 있다.

에 없다.

이것은 간단히 본 것이지만 이 원리는 사회 전체의 생산체제에 그대로 적용시킬 수 있는 것이다. 즉 쇠를 얻기 위해서는 그것을 녹이는 불이 필요한 것이다. 나무를 얻기 위해서는 그것을 자르는 쇠가 필요한 것이다. 불을 인간이 사용하기 위해서는 반드시 그것을 끌 수 있는 물부터 준비해야 하는 것이다. 물을 인간이 농사 등에 사용하기 위해서는 그 흐름을 막아서 저장시키기 위한 흙이 필요한 것이다. 어느 시대이든 과학이 아무리 발달하든 인간이 사는 사물의 영역의 생산체계에는 이 원리가 반드시 적용된다. 이와 같은 철학적 개념은 사회 전체의 사물의 영역의 생산을 최적화하는 일에 과거나 현재나 미래를 막론하고 반드시 필요하다.

이렇게 해서 인간은 세계의 사물의 영역에서 다섯 개의 상사성과 상이성이 가지고 있는 원리를 발견하여 그것을 경험세계에서 활용할 수 있는 것이다.

그리고 인간은 이 다섯 개의 영역이 서로 맞물리는 순환을 하고 있다는 사실에서 이 다섯 개의 영역이 무한순환 할 수 있도록 만듦으로서 물질의 세계를 최적화할 수 있는 것이다.

예를 들어 만일 이 낙서의 순환원리대로 물질의 세계를 배치하지 않는 경우를 보자. 즉 불을 끄는 일에 쇠를 사용하든가, 나무를 자르는 일에 흙을 사용하든가, 물을 막는 일에 불을 사용하든가, 쇠를 나무에서 얻으려 한다든가, 흙을 이용하기 위해 물을 사용한다든가 하는 것 등이 그러한 일이다.

그럴 경우 개인과 사회는 불필요한 시간과 힘의 낭비가 일어날 것이며 개인과 사회는 삶을 꾸려나가지 못하고 무질서로 사라질 것이다.

다시 말해 물질의 세계는 이 상극의 순환원리에 의해 생산이 최적화할 수 있는 것이다. 이 다섯 가지의 테두리의 원리를 사회의 사물의 영역에 적용할 때 사회가 가지는 사물의 영역은 가장 적은 노력으로 가장 큰 효과를 얻어낼 수 있는 것이다.

따라서 사물의 영역은 홉스의 말처럼 만인에 대한 만인의 투쟁상태에 있는 것이 사실이지만 그것을 최적화시킨다면 생산이 극대화됨으로써 그러한 투쟁상태를 종식시키고 물질생산의 최대화를 이끌어 냄으로써 부유한 사회를 만들 수 있는 것이다.

따라서 사물의 영역을 최적화하여 생산을 극대화하는 이 낙서의 상극원리는 인간이 사물의 영역을 활용하기 위해 얻을 수 있는 최상의 선험적지식이라고 말할 수 있는 것이다. 이는 경험으로부터 완전히 독립되어 이론 그 자체에만 의존하는 영역 안에 있는 법칙으로 존재함을 의미한다.

우리는 여기서 이 상극의 원리가 대단히 잘못 알려지고 있다는 사실을 알 수 있다. 상극원리는 서로가 서로를 극剋하는 일 다시 말해 부정하는 원리를 최적화하는 원리이다. 이는 악惡의 영역과 같이 보인다. 특히 앞으로 설명할 마음의 영역을 지배하는 상생의 원리와 비교하면 명백하게 악의 영역으로 보일 수 있다.

그러나 한철학에서 중요하게 생각하는 것은 전체를 한번에 살피는 통찰력이다. 인간은 먼저 사물의 영역이 최적화된 다음에야 비로소 의식주를 해결할 수 있다. 그 다음에야 관념의 영역을 돌볼 수 있다. 그리고 그 다음에야 비로소 사물의 영역과 관념의 영역을 하나의 전체로 통합할 생각을 가지게 되는 것이다. 이와 같은 순서는 개인이나 기업이나 국가나 인류전체나 똑같이 통용되는 확고한 것이다.

따라서 물질의 세계를 최적화하는 부정성의 법칙 다시 말해 상극의 원리를 악으로 보는 것은 세계를 보는 기본적인 자세가 결여된 것이며 당연하게도 철학을 하는 자세가 갖추어져 있지 않은 것으로 볼 수 있다. 마찬가지로 상생의 원리를 선으로 보고 그것이 이상세계인 것처럼 생각하는 것도 마찬가지로 기본적인 철학적 통찰력이 결여된 것으로 볼 수 있는 것이다.

우리는 낙서의 오행의 원리가 동양에서 광범위한 분야에 사용되고 있음을 안다. 한의학이나 도시계획, 풍수지리, 병법, 관상학 등 많은 분야에서 낙서의 오행원리가 사용되고 있다는 것은 그만큼 부정의 법칙이 현상세계를 정교하게 설명하고 있다는 사실을 말해주는 것이다.

(4) 사물의 영역의 중심영역

사물의 영역이 최적화되었다는 것은 사물의 영역에 중심영역이 확보되었음을 말하는 것이다. 동서고금을 막론하고 국가의 기본의무는 사물을 다루는 일이다. 즉 치산치수治山治水이다. 확고한 치산치수가 이루어져 홍수나 가뭄과 기타 천재지변에 국민들이 안심하고 살 수 있을 때 그 국가는 가장 중요한 믿음을 얻는다. 이 믿음을 바탕으로 다른 모든 산업이 일어날 수 있다. 낙서(龜書)에서 중심의 영역이 흙(土)이며 이는 사물의 영역의 중심을 이루는 것이다. 즉 사물의 세계에서 신뢰信를 형성하는 영역이 된다.

서양의 경험론철학의 시조라고 불리는 에피쿠로스는 위장은 모든 것의 근거이다.[10]라고 생각했다는 점에서 그가 경험론철학의 시조라고 불릴 만한 충분한 자격이 있다. 위장은 오장 중에서 중심[11]인 것으로 상극오행의 중심인 토土이다. 개인을 국가로 볼 때 위장을 다스리는 일은 국가에서 땅(土)을 다스리는 치산치수를 하는 일과 같은 것이다. 에피쿠로스는 낙서의 상극원리와 같은 논리를 펼치고 있다. 개인

---

10) 러셀, 『서양철학사』, 최문홍 역, 집문당, 1979, 317쪽.
11) 흙(土): 위장, 물(水): 신장, 불(火): 심장, 쇠(金): 대장, 나무(木): 간

에게서 위장을 튼튼히 하는 일은 곧 육체 전체에서 믿음의 영역을 확보하는 것과 같은 것이다.

국가의 경우 치산치수에 만전을 기하고 국가의 중심인 수도를 어떤 자연적 재해와 인위적인 재해로부터도 안전한 위치에 놓음으로써 국민 전체에게 믿음을 확보하는 일이 다른 모든 것에 우선하는 가장 중요한 일이 되는 것이다.

즉, 사물의 영역의 중심이 믿음의 영역으로 확고하게 존재할 수 있을 때 비로소 사물의 영역은 최적화되었다고 말할 수 있는 것이다.

(5) 사회의 대변동이론

산업시대라는 사물의 영역이 그 다음에 관념의 영역인 후기산업시대 또는 포스트모더니즘의 시대로 넘어가버린 사실을 대변동이라고 말한다.

이는 스스로 일으키는 것이 아니라 그렇게 되는 것이 원리이기 때문이다. 즉, 하나의 전체에 사물과 마음이라는 두 개의 상반된 원리가 공존하는 것이다. 그리고 이 두 개는 함께 성장하지만 먼저 그 모습을 드러내는 것이 사물이며 그 다음이 마음인 것이다.

서양의 철학은 이러한 원리를 절대로 용납하지 않는다. 헤겔이 말한 질에서 양으로, 양에서 질로의 끝없는 변화란 질과 양을 하나의 전체에 포함시킬 수 없다는 사실을 말함에 지나지 않는다.

이는 마르크스가 '추상에서 구체로!'라는 슬로건을 내세운 것도 마찬가지이다. 마르크스에게 마음이 추상이라면 사물은 구체이다. 그런데 마르크스의 주장은 거꾸로 라는 사실이 드러나 버렸다. 세계는 구체에서 추상으로 변동하는 것이다. 즉 양에서 질로의 변화가 아니라 질에서 양으로 변동하는 것이다.

그것도 질이라는 구체가 그대로 남아 있는 상태에서 아니 그것이 최적화된 상태에서 양이라는 추상으로 변동되는 것이다.

헤겔은 헤겔이 존재론에서의 최고의 인식은 특정의 질과 양을 가진 사물이 양적 변화의 증감의 한계점을 넘어서면 다른 질을 가진 것으로 변화한다는 것(양질전화量質戰化의 법칙法則)이다.[12] 헤겔은 그 예로 고체-액체-기체로 들고 있다. 즉 물이라는 유체의 온도가 일정한 점에까지 증감되면, 그 응집상태가 질적으로 변화하여 물이 한편으로는 증기가 되고, 다른 한편으로는 얼음이 된다.[13]

헤겔은 이에 대한 여러 가지 예를 드는데 "사방 천리의 영토와 인구 사백만의 국민을 가진 국가의 헌법이나, 사방 이리를 영토와 이천인의 국민을 가진 국가의 헌법이나 그 국가의 헌법이라는 점에서는 하등의 차이가 없다. 그러나 그 반면에 한 국가가 점점 커 가거나 작아 가면 필경에는 기타 모든 사정을 불문에 부하더라도, 이러한 양적변화 때문에만도 이미 그 헌법의 질이 변화 없이 남아 있을 수 없는 점에 도달한다"[14]는 것이다.

이 이론은 마르크스와 엥겔스에게도 변증법의 주요 이론이다. 즉 엥겔스는 마르크스의 변증법을 양에서 질로의 전화 및 그 역의 법칙, 대립물의 상호침투의 법칙, 부정의 부정의 법칙[15]의 세 가지로 환원된다고 주장한다. 그 첫 번째의 법칙이 양에서 질로의 전화 및 그 역의 법칙으로 내세우는 것이다.

엥겔스는 양의 질로의 전화를 사유의 발전상의 한 보편적인 법칙을 최초로 그 보편타당한 형태로 표명했다는 것은 세계사적인 행위로

---

12) 샤마자키 다카시, 『칸트, 헤겔, 마르크스는 낡았는가』, 보성출판사, 1989, 150쪽.
13) 헤겔, 『논리학』, 전원배 역, 서문당, 1982, 245쪽.
14) 위의 책, 246쪽.
15) 엥겔스, 『자연변증법』, 윤형식외 역, 중원문화, 1989, 58쪽.

남는다.16)라고 극찬했다. 레닌은 발전과 변화는 양적으로 질적으로 일어나는데, 양적인 것은 점진적으로 발생하지만 사태의 급속하고 비약적인 변화를 주도한다.17)고 주장했다. 스탈린은 다음과 같이 말했다.

형이상학과는 반대로 변증법은, 자연의 사물이나 현상들이 내적 모순을 포함하고 있다는 관점으로부터 출발한다. 그러한 것들은 모두 부정적인 측면과 긍정적인 측면, 과거와 미래를 가지고 있으며, 소멸하거나 또는 발전하는 요소들을 가지고 있기 때문이다. 모순 사이의 투쟁, 오래된 것과 새로운 것, 죽는 것과 태어나는 것, 쇠진하는 것과 발전하는 것 사이의 투쟁은 발전과정, 즉 양적 변화에서 질적 변화에로의 전환의 내실이다. 변증법적 방법이 낮은 것에서 높은 것에로의 발전과정은 현상들의 조화적 진보라는 방식으로 이루어지는 것이 아니라, 사물 또는 현상들에 내재하는 모순을 드러내는 방식으로, 모순의 지반 위에 작용하는 모순적 경향들의 투쟁이라는 방식으로 이루어진다고 생각하는 이유가 바로 그것이다. 엄밀한 의미에서 변증법은 사물의 본질 자체 속에의 모순을 탐구하는 것이라고 레닌은 말했다.18)

스탈린이 말하고자 하는 것은 투쟁이 곧 발전과정으로 그것은 양적 변화에서 질적 변화에로의 전환이라는 것이다. 모순은 조화적 진보로 이루어지는 것이 아니라 투쟁이라는 방식으로 이루어진다는 것이다.

양에서 질로의 전화가 과연 헤겔과 엥겔스와 레닌과 스탈린의 말처럼 사유의 보편적인 법칙이며 그 발견이 세계사적 행위이며 투쟁인가? 우리는 먼저 양과 질은 하나의 전체로 조직되는 것이지 그것이 양립

---

16) 엥겔스, 『자연변증법』, 윤형식외 역, 중원문화, 1989, 64쪽.
17) 데이비드 레인, 『레닌이즘』, 현대편론 역, 청사, 1985, 20쪽.
18) 폴 풀키에, 『변증법의 이해』, 최정식/임희근 역, 한마당, 1992, 73쪽.

할 수 없다는 변증법이 왜 성립하는지 알지 못한다. 그 점에서 헤겔의 주장은 받아들이기 어렵다.

또 점진적인 양적 변화가 어느 한계점을 넘으면 갑자기 질적 변화가 생긴다는 주장은 변증법이 아니라 사물의 일반법칙이다. 인간 사회에서도 마찬가지로 어떤 불안요인이 누적되다가 어느 임계점에 도달하면 어떤 방식으로든 문제를 야기하게 될 것이다.

그런데 그것과 사회주의 혁명과의 필연성이 무슨 관계가 있는가? 그것은 선거혁명일 수도 있고, 민주화혁명일 수도 있고 소비시대로의 혁명 또는 통합시대로의 혁명일 수도 있다. 무엇보다도 이 혁명은 생산의 혁명에서 소비의 혁명으로 이동한다는 것을 전혀 고려조차 하지 못했던 것이다.

그리고 보다 중요한 것은 이 법칙에는 생명론적 과정성이 전혀 없다는 점이다. 그것은 전체적인 관점이 아니라 단편적인 관점에 불과하다.

우리가 헤겔과 마르크스와 엥겔스의 주장에서 발견할 수 있는 가장 큰 문제는 질과 양을 하나의 전체로 통합하지 못하고 양에서 질로 전화 또는 그 역을 최고의 인식으로 생각했다는 점이다.

한철학에서 질이 사물의 영역이라면 양은 마음의 영역이다. 즉 질은 45이며 양은 55이다. 이 양자가 하나로 통합함으로써 혼돈상태가 조직되며 그 상태에서 질서상태가 이루어진다.

그러나 아리스토텔레스이래 서양철학자들은 이 양자를 하나로 통합하는 사고의 전환을 이루어본 적이 한번도 없다.

아리스토텔레스가 질료와 형상을 하나의 통합체로 만드는 일에 실패한 이래 그것은 헤겔과 마르크스와 엥겔스에 이르기 까지 조금도 근본적인 문제가 해결되지 못하고 그 체계가 그대로 넘어온 것을 우리는 알 수 있는 것이다.

레닌이 모순 사이의 투쟁이 조화적 진보가 아니라 투쟁으로 나타난다고 주장한 것은 거꾸로 말한 것이다. 투쟁이 아니라 조화적 진보가 되는 것이 자연스러운 일이며 또한 그렇게 하도록 하는 것이 인간성을 가진 개인과 사회와 국가가 해야 할 일이다.

(6) 결론

한철학은 먼저 사물의 영역과 관념의 영역은 동시에 성립하지만 사물의 영역이 최적화되고 다음으로 관념의 영역으로 그 중심이 넘어간다고 설명했다. 그리고 양자를 통합하는 영역이 나타나는 것이다. 즉, 문명이 먼저 이루어지고 그 바탕위에 문화가 꽃피며 이 양자가 최적화되면 이 양자를 통합할 영역이 출현하는 것이다. 즉 질과 양은 동시에 성립하고 먼저 질이 드러나고 다음에 양이 드러나며 질과 양을 통합할 영역이 드러나는 것이다.

다시 말해 생산의 시대가 최적화되면 반드시 소비의 시대가 나타나며 소비의 시대가 최적화되면 통합의 시대가 출현하는 것이다. 그 후에 통일의 시대가 나타나는 것이다.

생산의 시대는 산업시대이며, 모더니즘의 시대이다. 소비의 시대는 후기산업시대이며, 포스트모더니즘의 시대이다. 한철학이 설명하는 혼돈상태의 사회의 대변동이론은 바로 이것이다.

2) 마음의 영역의 최적화

말은 가슴에 와 닿는 햇빛처럼 솔직해야 한다.
- 코치세 추장 (쇠로된 풀처럼) 차리카후아족[19]

187

마음의 영역은 실재세계에서의 경험이 무시되는 영역이다. 따라서 마음의 영역을 최적화하는 일은 실세계의 경험과는 무관하게 결론을 이끌어내는 방법이 필요하다.

귀납법은 개별적인 사실이나 원리에서 일반적인 사실이나 원리를 결론으로 이끌어내는 방법이었다. 그것은 실세계에서 개별적인 경험을 통해 결론을 찾아내는 방법론으로 과학적 방법론이었다.

연역법은 그와 반대로 일반적인 사실이나 원리를 전제로 한다. 그럼으로써 그것에서 개별적인 특수한 사실이나 원리를 결론으로 이끌어내는 추리방법을 사용하는 것이다. 연역법에는 삼단논법이나 수학적 방법이 사용된다. 삼단논법을 예로 들자면

모든 인간은 죽는다 (대전제)
소크라테스는 인간이다(소전제)
그러므로 소크라테스는 죽는다(결론)

와 같은 것이다. 이 연역적 추리의 단점은 논증 없이 가정된 전제를 사용한다는 점에서 신뢰성을 의심받는 것이다.

그리고 삼단논법식의 연역적 추리는 마음의 영역 전체를 지배하는 신뢰할 수 있는 일반법칙과는 아무런 상관이 없는 것이다. 그것은 단지 하나의 개별적인 관념의 덩어리에서 개별적인 결론을 이끌어내는 작업에 불과하다.

이와 같은 방법으로는 관념의 세계 전체를 이해하고 그것을 통해 마음의 영역을 최적화하는 방법론을 이끌어내기는 불가능하다. 서양식사고의 문제는 바로 이 삼단논법식의 추리방법으로 마음의 영역을

---

19) 조셉추장 외, 『여러 인디언 흙 한줌 물 한모금의 가르침』 이현숙 역, 1999, 32쪽.

다스리려는 경향에 있는 것이다.

동양에서는 다른 방법으로 마음의 영역을 최적화한다. 이미 우리는 무한한 마음의 영역을 철학적 원리로 개념화하는 일이 쉽지 않음을 사물의 최적화원리에서 살펴보았다. 그러나 우리가 살펴본 물질의 다섯 가지 영역인 흙土, 물水, 불火, 쇠金, 나무木는 눈으로도 확인 가능한 것들이었다.

마음의 영역도 이 다섯 가지의 개념을 사용하여 상사성과 상이성을 구분할 수 있다면 우리는 인간의 마음 나아가 우주의 마음을 이해하고 그것을 인간의 사회를 경험 없이 선험적인 방법으로 최적화하는 일에 활용할 수 있다.

마음의 영역을 흙土, 쇠金, 물水, 나무木, 불火의 다섯 가지로 구분하는 방법은 사물의 영역을 다섯 가지의 영역으로 나누는 것과 같다. 그러나 마음의 영역에서는 이 다섯 가지의 영역을 순수한 개념의 영역으로만 파악한다.

그 순수한 개념의 영역을 어떻게 확정지을 것 인가 하는 문제는 마음의 영역을 철학에서 사용할 수 있는 방법론이 될 수 있는가 아닌가를 결정짓는 문제가 될 것이다.

우리가 경험의 세계에서는 사물의 영역을 다섯 가지의 상사성과 상이성으로 구분할 수 있었다. 마음의 영역도 그렇게 구분할 수 있다. 마음의 영역도 다섯 가지의 상사성相似性과 상이성相異性을 가진 요소들이 시공간에서 원인과 결과를 갖는 원리를 만들어낼 수 있는 것이다.

경험의 영역은 부정의 영역이었다. 그러나 마음의 영역은 긍정의 영역이다. 따라서 마음의 영역은 합리론으로만이 설명이 가능한 것이다.

즉, 먼저 마음의 영역을 불과 흙土, 물水, 불火, 쇠金, 나무木라는 다섯 가지의 상사성과 상이성의 영역으로 구분한다. 그리고 마음의 영역에서 이 다섯 가지의 상사성의 영역이 상이성의 영역에 대하여 각각 다른 인과성을 가지고 작용하고 있다는 사실을 발견하게 되는 것이다.

그런데 마음의 영역을 분할하는 다섯 개의 영역이 아무런 원리 없이 뒤섞여 있다면 그것은 단지 무질서의 세계에 불과할 것이다.

(1) 상생오행

마음의 영역을 최적화하는 일은 막연한 것이다. 마음의 영역은 그것을 가지고 있는 개인, 기업, 사회, 국가, 민족들끼리 모두 서로가 구분되는 상사성과 상이성을 가지고 있다.

그러나 다섯 개의 영역이 각각의 능력을 최적화하는 원리로 조직된다면 그것은 질서까지는 아니더라도 무질서상태를 벗어나 혼돈상태에서 최적화하는 정도에는 도달할 수 있을 것이다.

마음의 영역은 사물의 영역과는 반대의 것이다. 사물의 다섯 가지 영역은 서로를 부정함으로서만이 최적화가 가능하다. 그러나 마음의 영역의 다섯 가지 영역은 서로를 긍정함으로써만이 최적화가 가능하다. 마음의 영역을 최적화한 긍정의 원리가 하도河圖(龍圖)의 상생원리이다.

① 흙土

만물은 흙을 중심으로 존재한다. 따라서 이와 같은 흙의 설질을 추상화하면 중앙이 된다. 또한 만물의 존재에 대한 믿음이 된다.

② 쇠金

쇠는 흙에서 만들어지는 것으로서 흙에서 가장 정련된 것이 응축되어 만들어지는 것이다. 그것은 만물 중에서 날카롭고 강한 것의 으뜸이다. 쇠는 마땅히 해야 할 일을 한다. 즉 쇠는 인간의 마음에서 형상지은 것을 그대로 만들어낼 수 있다. 말하자면 마음이 칼을 형상 지으면 그 형상대로 칼을 만든다. 또 금관을 형상 지으면 그대로 금관의 형상대로 금관을 만든다. 또 마음이 종을 형상 지으면 그대로 종을 만든다. 만물 중에서 이처럼 마땅히 해야 할 일을 그대로 할 수 있는 것은 쇠뿐이다. 우리가 이와 같이 마땅히 해야 할 일을 하는 개념을 의義라고 부른다. 따라서 쇠는 마음의 영역에서 의義라는 개념이 되는 것이다.

③ 물水

자연 상태에서 물은 높은 곳에서 낮은 곳으로 향하는 성질이 있다. 물은 어떤 난관이 있더라도 그 난관을 극복하여 자신이 가진 원리를 관철한다. 앞에 산이 막혀 있으면 물은 그 산을 돌아서 감으로 해서 그 산이라는 장애물을 능히 극복한다.

산이 너무 커서 도저히 돌아갈 수 없으면 물은 땅 밑으로 스며들어서 지하수가 되어 낮은 곳으로 향한다. 물이 스스로의 원리를 관철하는 방법은 주어진 여건이 어떠한 것이든 그것을 최대한 활용하여 자신의 의지를 관철하는 지혜이다. 따라서 물은 추마음의 영역에서 지智의 개념이 되는 것이다.

④ 나무木

나무는 작게는 풀에서 크게는 우람한 나무에 이르기까지를 말한다. 따라서 땅 위나 물 속의 어느 곳에나 존재함으로써 땅 속의 각종 미생물에서부터 살아 있는 모든 초식동물들이 그것을 먹고 살아간다. 또한 육식동물은 초식동물을 먹음으로써 결국 만물을 살리는 존재가 나무인 것이다. 그리고 나무는 인간에게 스스로를 희생하여 먹는 것뿐아니라 옷과 집까지 주는 생명을 유지시켜주는 직접적인 존재이다.

우리의 마음의 영역에서 이러한 개념을 어질다, 착하다고 말한다. 즉, 인仁이 그것이다.

⑤ 불火

불은 땅에서 일어나 하늘을 향한다. 우리는 그 종교가 무엇이든 종교의 집회장에 가면 가장 중요한 장소에 촛불이 켜져 있음을 안다. 그것은 원시종교이든 아니면 기존의 여러 종교이든 마찬가지의 공통된 현상이다. 그것은 하늘에 존재하는 무제약적 존재로 향하는 인간의 마음을 잘 설명한다. 그 기표로서의 불이 의미하는 개념은 예禮이다.

사물의 영역에서 불은 인간의 마음의 영역에서는 예禮라고 하는 개념으로 나타난다는 것은 동서고금을 통해 공통이다.

이제 우리는 인간과 대우주의 마음의 영역을 다섯 가지의 개념으로 차이성과 변별성을 확보하는 데 성공했다. 이 다섯 가지의 개념은 인간 개인과 사회의 각단위에서 어지럽게 흩어져 뒤섞여 있다.

그것은 홉스나 순자가 본 마음의 세계가 무질서한 악의 세계와 다른 것이 결코 아니다. 마음의 세계가 선善하다는 것은 사실이 아니다. 마음의 영역은 최적화되어 질서를 찾을 때 비로소 선한 세계가 되는 것이다.

마음의 영역은 물론 선善의 가능성이 충분히 열려 있다. 그러나 그것이 최적화 되지 않는 한 무정부상태의 혼란 그 자체에 불과한 것이다. 마음의 영역이 최적화의 여부에 따라 무질서의 영역과 질서의 영역으로 나뉜다는 사실은 이처럼 명백한 것이다.

그러나 인간의 마음이 본래 악하다고 주장하는 성악설의 학자들은 무질서한 면만 보고 악하다고 한 것이며 그것이 최적화 될 수 있다는 사실을 인식하지 못했다. 마찬가지로 인간의 마음의 영역이 선하다고 주장하려면 반드시 그것이 최적화되지 않는 한 그것은 선에 이르려는 영역이 존재하는 것으로 그것은 아직 행동하는 선에는 이르지 못한다는 사실을 먼저 주장해야만 하는 것이다.

이 다섯 가지의 개념은 인간 개인이나 사회 또는 인류전체에 무질서하게 엉켜진 상태로 존재한다. 마음의 영역이 이처럼 어지럽다면 마음은 육체의 영역을 제대로 이끌지 못하는 것이며 그리될 때 모처럼 무질서의 상태에서 생성의 상태로 접어드는 생명의 변화는 사라지고 다시 무질서의 상태가 되는 것이다. 뒤집어서 말하자면 만인에 대한 만인의 투쟁상태에 빠져 있는 사물의 영역의 무질서함에 상극오행으로 질서가 세워졌다 하자. 그러면 그 다음으로 무질서에 빠져 있는 마음의 영역을 바로 잡으면 생성이라는 창조적 운동을 주도할 수 있는 것이다.

즉, 인간은 무질서에서 생성이라는 창조적 운동을 스스로 만들어낼 수 있는 것이다. 그러기 위해서는 마음의 영역을 최적화하는 일은 생성이라는 창조적 운동을 주도하는 결정적인 요소가 되는 것이다.

(2) 마음영역의 최적화 원리

마음의 다섯 가지의 영역은 다음과 같은 방법으로 긍정성의 법칙으로 최적화된다.

① 믿음이 마땅히 해야 할 일을 하는 마음을 깨어나게 한다.
  -신信이 의義를 깨워낸다.-

인간사회에서 믿음이라는 것은 마음의 영역에서 마치 흙과 같이 모든 것의 바탕이 되는 것이다. 믿음이 없다면 인간사회의 마음의 영역은 다른 모든 영역과 관계없이 즉시 무질서로 돌아가고 마는 것이다.

인간사회에서 믿음이 형성된다면 그 다음에는 마땅히 해야 할 일에 착수할 수 있다. 즉 마땅히 있어야 할 것들을 있게 하는 일을 할 수 있는 것이다.

이것이 마음의 영역 안에 존재하는 다섯 영역들간의 관계에서 가장 첫 번째로 일어나는 가장 중요한 일이다. 그것을 신信이 의義를 깨어나게 한다고 말한다.

② 마땅히 해야 할 일을 하는 마음은 지혜를 깨어나게 한다.
 -의義는 지智를 깨워낸다.-

인간이 마땅히 해야 할 일을 하는 과정은 반드시 인간이 가지고 있는 지혜의 영역을 깨워내게 된다. 지혜의 영역은 아무 일도 하지 않고 가만히 앉아서 생각한다고 살아나는 것이 결코 아니다. 세상을 도피하여 살아가는 일과 관계없이 생각만을 한다면 그것은 단지 과대 망상이나 끝없는 부정성의 놀음 이외에 다른 것이 생겨나지 않는다. 그러한 방법으로는 결코 마음의 영역이 최적화되지 않는다는 말이다.

인간은 누구나 반드시 주어진 상황이 있고 그 상황에는 반드시 해야 할 일이 있기 마련이다. 그 주어진 일에서 도피하는 것은 마음의 영역에서 무질서를 가져올 뿐이다. 대신 주어진 상황에서 해야 할 일을 최선을 다해 하는 것이 인간의 도리이며 그 도리를 지킬 때 비로소 인간의 마음속 깊은 곳에서 잠자고 있던 지혜의 영역이 깨어나는 것이다.

194

지혜를 얻으려 한다면 자신이 처해진 위치에서 주어진 의무를 다하는 과정에 충실해야하는 것이다. 그 의무를 버리는 사람에게 지혜가 주어진다면 그 지혜는 마음의 영역을 어지럽히는 교활한 술수 이외에 다른 것이 될 수없는 것이다.

③ 지혜는 착하고 어진 마음을 깨어나게 한다.
 - 지智는 인仁을 깨워낸다. -

주어진 상황에서 해야 할 일을 하는데 최소의 노력으로 최대한의 결과를 가져오게 하는 지혜는 주어진 조건에서 최대의 결과를 가져오게 한다. 그 지혜의 극대화는 결국 자신을 둘러싼 모든 차이성과 변별성을 최대한 인정하는 것에 달려 있는 것이다. 그것은 결국 주어진 모든 차이성과 변별성을 모두 인정하고 그것들이 다치지 않고 존중해줄 때 지혜의 극대화가 이루어진다. 그 지혜의 극대화는 착하고 어진 마음의 영역과 서로 상통하는 것으로서 착하고 어진 마음을 깨어나게 하는 것이다. 가장 지혜로운 자만이 어진 마음의 영역을 활용할 수 있다. 바꾸어 말하면 지혜롭지 못한 자는 결코 어진 마음의 영역을 활용하지 못하는 것이다. 좀 더 나아가 말하자면 어진 사람만이 가장 지혜로운 사람이라는 말과 같다.

④ 어진 마음이 서로 존중해주는 마음을 깨어나게 한다.
 - 인仁이 예禮를 깨워낸다

착하고 어진 마음을 사용할 수 있을 때 우리는 지혜를 사용할 수 있고, 그 지혜는 마땅히 해야 할일을 할 수 있게 하고, 마땅히 해야할 일을 할 때 믿음은 얻어진다.

그리고 어진 마음을 최대한 사용한다는 것은 결국 모두가 관계의
그물 속에서 존재하며 시간 속에서 살아가는 존재자라는 사실을 깨달
을 때 가능하다. 그것은 자신을 둘러싼 모든 사람에 대해서 서로가
넘어서는 안 될 선을 지켜줌으로써 이 모든 일은 가능해진다. 즉 모든
존재자들의 차이성과 변별성을 가지고 존중해주는 것이 서로가 넘어
서는 안 되는 선을 확정하고 그것을 지키는 일이다. 이러한 마음의
영역을 예禮라고 하는 것이다.

우리는 역사를 통해 동양과 서양에서 이 예禮가 수직적인 피라미드
식의 강압적인 구조를 지탱하는 방법으로 악용된 것을 알고 있다.
인간을 계급화하여 상층계급이 하층계급을 억압하고 노예화하는 방
법으로 이 예禮의 개념이 사용된 것은 그야말로 짐승들의 약육강식의
법칙을 예禮라는 개념으로 제도화한 것과 같은 것이다. 가령 인도의
카스트제도가 이와 다르지 않고 동양에서 천존지비, 남존여비, 관존민
비 등과 같은 개념이 그것이다. 이와 같은 예禮는 인간의 개인과 사회
를 최적화하는 개념으로서의 예禮가 아니라 최악화하여 인간과 사회
를 무질서한 상태로 파괴시키는 예禮가 되는 것이다.

예禮는 인간이 인간으로서 서로를 최대한 존중해주는 마음의 영역
이다.

⑤ 서로가 서로를 존중해줄 때 믿음이 깨어난다.
-예禮가 믿음信을 깨워낸다-

인간이 인간을 인간으로서 존중해줄 때, 그리고 그러한 존중을 받을
때 서로간에는 인간으로서의 믿음의 영역이 깨어난다. 서로를 억압하
거나 속이거나 무시하거나했을 때 서로의 마음에서 믿음의 영역은
사라지는 것이다.

이제 인간의 마음에서 다섯 가지의 영역으로 구분된 개념들이 서로가 서로를 깨어나게 하여 활동시키는 무한한 선순환이 일어나게 하는 최적화의 법칙이 설명되었다.

이렇게 설명된 마음의 긍정의 법칙은 경험에서 얻는 것이 아니다. 긍정의 법칙은 사물의 영역에서처럼 실제로 경험을 통해서만이 얻을 수 있는 부정의 법칙이 아니다.

이 긍정의 법칙은 선험적으로 얻어지는 것이다. 따라서 우리는 이 영역을, 마음의 영역을 선험적인 영역이라고 말하는 것이다. 이 긍정의 법칙은 따로 경험할 필요 없이 생래적으로 존재하는 법칙이다.

인간의 마음은 언제든 무질서의 영역으로 돌아갈 수 있는 위태로운 것이다. 그러나 마음의 영역은 최적화할 수 있는 것이며 그 법칙이 상생의 원리이다.

우리는 상생을 주장하지만 그것이 마음의 영역을 최적화할 때 일어나는 법칙을 가지고 있다는 사실을 알지 못하고 사용한다. 우리가 동서양의 철학에서 보아온 관념의 세계는 상생의 법칙과 아무런 인연이 없는 것들이다.

동서양의 철학이 말하는 관념의 세계는 반드시 부정성의 원리가 그 바탕이 된다. 마음의 영역은 부정성의 법칙이 자리 잡을 여지는 조금도 없다. 우리가 살펴본 바와 같이 사물의 영역에서 사용되는 부정의 법칙도 일정한 원칙이 있었고 그것은 생산을 최적화하는 원리였다.

모든 것을 이원론적 대립으로 보고 그 대립은 하나의 영역이 다른 영역을 부정하고 박멸하는 것이다. 결국 하나만 남은 그 영역이 곧 유일성이 존재하는 영역인 것이다. 동서양의 관념론이 이와 같이 단순한 부정성의 철학일 때 한철학이 설명하는 마음의 영역의 최적화와는 도저히 비교가 될 형편이 못되는 것이다.

따라서 상생의 원리라는 개념을 사용하려면 한철학이 설명하는 최적화의 원리에 조금이라도 접근할 때 비로소 가능한 것이다.

그것이 부정성의 철학에서 출발한 관념론이라도 마음의 영역을 다루므로 상생의 철학이라고 말하는 것은 어마어마한 억지인 것이다.

우리는 흔히 마음을 비운다는 말을 한다. 우리는 이제 마음이 어떤 개념들로 구분되며 그것들이 어떤 관계를 이룰 때 최적화되는 것인가를 알았다. 또 그것이 어떻게 무질서하게 되는가도 알았다.

그렇다면 마음을 비운다는 말은 마음의 세계가 가지고 있는 그 어떤 속성과도 관계가 없다는 사실도 알 수 있는 것이다. 다시 말해 마음을 물건 취급할 때 마음을 비운다는 말을 할 수 있다. 그러나 마음은 물건이 아니다. 마음은 이 다섯 가지 개념이 어지럽게 엉켜 있을 때 무질서로 돌아가며 그 무질서도 비어 있는 것은 결코 아니다. 그리고 이 어지러운 개념들의 혼란은 그것을 최적화할 때 비로소 마음의 영역은 몸의 영역과 하나가 되어 생성을 일으킬 수 있다.

그러나 마음을 비운다는 것은 어느 경우에도 불가능한 말장난인 것이다. 욕심을 없애는 방법은 마음의 영역을 지배하는 다섯 가지의 개념들이 서로가 서로를 돕는 선순환이 이루어질 때 불필요한 욕심은 자동적으로 좋은 개념에 흡수되어 작용을 하게 된다.

불필요한 욕심을 비롯한 마음의 여러 가지 어지러운 개념들은 결코 비워지는 것이 아니다. 그것은 상생의 순환에 의해서 다섯 가지 개념 중 하나에 흡수되어 유익한 작용으로 변하게 되는 것이다. 즉 조화에 의해 마음의 영역은 최적화된다.

인간의 마음은 시시각각 움직이며 그 다섯 가지 영역이 서로가 서로에게 작용하고 있다. 마음을 비운다는 것은 마음을 움직이지 않는 고정된 정적인 공간을 인위적으로 확보하겠다는 것이다. 그것은 살아서 쉬지 않고 움직이는 인간에게는 절대 불가능하다. 마음은 비울 수 없는 것이다. 단지 최적화될 따름이다.

(3) 마음 영역의 중심

사물의 영역이 최적화되었다는 것은 그 중심영역이 확고하게 확보되었음을 말한다. 즉, 국가의 경우 치산치수와 수도首都가 확고하게 마련되어 국민이 사물의 영역에서 신뢰를 할 수 있는 중심영역으로서의 기반이 마련된 것이다.

마음의 영역이 최적화되었다는 것은 사물의 영역의 중심영역으로서의 기반 위에 마음의 영역의 중심영역이 마련된 것을 의미한다.

그것은 기본적인 도덕이 마련되어 사회가 기본적인 질서를 갖출 수 있는 믿음의 영역을 확보한 것이다. 물론 이 단계에서 말하는 도덕은 자기 자신에게서 가져오는 것은 아니다. 즉 모든 판단은 스스로의 중심에서 내리는 것이 아니라 자신의 외부적인 존재에 의지하는 상태로서 상대적 자유는 있어도 절대적 자유에 대해서는 생각하지 못하는 상태이다.

(4) 결론

사물의 영역은 부정이 지배하는 경험론으로 설명되며 마음의 영역은 긍정이 지배하는 합리론으로 설명된다는 사실을 우리는 확인했다.

그리고 이 양자를 통합하는 영역이 그 경계면에 존재함으로써 양자는 하나의 전체로 통합될 수 있는 것이다.

칸트는 이와 같은 영역을 따로 설정하지 못했지만 비슷한 시도를 했다. 즉 경험론적 판단인 종합적 판단에는 경험론만 있는 것이 아니라는 주장이 그것이다. 가령 경험적인 것 같지만 수학적 판단은 그 어떤 경험을 통하지 않고도 확실한 판단을 구할 수 있다. 이것을 칸트는 선천적 종합판단이라고 했다. 이러한 종류의 판단은 경험적인 판단과는 달리 필연적이며 보편타당하다는 것이다.

사물과 마음의 영역이 최적화된다면 사물과 마음의 영역은 더 이상 낭비가 없이 몸과 마음의 여러 영역이 가진 용도들이 제자리를 찾아가며 최대한의 쓰임새를 얻을 것이다. 이들이 대립하는 한 이 양자의 영역은 생산적인 능력이 소모적으로 낭비되는 것이다.

한철학은 이 영역을 경험 없어 얻어지는 선험적 방법론을 획득한 것이다.

3) 통합영역의 최적화

> 모든 사람들이 말한 대로만 행한다면 우리들 사이에 평화의 태양은 영원히 빛나리라.
>
> - 시랑크 ◎카오와족

서로 대립하는 영역을 하나로 통합하여 생각할 수 있는 사고의 틀을 가졌던 철학자는 칸트가 유일하다. 그리고 최근에는 소쉬르가 있었다. 그러나 이들은 대립을 시켰을 뿐 양자를 통합하지는 못했다.

이 대립하는 양자를 통합하기 위해서는 먼저 대립하는 양자의 경계면에 제3의 영역인 통합의 영역이 있어야 한다. 그리고 이 세 영역이 모두 창조적으로 최적화되어 그 중심에 믿음의 영역이 확보되어야 하는 것이다. 특히 통합의 영역의 역할은 이 세 영역의 중심에 존재하는 믿음의 영역을 하나로 통합하는 매우 긴요한 역할을 한다. 이 역할에 의해 혼돈의 영역은 통합되는 것이다.

(1) 위대한 긍정성의 영역 온힘

사물들이 긍정의 영역과 부정의 영역을 가지고 있으면서 어떻게 이 양자가 하나의 통일체를 조직하고 있는가는 철학의 근본명제임에도 이를 궁금해 한 철학자는 별로 없다.

그동안 칸트철학이 베르그송에 의해 신비한 방법론이라고 비판받은 것은 오로지 온힘의 영역이 차지하는 역할을 사유하지 못했기 때문이다. 온힘의 영역은 대립하는 양자를 통합하는 위대한 긍정성을 가지고 있다.

이 위대한 긍정성으로 인해 과정이 가능하고 모든 상태가 나타나는 근거가 되는 것이다.

(2) 불변의 영역을 확보

우리는 이미 경험의 영역과 관념의 영역을 최적화했다. 이 두 개의 영역을 최적화함으로써 우리는 내 자신과 세계가 막연한 것이 아니라 경험과 관념의 원리로 이루어져 있으며 그것은 최적화할 수 있음을 알았다.

그렇다면 경험의 영역에서 얻어진 원리와 관념의 영역에서 얻어진 원리가 어떻게 하나로 통합될 수 있는가 하는 것이 남겨진 과제인 것이다. 이 문제는 아무리 적게 잡아도 오천 년 전에 한겨레에 의해 그 방법론이 제시된 것이다. 그러나 지난 삼천 년간 동서양의 철학에서 그 누구도 우리의 방법론에 접근하지 못했다.

그 한철학적 방법론은 동서양의 철학이 정체된 바로 그 부분을 해소하는 것이다. 서양철학에서 접근한 방법론에 의해 설명하면 경험론과 관념론의 통합이 어떻게 가능하며 그 안에서 자유가 어떻게 출현하는

가 하는 문제이다. 즉, 명민한 칸트의 실패를 어떻게 성공의 길로 이끄는가 하는 문제이다.

동양철학에서 접근한 방법론으로 설명하자면 하도와 낙서가 어떤 관계에 있으며 이 상극과 상생의 원리가 어떻게 하나로 통합할 수 있는가하는 문제이다. 그리고 그 통합이 가능하다면 그것에서 과연 태극과 64괘가 출현할 수 있는가 하는 문제이다.

경험의 영역이 곧 상극의 영역이며 관념의 영역이 곧 상생의 영역이라는 사실에서 이미 동서양의 철학은 둘이 아니라 하나가 되면서 문제가 무엇인지 드러난다.

그리고 경험과 상극의 영역과 관념과 상생의 영역이 최적화되면서 그 공통적인 원리가 하나로 결합할 수 있는가 하는 문제가 제출된 것이다.

즉, 이 두 개의 영역에서 공통된 중심영역의 존재 여부가 가장 중요한 문제가 되는 것이다. 그리고 공통적인 중심영역이 있다면 그것이 어떻게 하나로 통합될 수 있는가 하는 문제가 그 다음 문제로 주어진 것이다.

우리는 지금까지 문제가 무엇이지 정확하게 알 수 없었다. 따라서 무엇에서 시작해야할지를 몰랐던 것이다. 이제 우리는 정확하게 문제를 포착한 것이다. 문제가 무엇인지를 정확히 안다면 그것의 해결은 어렵지 않다.

① 통합행동

온힘의 영역은 통합행동의 영역이다. 언어와 몸짓, 놀이 등 모든 원초적인 능력은 우선 스스로의 몸과 마음을 통합시키며 타인과 자신의 관계를 성립시키는 통합행동을 일으키게 한다.

통합행동은 온힘의 영역이 가지는 가장 근본적인 능력인 것이다.

소쉬르 이후 언어학과 기호학은 철학에서 매우 중요한 역할을 차지한다. 오늘날은 과거 노동에 대한 관심이 언어로 옮겨왔다고까지 말한다. 소쉬르는 기호를 기표(시니피앙)와 기의(시니피에)의 결합으로 봄으로써 그 경계면에 제삼의 영역이 있음을 알지 못했다.

그러나 언어는 마음의 영역 안에서 마음을 표현하는 역할이 있으며 또 다른 제3의 역할로서 마음의 영역과 사물의 영역을 연결하는 통합행위의 역할이 있다.

하버마스가 말하는 소통행위는 한철학의 통합행동과 다르다. 그는 철학의 세 가지 방법에서 여전히 첫 번째 방법인 부정성의 변증법에 매달려 있다.

하버마스는 사회학자로서 온힘이 가지는 사회적소통행위에 대해 깊이 관찰했다. 그는 소통행위를 비어구적 목표[20]와 초어구적 목표[21]를 구분하면서 이렇게 정의한다.

> 모든 참여자들이 그들의 개인적 행위계획들을 서로 맞추면서 그들의 비어구적 목표들을 유보조건 없이 추구하는 상호작용을 나는 소통행위라고 불렀다.[22]

하버마스가 비어구적 목표라고 말하는 것은 소통행위와 언어매개적 전략적 행위와 구분하기 위해서이다. 그는 최소한 한명의 참여자가 그의 언어행위와 함께 상대방과 함께 초어구적 효과를 불어 일으키려

---

20) 비어구적 목표는 언어행위에 있어 본질구성적인 의미 ,즉 말해진 것의 의미 자체에서 드러난다. (위르겐 하버마스 소통행위이론 서규환외 역 의암출판 1995년 327쪽)

21) 초어구적 목표는 목표를 향한 행위들과 함께 추구되는 목적들 자체와 마찬가지로 언어행위의 명백한 내용 자체에서 드러나지 않는다. 이 목표는 행위자의 의향을 거쳐서야 비로소 추리될 수 있다. (위르겐 하버마스 소통행위이론 서규환외 역 의암출판 1995년 327쪽)

22) 위르겐 하버마스, 『소통행위이론』, 서규환외 역, 의암출판, 1995, 331쪽.

고 하는 상호작용을 언어매체적 전략적 행위라고[23] 불렀다.

하버마스가 말하는 소통행위는 참가자들이 전략적인 행위 없이 드러난 그대로 추구하는 상호작용이라는 것이다. 이것은 기대를 저버린 대단히 실망스러운 접근이다.

모든 인간의 집단은 반드시 하버마스가 말하는 비어구적 목표를 취하는 집단과 초어구적 목표를 취하는 집단이 공존한다. 문제는 이 양자 중에서 소통행위에 방해가 되는 초어구적 목표를 취하는 집단을 분리하거나 제거하는 것이 아니다. 그것은 저 흔하고 고리타분한 부정성의 변증법에 불과한 것이다.

칸트라면 이 양자를 50 : 50으로 대립시킬 것이다. 아마 하르트만과 화이트헤드도 그렇게 할 것이다.

그러나 한철학은 이들을 부정적인 집단을 45% 긍정적인 집단을 55% 정도로 배분한 상태로 대립시킨다. 그리고 그 양자의 경계면에 위치한 통합의 영역에 존재하는 집단에게 양자를 통합하게 함으로써 하나의 전체를 생성으로 이끄는 것이다. 한철학은 이러한 행위를 혼돈상태의 통합행동[24]이라고 부르는 것이다.

② 정체성의 확립

통합행동, 즉 대립하는 쌍방이 하나의 전체로 조직되기 위해서 가장 먼저 필요한 것은 정체성이다. 즉 쌍방이 함께 공유할 수 있는 정체성의 영역이 필요한 것이다.

사회의 통합에는 이 정체성의 영역이야말로 가장 중요한 것이다. 대립하는 쌍방이 하나의 전체가 되는 순간 그들은 개인이 아니라 우리

---

23) 위의 책 332쪽
24) 한철학에서는 혼돈상태의 통합행위와 질서상태의 소통행동이 다른 것으로 나타난다. 혼돈상태에서는 통합의 소통행위로 나타나고 질서상태에서는 통일의 소통행동으로 나타난다.

이다. 가장 먼저 그들은 '우리는 그 무엇'이라고 말할 수 있어야 한다. 우리를 우리이게 하는 그 무엇이 없다면 우리는 결코 우리일 수 없다. 그 무엇이 곧 정체성인 것이다.

2002 월드컵의 군중들이 들고 나온 태극기와 치우와 대~한~민~국이라는 구호는 그 군중들을 하나로 묶을 수 있었던 정체성이었다. 놀라운 것은 치우이다. 치우는 고조선 이전의 배달국의 최고지도자중 한분이다. 고조선도 아니고 그 이전의 배달국의 국가지도자가 2002년 월드컵의 가장 중요한 정체성중 하나였다는 사실은 우리 한겨레의 정체성이 얼마나 심원한 곳에 있는가를 말해주는 것이다.

③ 온힘의 영역의 기능을 파괴시키는 행위

1. 온힘영역이 사물의 영역에게 탈취당할 때	온힘영역이 사물의 영역에게 탈취당하면 통합의 영역은 상실되고 마음의 영역은 물화가 된다. - 생산사회
2. 온힘영역이 마음의 영역에게 탈취당할 때	온힘영역이 마음의 영역에게 탈취당하면 통합의 영역은 상실되고 사물의 영역은 심화된다. - 소비사회
3. 온힘영역이 무화될 때	온힘영역이 무화無化되면 마음의 영역과 사물의 영역은 맞부딪치며 서로 상쇄되어 전체가 무화되어버림으로서 생명체는 해체된다. 대체로 중도中道를 표방하는 세력이 양자를 하나로 조직할 힘이 없으면서 중간에 위치할 때 그것은 전체생명체에게 치명적인 결과를 가져온다.
4. 마음의 영역과 사물의 영역이 서로 부정될 때	마음의 영역과 사물의 영역이 모두 부정된다면 자연히 온힘의 영역도 부정될 수밖에 없다. 그 경우 무질서로의 해체가 된다.

온힘의 영역에서 통합행동이 일어날 수 없게 만드는 상태는 온힘의 영역과 사물의 영역과 마음의 영역의 삼원론에서 다음의 네 가지 양상으로 일어난다.

이렇게 온힘의 영역이 마비가 되거나 부정될 때 생성적 존재인 혼돈상태는 해체의 길을 걷게 되며 결국 무질서로 다시 사라지는 것이다. 결국 온힘의 영역이 파괴된다는 것은 곧 서로간의 신뢰가 파괴되는 것을 의미한다.

(3) 통합 영역의 최적화

신뢰는 마음의 영역의 중심에서의 신뢰와 사물의 영역의 중심에서의 신뢰와 그 경계면에서 마음의 영역과 사물의 영역을 통합하는 온힘의 영역이 가지는 신뢰라는 세 가지가 있다. 이 세 가지의 신뢰는 각각 자신이 처해 있는 영역의 중심으로서의 신뢰이다. 그러나 이 세 가지의 신뢰는 명백히 서로 다른 차이성과 변별성을 갖는 것이다.

즉 사물의 영역에서 믿음의 영역은 상극의 원리인 낙서의 중앙의 토±이다. 마음의 영역에서 믿음의 영역은 상생의 원리인 하도의 중앙의 토±이다. 통합의 영역은 그 자체가 양자를 통합하는 믿음의 영역으로 하도의 중앙에 위치하는 토±(10)이다.

그동안 동양의 철학에서 하도의 중앙에 존재하는 10이 무엇을 의미하는지 알려지지 않았다. 이 부분은 천부경의 천부도에서 흑점 45와 백점 45의 경계면에 존재하는 백점 10으로 나타나는 것이다. 그런데 하도의 중앙에 위치한 10은 온힘으로서 양자를 통합하는 가장 중요한 역할을 하는 것이다.

(4) 혼돈상태의 통합

혼돈상태가 창조적으로 최적화된다는 것은 사물의 영역이 최적화

됨으로써 그 영역에 중심으로서의 믿음의 영역이 출현하는 것이며, 마음의 영역에 중심으로서의 믿음의 영역이 출현하는 것이며, 사물의 영역과 마음의 영역의 경계면에 사물의 영역과 마음의 영역을 하나로 통합할 믿음의 영역이 출현한 것이다. 즉 세 개의 믿음의 영역이 출현하는 것이다.

이 세 개의 믿음의 영역이 형성되는 과정에서 이 세 개의 영역을 하나로 통합하는 중심으로서의 선善이 요구된다. 이 선은 오로지 선하여 악함이 없는 것일 때 그 선善을 중심으로서 이 세 개의 서로 다른 믿음의 영역을 하나로 통합한 공적 영역을 형성할 수 있는 것이다. 이 공적 영역 즉 본체계가 형성될 때 나머지 영역은 사적 영역 즉 현상계가 형성되는 것이다.

만일 이 선善이 세 개의 믿음의 영역의 중심으로 나타나지 않는다면 이 모든 과정의 진행에도 불구하고 혼돈상태에서 질서상태로의 대혁신은 불가능하다.

인간사회가 질서상태로 존재하기 위해서는 그 사회의 세 가지 믿음의 영역을 하나로 통합하는 공동선 또는 공통선이 절대적인 요소로서 요구되는 것이며 그 사회의 구성원들은 그 선을 스스로 마련해서 중심으로 세워야 하는 것이다.

오로지 선하여 악함이 없는 선善이 그 사회의 내부에 중심에 존재할 때 이 세 가지 영역은 공적 영역으로 사적 영역의 그 자체가 되는 영역을 형성하기 시작하는 것이다.

개인의 경우도 마찬가지이다. 개인의 몸과 마음과 통합의 영역을 최적화한 다음 이 세 영역을 하나로 통합하기 위해서는 오로지 선하여 악함이 없는 선이 자신의 내부에 중심으로 존재할 때에 한해서 그 개인은 혼돈상태를 벗어나 질서상태로 대혁신을 일으킬 수 있는 것이다.

모든 존재자가 혼돈상태에서 벗어나 질서상태로 대혁신을 일으키기 위해서는 반드시 스스로의 내부에서 오로지 선한 존재를 중심에 세울 때 가능한 것이다. 그 선은 이 세 영역을 모두 긍정하는 절대적인 긍정성인 것이다. 지난 삼천 년간 철학사에서 이러한 내재적인 절대선을 설명할 철학체계가 존재하지 못했다.

사물의 영역의 중심으로서의 믿음의 영역에서는 사물의 영역과 분리하여 사물의 영역 그 자체가 되는 영역이 출현한다. 이 영역이 지성이다.

또한 마음의 영역의 중심으로서의 믿음의 영역에서는 마음의 영역과 분리하여 마음의 영역 그 자체가 되는 영역이 출현한다. 이 영역이 이성이다.

그리고 사물의 영역과 마음의 영역을 통합하는 믿음의 영역은 지성의 영역과 이성의 영역을 통합하여 사물의 영역과 마음의 영역의 그 자체가 되는 영역이 출현한다. 이 영역이 인간성이다.

이 공적 영역으로서의 본체계는 사적 영역으로서의 현상계의 그 자체가 되는 것이다. 따라서 사적 영역은 시간과 공간과 인과율 그리고 확률의 지배를 받지만 공적 영역은 그것들의 영향을 받지 않고 그것들의 원인이 되는 영역인 것이다.

모든 생명체가 질서상태에서 살아가는 것은 이 선이 중심에 자연스럽게 존재하기 때문이다. 다만 만물은 공적 영역의 존재가 불완전하거나 거의 공적 영역으로서의 역할을 할 능력을 갖추지 못한다. 인간도 이 공적 영역을 완전하게 형성하지 못하는 경우가 대부분이지만 그 능력만은 완전하게 가지고 태어나는 것이다.

그러나 개인과 달리 인간사회는 이 중심으로서의 선이 다른 생명체처럼 자연스럽게 존재하지 않는다. 그리고 인간사회는 공적 영역을 완전하게 형성할 능력도 가지고 있지도 않다. 바로 여기에 인간사회가 가지고 있는 결정적인 문제점이 있는 것이다. 인간사회는 스스로 그 구성원들이 합의를 통해 세 가지 믿음의 영역을 확보해야 하며 순수이성을 그 중심에 세워야 하며 그 사회의 지성과 이성과 인간성의 영역을 스스로 확보해야만 공적 영역을 마련할 수 있다.

이 일이 어려운 이유는 그 사회의 구성원들이 합의에 의해서 생명체로서의 인간사회를 그 사회구성원들 스스로의 피와 땀과 눈물로 만들어나가야 하기 때문이다. 인류역사에 이와 같이 생명체로서의 인간사회 그것도 공적 영역과 사적 영역을 분명하게 확보하여 역사를 운영한 인간사회는 매우 드물다.

따라서 인간 개인은 얼마든지 질서상태를 확보할 수 있지만 인간사회는 아무리 진보한 문명사회라도 혼돈상태나 무질서상태일 수 있고 어이없을 정도로 야만스럽고 유치한 일이 항상 일어나는 것이다.

여기서 세 개의 믿음의 영역의 중심이 되어 공적 영역을 형성하는 원동력으로 지성과 이성과 인간성의 원인이 되는 선善을 순수이성 또는 우리말로 한이라고 한다. 우리 한겨레의 경우 한겨레가 출발할 당시부터 순수이성으로서의 한을 하나님 · 하느님[25]이라고 불러왔다.

하나의 민족이 역사적 존재로서 존재한다면 반드시 이와 같은 과정을 이루어나가는 일에 성공했음을 말하는 것이다. 그럼으로써 그 민족은 그 민족만의 공적 영역을 처음 역사적 존재로 출발할 때 가지고 출발한 것이다.

그러나 그 과정이 모두 완전한 것은 아니다. 공적 영역을 나름대로 가지고 있되 그 중심인 순수이성으로서의 한이 없을 수도 있고 그 공적 영역의 조직도 엉성할 수도 있다. 그 공적 영역의 질에 따라

---

25) 하나님 · 하느님이 우리 한겨레가 출발할 당시부터 한겨레의 중심이라는 사실에 대해 모르는 한국인들이 의외로 많다. 이 부분은 필자가 해설한 우리 한겨레의 중요한 경전인 삼일신고에서 자세히 설명되어 있다. 최동환 해설, 『삼일신고』, 지혜의 나무, 2000, 273~337쪽.

사적 영역의 결속력과 환경에 대한 대처능력이 결정되는 것이다.

그러나 처음 출발할 때부터 순수이성인 한과 분명한 공적 영역의 조직을 가지고 출발한 민족은 그 민족이 존속하는 동안 한과 공적 영역은 불변의 영역으로 그 민족의 사적 영역의 중심에 존재하는 것이다. 따라서 그 민족의 그 생명력이 강인한 것이며 아무리 그 힘이 쇠퇴했을 때라도 언제든 다시 강력한 결속력을 발휘할 수 있는 것이다.

혼돈상태에서의 존재자는 내부적인 대립에 대부분의 역량을 소모한다. 그러나 질서상태로 전환되면서 그 소모되던 역량은 강력한 생산적인 역량으로 전환된다. 이때에 나타나는 그 강력한 생명력을 우리는 신바람[26]이라고 부르는 것이다.

이 과정원리는 민족뿐 아니라 모든 개인과 가정과 기업과 국가 그리고 인류전체에게도 그대로 적용되는 철학의 일반원리이다.

특히 개인에게서 순수이성으로서의 한이 자신의 공적 영역의 중심에 존재한다는 확신이 없다면 개인은 스스로를 존엄한 존재로 여겨야 할 아무런 이유가 없는 것이다. 따라서 스스로의 존엄한 인간성이 존재함으로서 이루어지는 상상력과 판단력과 통찰력과 소통력과 통일력은 모두 존재하기 어렵게 되는 것이다.

그 원리가 한철학의 모든 원리의 대원칙인 하나를 잡으면 셋이 끌려오고, 셋을 모아 하나로 돌아간다는 집일함삼 회삼귀일(執一含三 會三歸一)이 설명하는 것 중 하나이다.

(5) 결론

한철학은 그 어떤 철학보다도 밝은 장밋빛 미래를 제시한다. 그리고

---

26) 신바람은 21장에서 자세히 다루게 된다.

그 미래를 얻기 위해서 얼마나 어려운 과정이 필요한가를 체계적으로 설명한다. 한철학은 철저하게 현실에 바탕을 둔 철학이다. 현실에서 하나하나 반드시 해야 할 일들을 참여한 사람들의 자발적인 뜻을 모아 피와 땀과 눈물로 해내지 않는 한 아무것도 이루어지는 것은 없는 것이다.

지금까지 철학을 망치고 세상을 망치고 인간성을 망쳐온 철학자들은 대체로 조급했다. 그들은 이룰 수 없는 유토피아를 제시하거나 아예 모든 것을 포기하고 허무주의와 염세주의로 빠져들었다. 한철학이 제시하는 것은 유토피아도 허무주의도 염세주의도 아니다. 현실에서의 생존과 인간다운 삶을 이룰 수 있는 방법론을 제시한다.

우리는 이제부터 혼돈상태를 넘어 질서상태로 혁신한다. 혼돈상태의 최적화는 곧 통합의 상태를 이루었음을 말하며 이는 필연적으로 질서의 영역으로의 대혁신을 일으키게 되는 것이다.

한철학은 쉽게 자유와 의지와 자유의지를 논하지 않는다. 그러나 질서의 철학체계가 확립된다 해서 결코 질서의 영역에 안주하지도 않는다.

제2부

질서에서 통일로

아침의 태양이 떠오르는 장엄한 모습에는 무언가 알지 못할 어떤 엄숙함이 있다. 태양이 어스름을 깨치고 세상에 그 찬란한 빛을 드러낼 때 우리에게 주는 그 침묵의 언어는 그 어떤 언어보다 많은 말을 우리에게 전해준다.

우리 한겨레에게는 혼돈상태를 혁신하여 질서상태를 창조하는 중심인 아침의 태양이라는 개념이 그대로 나라의 이름이며 수도의 이름이며 지도자의 이름이며 또한 여러 가지 제도로 그 영향력을 행사하고 있다. 이것이 곧 통합과 통일의 상징이다.

우리 한겨레는 한겨레로 출발할 때 이미 혼돈상태를 최적화하고 사물의 영역과 마음의 영역과 통합의 영역의 세 가지 믿음을 하나로 통합하여 공적 영역으로 만들었다. 그 공적 영역이 아침에 떠오르는 태양으로 상징되는 것이다. 즉 한겨레의 본체계는 곧 아침에 떠오르는 태양으로 상징되고, 현상계는 태양이 비추는 누리인 것이다.

한번 창조된 민족의 본체계 즉 공적 영역은 나라나 정권이 바뀌어도 변치 않고 계속 유지된다. 그것이 가장 분명하게 드러나 있는 민족이 우리 한겨레이다.

지난 삼천 년간 세계의 지식계는 질서상태, 다시 말해 현실상태가 무엇인지 어림잡지도 못하고 있지만 우리 한겨레는 이미 한겨레가 출발하던 당시부터 지금까지 모든 것을 질서상태로 설정하고 그 현실상태의 중심인 본체계 즉 공적 영역을 아침에 떠오르는 태양으로 상징한 것이다. 그리고 그 공적 영역의 중심을 설명하는 책인 천부경, 삼일신고, 366사, 단군팔조교 등 십수 권의 경전을 전한 것이다. 이것이 곧 한철학의 근원인 것이다.

이 책들만 있으면 한철학을 회복할 수 있고 언제든 우리의 한겨레의 공적 영역을 회복할 수 있는 것이다. 이미 이 책들을 전하는 우리 조상들의 지혜는 그러한 수준에 이르렀던 것이다.

우리는 혼돈상태를 최적화하여 통합의 상태가 되는 과정을 살펴보았다. 이제 우리는 통합의 상태가 질서의 상태를 이루는 모습을 볼 것이다. 그리고 그 질서의 상태, 즉 현실상태를 최적화하여 통일의 상태로 가는 과정을 살펴보게 될 것이다.

이 전체의 과정에서 한철학은 동양철학과 서양철학의 근본적인 체계를 모두 포함할 뿐 아니라 그 체계를 새로운 체계와 조직으로 전환함으로서 모든 문제를 해결하는 모습을 보게 될 것이다.

5

새밝론

순수한 우리 말 '온'은 전체를 의미한다. 한철학의 과정에서 온은 먼저 혼돈상태를 형성한다. 온이 의미하는 상태가 해가 뜨기 전 어두움도 밝음도 아닌 상태라면, 순수한 우리말 새밝은 그 애매모호한 혼돈상태를 깨치고 장엄하게 아침 해가 새롭게 세상을 밝히는 질서상태를 말한다. 우리말 새벽과 새밝은 같은 말이다. 즉 아침에 떠오르는 태양을 상징하는 우리 말 새밝은 곧 질서상태의 본체계를 상징하며 태양에 비치는 영역은 곧 현상계를 상징하는 것이다.

이와 같은 공적 영역의 의미가 곧 서양철학의 칸트에게는 물 자체이며, 인도철학의 우파니샤드에서는 브라만과 아트만이며 중국철학에서는 태극인 것이다.

서양에서는 철학을 상징하는 말로 미네르바의 올빼미는 황혼이 찾아 와야 비로소 날기 시작한다[1]고 말한다. 즉 진리에 대한 인식이 실재에 선행하는 것이 아니라 그 일이 끝날 때 쯤 되어야 비로소 알게 된다는 것이다.

---

1) 헤겔, 『법철학 강요』, 권웅호 역, 홍신문화사, 1997, 25쪽.

그러나 우리 한겨레의 한철학은 어스름을 깨고 아침의 태양의 장엄한 빛으로 세상을 밝히기 시작할 때 시작하는 것이다. 한철학에 있어서 진리에 대한 인식은 언제나 현실에서 실재가 일어나기 전에 선행한다.

1) 나라이름과 아침의 태양

아리스토텔레스식으로 말하면 조선과 새밝겨레, 기자조선, 고구려, 백제, 신라, 발해 등 모든 한겨레의 고대국가들은 모두가 스스로는 움직이지 않는 가운데 모든 움직이는 것들의 원인이 되는 부동의 원동자인 것이다. 즉, 스스로 아침에 떠오르는 태양으로서 세계의 중심이 되어 어스름한 세계를 광명으로 비추는 나라라는 의미이다. 한철학으로 말하면 이 모든 내용이 모두 한겨레의 중심에 존재하는 공적 영역인 본체계를 상징하는 것이다.

(1) 조선朝鮮

조선朝鮮의 조朝는 아침을 의미한다. 선鮮은 곱고 깨끗하고 뚜렷하다는 말이다. 아침에 떠오르는 태양의 곱고 깨끗하고 뚜렷한 모습을 의미한다는 것이 조선朝鮮의 사전적인 의미인 것이다. 단군조선이 내세운 조선의 의미가 곧 태양계의 본체계를 상징하는 것이다. 이성계가 세운 조선도 유교국가지만 나라의 이름부터 우리 한겨레의 한철학의 개념에 맞추어 지은 것이다. 한겨레의 공적 영역은 조선시대에도 유지된 것이다.

Land of Morning Calm이라는 조선의 영문식 표현은 아침의 태양을 설명하는 말로써 그런대로 잘 설명된 것이다. 양주동은 조선의 조를

217

불, 선을 신으로 보아 불신으로 풀이하고 있다.[2] 이는 새밝을 뒤집은 말이다.

최남선은 조선을 쳐샌으로 설명하고 있다. 즉 조선은 처(음)샌 곳 최초의 문명처라는 뜻이다.[3]이라는 말이다. 최남선은 해가 처음으로 떠오르는 나라를 문명이 처음으로 시작한 나라로 상징하고 있다. 또한 주신珠申과 숙신肅愼도 조선의 다른 한자표기일 뿐이다.

양주동은 예맥濊貊족을 곧 식붉[4]족이라고 말하고 있다. 예맥을 새 밝으로 본 것이다. 아침의 태양이 곧 종족의 이름으로 상징된 것이다. 대단히 날카로운 분석이다.

(2) 기ᄋᆞ지 조선

최남선은 기자조선을 기ᄋᆞ지 조선이라고 설명한다.

> 태양을 시방말로는 해라고 하지마는 녯날에는 기라하니 기는 시방 크다는 크와 가튼말로 무릇 高大尊貴한 것을 부르는 일흠이오 태양 도 이런 ᄯᆞᆺ으로 기라 일흠하였다... ᄋᆞ지는 子裔를 의미하는 동시에 종족,성씨등의 전의를 가져서 기ᄋᆞ지가 뒤에는 왕호로부터 왕일족 의 種姓을 칭위하는 말을 지었다.[5]

여기서 최남선이 말하는 기ᄋᆞ지는 해아지 즉 아침에 떠오르는 태양 의 아들로서 아침의 태양을 의미하는 것임을 알 수 있다.

---

2) 양주동, 양주동전집, 『국학연구논고』 동국대학교 출판부, 1995, 142쪽.
3) 최남선, 『아시조선』, 동양서원, 1927, 26쪽.
4) 양주동 양주동전집, 『국학연구논고』 동국대학교 출판부, 1995, 138-139쪽.
5) 최남선, 『아시조선』, 동양서원, 1927, 34쪽.

(3) 고구려高句麗

조선에 대해서는 여러 가지 연구가 많았지만 고구려의 순수한 우리 말이 무엇인지에 대해서는 그동안 별다른 연구성과가 없었다. 그런데 최남선은 기ᄋ지 조선을 설명하며 정말로 중요한 것을 설명했다. 그것은 태양이 해이며 해는 곧 기라는 말과 같다는 것이다. 그리고 그 기는 고대존귀高大尊貴한 것이라는 것이다. 한마디로 말하면 기=개= 해=高라고 해도 조금도 무리가 없다. 우리는 여기서 태양은 해이며 기는 개이며 그것을 한자로 고치면 고高의 의미로 쓰임을 알 수 있다. 신채호는

> 나라 이름을 가우리라 하였다. 가우리는 이두자吏讀字로 고구려高 句麗라고 쓰니, 중경中京 또는 중국中國이라는 뜻이었다.6)

라고 말했다. 부여의 시조가 해모수이며 고구려의 시조 주몽이 또한 해모수의 자손으로 해씨라는 사실을 생각해보면 이 문제는 쉽게 풀리는 문제이다. 해모수의 해가 곧 태양임은 당연한 것이며 고주몽의 고가 곧 태양의 고대존귀한 의미의 한자어에 불과하다는 것을 생각해낼 수 있는 것이다. 따라서 고구려의 고는 태양이며 해이며 기인 것이다.

커우리의 우리는 곧 세계라는 우리말이다. 따라서 커우리는 아침의 태양의 세계 또는 아침의 태양의 나라가 되는 것이다.

조선과 기ᄋ지 조선(기자조선) 그리고 부여와 고구려는 그 나라의 이름이 모두 아침의 태양을 상징함에 조금도 다르지 않은 것이다. 신채호가 가우리를 중경 또는 중국이라는 의미라는 것은 적합한 말이다. 다만 중국은 태양이 완전히 떠오른 정오를 상징한다고 할 때 고구

---

6) 신채호, 『조선상고사』, 일신서적, 1998, 100쪽.

려는 태양이 막 떠오르는 새벽을 상징한다. 중국은 세계를 다스리는 나라라는 의미가 깊지만 새벽의 나라라는 고구려는 모든 인간들이 기다리던 희망의 나라이며 이상적인 나라라는 의미가 있다. 이는 적지 않은 차이이다.

즉, 고구려는 '아침에 떠오르는 태양'과 같이 가능상태에서 혼돈상태를 확보하고 그것을 혁신함으로써 질서상태가 되어 세계의 중심이 되는 아침의 태양과 같은 나라라는 의미이다. 나라의 이름으로서 이보다 더 자부심이 가득한 개념을 담을 수는 없을 것이다.

왕건이 세운 고려는 곧 고구려를 잇는다는 것임은 말할 나위가 없을 것이다. 고려가 불교국가였다고 하지만 고려시대에도 우리 한겨레의 공적 영역은 나라의 이름에서부터 지켜진 것이다. 고려시대에도 우리의 한겨레의 본체계 공적 영역은 바뀌지 않고 그대로 유지된 것이다.

(4) 신라新羅

신라新羅의 신新은 새신이며 라羅는 벌라이다. 이는 곧 새벌이며 새밝이다. 신라는 곧 새밝으로 아침에 떠오르는 태양의 나라임을 더 이상 설명할 필요없이 그 이름 자체에서 잘 설명한다.

(5) 백제百濟

고구려가 아침의 태양의 세계 또는 아침의 태양의 나라로서 그 이전의 조선과 부여와 기자조선과 다르지 않은 나라이름이라면 고구려에서 분리된 나라인 백제도 또한 그와 다르지 않다는 사실을 유추하기는 어렵지 않다.

고구려의 이름에 대해 그동안 별다른 연구가 없었듯이 백제의 이름에 대해서도 마찬가지로 연구가 별로 없었다.

먼저 백제百濟라는 이름을 살펴볼 때 백百이라는 단어는 곧 '밝'이라는 우리말로서 아침의 태양이 밝게 떠오르는 모습을 상징함을 알 수 있다. 제濟라는 말은 가장 해석하기 어려운 말로서 그동안 백제를 백 개의 씨족이 배를 타고 건너왔다는 등의 해석을 낳았던 것이 바로 이 제濟를 해석한 것에서 드러난다.

그러나 제濟는 건너다는 뜻 이외에도 이루다, 통하다, 달하다는 의미가 있다. 우리는 여기서 제濟를 달이라고 해석할 수 있는 것이다.

그러면 우리는 백제百濟가 곧 밝달이라는 말을 한자로 바꾼 것이라고 유추해낼 수 있는 것이다. 밝달은 곧 배달이다. 이는 조선의 이전에 있던 한웅천왕의 국가 배달국이라는 고대국가의 이름인 것이다.

그러면 달은 무슨 의미인가? '달'은 양주동이 '산, 재'로 해석했다. 즉, 음달과 양달에서 사용된 말이 곧 산이나 재라는 의미이다. 그것은 달이 가진 부분적인 해석이다.

달은 또한 "두리·도리·다리·디리"와 같은 말로서 이는 주周, 위圍, 회回7)의 의미이다. 이렇게 본다면 이 말들은 모두 둥그렇다는 말에서 온 것이다. 양주동은 원圓의 고어를 '둠, 둥ㄱ'8)로 보고 있다.

따라서 '달'이라는 땅의 중심이 되는 영역을 말하는 것이다. 즉, 땅의 중심이 되는 태양과 같은 영역을 '달'이라고 말하는 것이다. 이는 곧 우리의 신산神山에 대한 숭배사상을 설명하는 것이며 동시에 국가의 수도 또는 지방의 중심도시 등을 의미하는 것이다.

달은 곧 둥그렇다는 말로 '둠, 둥ㄱ'와 통한다. 이는 곧 태양의 둥그런 모습의 상징으로 본 것이다. 그렇다면 백제는 밝달이며 또한 배달이며 밝음과 둥그런 태양의 나라를 상징한다. 즉 나라 자체가 둥그런

---

7) 양주동, 양주동전집, 『국학연구논고』 동국대학교 출판부, 1995, 196-197쪽.
8) 양주동, 양주동전집, 『고가연구』 동국대학교 편집부, 1995, 8쪽.

태양의 영역으로 상징되는 것이다.

이제 고구려와 백제를 비교해보자. 고구려가 가우리 또는 커우리로서 아침의 태양이 떠오르는 세계, 또는 나라로 상징되었다. 백제는 밝고 둥그런 태양의 나라를 상징한다. 즉 커=밝이라는 사실은 무리가 조금도 없는 등식이다. 그리고 우리=달도 달이 "두리·도리·다리·디리"로서 둥그런 태양을 상징한다면 같은 말이 된다.

결국 고구려와 백제는 아침에 떠오르는 태양이 세계의 중심이듯 태양처럼 만국의 중심인 나라라는 의미가 있는 것이다. 이 점에서 우리는 배달국 역시 똑같은 의미라는 사실을 확인할 수 있는 것이다. 그리고 백제가 망하면서 왜 열도에 세운 나라인 일본日本이라는 나라의 이름도 이와 같은 의미의 연쇄에 있어서 조금도 다르지 않은 말임도 확인되는 것이다.

(6) 발해渤海

최남선은 발해에 대하여 이렇게 설명했다.

> 발해는 원래 渤澥(Parkai) 라 쓰였고, 예로부터 신선사상과 결부되어 種種의 설화의 무대로 되었음은 실로 깊은 연유 있는 것으로서, 얼른 말하면 신선이란 것의 연원은 원래 동방의 Park에서 유래하며, 그리하여 동이에 의하여 想境을 設想하였기 때문에, 발해 봉래 등의 명칭이 생긴 것이었다.[9]

발해가 오래전부터 불리던 이름으로 발카이라고 불렸다는 것이다. 발해의 발은 곧 밝임에 분명한 것이다. 해는 무엇인가? 카이는 곧 커와

---

9) 최남선, 『최남선전집2』 현암사, 1973, 53쪽.

크 그리고 기와 같은 말로서 해라는 사실을 알 수 있다.

따라서 발해란 문자 그대로 '밝해' 다시 말하면 '밝은 해'로서 아침
에 떠오르는 태양인 것이다. 이는 곧 조선이며 고구려이며 백제이며
신라와 조금도 다른 말이 아닌 것이다.

(7) 사바르, 선비鮮卑

아침에 떠오르는 태양이라는 개념은 우리 한겨레뿐 아니라 알타이
어족들에게는 공유개념이다. 지금 시베리아라고 불리는 땅은 투르크
계의 나라인 사바르 Sabar, Saber, Savir, Sebir와 연관이 있다.10) 사바
르, 사베르, 시비르로 불리는 이 종족의 영토를 점령한 러시아인들이
'시비리 땅11)'이라는 의미로 사용된 것이다. 시버족은 원래 중국 동북
방에 웅거했던 선비鮮卑 또는 실위室衛의 후손이다.12) 이 사바르, 시비
르, 선비 등의 이름은 곧 아침에 떠오르는 태양인 새밝과 연관이 된다.
한겨레와 투르크족은 많은 친연성이 있고 앞으로 우리 한겨레의 고대
사가 이들과의 연관에서 많이 밝혀질 것으로 보인다.

2) 수도의 이름과 아침의 태양

우리 한겨레의 고대국가들의 수도가 역시 아침의 태양을 상징한다

---

10) 이희수, 『터키사』 대한교과서주식회사, 1996, 234쪽.
11) 러시아는 모스크바왕국 시절 이스께르성을 중심으로 한 시비리한국汗國에
　　대하여 까자흐인 예르마끄로 하여금 공략하게 하였던 것은 16세기 80년대의
　　일이었다. 러시아인은 이 한국汗國의 수도를 시비리로 불렀다. 수도의 명칭
　　인 시비르로해서 이 영토가 시베리아로 불리게 되었다. (박맹호 『시베리아
　　개발사』 민음사, 1990, -책머리에-)
12) 한국알타이학회, 『알타이언어를 찾아서』, 태학사, 1999, 41쪽.

는 것은 나라의 이름과 마찬가지의 의미를 지닌다.

(1) 아사달

아사달의 아사에 대한 여러 설중에서 이병도는 이렇게 말한다.

> 조朝는 현재 우리말로 아침이지만 그보다는 좀 오랜 말로는 아춤
> 이라 하고, 또 더 오랜 말로 방언의 아족, 아직, 아적이 그것이다.
> 그러면 방언의 아족 등은 어디서 변음된 것인가. 이는 필시 아스,
> 아숙에서 유래된 것이 틀림없다고 생각한다. 우리와 같은 우랄알
> 타이어에 속하는 일본어에는 아침을 아사朝라 하고 밝은 날(이튿
> 날 明日)을 아스쯧·아시다明日라 하고, 티베트 버어마어로는 아침
> 을 아상(Asang)이라고 하는 것을 참고하지 않을 수 없다. 다시 우
> 리말 아침의 어음의 변천사항을 살펴보면 아스·아족·아직·아춤·
> 아침과 같이 되었던 것이라고 인식된다."[13]

는 것이다. 아사는 곧 아침으로 조선의 조朝에 해당하는 말이며 일
본어 아사朝와 같은 말이라는 대목은 설득력을 갖춘 설명이라 할 것이
다. 그런데 달은 단지 양달과 음달이라는 양주동의 설명을 되풀이하고
있다.

우리는 달이 "두리·도리·다리·디리"와 같은 말로서 이는 주周,
위圍, 회回[14]의 의미로서 둥금을 설명한다는 사실을 알고 있다. 따라
서 아사달의 아사= 아침이며 달= 둥그런 태양이라는 말임을 알 수
있는 것이다. 즉, 아사달은 아침에 떠오르는 둥그런 태양과 같이 세계
의 중심이 되는 도시라는 말이다.

---

13) 이병도, 『한국고대사회와 그 문화』, 서문당, 1978, 59쪽.
14) 양주동, 양주동전집, 『국학연구논고』 동국대학교 출판부, 1995, 196-197쪽.

(2) 졸본卒本

고구려가 '아침에 떠오르는 태양'으로서 조선이라는 이름과 같은 것일 때 초기의 수도 졸본도 어떤 형태로든 아침에 떠오르는 태양과 같은 의미와 연결될 것이다. 졸본은 여러 알타이어족에 사용하는 새벽별의 의미인 금성金星이라고 한다.

> 졸본성卒本城의 '졸본Colbon. Cholbon'이 금성金星 즉 새벽별의 뜻을 가진 말로 튀르크와 퉁구스 등 알타이 제어에서 널리 사용된 말[15]

새벽을 알리는 새벽별인 금성은 아침에 떠오르는 태양과 연관 할 때 매우 중요한 의미를 갖는다. 아침이 밝아올 때 우는 닭이 신성한 의미를 지니면서 삼족오三足烏의 형상에 나타는 것도 같은 의미일 것이다.[16]

이러한 의미에서 아침에 떠오르는 태양처럼 세계의 중심인 고구려의 수도가 새벽별이라는 이름을 갖는 것은 당연한 것으로 보인다.

(3) 평양平壤

평양도 고구려와 백제와 같이 그동안 미궁에 빠져 있던 용어이다. 평양의 평平이 '밝'임은 잘 알려져 있지만 양壤에 대해서는 마땅한 해석이 없었기 때문이다.

우선 양壤의 사전적 의미가 땅이며 지역이라는 설명은 그 자체에서

---

15) 최한우, 『중앙아시아학 입문』, 펴내기, 1997, 13쪽.
16) 삼족오의 전체모습과 벼슬 등은 닭의 모습이지 까마귀의 모습은 아니다. 단지 검다는 모습에서 세발 달린 까마귀라고 하는 것이다.

벌써 우리에게 많은 것을 알려주고 있다. 이는 밝은 땅이라는 말이다. 즉 하늘의 태양이 만천하의 중심이듯 이 태양과 같이 밝은 땅이 만천하의 중심이라는 철학이 숨어있는 것이다. 이리 보면 이미 평양은 아사달과 같은 의미가 되는 것이다.

또 달=산, 재 이라는 양주동 선생의 주장을 역으로 생각해보면 산, 재=달이다. 따라서 평양이라는 '밝은 산'또는 '밝은 재'은 '밝달'이 되는 것이다. 밝달은 곧 단군檀君의 단檀이 밝달나무라고 보아 단군을 밝달임금으로 보는 견해와 연결된다. 평양이 단군이 세운 수도일 때 밝달임금이 세운 수도의 이름이 밝달이라는 것은 당연한 이치가 된다.

이병도는 고려사 김위제전에서 서경(평양)의 일명을 백아강白牙岡이라 한 구절에 대해 백아강이 곧 백악白岳의 다른 표기임을 설명했다. 그런데 여기서 백악의 백이 밝임은 누구나 아는 내용이며 악岳이 산이라는 말도 누구나 아는 말이다. 따라서 이병도선생은 백아강을 밝은뫼라고 풀이했다. 그러나 산은 곧 달이라는 해설을 따르면 이병도선생의 주장은 완전히 다른 경지에 도달하게 된다. 즉 백아강은 밝은 뫼가 아니라 밝달이라는 말이 되는 것이다.

이 대목에서 평양=백아강=밝달이라는 내용은 다시 한번 확인이 되는 것이다. 이는 아사달과 마찬가지로 아침에 떠오르는 둥그런 태양이 밝히는 세계의 중심이 되는 도시라는 말이다.

최남선은 밝Park에 대한 흔적을 유라시아 대륙 전체에서 찾아냈는데 그 중에는 바그다드와 흑해연안의 발탁[17]도 있다.

최남선이 말하는 바그다드와 발탁은 밝Park의 개념을 넘어 밝달에 해당하는 것으로 보인다. 이렇게 보면 백제-평양-바그다드-발탁이 모두 밝달로 설명되는 것이다. 밝혀내야 할 수수께끼가 여기에도 있는

---

17) 최남선, 『불함문화론』 최남선 전집2, 현암사, 1984. 62쪽.

것이다.

(4) 소부리와 서라벌

백제의 소부리와 서라벌은 같은 말로서 새밝이다. 신라의 경우 나라의 이름도 새밝이며 수도의 이름도 역시 새밝인 것이다. 이 역시 더 이상 설명이 필요 없을 정도로 이름 그 자체에서 아침에 떠오르는 둥그런 태양이 밝히는 도시를 설명한다.

(5) 풍납風納

백제의 시조였던 온조가 세운 초기 수도였던 서울의 강동구에 있는 풍납토성은 또한 아사달과 평양과 불가분의 관계가 있을 것이다.

이 풍납風納이란 단어가 바람들이라는 말이라고 주장한 사람은 이병도이다. 납納이라는 말이 드리, 들이라는 말이 된다는 사실에서 풍風=밝이며 납=들=달이라는 말을 찾아낼 수 있다. 그런데 정작 이 부분에서 이병도는 더 이상 나아가지 못했다.

우리는 이 지점에서 한발 더 나아가 풍납이라는 말은 곧 밝달이라는 중요한 사실을 설명할 수 있게 되는 것이다. 밝달이라는 순수한 우리말은 이처럼 묘하게 숨어있는 것이다.

이로서 우리가 살펴본 바와 같이 백제라는 나라의 이름은 곧 밝달이며 그 수도의 이름역시 밝달이라는 사실이 확인되는 것이다.

소위 하남위례성으로 알려진 풍납토성은 아사달이나 평양과 같이 아침에 떠오르는 둥그런 태양이 밝히는 세계의 중심이 밝히는 나라의 중심도시라는 사실이 확인되는 것이다.

(6) 서울

소부리와 서라벌은 곧 새밝이며 이는 다시 서울이라는 말로 바뀌어 져 지금도 사용되고 있다. 양주동은 새밝이 서울로 변한 과정을 시블-셔볼-서울[18]로 설명하고 있다. 대한민국의 서울은 고조선의 아사달에 서 신라의 서라벌로 이어지는 일련의 과정에 서 있는 것이다.

이는 '아침에 떠오르는 태양이 밝히는 나라'라는 의미가 고조선에 서부터 대한민국에 이르기까지 수도의 이름에 수미일관하게 사용되 고 있는 것이다. 누구도 부정할 수 없는 이 놀라운 사실이 우리 한겨레 의 사적 영역의 중심에 자리 잡고 있는 공적 영역의 존재를 웅변으로 말해주는 것이다.

3) 국가 지도자의 이름과 아침의 태양

단군과 해모수, 동명왕, 박혁거세, 소벌도리 등의 고대국가의 지도 자들은 모두 온세상의 공적 영역의 중심으로서 어두움을 밝히는 아침 의 태양과 같이 국가의 중심이라는 의미가 있다.

즉, 고대국가의 지도자들은 개인이지만 우리 한겨레의 본체계 즉 공적 영역과 합일을 이룸으로서 우리 한겨레의 공적 영역을 대표하는 공적인물이라는 사실을 표방한 것이다.

이로써 이 인물들은 스스로 한겨레공동체를 통합하고 통일을 행동 으로 실현할 의무와 권리가 있음을 만천하에 선포한 것이다. 또한 그러한 의무와 권리가 있으므로 이 한겨레공동체의 공적 영역을 지키 고 유지하기 위해 공적 영역의 원리를 천부경, 삼일신고, 366사, 단군

---

18) 양주동, 양주동전집, 『고가연구』, 동국대학교 편집부, 1995, 8쪽.

228

팔조교 등의 책으로 만들고 또 그렇게 만들어진 책을 후세에 전하는 것을 국가지도자의 중요한 의무로 삼았던 것이다.

(1) 단군檀君

단군은 양주동이 한자어를 해석해서 밝달임금이라고 설명했다. 밝달이라는 말이 '아침에 떠오르는 태양'이라는 말이므로 이 해석은 옳은 것이다. 최남선은 단군은 당굴이라고 설명했다. 여기서 우리가 아사달과 밝달에서 살펴본 '달'이라는 말이 곧 둥그런 원이라는 의미의 '둥ㄱ'였음을 생각해보자. 이 때 밝달, 아사달은 아침에 떠오르는 둥근 태양이 밝히는 도시가 되었다. 즉 달=둥근 태양의 영역으로 '달=둥ㄱ'인 것이며 또한 두리·도리·다리·디리"이다.

우리는 둥그런 것을 일컬어 둥글둥글, 또는 동글동글, 탱글탱글 등으로 말한다. 여기서 달=둥ㄱ=두리·도리·다리·디리=둥글, 동글, 탱글 로 변하는 것은 자연스러운 것이다.

최남선은 단군을 당굴이라고 주장하면서 몽고어 탱그리가 같은 계열의 말임을 설명한다. 이제 우리는 탱그리=탱글, 동글, 둥글=당굴=두리·도리·다리·디리=둥ㄱ=달 임을 생각할 수 있다.

결국 최남선이 주장한 단군=당굴은 태양의 둥그런 모습을 설명한 것임을 알 수 있다. 이로써 단군이 곧 당굴이며 탱그리라는 사실이 드러난 것이다.

당굴과 탱그리가 머리로 상징되는 것은 태양계의 머리가 곧 태양이며 몸이 곧 태양계의 행성들이라는 사실과 같다. 즉 역경의 수출서물首出庶物에서 머리가 곧 태양이며 서물은 만백성일 때 수출이 곧 단군의 출현인 것이다.

탱그리가 우리와 같은 알타이어를 쓰는 투르크족들에게 천신사상

의 중심이다. 즉

> 탱그리는 새벽을 열고, 나무를 자라게 하며, 생명을 주고 생명을
> 앗아가기도 한다.[19]

는 개념으로 받아들여지고 있다는 것이다. 여기서 탱그리란 곧 아침
에 떠오르는 태양이라는 사실이 명백해지는 것이다. 결국 단군은 '아
침에 떠오르는 둥그런 태양'과 같은 존재로서 이 세상의 중심의 나라
인 조선의 공적 영역을 대표하는 인물로 설정되는 것이다.

(2) 해모수

부여의 시조 해모수 역시 아침에 떠오르는 태양을 상징한다고 보면
그의 이름은 쉽게 이해된다. 해는 곧 아침에 떠오르는 태양이다. 모는
곧 머리로서 태양은 세계의 머리로 상징된다. 수는 새로 볼 때 아침의
태양으로 볼 수 있다.

따라서 해모수는 태양으로서 세계의 머리가 되는 지도자이며 또한
태양으로서의 시기가 아침의 태양임으로 해서 어둠을 물리치고 새로
운 희망을 주는 존재라는 설명이 된다.

해모수라는 이름 자체에 태양과 세계의 지도자로서 희망을 여는
아침의 태양과 같은 존재라는 설명이 모두 포함되어 있는 것이다.

(3) 동명왕東明王

삼국사기 고구려본기에는 시조 동명성왕의 성은 고이며 휘는 주몽

---

19) 이희수, 『터키사』, 대한교과서주식회사, 1996, 193쪽.

이다.(시조동명성왕 성고씨 휘주몽 始祖東明聖王 姓高氏 諱朱蒙)라고 되어 있다.

여기서 동명성왕東明聖王의 동명東明에서 동東은 새이며 명明은 밝이다. 즉 고구려의 동명성왕인 주몽은 곧 새밝왕인 것이다. 이는 곧 단군과 해모수가 '아침에 떠오르는 둥그런 태양'인 것과 조금도 다르지 않은 의미를 지니고 있는 것이다.

동명왕 역시 한겨레공동체의 공적 영역을 상징하는 아침에 떠오르는 태양 그 자체로 상징되는 것이다.

(4) 박혁거세朴赫居世

양주동은 박혁거세朴赫居世에 대해 삼국유사의 구설을 설명하며 불구내弗矩內 즉 '볼건 뉘'로서 광명이세光明理世라고 설명한다.

혁거세는 遺事의 舊說에 불구내弗矩內(볼건 뉘), 곧 광명이세光明理世라 한다.[20]

박혁거세朴赫居世라는 이름에서 박朴과 혁赫은 같은 말로서 밝게 빛나는 태양을 상징하는 것이다. 거세居世는 세상에 머무름을 말한다. 즉, 태양에 세계의 중심에서 세계를 밝히고 있는 것을 상징하는 이름이 되는 것이다. 광명이세光明理世라함은 바로 이러한 말인 것이다. 그리고 순수한 우리말로 이를 '볼건 뉘'라고 하니 이는 밝의 뉘라고 하는 것이며 이의 한자어가 곧 불구내弗矩內라는 것이다.

결국 박혁거세 또는 불구내弗矩內 또는 볼건 뉘, 광명이세光明理世라는 같은 의미의 다른 말들은 모두 '아침에 떠오르는 태양'을 상징한

---

20) 양주동, 양주동전집, 『국학연구논고』 동국대학교 출판부, 1995, 158쪽.

다.

여기서 혁거세는 투르크어에서 천자天子를 의미하는 쾩키시 kők kishi라는 주장이 있다. 이는 고대 알타이민족들 가운데 신적인 지도자로 뿌리박고 있는 천신 Kők Tengri 사상과 연관되어 있다는 것이다.[21] 쾩kők은 파랑, 하늘의 뜻이다.[22]

다소 낯선 이 주장을 받아들인다 해도 쾩키시 kők kishi 즉 쾩 탱그리Kők Tengri는 곧 아침에 떠오르는 태양을 상징함으로써 혁거세가 곧 아침의 태양이 밝히는 세계의 주인을 상징하는 천자라는 내용이 기존의 주장에서 달라지는 것은 아무것도 없다.

(5) 소벌도리

고허촌장 소벌공이 양산 기슭을 바라보니, 나정 옆의 수풀 사이에서 말이 무릎 꿇고 울고 있으므로 곧 가보았으나 홀연히 말은 보이지 않고 다만 큰 알이 있어 깨뜨려 보니 어린아이가 나왔다. 거두어 길렀는데 나이 10여 세가 되자 벌써 장대하여 숙성하니, 6부 사람들은 그 출생이 신이하므로 추존하다가 이에 이르러 임금으로 세웠다. 진辰의 사람이 호瓠를 박이라 하므로 처음에 큰 알이 박만 하였기 때문에 성을 박이라 하였으며 거서간은 진의 말로 왕의 뜻이다. [23]

삼국유사에서는 소벌공을 소벌도리蘇伐都利라고 했다. 소벌도리공은 신라의 시조 박씨朴氏의 시조의 탄생과 가 생겨나고, 자라나고, 왕으로 추대되는데 결정적 역할을 했음이 나타나 있다. 그리고 삼국사

---

21) 최한우, 『중앙아시아학 입문』, 펴내기, 1997, 33쪽.
22) 위의 책, 233쪽.
23) 김부식, 『삼국사기』, 최호 역, 홍신문화사, 1995, 17쪽.

기 신라본기에는 소벌도리공은 최씨崔氏의 시조로 나타나 있다. 그것 뿐이 아니다. 소씨蘇氏의 족보에는 소벌공이 그 비조임이 기록되어 있다. 24)

한 인물이 이렇게 중요한 역할을 담당한 경우는 드물다. 그의 이름에서 소벌은 곧 서라벌과 같은 말로서 신라와 같은 말이다. 즉 새밝이다. 삼국유사의 기록에서 소벌도리의 도리는 우리가 이미 살펴본 두리 · 도리 · 다리 · 디리에서의 도리와 같은 말이다. 이는 곧 달=둥ㄱ == 둥글, 동글, 탱글과 같은 말이다. 따라서 소벌도리란 곧 새밝달 또는 새밝당굴과 같은 말로서 '아침에 떠오르는 둥그런 태양이 밝히는 세계의 지도자'과 같은 의미로 드러나는 것이다.

새로운 주장으로 돌이tori를 고대 투르크의 관직명 bavator 로서 영웅의 의미라는 주장이 있다. bava가 두꺼비로서 bavator는 두꺼비장군이라는 것이다. 이 tor가 소벌돌이의 돌이tori라고 주장한다.25) 이 경우에 양주동이 이미 설명한 두리 · 도리 · 다리 · 디리에서의 도리와 인격으로 사용되었다는 차이뿐 개념상 다른 것이 없어 보인다. 따라서 돌이는 장군 또는 지도자로서 소벌돌이가 '아침에 떠오르는 둥그런 태양이 밝히는 세계의 지도자'임에는 변함이 없다.

4) 국가행사 및 제도와 아침에 떠오르는 태양

고대국가의 행사는 모두 국가의 본체계 즉 공적 영역의 존재를 확인하고 그것을 유지하고 발전시키는 의지가 드러나 있는 것이었다.

국가적인 행사는 옛날 부여국에서는 영고, 고구려에서는 동맹, 예국

---

24) 소씨족보 편집겸 발행인 소영수蘇泳壽 대성인쇄소 소영수가蘇泳壽家
25) 최한우, 『중앙아시아학 입문』, 펴내기, 1997, 31쪽.

에서는 무천이라고 불렀고 고려에서는 팔관회로 불렀다.

고대국가의 단체는 국가의 본체계 즉 공적 영역과 자신을 합일함으로서 개인이 아니라 아침의 태양과 같이 무질서한 세상을 구하고 무질서와 혼돈상태를 질서상태로 혁신할 성인과 영웅이 되는 공적 인물을 길러내는 단체이다. 이 제도가 곧 새밝도, 화랑, 선배, 풍류도등이다. 우리가 말하는 선비, 선배, 화랑, 조의선인, 스승 등은 모두 이러한 공적 영역의 공적인물들이다.

(1) 영고迎鼓

삼국지 위서 동이전 부여국조에서는

은력 정월에 하늘에 제사지내고 나라 사람들이 크게 모여
음주가무飮酒歌舞하니 이름하여 영고라고 한다.
이때에는 형벌과 옥사를 중단하고 죄수를 풀어준다.

以殷正月祭天 國中大會 連日 飮酒歌舞
名曰迎鼓 於是時 斷刑獄解囚徒

또한 후한서에서는

12월에는 하늘에 제사를 지낸다. 이때에 사람들이 많이 모여
여러 날을 두고 음주가무를 하는 데 이를 영고라고 한다.

以獵月祭天大會 連日飮酒歌舞 名曰 迎鼓

라고 영고를 설명했다.

234

(2) 동맹東盟

후한서에서는 고구려의 동맹東盟에 대하여 이렇게 설명한다.
　10월로써 하늘에 제사하고 사람들이 크게 모이니
　이를 동맹이라 한다.

　　以十月祭天大會 名曰東盟

(3) 무천舞天

위지동이전 예조濊傳에는

　늘 10월절이면 하늘에 제사하고, 밤낮으로 음주가무飮酒歌舞를 한
　다. 이를 무천舞天이라고 한다.

　　常用十月節祭天　晝夜飮酒歌舞　名之爲舞天

이라고 했다.

(4) 팔관회

최남선은 팔관회에 대해 이렇게 설명한다.

　팔관회라는 글자는 불교에서 빌어 온 것인데 실상은 '밝의 뉘'의
　音相似한 것을 취하였을 따름으로서 신라, 고려의 팔관회는 불교와
　는 아무런 관계가 없는 옛날 밝의 뉘의 遺風을 지키는 것이었습니
　다.26)

팔관회가 밝의 뉘로서 박혁거세 또는 불구내弗矩內 또는 볼ㄱ 뉘, 광명이세光明理世라는 같은 의미로 '아침에 떠오르는 태양이 밝히는 세계'를 상징하는 국가적인 대행사였다는 것이다. 최남선은

이 밝의 뉘의 행사중에는 1년에 한번씩 하느님에게 제례를 드리고 이 기회에 국가민족 전체에 관한 대사를 회의 결처하는 것이 특히 중대한 것인데 이 대제를 옛날 부여국에서는 영고, 고구려에서는 동맹, 예국에서는 무천이라고 하는 것처럼 따로 이름지어 쓰기도 하였지만 보통으로는 그것을 밝의 뉘라고 일컬었으니 대게 광명이 세계에 있는 듯한 모임이라는 뜻이며 이 제사에 무수한 등을 켜서 광명이 세상에 가득하게 함은 또한 천상 광명계를 표상하는 것이었습니다.[27]

이라고 설명함으로써 팔관회가 곧 부여의 영고迎鼓이며, 고구려의 동맹東盟, 예의 무천舞天과 같은 것이라고 설명한다. 이 모두가 곧 아침에 떠오르는 태양이 밝히는 세계를 현실에서 이루려는 의지를 표현하는 행사임에 다른 것이 아니다.

고대로부터 고려에 이르기까지 일관되게 행해온 '밝의 뉘'라는 행사는 아침에 떠오르는 태양을 상징하는 행사임에 틀림이 없는 것이다.

그리고 대부분의 행사는 10월에 행해졌고 그 행사는 마을마다 동제洞祭의 형태로 끊임없이 이어져 지금도 행해지고 있다.

동제洞祭는 산신제, 서낭제등으로 불리는 것인데 그 역사를 고대의 제천의식으로 거슬러 갈 수 있는 것이다.

이 모든 의식은 사적 영역으로서의 사회전체가 그들의 중심에 존재하는 공적 영역으로서의 본체계를 확인하고 또한 사적 영역과 공적

---

26) 최남선, 『조선상식문답』 삼성문화재단, 1974, 149쪽.
27) 위의 책, 148쪽.

영역이 하나의 전체라는 사실을 서로에게 축하하고 즐기는 행사라는 사실을 알 수 있다.

(5) 풍월도, 풍류도, 화랑도, 새밝도(수박도)

안호상은 풍월도風月道를 배달길이라고 설명한다. 풍은 곧 밝이며 월은 곧 달이므로 풍월도가 배달길이라는 주장은 적합한 것이다. 또한 풍류도가 역시 배달길이니 풍은 밝이고 달은 흐를 류자인 동시에 달아 날 류이므로 풍월은 배달길28)이라고 말한다. 이 역시 백제와 평양, 풍납이 배달이라는 말과 통하는 것으로서 적합한 것이다. 안호상은

> 신라에선 맨먼저 풍월주라 하였다가 이것을 뒷날 花娘-花郎이라 하
> 였은 즉 풍월주는 밝달님이요 배달님이며, 또 이것의 별명이 화랑
> 이다.29)

하였으니 이 또한 적합하다. 결국 단군과 고주몽, 소벌도리, 박혁거세 그리고 풍월주와 화랑이 모두 아침에 떠오르는 태양이 밝히는 세계의 주인공과 같은 존재로서 그 길을 배우는 것이 화랑도라는 것이다. 이는 고구려의 조의에게도 해당하는 것이다. 또한 이를 새밝도라는 이름으로 전하니 신채호는 조선상고사에서 고구려 때

> 송도(松都:開城)의 수박手拍이 곧 선배경기의 하나이니 수박이 중국
> 에 들어가 권법拳法이 되고 일본에 건너가 유도柔道가 되고, 조선
> 에서는 이조에 무풍武風을 천히 여긴 이래로 그 자취가 거의 전멸
> 하였다.30)

---

28) 안호상, 『민족의 주체성과 화랑얼』, 배달문화연구원, 1967. 117, 141쪽.
29) 위의 책, 141쪽.

라는 기록을 남겼다. 이 말은 동양삼국의 무술武術의 바탕을 고구려의 수박手拍이라고 말한 것이다. 그렇다면 수박은 또 무엇인가?

> 수박도手搏道의 이름은 각각 태견:(조선어사전), 택권이:(조선상고사), 탁견托肩:(재물보), 태견:(한글맞춤법통일안), 수박手搏:(고려사, 태종실록, 세조실록, 수박手拍:(태종실록,조선상고사), 각희脚戲:(조선어사전), 각술脚術:(해동죽지), 권법拳法:(무예보통지), 시박廝撲:(재물보), 변卞:(재물보) 등으로 정리된다.31)

여기서 몇 가지 중요한 관점이 눈에 띈다. 수박도手搏道가 각희脚戲로도 불렸다. 시박廝撲은 말 그대로 시붉이다. 시붉도가 택견의 옛 이름이며 택견이 오늘날의 태권도일 때 이는 유구한 역사의 새밝도가 지금도 나름대로 존재함이다.

정리해보면 고구려의 선배는 곧 시붉이며 그 새밝도는 곧 수박도이다. 새밝도의 새밝들 즉 선배, 선비들은 평상시에는 국가를 위해 일하고 전쟁 때는 앞장서 싸우는 사람들로서 스스로 국가의 공적 영역을 지키기 위한 모든 것을 희생하여 아침에 떠오르는 태양과 같은 사람이 되기를 원하는 사람들이니 일명 조의이다. 이들이 수나라와 당나라와의 결전에서 기적과 같은 승리를 이끈 주인공들이다.

이들 새밝, 선배, 선비 그리고 화랑들은 스스로 한겨레의 공적 영역의 중심에 서서 한겨레 전체를 밝히며 국가를 아침에 떠오르는 태양과 같이 빛나게 함으로써 만백성이 행복하게 살 수 있도록 자신의 일생을 바치는 진정한 백성을 위한 나라의 일꾼들이었다.

이 제도야말로 한겨레의 공적 영역을 지키는 인물들을 국가가 길러내는 제도였다. 이 제도가 우리 한겨레를 한겨레일 수 있도록 해준

---

30) 신채호, 『조선상고사』, 일신서적, 1998, 141쪽.
31) 한국정신문화원, 『한국민족문화대백과사전』 23권, 1996, 108쪽.

수많은 성인과 영웅들과 의인들을 무수하게 배출한 제도인 것이다.

　서양식의 지성을 위주로 하는 교육은 필연적으로 인간을 금수로 만들 수밖에 없는 교육이다. 서양식 지성위주의 교육은 상상력과 판단력과 통찰력과 소통력과 통일력을 결정적으로 파괴한다. 지성은 삶에 맹목적이고, 부정적이며, 생각하지 않고 계산에 열중하며, 번식에 집착하기 때문이다.

　우리 한겨레가 다시금 과거의 영광을 찾는다면 반드시 인간성을 중심으로 하는 교육제도인 이 제도부터 회복할 것이다. 그럼으로써 상상력과 판단력과 통찰력과 소통력과 통일력을 갖춘 성인과 영웅과 의인들을 필요할 때 필요한 만큼 길러낼 것이다.

6

공적 영역론

아침에 떠오르는 태양을 공적 영역 또는 본체계라고 할 때 그 태양이 비추는 누리는 사적 영역 또는 현상계이다. 인간을 소우주로 생각한다면 이성과 지성, 인간성 그리고 자유와 의지와 자유의지가 존재하는 영역을 공적 영역 또는 본체계라고 한다면 마음과 몸은 사적 영역 또는 현상계라고 할 수 있을 것이다.

존재자가 혼돈상태에 있을 때는 스스로 판단하고 행동하는 원인을 스스로에게서 가져올 공적 영역으로서의 본체계가 없다. 따라서 혼돈상태의 존재자는 자신의 외부에서 그것을 가져오지 않을 수 없다.

다시 말하면 머리와 몸이 온전하다 해도 그 존재자가 무질서상태나 혼돈상태에 있다면 그 사람에게는 스스로는 아무것도 상상하고, 판단하고, 통찰할 공적 영역이 없는 것이다. 왜냐하면 이성과 지성과 인간성 그리고 자유와 의지와 자유의지가 온전한 상태로 존재하는 상태는 질서상태 즉 현실상태에 한해서이기 때문이다.

따라서 스스로 공적 영역을 가지고 있지 못한 상태의 존재자들은 상상력과 판단력이 없으므로 그것을 자신의 외부로부터 가져와야 하는 것이다. 다시 말하면 남에게 종속되어야 하는 것이다.

240

이와 같이 중요한 공적 영역은 혼돈상태의 세 부분이 모두 창조적으로 최적화되면서 내부는 공적 영역이 되고 외부는 사적 영역이 된다.

자신의 내부에서 신뢰의 영역을 얻지 못하고 자신의 외부에서 신뢰의 영역을 갖는 한 그는 영원히 질서상태를 가지지 못한다. 그 경우 그는 혼돈상태나 가능상태, 무질서상태에서 영원히 벗어나지 못하는 것이다.

이 부분에 대해 접근한 철학자는 역시 저명한 칸트였다. 칸트는 비록 양극성이라는 50 : 50의 이율배반이라는 틀을 제시하는 데 그쳤지만 그가 도달한 사유의 세계는 거의 모든 분야를 통달하고 있다.

칸트는 억견臆見과 신앙信仰을 거쳐 앎에 도달한다고 보았다. 억견이란 주관적으로도 객관적으로도 불충분함을 인식하고 있는 의견이다. 의견이 주관적으로는 충분하되 객관적으로는 불충분할 때, 그런 의견을 신앙이라고 한다. 최후로 주관적으로도 객관적으로도 충분한 의견이 앎이다. 또 주관적으로 충분한 것은 (나 자신에게는) 정견定見이요, 객관적으로 충분한 것은 (각인에게는) 확실성이다.[1]

인간의 의견이 억견에서 시작하여 신앙을 거쳐 앎에 도달하며 나아가 주관적으로 충분한 정견에서 다시 객관적으로 충분한 확실성으로 나아간다는 것은 분명한 사실이다.

그러나 여기서 주관적으로 충분한 것인 정견定見의 영역은 이성만으로 추리하는 것이 아니다. 그것은 실재세계에서 확실하게 확보될 수 있는 것이라야 하는 것이며 그것을 필자는 자신自信이라고 한다. 즉, 혼돈상태에서 믿음의 세 영역을 최적화하여 확보된 믿음의 영역이다. 우리는 억견과 신앙과 앎을 거쳐 정견을 넘어 자신自信의 영역을 확보할 때 비로소 혼돈의 영역을 넘어설 수 있는 것이다. 즉 인간은 스스로를 신뢰함으로써 상상력과 판단력을 스스로에게서 가져와야

---

1) 칸트 순수이성비판 B 850

한다는 인식이 성립하지 않는 한 무질서와 혼돈상태를 벗어난 것이 아닌 것이다. 판단의 기준이 자기 자신이 아니라 남에게 있다면 그는 단지 원시인이나 어린아이에 지나지 않는 것이다.

사물의 영역에 머무르고 있는 사람은 경험이 기준이 된다. 마음의 영역에 머무르는 사람은 관념이 기준이 된다. 그러나 아직은 그 경험과 관념이 자기 자신의 것이지 못하다. 몸과 마음을 가지고는 있지만 모든 판단과 행동의 원칙을 남에게 의지할 수밖에 없는 예속의 상태가 혼돈의 상태에 있는 사람의 특징이다.

자신의 내부에서 상상력과 판단력 등을 가져오지 못하고 자신의 외부에서 상상력과 판단력 등을 행동의 기준으로 빌려오는 것에는 대가가 따른다. 그 대가는 항상 감당하기 어려울 정도로 큰 것이다. 외부에서 빌려온 기준 또는 강요된 기준은 그 외부와 연관된 사람들에게 항상 이익이 되도록 결과 지워져있지 자신에 도움이 되는 경우는 결단코 없다.

이 세상에서 문제가 되는 사람들이 있다면 다른 사람들이 스스로 상상하고 판단하고 통찰하고 소통하고 통일할 수 있는 능력자체를 원천적으로 파괴하는 사람들이다. 이는 인간의 공적 영역을 파괴함으로서 혼돈상태와 무질서상태에 머물게끔 속박하는 것이다. 그래서 그는 아무것도 혼자서는 상상하지 못하고 판단하지 못하며 모든 행동의 기준을 그 사악한 무리에게서 가져오게 되는 것이다. 그리고 그들은 그 원시인이나 어린아이상태의 인간을 지배하는 것이다.

이 세상에 가장 선한 행동 중 하나는 인간이 스스로의 중심에 공적 영역을 확보하여 스스로가 상상력과 판단력, 통찰력, 소통력, 통일력을 사용하고 그것을 자유의지와 결합하여 행동하게 해주는 것이다. 이는 인간이 스스로 무질서와 혼돈상태에서 벗어나 질서상태에 머물도록 도와주는 행동이다. 이는 인간을 존엄하게 하게 만들어주는 위대한 행동이다. 이 양자는 똑같이 진리를 말하고 똑같이 철학을 말한다. 그러나 그 진리와 철학의 주인은 다르다.

그 차이는 근본적인 것이다. 그러나 사람들은 이 근본적인 차이를 여간해서는 이해하지 못한다.

판단과 행동의 기준을 자기 자신에게서 가져올 수 있게 하는 방법론은 인간에게 그 어떤 것보다 가장 결정적이고 실제적인 이익을 얻게 해주는 방법론이 되는 것이다. 그러나 그 방법론은 보이지 않는 것이며 가장 얻기가 어려운 것이다.

1) 공적 영역을 찾아서

프랜시스 후쿠야마는 신뢰가 차지하는 막중한 역할을 잘 설명했다. 사람들은 그를 통해서 신뢰가 주는 중요함을 새삼 알게 된 것이다. 그런데 우리가 궁금한 것은 신뢰가 중요하다는 주장이 아니다. 우리는 그 중요한 신뢰의 근원이 무엇이며 또한 그것을 어떻게 이루어내는가 하는 점이다. 그 단위가 사회이든 개인이든 신뢰의 근원이 어디에서 오는 것이며 그것을 어떻게 이루어내는 것인지에 대해서는 후쿠야마는 아무런 언급이 없다.

이 점에 대해서는 고대의 철학자들이 탁월한 방법을 생각해냈다. 인간의 신체나 정신이 원자로 이루어져 있다면 우리는 원자에 대한 지식을 가지고 있으면 그것을 신뢰의 기준을 삼을 수 있을지도 모른다. 데모크리토스는 인간, 즉 그의 신체와 정신도 역시 원자로 구성되어 있다고 생각했다. 그는 정신이라는 것도 비록 극히 섬세한 것이긴 하지만, 결국은 어떤 물체와 같은 것이므로 인간의 사후에는 정신을 구성했던 원자도 무산되어 버릴 수밖에 없는 것이라고 생각했다.

아리스토텔레스는 이 부분에 있어서 오늘날까지도 통용될 수 있는 대단히 탁월한 방법론을 설명했다. 그것은 세계는 스스로 원인이 되는 움직이지 않는 자가 중앙에 존재한다는 것이다. 그것이 원인이 되어 움직이는 것들을 움직이게 한다는 것이다. 이른바 부동의 원동자이다.

이 부동의 원동자는 그 누구에게도 의지하지 않고 스스로가 스스로의 원인이 됨으로서 그 누구에게도 판단과 행위의 기준을 빌려오지 않아도 되는 것이다. 즉 그 부동의 원동자는 더 이상 남에게 판단과 행동의 기준을 빌려오지 않아도 되는 것이다. 그 부동의 원동자는 스스로 신뢰할 수 있는 영역을 확보함으로써 혼돈의 영역을 벗어나 질서의 세계에 머무를 수 있게 된 것이다. 아리스토텔레스의 말을 직접 들어보자.

> 움직여져서 움직이게 하는 것은 중간 위치에 있기 때문이며, 움직여지지 않으면서 움직이게 하는 무엇인가가 있다. 이는 영원한 것이자, 실체이며, 현실태이다.[그렇다면 어떤 방식으로 움직이게 하는가?] 그것은 마치 욕망의 대상이나 사유의 대상이 [욕망하는 자나 사유하는 자를]움직이게 하는 것처럼, 움직여지지 않으면서 움직이게 한다. 그런데 욕망과 사유의 일차적 대상은 동일하다. 왜냐하면 현상적인 선은 비이성적 욕망의 대상이며, 진정한 선은 이성적 갈망의 일차적 대상이기 때문이다. 그러나 우리가 그것을 욕망하기 때문에 선하다고 생각되는 것은 아니다. 왜냐하면 사고가 출발점이 되기 때문이다. 그리고 사유는 사유의 대상에 의해 움직여지며, 저 대립자들의 일람표의 한쪽 난 column에 있는 것들은 본질적으로 사유의 대상이다.[2]

---

2) 아리스토텔레스 (『화이트헤드 과정과 실재』 오영환 역, 민음사, 1991, 592쪽에서 인용)

아리스토텔레스는 부동의 원동자를 제시하며 그것이 실체이며 현실태라고 주장했다. 즉 "세상에는 운동을 일으키는 어떤 존재가 있어야하며, 그 존재 자체는 운동해서는 안 되고, 영원한 실체이며 실재적인 것이라야 할 것이다. 욕망의 대상과 사유의 대상자체는 운동하지 않고, 다른 사물이 운동하는 원인이 된다."[3]라고만 말하고 있는 것이다.

만일 아리스토텔레스가 이 부동의 원동자를 그의 형상과 질료를 통합한 존재자의 중앙에 놓았다면 한철학이라는 이름의 책은 이 세상에 나타나지 않았을 것이다. 이미 서양철학이 오래전에 한철학이 지금 논의하는 것을 모두 다 선점하고 전세계의 대학은 영원히 아리스토텔레스의 철학을 중심으로 배워야만 할 것이 틀림없기 때문이다.

그러나 아리스토텔레스는 부동의 동자를 혼돈상태에서 혁신한 질서상태로 설정한 것이 전혀 아니었다. 그는 과정철학의 원리로서 부동의 동자를 설명한 것이 결코 아니었다.

생각해보면 고대인들이 부동의 동자를 태양이나 북극성으로 설정한 것은 생활화되어 있었다. 먼 길을 가는 여행자들이나 바다를 건너는 항해자들에게 북극성은 부동의 동자로서 확고하게 자리 잡고 있었다. 그것은 인류가 공유해온 지식이었다. 아리스토텔레스는 단지 그것을 철학용어로 옮긴 것에 지나지 않는 것이다. 아리스토텔레스의 철학체계의 문제는 부동의 동자를 전체 철학체계 안에서 부분으로 설명할 수 있는 능력이 전혀 없었다는 점이다. 그 점은 아리스토텔레스 이루 모든 서양철학자들에게 공통적으로 적용되는 것이다.

아리스토텔레스의 부동의 원동자의 영역은 신뢰의 영역이며 나아가 본체계의 영역이다. 아리스토텔레스는 그 누구에게도 판단과 행위의 기준을 빌려오지 않고 스스로가 스스로의 판단과 행위의 기준이

---

3) 버트란트 럿셀, 『서양철학사』 최민홍 역, 집문당, 1979, 219쪽.

되는 원리를 설명한 것이다.

그러나 이 아리스토텔레스의 부동의 원동자가 설명하는 본체계의 영역은 오랫동안 인간의 내재적 원리로 설정되지 못했다. 그것은 단지 인간의 외부에만 존재하는 것이었기 때문에 종교의 영역으로만 머물렀다.

이와 같이 신뢰의 영역을 인간의 외부에 두는 것은 이미 플라톤에서 시작한 것이었다. 플라톤에게 현상계는 조금도 믿을 수 없는 그림자에 불과했다. 존재하지 않는 가상적인 세계에 인간이 살고 있다고 본 것이다. 오로지 이데아의 세계만이 진실의 세계라는 것이다.

본체계의 영역을 인간의 내부로 설정한 철학자는 데카르트였다. 이 것은 서양철학의 대혁명이었다.

2) 부정성의 자아自我

데카르트는 모든 잘못된 인식의 방법으로부터 벗어나 의심할 필요가 없는 명석 판명한 기준을 가질 수 있는 방법을 찾아 나섰다. 그는 자신이 인식하려는 모든 대상들 가운데 명확하게 인식할 수 있는 것은 오로지 자기 자신이라는 결론을 얻었다.

데카르트가 "나는 생각한다. 그러므로 나는 존재한다.[4]"라고 주장한 것은 데모크리토스의 원자적 방법론을 생각하는 나에게 설정한 것이다. 또한 아리스토텔레스의 부동의 원동자가 생각하는 나로 설정된 것이다. 그것이 데카르트의 자아自我이며 생각하는 나이다.

만일 데카르트가 발견한 생각하는 나라는 자아가 진실한 자아라면 자아의 발견은 공적 영역이 자기 자신의 중심에서 발견된 것과 같다.

---

4) 데카르트, 『방법서설』, 김형효 역, 삼성출판사, 1987, 74쪽.

데카르트가 자신의 내부에서 절대로 속지 않는 절대적인 자아를 발견하려고 한 것은 대단히 현명한 방법이라는 것이 그 이전과 이후의 여러 철학에서의 문제에서 드러난다.

모든 현상을 판단할 절대 확실한 기준이 자신에게 있지 않을 때 인간은 그 기준을 다른 곳에서 가져와야 한다. 사회제도나 일반적 통념 그리고 현대에서는 매스미디어 등에서 그 기준을 찾아야 하는 것이다. 그것은 매우 위험한 것이라는 사실이 이미 여러 역사적 비극에서 나타났다.

무엇보다도 인간의 외부에 존재하는 이러한 여러 가지 객관들 역시 인간이 만든다. 인간이 자신의 내부에서 판단 기준을 가져오지 못하고 외부에서 가지고 오는 것은 인간이 스스로를 믿지 못하고 남을 믿는다는 뜻이다. 그 경우 남도 또한 인간인데 그가 가져온 판단은 과연 어디에서 가져왔는가라는 점에서 이 논리는 치명적인 파탄을 맞게 되는 것이다.

결국 인간은 스스로의 내면에서 절대 확실한 기준을 찾아서 모든 현상을 이해하는 방법론을 얻어야 하는 것이며 이 방법론을 데카르트가 주창했다는 점에서 그는 서양철학사에서 불멸의 공적을 세운 것이다. 내가 나를 믿는 것이며 인간이 인간을 믿는 것이다.

그러나 데카르트의 '생각하는 나'라는 원자적 존재가 문제가 되는 것은 무엇보다도 그것이 부정성이라는 사실이다. 데카르트의 경우는 '생각하는 나'는 마음과 육체를 모두 부정하고서만이 존재하는 실로 위험하고도 무서운 존재라는 점이다.

데카르트에게서 '나'는 오로지 생각하는 나만이 나이다. 나를 조직하는 구체적인 영역은 단지 시계와 같은 자동기계일 따름인 것이다. 따라서 세계도 또한 자동기계에 불과한 것이다.

데카르트는 생각하는 나와 육체를 별개의 것으로 분리하기 위해 육체를 악마가 지배하는 장소로 보고 육체가 보고 느끼는 모든 것을 악마의 속임수로 간주한다. 즉 나는 진리의 원천인 신이 아니라, 그의 모든 계교를 나를 속이는데 사용하는, 전능할 만큼 교활하게 속임수를 쓰는 어떤 심술궂은 악마가 있다고 가정하려 한다. 하늘·공기·지구·색채·형체·소리, 그리고 우리가 보는 모든 외적 물체들은 그 악마가 나의 믿음을 농락하기 위하여 사용하는 환상과 속임수에 지나지 않는다고 생각하려 한다. 나는 나 자신을 손도, 눈도, 살도, 피도, 아무런 감각도 없는데, 이 모든 것을 가지고 있다고 잘못 믿는 것처럼 생각하려 한다[5]는 것이다.

데카르트는 육체 안에서 일어나는 악마의 속임수에서 벗어나기 위해 자신의 육체는 물론 이 세상의 모든 것을 부정하기에 이른다. 모든 것을 부정한다 해도 내가 어떤 것이라고 생각하는 한 나는 무無가 아니라 존재하고 있다는 것이다. 그래서 <나는 생각한다, 그러므로 나는 존재한다.>[6]는 명제가 탄생한다. 데카르트의 변증법은 모든 것을 부정해버리고 난 그 폐허에서 자아를 발견하는 것이다. 그는 자아를 발견하려 했다는 점에서는 위대한 철학자였지만 과연 그가 발견한 것이 자아일까? 데카르트의 생각하는 나는 부정성 그 자체의 나이다.

---

5) 데카르트, 『성찰』, 김형효 역, 삼성출판사, 1987, 141쪽.
6) 나는 조금이라도 의심할 수 있는 것은 모두 엉터리라고 가정하기로 하였다. 그리하여 마침내 전적으로 의심할 수 없는 것이 나의 신뢰속에 존재할 수 있는가 함을 보려고 하였다. 이리하여 우리의 감각은 우리를 자주 속이기 때문에 ,나는 우리의 감각이 어떤 것을 우리에게 상상하도록 하는 바와 같이 존재하는 어떤 것도 실제로 있을 수 없다고 가정하기로 하였다. ……그러나 이렇게 모든 것이 거짓이라고 내가 생각해 보려고 원하고 있는 동안에, 그렇게 생각하는 나는 반드시 어떤 무엇이어야 한다고 생각하였으며, 그리하여 <나는 생각한다. 그러므로 나는 존재한다>라는 진리가 너무도 견고하고 확실한 것이어서, 가장 과장이 심한 회의론자의 주장도 그런 진리를 흔들어 놓을 수 없다고 생각하였다. 그리하여 나는 그러한 진리를 조금도 두려움도 없이 내가 탐구하려고 하였던 철학의 제1원리로 받아들일 수 있다고 생각하였다. - 데카르트, 『방법서설』, 김형효 역, 삼성출판사, 1987, 74쪽-

서양철학의 새로운 시작은 이렇게 근본적으로 뒤틀려있었다.

데카르트는 철학사에 빛나는 위대한 발견을 했지만 그 위대함을 능가하는 끔찍한 자살적 방법론인 부정성의 변증법을 철학에 본격적으로 도입했다. 서구철학의 비극과 현대문명의 비극은 데카르트에게서 본격적으로 출발하고 있는 것이다.

데카르트의 부정성의 자아는 육체와 세계가 아무리 파괴되고 고통받아도 아무런 영향을 받지 않는 무자비한 지배자이다. 따라서 그는 생각하는 나를 선원으로 설정하고 육체와 세계를 배로 간주한다. 그래서 데카르트는

마치 배를 타고 있는 선원처럼 내가 내 육체속에 들어가 있다는 것 …… 나의 육체가 부상당했을 때 오직 생각하는 것인 나는 그로 인하여 고통을 당하지 않을 것이며, 마치 선원의 시각으로 그의 배 안에 어떤 것이 부서졌다는 것을 아는 것처럼, 오직 순수오성에 의하여 이 상처를 알아보게 될 것[7]

이라고 말하는 것이다.

데카르트가 말하는 자아는 선원이 배를 타고 있듯 자신의 육체 안에 들어가 있다는 것이다. 그리고 배를 조종하듯 육체를 조종하는 것이다. 마찬가지로 가정, 기업, 국가 그리고 자연을 지배하는 것이다.

데카르트의 자아는 육체와 자연과 가정과 기업과 국가를 생명으로 인정하지 않는 무자비한 부정성의 자아이다. 부정성의 자아는 자신의 육체와 자연 등을 단지 자동기계로 대함으로써 아무런 가책 없이 단지 자신의 관념의 세계만을 통해 자신의 주인이 되고 자연의 주인이 될 수 있게 해주었다. 모든 것이 다 파괴되어도 자아만은 고통 받지 않는

---

7) 데카르트, 『성찰』, 김형효 역, 삼성출판사, 1987, 187쪽.

극단적으로 이기적인 자아인 것이다.

그는 살아 있는 육체와 죽은 육체의 차이를 자동기계인 살아 있는 시계와 죽은 시계의 차이로 설명했다. 그는 생명을 가진 만물을 기계적인 물리철학의 대상으로 바꾸어 버린 것이다.

그래서 데카르트는

산사람과 죽은 사람의 차이는 다르되, 시계가 아니면 다른 자동장치 (즉 스스로 움직이는 다른 기계)의 경우와 같다고 여기자. 시계가 조립되어 그 조립목적인 운동이 있고, 그 운동을 지배하는 물리적 원리가 그 안에 있게 되며, 또 그 기계의 작용을 위해 모든 것이 함께 있게 될 때와 그리고 그것이 부서지고 그 운동원리가 활동하기를 멈출 때의 차이와 같다.[8]

라고 말하는 것이다.

살아서 숨 쉬고 감정을 가지고 있는 자신과 가정, 기업, 국가 나아가 인류와 자연을 자동기계로 간주한 순간 생명이 살아서 숨 쉬고 활동하는 공간은 모두 기계적인 물리철학의 세계로 바뀌어버린 것이다.

이 무자비한 철학이 세계를 지배하며 그로 인해 고통 받는 생명들의 비명소리는 물리철학의 세계에서는 단지 자동기계인 시계가 찰깍거리며 스스로 움직이는 기계음의 소리 정도로 간주될 따름이었다. 데카르트의 자아 즉 '생각하는 나'는 결국 생명을 기계로 전락시킴으로써 세계사의 문제아이며 인류의 문제아가 되고 말았다.

데카르트의 '생각하는 나'가 인류와 지구를 파괴하는 문제아가 되었다고 해서 데카르트의 지적 모험이 무의미한 것은 결코 아니다. 그것은 전혀 다른 문제임에도 지난 철학자들은 데카르트 철학의 무시

---

8) 데카르트, 『정념론』, 김형효 역, 삼성출판사, 1987, 198쪽.

해서는 안 될 가치까지 무시하고 있다. 인간이 스스로의 내면에서 판단기준을 확보해야 한다는 것은 절대적인 명제이다. 즉 인간이 자기 자신을 신뢰하는 자신自信을 가지지 못할 때 인간은 기계나 금수와 마찬가지인 것이다. 그야말로 세계의 모든 것은 단지 가능상태에 머무르거나 무질서상태를 벗어나지 못하고 마는 것이다. 데카르트는 전적으로 의심할 수 없는 것이 나의 신뢰 속에 존재할 수 있는가 함을 보려고 하였다[9]. 우리는 그 방법론이 부정성이라는 것을 비판하고 그가 말한 철학의 제1원리를 긍정성의 변증법을 적용함으로써 찾아내는 것이다. 데카르트가 말한 철학의 제1원리는 여전히 유효한 것이다.

데카르트를 비난하되 그의 철학정신까지 포기하는 철학은 인간으로 하여금 자아를 포기하게 만드는 철학이며 그것은 결국 인간을 자아가 없는, 즉 공적 영역이 없는 허깨비로 만들고 마는 것이다.

되돌아보면 데카르트의 부정적자아를 해체하고 그 반대방향에서 긍정적 자아로 다시 결합해보려는 철학자가 그동안 한명도 없었다는 것은 한번 만들어진 고정관념이 얼마나 깨어지기 어려운 것인가를 잘 말해준다. 물고기가 영원히 물을 보지 못하듯 서양문명권에서는 자신들이 만든 고정관념을 결코 보지 못한 것이다.

3) 긍정성의 자아自我

우리는 모든 판단과 행동의 기준이 되는 영역을 자신의 내면에서 가져와야 한다는 데카르트의 주장을 승인한다. 그러나 마음과 몸을 모두 부정한 사람이라면 그 사람은 이미 죽은 것임을 우리는 안다. 그 죽은 자가 생각하는 나라면 그것은 적어도 남을 살리는 존재는

---

9) 데카르트, 『방법서설』, 김형효 역, 삼성출판사, 1987, 74쪽.

아닌 것이다.

우리는 살아 있는 인간의 내면에서 판단과 행동의 기준이 되는 신뢰의 영역을 구하는 것이다. 그 방법은 살아 있는 사람의 마음과 몸을 모두 긍정하는 긍정성의 변증법을 그 바탕으로 삼아야 한다는 것이다. 그리고 그 살아 있는 사람의 마음과 몸의 중심에 신뢰의 영역, 즉 공적 영역을 확보해야만 하는 것이다.

이 방법이 데카르트에서 시작한 서양철학의 인류의 비극을 인류의 희망으로 전환하는 시작이 되는 것이다. 이 방법론은 결국 서양에서는 나오지 못하고 우리 한겨레의 철학에서 시작한다.

우리는 혼돈의 세 가지 영역 즉 구체적인 실재의 영역과 추상적인 관념의 영역 그리고 통합의 영역이 어떻게 최적화되는가에 대하여 이미 살펴보았다.

즉 아리스토텔레스가 그 발생원리 없이 결과만 설명한 부동의 원동자의 발생원리가 비로소 설명된 것이다.

그 누구에게도 의지하지 않고 스스로가 스스로의 원인이 되어 판단과 행동을 할 수 있는 신뢰의 영역이 자신의 중심에 출현한 것이다. 이로써 자기가 원인이 되어 자신을 움직이게 하는 부동의 원동자가 자신의 중심에 자리잡게 된 것이다.

이 확고하게 통합된 혼돈의 영역은 내부와 외부로 구분된다. 내부는 통합적인 신뢰의 영역이고 외부는 그 신뢰를 원인으로 하는 신뢰의 대상으로서의 영역이다.

한철학적 방법론과 데카르트식의 방법론은 완전히 다른 방법론이다. 데카르트의 생각하는 나는 모든 것을 부정한 다음에야 비로소 나타나는, 다시 말하면 몸과 마음을 모두 제거한 다음에 출현하는 유령으로서의 생각하는 나였다.

그러나 한철학적 방법론은 대립하는 몸과 마음의 중앙에 각각의 신뢰의 영역이 확보되면서 그 어떤 것도 희생시키지 않고 모두를 완전히 긍정함으로써 신뢰의 영역을 그 자신의 중심에 세울 수 있는 것이다.

칸트는 현상계와 본체계를 말했지만 그것이 어떻게 이루어지는지를 구체적으로 한마디도 설명하지 않았다. 그의 이율배반의 근본원리인 양극성은 결코 세 가지 신뢰의 영역을 만들어낼 수 없다. 칸트를 계승한 하르트만의 비판적 존재론이나 화이트헤드의 양극성에서는 칸트와 마찬가지로 현상계와 본체계가 출현할 수 없다.

이 부분은 오로지 한철학만이 체계적인 설명이 가능한 것이다. 이로서 그 대상이 개인이든 사회이든 인류이든 가리지 않고 신뢰의 영역을 유령이 아니라 살아있는 자신의 중심에 확보될 수 있게 된 것이다. 즉 본체계와 현상계의 구분이 비로소 가능해진 것이다.

4) 동서양 철학의 해결점

우리가 신뢰의 영역을 확보하는 과정은 혼돈의 영역을 최적화하는 과정에서 자연스럽게 질서의 영역으로 대혁신을 이루는 방법론을 찾는 것이다.

한철학의 과정은 고금의 동서양의 철학이 당면하는 가장 핵심적인 문제를 다루는 것이었다. 그리고 마침내 그 문제가 해결되면서 동서양의 철학이 한꺼번에 해결된 것이다. 그리고 그 방법론이 동서양의 철학을 하나로 결합하게 되는 것이다.

동양철학에서 가장 근본적인 문제는 추상적인 관념의 영역을 설명하는 하도와 구체적인 실재의 영역을 설명하는 낙서의 원리가 어떻게 태극과 64괘의 원리로 전환되는가 하는 점이었다.

필자는 1991년 이래 이 원리를 해결하면서 출발했다[10]. 이로써 우리는 동양철학의 최고봉인 역경의 원리가 하도낙서에서 나왔으며 그것에서 태극과 64괘가 나왔다는 사실을 과정의 원리로 설명할 수 있게 된 것이다.

이것은 이미 존재했지만 잊혀진 역경의 지식을 그 역경의 지식의 지식인 우리 한겨레의 고유한 경전인 천부경, 삼일신고, 366사에서 다시 찾아낸 것이다.

그리고 이 방법론이 아리스토텔레스와 데카르트 그리고 칸트[11] 이래의 오류를 제대로 잡는 방법이 되는 것이다.

이제 우리는 지난 삼천 년간 동서양의 철학이 해결하지 못한 그 부동의 원동자의 영역인 본체계의 영역에서 새롭게 출발할 수 있게 된 것이다.

5) 대혁신과 여섯 영역

질서상태, 즉 현실상태는 혼돈상태의 내부적인 구조만 바뀐 것에 불과한 것이다. 즉 사물의 영역과 관념의 영역과 통합의 영역은 그대로이다. 그러나 그 중심에 신뢰의 영역이 형성되면서 내부와 외부로 구분된다.

---

10) 필자는 1991년 천부경과 삼일신고의 초판에서부터 하도낙서의 원리는 45:55로, 태극과 64괘의 원리는 36:64로 설명했다. 그리고 태극 그 근본적인 원리가 366사의 팔강령의 원리로 설명됨도 이미 1996년 366사에서 설명되었다. 팔강령의 원리는 이 책에서 통일의 원리로 설명된다.
11) 칸트의 방법론은 데카르트의 것과는 다르다. 그는 한철학의 방법론과 매우 유사한 접근을 했지만, 대립하는 쌍방간에 통합의 영역을 설정할 수 없었다. 따라서 그의 방법은 처음부터 실패였다. 그러나 그의 방법은 자유를 설명했다는 점에서 매우 중요하다. 칸트의 방법은 이 책에서 자유를 설명하며 구체적으로 다루어진다.

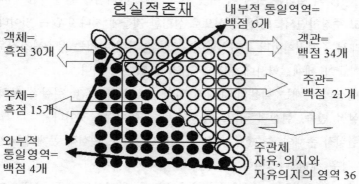

현실적존재

내부적 통일역역=
백점 6개

객체=
흑점 30개

객관=
백점 34개

주관=
백점 21개

주체=
흑점 15개

외부적
통일영역=
백점 4개

주관체
자유, 의지와
자유의지의 영역 36

객체 흑점30개= 역경의 상경 30괘,   객관 백점 34개= 영역의 하경 34괘

주관체(본체계)= 중앙의 백점 21+흑점 15= 36---- 태극과 팔강령
객관체(현상계)= 외부의 백점 34+흑점 30= 64----- 64괘

그러나 그것은 너무나 큰 변화이기에 변화라고 말하지 않고 대혁신이라고 부르는 것이다. 현실상태를 이룬 존재를 현실적 존재라고 하다.

대혁신으로 구체적인 영역의 중심은 주체主體가 되며, 외부는 객체客體가 된다. 추상적인 영역의 중심은 주관主觀이 되며 외부는 객관客觀이 된다. 그리고 통합의 영역에서의 내부적인 중심은 내적 통일영역이라고 부르며, 외부는 외적 통일영역이라고 부르게 된다. 이 여섯 영역은 각각 수로 표시된 영역을 갖는다. 즉 주관은 백점 21개 주체는 흑점15개, 객관은 백점 34개 객체는 흑점 30개, 내적 통일영역은 백점 6개 외적 통일영역은 백점 4개이다. 그리고 주관체는 36개 객관체는 64개이다.

현실적 존재의 내부를 이루는 영역은 우선 이처럼 도형과 숫자로 분명하게 구분되는 것이다. 그리고 이 6개의 영역은 그 각각이 고유한 역할을 가지게 된다.

동서양의 철학은 단지 이 여섯 개의 영역 중 하나나 둘을 우주 전체라고 주장하면서 그것을 중심으로 설명한 것들에 지나지 않는 것이다. 그래서 주체철학이니 주관철학이니 객체철학이니 하는 우스꽝스러운 철학들이 세계철학사에 이름을 올리고 있는 것이다.

현실적 존재는 적용의 대상에 따라서 현실적 인간, 현실적 사회, 현실적 민족, 현실적 국가, 현실적 인류 등이 될 것이다.

현실적 존재의 순수한 우리말은 새밝사람이다. 현실적 존재가 국가일 경우 새밝 나라이다.

이로써 대혁신은 그림에서와 같이 혼돈의 세 영역을 모두 여섯 영역으로 세분하게 되며 하나의 통일체로 향하게 되는 것이다.

7
자율론과 능동론

우리는 　　아리스토텔레스의 부동의 원동자가 본체계의 영역을
　　　　　확보한다는 사실 이외에 자율적인 존재라는 사실을 확
인 할 수 있다. 그러나 아리스토텔레스의 부동의 원동자는 능동적이지
않다. 모든 생명체들은 자율적이지만 동시에 능동적이다.

　우리는 이제 본체계의 영역에 세 가지의 중요한 원리를 확인할 수
있다. 그것은 자율과 능동성과 자유의지이다.

　자율은 역학적 조직체에서 발견되며, 능동성은 생명적 조직체에서
발견된다. 그리고 자유의지는 인간에게서만 발견되는 것이다. 우리가
이미 찾아낸 현실적 존재는 이 세 가지의 상태를 갖는다. 이 사실을
분명하게 구별해내지 못하면 지난 삼천 년간의 철학이 이룬 성과는
헛수고가 되는 것이다.

1) 자율

우리는 팽이라는 간단한 예를 통해 자율을 알 수 있다. 팽이를 돌릴

때 처음에는 뒤뚱거리며 돌아가지 않는다. 이는 돌아가려는 힘과 돌아가지 않으려는 힘이 팽팽하게 대립하고 있기 때문이다. 그래도 팽이가 뒤뚱거리고 있다는 사실은 팽이가 혼돈의 상태에 있다는 사실을 말한다. 즉 돌아가려는 힘이 55이고 돌아가지 않으려는 힘이 45이므로 뒤뚱거릴 수 있는 것이다.

그러다가 팽이는 마침내 돌아가기 시작한다. 이때부터는 팽이는 팽이주인이 도와주지 않아도 스스로 돌아가기 시작한다. 이 단계는 팽이가 자율自律을 가지고 있는 상태이다. 즉 질서의 상태인 것이다.

대자연에서도 마찬가지이다. 태양이 희미한 여명黎明의 혼돈 상태를 깨치고 아침을 밝히는 순간 세계는 자율自律을 회복하고 생명활동을 시작한다. 그리고 만물은 스스로 움직일 바에 따라 자율적으로 움직인다. 이른바 질서의 세계이다.

자율적으로 움직이는 존재자들을 우리는 지구나 태양계 또는 대우주 또는 소립자의 세계 등에서와 같은 역학적인 조직체에서 발견할 수 있다. 그들은 스스로 움직인다. 과연 그 놀라운 질서의 신비는 무엇인가?

우리가 이들 조직체에게서 발견할 수 있는 것은 하나의 개체에 두개의 실체가 명백하게 존재한다는 사실이다. 즉 아리스토텔레스가 말한 것처럼 움직이지 않으면서 원인이 되는 실체와 그로부터 움직여지는 실체이다. 두 개의 사물이 동시에 같은 장소(공간)에 있을 수 없다는 것은 철학에서는 절대적인 명제이다. 그러나 어떻게 두 개의 실체가 하나의 개체 안에 공존할 수 있는가?

인간의 내부에 현상계의 영역과 본체계의 영역이 동시에 공존할 수 있는가? 데카르트는 이 이원론에서 정신의 영역만을 인정한 것이다.

그러나 만물이 조직체일 때 그것이 역학적이든 생명론적이든 자체

258

적으로 통합적이다. 그것은 무질서에서 혼돈의 영역을 형성했을 때부터 이미 그 내부에 구체적인 영역과 추상적인 영역을 갖는다. 그리고 그것이 질서의 세계에 있다면 그 자체적으로 내부와 외부를 갖는다.

내부는 자율의 근원을 이루고 외부는 자율의 활동을 이루고 있다. 서양철학은 이원론을 구별할 수는 있어도 그것을 결합하는 일을 무엇보다 두려워했다. 그들은 어떤 방법을 쓰든 모든 것을 일원론에 귀착시키지 않으면 안 되었기 때문이다. 그것이 짜라투스트라 이래 동서양의 철학이 벗어나지 못하는 운명적인 굴레였다. 이것이 그들에게서 혼돈상태와 질서상태가 설명되지 못한 이유였다. 우리 한겨레의 한철학은 이 부분을 철저하게 새로운 이론으로 설명하는 것이다.

2) 역학적 조직체의 내면과 외면

세계와 자연은 엄밀하게 구분된다. 즉 우리는 세계와 자연이라는 두 가지 말을 하고 있으나 이 두 가지 말은 흔히 혼동된다. 전자는 만상의 수학적 전체를 의미하고, 또 현상들의 종합의 총체성을 의미한다. …… 그러나 세계가 역학적 전체로 보아지는 한에서 그것은 자연이라고 한다.[1]

칸트에게서 세계는 양적인 면과 수적인 면에서 고려된 개념이며, 자연은 현상들의 현존과 작용의 관점에서 고려된 것이다. 따라서 우리의 관심은 세계가 아니라 자연인 것이다. 그런 면에서 자연은 역학적 조직체로서 관찰되는 것이다.

우리는 물체와 역학적 조직체를 구분할 필요가 있다. 눈앞에 보이는

---

1) 칸트 순수이성비판 B 447

책상이나 컴퓨터는 단순한 물체이다. 그것들은 본체계와 현상계가 없다. 역학적 조직체는 생명을 갖든 아니든 본체계와 현상계를 갖는다.

즉 태양계는 태양이 본체계이며 나머지 행성들은 현상계에 속한다. 우리가 밤하늘에서 보이는 수많은 나상성운螺狀星雲도 모두 같은 모습을 하고 있다. 소우주에서도 마찬가지이다. 원자핵과 그것을 중심으로 움직이는 전자들의 모습은 이미 단순한 물체가 아니라 역학적 조직체이다.

대자연이 역학적 조직체(力學的組織體)의 세계라는 것은 무한대의 세계인 대우주와 무한소의 세계인 미립자들의 세계가 똑같이 이 역학적 조직체로 구성되어 있다는 사실에서 충분히 알 수 있는 것이다. 그리고 그들은 모두 나름대로의 공적 영역과 사적 영역 즉 본체계와 현상계를 가지고 그것을 하나의 전체로 조직하고 있다.

그리고 만물은 이러한 상태에서 서로가 관계의 그물을 만들어가고 있다는 사실을 알 수 있다. 그리고 그 관계의 그물의 모습도 다름 아닌 본체계와 현상계로 이루어진 더 큰 전체로서의 역학적 조직체에 지나지 않는다는 것을 알 수 있다.

바로 이 부분이 그동안 철학자들과 과학자들의 상상력이 미치지 못하던 부분이다.

하나의 전체에는 내부와 외부가 존재하며 그 내부는 불변의 존재이며 외부는 필변의 존재이다. 한철학은 상상할 수 있는 모든 것을 100으로 간주한다. 그것은 질서상태에서는 본체계와 현상계로 이루어져 있고 안의 본체계는 움직이지 않는 불변하는 정靜의 상태로서 정시태靜時態이며, 밖의 현상계는 필변하는 동動의 상태로서 동시태動時態라고 말하는 것이다.

안과 밖이 교묘하게 대립하면서 통일하고 있는 것이 이 세계의 만물이 가지고 있는 실상인 것이다.

3) 정시태와 동시태

　대부분의 철학자들은 그동안 그것이 무엇이든 대립을 시킨 가운데 한 부분을 지지하는 진부한 형식에서 벗어나는 학자가 극히 드물었다. 이 양자를 통합하여 생각한 철학자는 소쉬르가 가장 인상적인 철학자 라고 할 수 있다.

　소쉬르는 세계철학사의 흐름을 마르크스의 노동에서 언어로 전환 시킨 인물이다. 소쉬르의 주장이 시기적절했던 것은 사물의 시대에서 마음의 시대로의 전환기에서 그의 언어이론은 매우 훌륭한 도구가 되어주었기 때문이다.

　소쉬르의 안목은 너무나 멀리 그리고 전체적으로 보았기 때문에 소쉬르가 살아 있을 때에 그의 철학은 근시안적인 일반철학자들에게 조금도 이해받지 못했다.

　그리고 오늘날 소쉬르만큼 영향력이 큰 철학자도 없지만 소쉬르의 철학만큼 아직도 이해받지 못하는 철학도 없다. 그는 너무나 위대해서 불행한 철학자이다.

　그의 언어학에서 기표(시니피앙)와 기의(시니피에)는 한철학의 주 체와 주관의 원리로 볼 수 있다.[2] 그의 기호학에서 랑그는 한철학의 객관이며 파롤은 객체이다. [3]

　지금까지 존재한 철학자 중 한철학의 개념을 이렇게 까지 근접하게

---

2) 그의 기표와 기의는 주체와 주관으로 볼 수 있지만 그대로 혼돈의 원리인 물질적 영역인 감 45과 추상적인 영역인 밝 55으로 볼 수도 있다. 이 점에서 소쉬르는 다소 애매하다.
3) 소쉬르에게 랑그는 언어이고 파롤은 화언이다.
　(소쉬르, 『일반언어학강의』, 최승언 역, 민음사, 1997, 95쪽)
　여기서 랑그는 사회제도로서의 언어이며, 파롤은 개인이 개성에 따라 사용 하는 말이다. 보드리야르는 여기서 더 나아가 수공제품은 파롤이고 사회의 테크놀로지는 랑그에 해다한다고 보았다.
　(깅형효외, 『언어 문화 인간』, 고려원, 1993, 16쪽, 100쪽)

파악한 학자는 한사람도 없었다. 소쉬르만이 한철학의 현실적 존재의 내부 원리인 주관과 주체 그리고 객관과 객체를 설명하고 있는 것이다.

소쉬르의 언어학에서 필자를 가장 긴장시킨 부분은 그의 공시태와 통시태이다. 그의 공시태는 한철학의 본체계의 개념과 **흡**사하며 그의 통시태는 한철학의 현상계의 개념과 **흡**사하다. 이렇게 보면 소쉬르는 언어학에서 한철학의 혼돈과 질서의 원리를 대부분 사용한 것 같이 보인다.

그러나 좀 더 자세히 살펴보면 그의 철학이 보여주는 괴력怪力에는 무리가 있음을 발견할 수 있다. 우선 가장 놀라운 공시태와 통시태를 보면 그는 공시태를 나무의 나이테로 보고, 통시태를 나이테의 단면으로 보고 있다. 그의 철학은 칸트와 마찬가지로 정적이었던 것이다. 이 부분에서 소쉬르의 상상력의 한계가 드러난다.

그가 텔레비전에서 기상예보를 볼 수 있었다면 아마 공시태를 태풍의 눈으로 보고 통시태를 태풍의 움직임으로 볼 수 있지 않았을까? 그가 공시태와 통시태를 소극적으로 해석한 것은 그의 기호학에서 진정 빛나는 부분을 스스로 약화시킨 것이다. 소쉬르는 왜 그의 공시태에 아리스토텔레스의 부동의 동자를 적용시킬 생각을 하지 못했을까? 만일 그가 공시태에 부동의 동자를 적용시켰더라면 필자가 한철학을 쓸 수 있는 기회는 사라졌을지도 모른다. 소쉬르의 후계자들은 현대철학에서 수도 없이 많다. 그러나 그들 모두는 소쉬르의 철학에서 진정으로 중요한 부분을 거들떠보지도 않았다.

4) 퇴계와 율곡의 이기론理氣論

퇴계는 정시태와 동시태를 이理와 기氣로 구분하여 설명했다는 점에서 소쉬르와 칸트에 앞선다. 더구나 그는 이理를 순수한 선善의 영역으로 분명하게 설정하고, 인간이 스스로의 내부에서 판단의 기준을 가짐으로써 자신을 신뢰하는 철학을 세웠다. 이 점이 얼마나 탁월한 철학인지에 대해 그동안 세계의 지식계는 물론 우리나라에서조차 잘 알려지지 않았다.

칸트가 자유를 설명하며 자신을 신뢰하는 철학을 세울 수 없었던 점에 비한다면 퇴계의 철학은 확고한 신뢰의 영역을 자신의 내부에서 발견할 수 있었다. 이 점은 철학에 있어서 가장 근본적인 문제를 해결할 수 있는 결정적인 방법이다.

우리나라의 퇴계와 율곡4)은 실로 이 주자학5)이 근본적으로 가지고

---

4) 퇴계는 주자학이 가지고 있는 태극위주의 철학으로는 실학이 될 수 없음을 알고 주자학의 이와 기를 분리시켜 이기이원론을 세웠다. 이로써 조선의 성리학은 주자학의 가장 큰 문제를 제거했다고 볼 수 있다.
  율곡은 퇴계의 철학이 지니는 의미를 알았지만 그것으로는 부족하다고 보고 주기론主氣論을 주장했다. 그것은 주자학이 이理에 지나친 가치를 부여하여 성리학이 실학이 되는 길을 막고 있다고 보았기 때문이다. 율곡은 퇴계의 뒤를 중요한 한걸음을 더 나간 것이다.
  그리고 조선후기의 실학자들은 주자에 의해 만들어진 불합리한 철학원리의 틀 자체를 배격함으로서 실학의 길을 열었다.

5) 주희朱熹는 이와 기를 이렇게 말한다. "우주(천지)에는 이理도 있고 기氣도 있다. 이理란 형이상의 도이며 만물을 생성하는 근본이다. 기氣란 형이하의 사물(器)이며 만물을 생성하는 재료(具)이다. 그러므로 인간과 사물은 생성될 때에 반드시 이 이를 품수稟受한 연후에야 형태(形)를 갖는다"
  天地之間 有理有氣 理也者 形而上之道也 生物之本也 氣也者 形而下之器也 生物之具也 是以人物之生 必稟此理 然後之性 必稟此氣 然後之形 (答黃道夫書文集: 卷58 - 馮友蘭 中國哲學史 정인재역 1977 형설출판사 377쪽)
  여기서 주희는 이理는 형이상학적인 도道이며 기氣는 형이하학적인 기器라고 설명한다. 이것은 계사전繫辭傳에 근거한 매우 훌륭한 해설이다. 즉 한철학에서 말하는 감의 영역이 기氣로서 형이하학적인 器이며 밝의 영역이 형이상학적 道라고 말하는 것이다. 그것은 한철학의 혼돈의 영역 생성적 존재의 영역을 잘 표현한 것이다. 그러나 주희는 이 理의 영역의 극에 아리스토텔레스의 부동의 원동자에 해당하는 태극을 설정한다. 그리고 기氣의 영역에 음양오행陰陽五行을 설정한다. 주희의 철학은 이로써 생성의 테두리와 질서의 테두리를 하나로 혼합한 기형적인 철학이 되어 버린다.
  말하자면 머리는 질서의 세계에 살고 있는 성인의 머리요 몸은 막 태어나고

있는 문제를 주자의 틀을 고치지 않는 선에서 최대한 합리적으로 고쳐서 사용하려는 시도라고 말할 수 있을 것이다.

그러나 퇴계의 이는 주관에 국한한 것이며 그의 기는 객관에 국한한 것이었다. 따라서 그는 도덕론을 주창할 수 있었을 뿐 세계를 변혁하는 실학實學으로서의 철학을 세울 수 없었다.

이 점에서 빛나는 사람은 율곡이다. 율곡은 주관대신 주체로서의 이理를 주장했고 당연하게도 객관대신 객체로서의 기氣를 주장했다.

따라서 율곡은 실학으로서의 철학을 주장할 수 있었다. 율곡이 10만 양병론을 주장한 것은 그의 이理가 주체를 지향하는 것이었기 때문이다. 국가에서 객체는 국민과 국토인 것이다. 율곡의 철학에서 국민과 국토를 지키는 10만 양병론이 나오는 것은 마치 콩을 심은 곳에 콩이 나고 팥을 심은 곳에 팥이 나오는 이치와 조금도 다르지 않다.

퇴계와 율곡은 서로 부딪치는 철학을 주장한 것이 결코 아니다. 이 두 위대한 철학자들은 우주의 원리를 각각 반씩 주장한 것이다.

다만 아쉬운 것은 이렇게 위대한 철학이 세계에 알려지지 못했고 그 양자가 하나로 통합과 통일되지 못한 사실에 있는 것이다.

5) 역학적 조직체의 최적화 원리

혼돈상태에서 전체는 $100=45+55$ 이었다. 그 중앙에 자유의 영역인 주관체가 자리 잡을 때 전체는 다시 안과 밖으로 나뉘며 $100=36+64$가 된다. 여기서 36은 내부이며 64는 외부이다. 즉 질서상태이다.

있는 어린아이의 몸과 마음의 합이다. 이런 상태의 인간이 현실세계에서 존재할 수 있는가?

현실적존재의 최적화 원리

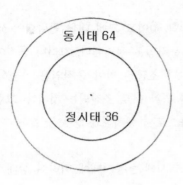

동적영역動的領域=
동시태 動時態=64

정적영역靜的領域=
정시태 靜時態=36

현실적존재의 최적화는
동적영역:정적영역=
64:36에서 이루어진다.

질서상태는 내부와 외부가 분명히 서로를 구분하고 역할을 분담할
때 하나가 된다는 것을 의미한다.

질서상태의 내부인 정시태와 외부인 동시태는 천부도에서 그 면적
의 비가 36:64로 정해져 있다. 이 면적비는 사실세계의 역학적 조직체
를 그대로 반영하는 것이다. 다시 말하면 역학적 조직체의 최적화는
정시태와 동시태의 비율이 36:64에서 이루어지는 것이다.

우리는 이 사실에서 자율의 영역인 주관체가 정시태인 36의 영역에
서 이루어지며 현상의 영역인 역경의 64괘가 동시태인 64의 영역에서
이루어진다는 사실이 확인되는 것이다.

다시 말하면 동시태의 영역은 현상의 영역으로 철저한 인과률이
작용하는 운동의 영역이다. 그리고 동시태의 운동의 원인은 정시태인
36의 영역에서 가져오는 것이다. 즉 정시태인 36의 영역이 자율의
영역이다.

즉 원인과 결과의 영역과 필연적과 우연적인 영역이라는 서로 다른 종류의 영역이 하나의 전체를 이루고 있는 모습을 우리는 볼 수 있는 것이다. 여기서 운동의 영역인 동시태가 운동할 수 있는 이유는 무엇인가?

즉 동시태가 만일 움직이려는 힘 30이고 그에 대한 반발력이 30이라는 같은 힘으로 조직되었다면 움직임은 정지된다. 그러나 움직이려는 힘이 움직임에 대한 반발력보다 조금은 커야 움직임은 가능하다.

따라서 동시태 64는 객체 30과 객관 34로 조직되는 것이다. 그럼으로써 객체보다 객관은 4가 더 큼으로써 동시태는 운동을 할 수 있는 것이다.

이번에는 정시태를 살펴보자. 정시태는 동시태에 비하여 상대적으로 움직임이 없다. 그러나 절대적으로 움직임이 없는 것은 결코 아니다.

정시태의 안에서도 모순이 존재하며 그 모순간의 대립은 일어나고 있는 것이다. 정시태는 동시태의 운동의 원인이 되지만 정시태의 중심에는 정시태의 원인이 존재한다.

그리고 그 중심은 정시태의 영역을 형성하며 상대적으로 움직임이 없는 영역이 된다. 이때 정시태의 내부에서도 움직이려는 힘과 그 움직임에 저항하려는 힘이 서로 모순을 일으키며 대립하는 것이다. 이 때 대립의 최적화 비율은 15:21이 되는 것이다. 그리고 움직임에 저항하는 영역 15를 주체라고 하며 움직임을 일으키려는 영역 21을 주관이라고 하는 것이다. 또한 운동의 원인의 원인이 되는 존재를 '한'이라고 하는 것이다.

우리는 이 모든 원리를 천부도에서 동시태인 64가 흑점이 30이며 백점이 34라는 사실에 역경의 상경 30괘와 하경 34괘가 설명된다는 사실에서 한 번에 확인할 수 있다.

즉, 동시태는 그 내부의 영역이 전체의 64%의 면적을 필요로 하며 그 면적 안에서 객관으로서 확장하는 34%의 영역과 객체로서 수축하는 30%의 영역이 서로 맞부딪치고 있으며 그 때 비로소 최적화가 이루어진다는 사실이 발견되는 것이다.

여기서 객관 34가 객체30보다 4가 더 크다는 사실은 매우 중요하다. 이 4의 영역은 특별히 한철학의 논리학에서 외적 통일영역이라고 불리게 된다.

이제 우리는 칸트가 말했던 현상계가 64라는 실제적인 원리로서 객체와 객관 그리고 외적 통일영역을 이루는 사실을 알게 되었다. 그리고 칸트가 말했던 자아자체 또는 가상체可想體 또는 물자체物自體가 36의 영역이라는 사실을 알 수 있는 것이다.

그리고 주체가 15이며 주관이 15이다. 여기서 주관의 영역에서 주체의 영역보다 6이 더 크며 이 영역은 특별히 내적 통일의 영역이라고 한다.

이 모든 원리를 단순화하면 주관체인 36의 영역과 객관체인 64의 서로 다른 원인을 가지는 두개의 영역이 하나의 전체를 조직하는 것이다.

이 원리가 모든 역학적 조직체의 조직원리인 것이다. 그리고 이 원리는 최적화된 현실적 존재의 원리이기도 하다. 즉 우주의 성운星雲이나 태풍과 같이 완전히 자발적인 역학적 조직체이며 나아가 우주전체를 이와 같은 역학적 조직체로 설정할 수 있는 것이다.

그리고 인위적인 역학적 조직체인 모든 동력체 역시 같은 원리로 간주할 수 있을 것이다. 특히 가장 가시적인 형태로 역학적 조직체의 경우 날개는 동시태로 그 중심은 정시태로 볼 수 있다.

모든 동력은 역학적 조직체에 의해 발생하고 그 동력은 또한 역학적 조직체에 의해 전달된다. 이는 우주의 성운이나 태풍을 인위적으로 일으키는 것과 같은 원리로서 한철학의 한변증법 제2법칙인 100=36+64의 원리[6]에 의해 지배받는 다는 것을 알 수 있는 것이다.

이 경우 역학적 조직체의 면적비가 정시태 36: 동시태 64로 정해질 때 그 효율이 최적화된다는 사실을 알 수 있다.

칸트가 제3이율배반에서 자유를 말했을 때 그것은 철학사에서 처음으로 본체계와 현상계를 구분하여 본체계에서 칸트의 용어로는 물자체의 영역에서 자유의 가능성을 말한 것이다. 그러나 그 자유는 베르그송이 비웃었듯 신비스러운 방법론에 불과한 것이다. 사실 칸트가 자유를 말할 수 있었던 제3 이율배반의 방법론은 성립이 불가능한 방법에 불과하다. 그의 비판적 방법은 50:50의 대립이며 그 대립에서는 결코 자유를 이끌어낼 수 없는 것이다.

자유를 가능하게 하는 대립은 오직 45:55의 통합적 대립에서 36:64의 통일의 대립상태에서 질서를 이룰 때 그 중심영역에서 자유가 가능한 것이다. 이 부분은 뒤에서 다시 자세하게 다루므로 여기에서는 정의만을 해두도록 하자.

즉, 36%의 중심영역인 본체계는 태풍의 눈처럼 움직임이 없는 가운데 64%의 현상계를 통제하고 있다. 이는 마치 팽이가 스스로 돌아가는 질서의 상태를 이루는 것과 같은 것이다. 나아가 인간이 본체계와 현상계를 이루면서 스스로 질서의 영역을 가지고 자유를 이루는 것과 같은 것이다.

그리고 36:64의 대립의 중심점인 한은 이른바 칸트가 설명한 제4이율배반을 설명하는 것이다. 이는 내재적인 신의 존재이다. 칸트는 내재적인 신의 논리적 가능성을 제시하고는 오히려 그 불가능성을 말하는 이상한 모습을 보였다. 그러나 자유가 가능하다는 말은 내재적인

---

6) 한변증법 제2법칙의 완성은 뒤에서 설명하는 통일변증법인 팔강령에 의해 이루어진다.

자유와 내재적 하나님의 원리

본체계=정시태=15+21=36
현상계=동시태=30+34=64

본체계와 현상계의
중심점=내재적인 중심=한

자유: 본체계의 영역에서
　　　자유가 성립된다.

하나님: 내재적인 중심 '한' 에
　　　　하나님이 존재 (一神降衷)

따라서 자유와 내재적 하나님은
질서의 근본원리이다.

신이 가능하다는 말과 조금도 다르지 않는 것이다.

즉 36:64가 설명하는 본체계와 현상계의 대립은 그 중심점에 한의 존재를 전재로 하지 않는 한 불가능한 것이다.

다시 말하면 인간과 세계의 중심에 신이 존재한다는 한철학의 일신강충一神降衷이 확고하게 그 바탕에 존재할 때 비로소 자유도 가능한 것이다. 또한 이러한 상태에서만이 질서의 상태가 성립하는 것이다.

이 45:55와 36:64의 비율은 존재자가 실재의 세계에서 존재하는 과정에 있어서의 최적화된 상태의 내부적인 원리를 설명하는 것이다. 즉 혼돈상태에서는 45:55의 대립이 최적화된 상태이며 질서상태에서는 36:64의 대립이 최적화된 상태가 된다. 이 비율은 면적의 비이며 힘의 비율이기도 하다.

6) 능동성과 생명적 조직체의 과정

우리는 우리가 사는 세상이 생명으로 가득 찬 것을 안다. 그것을 생명이 없는 단순한 역학적 조직체의 세계로 가정하는 것은 우리가 알아야 할 가장 소중한 것을 포기하는 것이다.

역학적 조직체는 자율을 가지고 있다고 해도 그것은 능동적이지 못한 자율이다. 즉 강제 받는 자율로서 맹목적인 것이다. 무생명은 뉴턴의 물리학으로 볼 때는 기계적으로 움직인다. 양자물리학의 소립자의 경우 확률적으로 움직이지만 그것은 생명체가 가진 능동성과는 근본적으로 다른 것이다. 아무리 거대한 태양계나 대우주의 성운星雲이라 해도 그것은 단지 역학적 조직체이다.

역학적 조직체는 자발성이 없다. 단지 자동적으로 움직이고 조절될 따름이다. 역학적 조직체에 어떤 외력이 작용할 때 그것은 속수무책으로 당할 뿐이다. 그러나 생명적 조직체는 능동적으로 그에 대처하여 생명을 지키려한다.

모든 생명체들의 자율은 원래부터 능동적이다. 이점이 역학적 조직체와 생명적 조직체와의 근본적인 차이이다. 역학적 조직체는 내부나 외부에서 방해를 받았을 때 그것에 대하여 능동적으로 대처할 능력이 없다. 그러나 생명적 조직체는 내부나 외부에서 방해를 받았을 때 그에 대해 능동적으로 대처하는 능력을 가지고 있다. 생명적 조직체는 존재하는 순간부터 삶을 사는 내내 능동적인 것이다. 한갓 미물에 불과한 벌레조차도 그것은 생명적 존재이다.

생명체는 자신이 속한 전체의 부분으로 존재하지만 그 부분은 스스로 전체이다. 유기질은 개체個體를 이루고 있을 때 참다운 유기질이다. 모든 개체는 아무리 작은 개체라도 하나의 복잡다단한 전체이다.

소립자의 원리를 대상으로 한 양자철학에서 능동성을 발견하기는

270

불가능하다. 그러나 모든 생명체는 능동성을 스스로 가지고 있는 것이다. 모든 생명존재는 하나의 독립적인 우주이다. 그 우주의 내부에는 본체계와 현상계로 나뉜다. 그리고 서로가 역할을 분담하고 긴밀하게 협력하며 삶을 살아간다.

생명과정은 탄생과 죽음 그리고 삶이라는 과정을 스스로 겪어나가는 것이다. 생명과정은 무無에서 태어나는 것이 아니라 반드시 그 생산개체에게 가능상태를 부여받고 혼돈상태가 된 다음 현실상태 즉 질서상태가 되는 것이다. 이것이 만물이 태어나는 과정이다.

소멸하는 경우도 유기물은 다른 형태의 유기물로 변환되어 무질서상태가 될 따름이다. 유기물의 소멸에 따라 그 개체를 유지하던 생명 자체도 소멸한다.

생명적 조직체는 자신이 속해 있는 전체로서의 생명적 조직체의 내부의 한 존재로서 하나의 전체가 되는 능동성을 가지고 소규모의 전체를 창조하고 있다.

생명적 조직체의 생명은 다른 유기질을 자신의 안으로 끌어들여 그것에서 화학적 에너지를 받아들임으로써 존재할 수 있다. 한마디로 다른 생명체를 먹어야만 존재할 수 있는 것이다.

다시 말하면 스스로 유기질로서의 생명체이지만 유기질인 자신을 먹지 않고 다른 유기질을 먹음으로써 존재한다. 같은 고기 덩어리인 위장과 장이 어떻게 다른 고기와 하나로 섞이면서도 같은 고기인 자신의 위와 장은 분해하지 않으면서 외부로부터 들어온 고기만 분해하여 섭취하는가? 생명적 조직체는 기묘한 기능을 가지고 있는 것이다.

생명적 조직체는 반드시 태어나고 죽는다. 그러나 모든 생명체는 영생을 추구하고 있다. 그것이 시간성의 한계로 불가능할 때 생명적 조직체는 개체로서가 아니라 개체보다 높은 차원의 종種의 영원성으로 극복한다.

271

즉 모든 생명적 조직체는 번식을 함으로써 개체는 죽어도 그 종種은 영원성을 추구할 수 있다. 물론 그 어떤 종種도 시간성을 영원히 극복할 수는 없겠지만 개체로서 생각할 때 그것은 영원에 가까운 것이다. 이러한 종種 차원의 전략에는 고등동물인 인간도 예외는 아니다.

인간이 문학과 예술에서 중심적 주제로 삼고 있는 사랑도 어느 의미에서는 인간이라는 종種 차원에서 살아남기 위한 고도로 발달된 전략이라고 말한다면 너무 차가운 평가가 될지 모르겠다. 그러나 그것은 사실이다. 생명을 가진 모든 것이 자신에게 주어진 시간 내에 자신의 유전자를 퍼뜨리려고 하는 것은 이러한 종 차원의 전략에서 이해될 수 있는 것이다.

생명적 조직체는 스스로 능동성을 가지며 또한 스스로 과정이 되는 것이다. 그리고 유기물을 섭취하며 생식을 함으로써 종 차원에서 보다 길고 큰 생명을 추구하는 것이다.

8
한논리학

논리학은   영어의 Logic, 독일어의 Logik 그리고 프랑스어의 Logique 에 해당하는 말이며, 이들은 모두 그리스어 로고스Logos에서 유래한 말들이다.[1] 헤라클레이토스는 우주법칙에 대해서 처음으로 로고스Logos라는 말을 사용하였다.[2]

헤라클레이토스의 우주법칙은 만물은 유전流轉한다는 것이다. 이는 한철학에서 말하는 만물은 과정이라는 말과 그 의미가 일면 통하는 것이 있다. 만물은 과정이라는 한철학에서 설명하는 논리학은 서양철학에서 로고스Logos라는 말을 처음으로 사용했을 때의 우주법칙으로서의 만물의 유전과 같은 것이다.

그런데 로고스Logos는 서양철학에서 헤라클레이토스 이후에는 우주법칙을 설명하는 수단으로서의 언어가 아니라 언어 그 자체가 우주법칙이 되는 단순환위의 착각이 일어났다.

따라서 헤라클레이토스가 처음으로 로고스Logos라는 용어를 사용할 때의 우주법칙으로서의 만물의 유전이라는 논리학의 개념은 서양

---

1) 박준택, 『일반논리학』, 박영사, 1994, 14쪽.
2) 슈퇴릭히, 『세계철학사』, 임석진 역, 분도출판사, 1988, 170쪽.

철학에서는 헤라클레이토스 이후 완전히 사라졌다. 그리고 서양철학에서의 논리학은 언어와 언어의 영역인 추상적인 관념의 영역에 국한하는 논리학으로 축소되고 말았다. 이 부분은 서양철학에 있어서 논리학이 처음부터 전체적인 것이 아니라 부분적인 것으로 축소되어 발전하게 되는 매우 중요한 사건이 된다. 헤라클레이토스의 로고스Logos가 갖는 기본법칙은

만물은 유전할 뿐 정지된 것이라곤 아무것도 없다.[3]

이다. 이것이 그의 논리학의 가장 큰 법칙인 것이다. 그리고 한철학에서도 이 법칙은 가장 근본적인 법칙이다. 또한

그런데 만일 결합시킬 대립물이 존재하지 않는다면, 통일도 있을 수 없을 것이다.[4]

라는 주장은 한철학의 통합과 통일의 기본법칙을 그대로 설명한다. 과정상의 상태는 대립되는 상황에서 결합된 것이다. 그 상황에서 통합과 통일이 이루어지는 것이다. 헤라클레이토스는 한철학의 한논리학의 기본원리를 거의 그대로 설명하고 있다.

아리스토텔레스의 논리학은 헤라클레이토스와는 근본적으로 다르다. 그의 논리학은 사물과 관념의 복합체인 존재자에 있어서 관념의 영역 안에서만 통하는 논리학에 불과한 것이다. 헤라클레이토스의 로고스(Logos)와 같이 우주법칙으로서의 만물의 유전을 설명하는 통합적인 규모의 논리학은 이미 사라진 것이다. 뿐만 아니라 아리스토텔레스의 논리학의 근본원칙인 동일율, 모순율, 배중율은 헤라클레이토스

---

3) 슈퇴릭히, 『세계철학사』, 임석진 역, 분도출판사, 1988, 169쪽.
4) B. 러셀, 『서양철학사』, 최민홍 역, 집문당, 1979, 65쪽.

의 대립을 불가능하게 하며 통합과 통일도 논리학에서는 근본적으로 불가능하게 하는 것이다.

동양에서는 다음과 같이 묵자墨子의 삼표설三表說로 알려진 논리사상이 있다.

묵자가 말하기를 반드시 표준을 세워야 한다고 했다. 말을 하면서 표준이 없다면 마치 녹로轆轤 위에 서서 동서를 헤아리는 것이나 같은 것이다. 옳은 것인지 그른 것인지 해로운 것인지 분명히 분별할 수 없을 것이다. 그러므로 반드시 세 가지 표준이 있어야 한다고 주장하는 것이다.

근본을 마련하는 게 있어야 하고, 근원을 따지는 게 있어야 하고, 활용할 수 있는 게 있어야 한다. 무엇에다 근본을 마련하는가? 위로는 옛날 성왕들의 일에 근본을 둔다. 무엇에서 근원을 따지는가? 아래로는 백성들의 귀와 눈으로 듣고 본 사실에서 근원을 따져야 한다. 무엇에 활용하는가? 그것을 발휘하여 형정을 시행하고 국가와 백성과 인민의 이익에 부합할 수 있는가를 보아야 한다. 이것이 이른바 세 가지 표준이라고 말하는 것이다.[5]

묵자가 주장한 삼표설三表說에서 본지자本之者는 근본을 마련하는 것으로서 옛날 성왕들의 일에 근본을 둔다. 원지자原之者는 근원을 따지는 것으로서 백성들의 귀와 눈으로 듣고 본 사실에서 근원을 둔다. 용지자用之者는 그것을 발휘하여 형정을 시행하고 국가와 백성과

---

5) 子墨子言曰 必有儀 言而毋儀 譬喩運鈞之上而立朝夕者也 是非利害之辯 不可得而明知也 故言必有三表 何謂三票 子墨子言曰 有本之者 有原之者
有用之者 於何本之 上本之於古者聖王之事 於何原之 下原察百姓耳目之實 於何用之 廢以爲刑政 觀其中國家百姓人民之利 此所謂言有三表也. (墨子 非命篇 上 세계사상전집 6 삼성출판사 1982년 285쪽) 녹로轆轤: 돌림판, 도르레

인민의 이익에 부합하게 하는 것이다.

여기서 본지자本之者는 본체계를 설명하고, 원지자原之者는 현상계를 설명하며, 용지자用之者는 본체계의 영역의 원리를 현상계에서 사용하여 본체계와 현상계가 일치하는 경지에 도달하는 것을 말하는 것이다.

그동안 본지자本之者를 이것을 근거 있게 하는 것으로 보아 연역법演繹法에 연관시키고, 원지자原之者를 이것을 물어볼 수 있는 것으로 보아 귀납법歸納法에 연관시키고, 용지자用之者를 이것을 사용하는 것이라 하여 오늘날의 실험법實驗法에 연관시켜 왔다.[6]

그러나 묵자墨子의 삼표설三表說은 서양의 아리스토텔레스 방식의 논리학과 연결할 수 있는 차원을 훨씬 넘어서 있다. 오히려 헤라클레이토스의 대립을 통한 통일의 차원에서 본다면 이해할 수 있는 내용이 될 것이다.

그리고 이 내용은 한철학의 질서상태를 국가에 맞추어 나름대로 잘 설명하고 있는 것이다.

동서양에서 한논리학에 접근한 철학자들이 없는 것이 아니었다. 다만 헤라클레이토스나 묵자의 철학과 같이 철저하게 사장되어 버린 것이다.

이제 아리스토텔레스의 논리학의 한계가 더 이상 진행될 수 없는 상황에서 오히려 이들의 논리학이 빛을 발하고 있는 것이다.

1) 아리스토텔레스의 사유의 법칙 비판

로베르트 하이스는 아리스토텔레스로부터 칸트에 이르기까지 진리

---

6) 박준택, 『일반논리학』, 박영사, 1994, 221쪽.

는 오직 일의성이 있는 경우에만 성립된다고 설명되어 왔다[7]고 주장
했다. 이 말은 아리스토텔레스에서 칸트까지의 모든 철학은 반과정적
이며 반통합과 반통일적 철학이라는 말과 같다. 그리고 이러한 철학은
지금까지도 지속되는 것이다. 한철학이 가진 통합과 통일의 철학이
가지는 가치를 역설적으로 잘 설명하는 말이다.

이러한 서양철학의 문제의 중심에는 아리스토텔레스의 사유법칙인
동일률, 모순률, 배중률이 있다.

동일률은 A는 A이다 (A=A)는 형식이다. 즉 갑순이는 갑순이이기
시작한 이래 갑순이라는 본질성을 계속 유지하는 것이다. 헤겔은 다음
과 같이 아리스토텔레스의 동일률에 대해 혹평을 한다.

> 만일 진리라고 하는 이 법칙에 의해 遊星은 유성이다. 磁氣는 자
> 기이다. 精神은 정신이다. 이렇게 말하는 사람이 있다면, 우리는
> 그 사람을 멍텅구리라고 하여도 옳다. 도리어 이렇게 말하는 사람
> 들을 멍텅구리라고 부르는 게 일반적인 경험일 것이다. 오직 이 법
> 칙만을 법칙으로 아는 이 학파는 오랫동안 열렬히 떠들던 그들의
> 논리학과 더불어 상식이나 이성에게 아주 신망을 잃어버렸다.[8]

이러한 여러 가지 대상 간에 하등의 관계도 없다. 따라서 그것은
동일성이 아니라 구별이다. 그러나 우리는 이 사물들을 구별해서 보기
에만 그치는 것이 아니라 한 걸음 더 나아가서 이 사물들을 서로 비교
하여, 같은 규정과 같지 않은 규정을 획득한다[9]는 것이다.

헤겔은 단순한 구별이 아니라 대립을 통해서 부정성의 변증법을
실현할 수 있다. 따라서 동일률은 반드시 부정되어야 하는 것이다.

---

7) 로베르트 하이스, 『변증법』, 황문수 역, 일신사, 1973, 26쪽.
8) 헤겔, 『논리학』, 전원배 역, 서문당, 1982, 256쪽.
9) 헤겔, 『논리학』, 전원배 역, 서문당, 1982, 259쪽.

한철학의 긍정성의 변증법도 동일률을 보는 관점은 헤겔과 같은 것이다. 다만 한철학은 대립을 부정성의 변증법이 아니라 긍정성의 변증법으로 이끌어 통합과 통일에 도달한다.

동일률은 곧 모순율을 낳는다. 모순율을 만든 아리스토텔레스는 동일한 것이 동시에 존재하며 또한 동시에 존재하지 않을 수도 있다는 것은 모순이다[10](A=nonA)는 것이다. 이것은 동일률 (A=A)에서 나온 것이다.

모순율은 곧 모순되는 것의 공존을 불가능한 것으로 선언하는 것이다.[11] 즉 내부에 대립하는 한 쌍이 전체로 통합과 통일을 이루는 것은 불가능하다고 말하는 것이 모순율이다.

헤겔은 통틀어 이 세계를 움직이게 하는 것은 즉 모순이며, 그런데도 불구하고 모순을 생각할 수 없다고 말하는 것은 가소로운 일[12]이라고 주장한다.

그리고 사람들은 긍정적인 것과 부정적인 것을 절대적인 구별로 본다. 그러나 양자는 결국 동일한 것이다. 그러므로 결국 자산과 부채는 류가 전혀 별개의 것이 아니다. 같은 것이 채무자에게는 소극적이고 채권자에게는 적극적인 것이다. 그와 마찬가지로 동으로 통하는 길은 동시에 서로 통하는 것이다.[13]

헤겔의 모순율에 대한 비판은 한철학에서 말하는 내용과 상당히 유사하다. 그러나 지금부터가 다르다. 즉 헤겔은 모순은 모순 그대로 남아있을 수 없고 제 자신을 스스로 지양止揚한다는 점[14]이라고 주장한다. 여기서 지양止揚이란 대립하는 한쪽이 다른 한쪽을 부정한다는

10) 슈퇴릭히, 『세계철학사』, 임석진 역, 분도출판사, 1988, 231쪽.
11) 하르트만, 『]존재학범주론』, 하기락 역, 형설출판사, 1996, 204쪽.
12) 헤겔, 『논리학』, 전원배 역, 서문당, 1982, 265쪽.
13) 헤겔, 『논리학』, 전원배 역, 서문당, 1982, 264쪽
14) 헤겔, 『논리학』, 전원배 역, 서문당, 1982, 265쪽

말이다. 폴 풀키에는 헤겔이 비록 정반대의 의견을 주장하는 것처럼 보일지라도, 사실 그는 그 누구와도 마찬가지로 모순율을 받아들이는 것이며 그는 단지 모순이 사유의 필연적 계기를 이룬다는 것만 주장했을 뿐15)이라고 말한다. 그러나 한철학은 모순을 결코 지양하지 않는다. 대신 모순을 통합과 통일로 이끈다.

칸트만이 모순에 대해 양자긍정하는 이율배반을 제시했다. 그는 1,2 이율배반을 모두 부정하고 3,4 이율배반에서 물자체의 영역에서 자유와 무제약자의 내재적 가능성을 말했다. 그런데 그 이율배반의 해결은 곧 그가 내세운 이율배반의 파기를 전제하지 않고는 불가능하다는 것을 의미하는 것이다.

한논리학은 아리스토텔레스의 배중률排中律이 가지는 한계를 극복하여 전혀 다른 차원의 것으로 바꾼다. 배중률은 동일한 사상事象을 놓고 그것이 존재하는 것과 존재하지 않는 것과의 중간을 이루는 제3의 가정은 있을 수 없다"16) 는 것이다.

즉 "A는 B이거나 비(非)B이거나의 어느 하나"이다 (A=B or nonB). 헤겔은 다음과 같이 말한다.

배중률은 모순을 제거하려고 하는 명제이다. 그러나 배중률은 모순을 배제함으로써 모순을 범한다. 이 명제에 의하면 +A는 A이거나 불연이면 반드시 -A라고 한다. 그러나 그러함으로써 배중률은 벌써 제삼자 즉 +A도 아니요 또 그렇다고 -A도 아닌 A, 그리고 +A도 되고 또 -A도 되는 A가 있다는 사실을 말하고 있다. 가령 +W가 서편으로 6마일 방향을 의미하고, -W가 동편으로 6마일 방향을 의미할 때, +와 -를 상쇄하면 대립이 있든지 없든지 남는 것은 6마일의 과정 또는 공간일 것이다. 간단한 수나 추상적 방향

---

15) 폴 풀키에, 『변증법의 이해』, 최정식/임희근 역, 한마당, 1992. 63쪽.
16) 슈퇴릭히, 『세계철학사』, 임석진 역, 분도출판사, 1988, 231쪽.

의 플러스 마이너스까지도 0을 제3자로 가지고 있다고 말할 수 있다. 그렇거늘 하물며 플러스와 마이너스와의 공허한, 오성적 대립이 수나 방향 기타 등등과 같은 추상적인 경우와 다르다고는 더구나 말할 수 없다.[17]

헤겔은 배중률에 대해 가장 신랄한 비판을 가하고 있는 것이다. 헤겔은 차라리 배중률에 의해 이것이냐 저것이냐 라고 말할 게 아니라, 차라리 모든 것은 대립한다고 말하여야 한다[18]고까지 말한다.

참으로 아슬아슬하지 않은가? 헤겔이나 헤겔의 후계자들이 이 부분에서 조금만 발상의 전환을 이루었다면 한철학의 가장 근본적인 부분이 이미 독일철학이 되어버렸을 것이다.

그러나 물론 여기까지이다. 여기서 조금만 더 나가면 헤겔과 그의 후계자들은 대립에 부정성의 변증법을 사용할 것이다.

서해안 갯벌을 다시 생각해보자. 갯벌은 바다와 육지의 중간을 이루는 제3의 가정을 현실에서 만들고 있다. 가령 육지를 중심으로 생각한다면 바다는 육지의 모순이다. 그것은 당연히 모순율에 의해 부정되어야 한다. 그리고 존재하는 육지와 부정되어서 존재하지 않는 바다와의 중간을 이루는 갯벌의 존재도 가정해서는 안 된다는 것이다. 그것이 배중률이다.

그러나 한철학은 한논리학은 당연히 갯벌의 존재를 인정한다. 오히려 한논리학에서 보면 갯벌이야말로 혼돈상태의 전형으로 철학의 출발영역을 설명한다.

우리는 갯벌을 이해함으로써 바다와 육지를 동시에 이해할 수 있는 계기를 얻을 수 있다. 가장 철학적인 영역이 곧 갯벌이다. 그러나 아리스토텔레스와 칸트와 헤겔은 당연히 이 갯벌을 존재하지 않는 것으로

---

17) 헤겔, 『논리학』, 전원배 역, 서문당, 1982, 262쪽.
18) 위의 책, 265쪽.

설정할 것이다.

갯벌을 좀 더 크게 생각해보면 한반도를 생각할 수 있다. 즉 바다와 육지의 대립에서 모순율은 육지가 아니면 바다 둘 중에 하나만 선택하게 된다. 태평양과 아시아대륙 사이에 한반도라는 존재는 논리적으로 이중적인 존재이다. 태평양이면 태평양 아니면 아시아대륙이면 아시아대륙이어야 하는 것이다. 그 중간의 한반도는 무엇인가? 그러나 바로 우리는 그 이중적인 한반도에서 살고 있는 것이다.

그러나 이 이중적인 존재가 한논리학에서 보면 혼돈상태로서 한변증법 제1법칙적인 상태이다.

한 가지 더 생각해보면 태백산에서 지리산에 이르는 백두대간은 경상도면 경상도, 전라도면 전라도에 속해야 한다. 그러나 백두대간은 그 중간에 속하는 제3의 영역으로 이중적인 존재이다. 이 역시 한논리학에서 보면 혼돈상태로서 한변증법 제1법칙적인 상태이다.

결국 아리스토텔레스는 추상적인 관념의 영역 안에서만 사유의 세 원리를 국한했다. 따라서 한논리학은 아리스토텔레스의 사유의 세 원리를 단지 추상적인 관념의 영역에만 국한한다. 그리고 한논리학은 추상적인 관념의 영역과 구체적인 실재의 영역이 하나의 전체가 되는 그 자체를 논리학의 기본원리로 삼는다.

2) 통합과 통일의 논리학

한철학은 대립에서 아리스토텔레스와 칸트와 헤겔과는 달리 긍정성의 변증법을 사용하는 것이다. 이 발상의 전환을 생각해낸 철학자가 단 한명도 없었다는 사실은 차라리 우리 한겨레를 위해 하늘이 마련한 기적이라고 생각하는 것 이외에 다른 결론을 내리기는 어려울 것이다.

알고 나면 이처럼 당연하고 간단한 사실도 없다. 그러나 그 영역에 서양철학자들은 2500년이나 접근을 못한 것이다.

우리에게 필요한 것은 인간과 인간 그리고 인간과 자연의 조화이며 공존이다. 그것은 오로지 긍정성의 변증법으로만 나타난다.

① 한변증법 제1법칙

한철학의 한논리학은 하나의 상태 내에 구체적인 실재의 영역과 추상적인 관념의 영역이 45:55의 비율로 대립하는 모순을 진리로 인정한다.

이 상태가 혼돈상태이며 생성적 존재이며 그 법칙이 곧 한변증법 제1법칙이다.

② 한변증법 제2법칙

한철학의 한논리학은 혼돈상태 안에 본체계의 영역과 현상계의 영역이 36:64의 비율로 대립하는 모순을 진리로 인정한다.

이 상태가 질서상태(현실상태)이며 그 법칙이 곧 한변증법 제1법칙이다.

이와 같은 두 개의 한논리학적 법칙은 C=A+B라는 형식을 공통적으로 취하는 것이다. 이를 한논리학에서는 삼일률三一律이라고 한다.

삼일률三一律이 적용된 한변증법 제1법칙의 일반적인 형식은 인人=천天+지地이다. 천天은 전통적인 추상적인 관념의 영역이며 긍정의 영역이다. 지地는 전통적인 구체적인 실재의 영역이며 부정의 영역이다. 인人은 이 양자를 포함하는 전체이다. 따라서 한논리학은 천지인논리학天地人論理學이라고 불러도 무방할 것이다. 만물은 천지인天地人으로 조직되어 있다는 것이다.

여기서 천天은 긍정성이며 상생相生이며 양陽이며 하도오행河圖五

行(龍圖五行)으로 설명된다. 지地는 부정성이며 상극相剋이며 음陰이며 낙서오행洛書五行(龜書五行)으로 설명된다. 인人은 이 양자를 통합하고 통일한다.

인人이 이 양자를 통합하면 한변증법 제1법칙이요, 통합을 바탕으로 통일하면 한변증법 제2법칙이다.

한논리학은 아리스토텔레스의 일반논리학의 세계를 부분으로 포함함으로써 일반논리학으로는 이해할 수 없는 실재세계의 과정을 이해하게 해준다.

변증법이란 곧 서로간의 대화이며 대화란 소통행동이다. 한철학에 있어서는 그 차원을 넘어 통합과 통일의 원리이다.

이제부터 아리스토텔레스나 칸트와 헤겔식으로 모순이 되는 것은 언제나 당연히 부정되어야 한다는 생각은 단지 추상적인 영역에만 한정지어서 생각하면 되는 것이다. 마음과 사물을 통일하는 실재세계에는 한철학의 통합과 통일의 한논리학을 적용할 수 있게 된 것이다.

예를 들면 하늘과 땅은 지표면에서 서로 맞닿고 있다. 즉 우리가 서 있는 곳은 땅의 위이며 하늘의 아래이다. 엄밀하게 말해서 우리가 서있는 곳은 땅이 아니다. 단지 발바닥만 땅위에 있고 나머지는 하늘에 있다. 당연하지만 우리는 하늘에 서 있는 것도 아니다. 하늘에는 서 있을 곳이 없기 때문이다. 우리는 땅과 하늘이 맞붙은 경계면에서 서 있는 것이다. 이곳은 땅이면서 동시에 하늘이다. 모순의 바탕 위에 모든 것이 존재하며 그 안에서 인간은 생활하는 것이다.

마찬가지로 우리는 추상적인 관념의 영역과 구체적인 실재의 영역이 하나의 전체가 되는 바탕 위에 모든 것이 사유되며 그 안에서 살고 있다. 한논리학은 이러한 세계를 있는 그대로 이해할 수 있게 해준다.

여기서 하늘과 땅을 하나로 합한 존재가 무엇인가 하는 문제가 나타난다. 그것은 곧 인간이다.

즉 인간은 자신의 내부에 이미 하늘로서의 추상적인 영역과 땅으로서의 구체적인 영역을 포함하는 것이다.

따라서 인人=천天+지地 즉 C=A+B 라는 논리의 대원칙이 생기는 것이며 이것이야말로 논리학의 최상의 원리인 것이다. 즉 이 세상 모든 것은 천지인天地人의 세 가지 원리로 이루어져 있는 것이다.

물론 한논리학이 지금까지의 일반논리학을 폐기하자는 것은 결코 아니다. 한철학은 기존의 그 어느 것도 부정하는 것을 금기시한다. 따라서 일반논리학은 추상적인 관념의 영역에 여전히 중요한 논리의 법칙으로 존재한다. 그러나 그보다는 추상과 구체의 영역을 모두 포함한 전체의 논리를 다루는 삼일율이 훨씬 더 근본적이고 광범위하게 사용된다는 것이다.

삼일율三一律은 한철학에서 지금까지 두 가지의 원리를 설명했다. 즉 100=45+55 또는 100=36+64이다. 결국 천지인이 하나이며, 하나가 천지인이라는 원칙이 삼일률이다. 이 두 가지는 크게 보아 삼일율이지만 그 내용은 다르다.

3) 통일논리학

역학적 조직체에서 정시태와 동시태의 최적의 비율은 36:64이다. 이 비율은 곧 본체계와 현상계의 비율과 같은 것이다. 이 본체계는 또한 혼돈상태의 세 영역의 믿음의 영역이 창조적으로 최적화되며 하나로 통합되며 그 바탕이 마련된 것이다.

이제 질서상태를 이루는 현실적 존재는 그 내부상태인 본체계와 외부상태인 현상계를 구분하며 하나의 전체를 조직하게 된 것이다.

이와같이 혼돈상태의 세 부분의 최적화는 질서상태라는 대혁신으로 이르게 되는 다음의 그림과 같은 과정을 거치게 되는 것이다.

질서상태인 이 현실적 존재의 원리를 테두리로 만들면 다음과 같은 표를 얻을 수 있다.

내부원리			외부원리		
공적 영역(본체계) :36			사적 영역(현상계) :64		
천	지	인	천	지	인
주관	주체	주관체	객관	객체	객관체
추상성	구체성	통일성	추상적	구체적	통일적
21	15	36	34	30	64

테두리 표에서 나타난 바와 같이 현실적 존재의 원리인 천지인은 각각 내부와 외부로 나뉘어 여섯 개의 영역을 이루고 있다. 이제 우리는 통일논리학을 발전시켜 본격적으로 테두리론을 전개할 수 있게 된 것이다.

한철학의 테두리론은 한겨레의 한철학자들이 수천 년의 세월에 걸쳐 이루어내어 천부경, 삼일신고, 366사에 독특한 형식으로 담아둔 것을 바탕으로 다시 만든 것이다.

한철학의 이 테두리론은 서양철학이 칸트 이후 겨우 양극성兩極性의 이율배반의 철학구조에서 벗어나지 못하는 수준임에서 볼 때 감히 비교할 엄두조차 내지 못하는 것이다. 이 원리는 우리 한겨레가 이미 수천 년 전에 확립한 것을 우리의 경전에 비장해 둔 원리를 찾아내어 확장한 것이다.

우리의 고유한 경전이 십수 권이 전해지며 그 원리는 여러 경전에서 전해진다. 특히 테두리론에 결정적인 영향을 준 경전은 삼일신고三一神誥이다. 삼일신고의 제5장의 글자수 167자는 그 자체가 한철학의 테두리론을 그대로 설명하고 있다. 이는 천부경의 천부도에 맞추어 글자수를 배치한 그야말로 신묘神妙 그 자체이다.

삼일신고의 인물 167자에서 36개의 글자로 설명된 성명정의 내용은 곧 한철학의 주관체를 설명하며 그것이 태극이며 팔괘이며 팔강령을 설명한다. 그리고 한철학의 객체는 역경의 상경 30괘의 글자수에 맞추어 감식촉의 내용이 설명된 것이다. 한철학의 객관은 하경 34괘에 맞추어 심기신의 내용이 설명된다.[19]

삼일신고의 인물 167자는 그 자체 안에 아직 알려지지 않은 태극과 64괘의 한역桓易의 비밀스러운 원리를 사용하여 삼일신고가 설명하려는 원리를 비장해두고 있는 것이다.

필자는 먼저 천부경과 삼일신고와 366사 등 우리의 고유한 경전을 연구하고 해설하면서 이와 같은 신묘한 원리를 먼저 찾아냈다. 그리고

---

19) 삼일신고의 제5장 167자는 아래의 그림과 같이 천부경의 천부도에 맞추어 그 글자수가 설계되어 있다. 한철학의 주관체는 36개의 글자로 설명된 성명정의 내용으로 설계되어 있다. 이 내용에서 한철학의 주관과 주체가 설명되며 태극과 팔괘와 팔강령이 설명된다. 또한 64개의 글자는 객관체로 설명된다. 그 객관체의 중심은 순수이성인 일신이 놓여 있다. 그리고 그것인 인간의 인과 맞보게 된다. 이 부분에 대한 삼일신고의 자세한 해설을 이곳에서 설명하면 중복이 되므로 필자가 해설한 삼일신고 개정판을 참고하기 바란다.(최동환 해설, 『삼일신고』, 제5장 인물 415~500쪽)

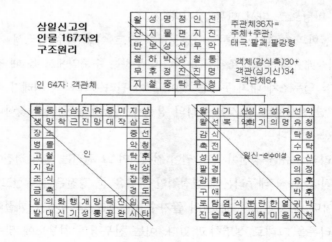

그 원리를 이제 한철학의 테두리론으로 설명하게 된 것이다.

다시 말해 우리의 위대한 조상들이 우리 한겨레의 고유한 경전들에
이 원리를 비장해두지 않았더라면 한철학은 결코 세상에 빛을 보지
못했을 것이다.

9
테두리론(Category)[1]

서양철학에서는 아리스토텔레스가 테두리론(Category)을 시작했다. 그는 10개의 테두리[2]를 설정했고 그 후에 다섯 개를 추가했다. 그후 칸트에 이르러 아리스토텔레스의 것과 비교할 수 없는 월등한 테두리론을 철학사에 제출했다.

서양철학의 테두리론은 탁월한 면이 발견되지만 내용은 그 시대에 모을 수 있는 테두리를 모은 것에 불과하다는 생각을 하게 된다. 가령 칸트가 이 시대를 살고 있다면 그는 그의 테두리에 확률성을 반드시 추가했을 것이다. 서양철학의 테두리는 서양과학의 발전에 종속되어 시시각각으로 변할 수밖에 없는 운명을 지니고 있는 것이다.

---

1) Category를 범주範疇라고 번역한 것은 문제가 있다. 범주란 홍범구주洪範九疇의 준말이다. 이 아홉 개의 정치와 도덕의 원리는 낙서의 아홉 개의 수의 원리에서 유래한 것이다. 한철학은 낙서와 하도를 모두 합쳐서 하나의 원리를 만든 테두리에서 철학이 시작된다. 따라서 낙서의 영역만으로 Category의 영역을 규정하는 것은 반쪽으로 철학의 영역을 규정하는 것과 같은 결과가 된다. 따라서 한철학은 순수한 우리말 테두리를 사용함으로써 Category와 범주範疇라는 용어를 대신한다. 또한 이렇게 광범위한 의미가 아니더라도 테두리라는 용어를 얼마든지 사용할 수 있다.

2) 아리스토텔레스의 10테두리:
   실체實體, 양量, 질質, 관계關係, 장소場所, 시간時間, 상태狀態, 소유所有, 능동能動, 소동所動

288

한철학은 서양철학이 말하는 테두리와는 그 성격과 차원이 판이하게 다르다. 한철학에서 현실적 존재는 곧 질서상태에 있는 존재자이다. 따라서 현실적 존재가 질서상태에 성공적으로 존재할 수 있게 하는 질서상태의 내부적인 조직상태가 곧 테두리이다.

테두리를 조직하는 현실적 존재의 내부적인 조직상태는 그대로 살아있는 개인, 가정, 기업, 군대, 국가가 존립할 수 있는 세부적인 조직원리이다. 테두리론을 조직하는 여러 테두리들은 그 하나하나가 모두 필수불가결한 것이다. 만일 그 중에서 단 하나의 테두리만이라도 없거나 역할을 하지 못하면 그 즉시 질서상태는 혼돈상태로 전락하고 마는 것이다. 한철학의 테두리론은 다음과 같은 내용을 갖는다.

① 현실적 존재가 누리는 질서상태는 인간이 향유할 수 있는 상태이다.

② 테두리론은 질서상태에서 현실적 존재가 존재할 수 있는 내부적인 조직원리이다. 테두리론을 조직하는 각각의 테두리들의 영역들은 각각 동적, 정적, 전체적, 다원적인 영역을 갖는다. 따라서 현실적 존재는 서로 다른 내적 상태의 수많은 경우의 형태를 갖는다.

③ 현실적 존재의 내부적 테두리들은 그 모두가 가진 모두의 능력이 조직적으로 협력함으로써 현실적 존재는 질서상태에 존재할 수 있다. 현실적 존재의 내부적 테두리들이 하나라도 능력을 발휘하지 못하면 전체로서의 현실적 존재에 영향을 미치며 심하면 현실적 존재는 해체되고 혼돈상태나 무질서상태로 전락한다.

④ 현실적 존재의 내부적 조직을 이루는 테두리들이 모두 창조적으

로 최적화될 때 현실적 존재는 내부적인 통일을 바라볼 수 있다.

⑤ 현실적 존재의 내부적 조직들을 최적화한 현실적 존재는 주관체와 객관체가 팔강령에 의하여 내부적 통일을 이룰 수 있다.

⑥ 혼돈상태의 생성적 존재 그 자체가 시대철학을 설명하듯 질서상태의 현실적 존재는 그 자체가 혼돈상태에서 혁신을 이룬 시대철학을 설명한다. 물론 역사에서 이 질서상태는 고사하고 혼돈상태에 이르렀던 역사적인 기록이 한번도 없다. 다만 개인과 가정과 기업과 군대는 가능했던 존재들이 있었을 것으로 추정된다. 한철학의 시대철학은 오직 존재자 스스로의 자유와 의지와 자유의지의 힘에 의해서 이루어지는 혁신일 뿐 어떤 외부적인 존재에 의해 영향을 받아 유토피아에 이르는 필연은 없다.

⑦ 팔강령에 의해 내부적 통일을 이룬 현실적 존재는 성취적 존재와 완성적 존재를 향해 스스로를 혁신할 수 있다.

이상의 일곱 가지 내용으로 설명되는 현실적 존재의 테두리는 다음과 같이 먼저 본체계인 주관체와 현상계인 객관체로 나뉜다. 주관체는 객관체의 모든 움직임의 원인이 되는 영역이다. 객관체가 시간과 공간 그리고 인과율에 구속을 받지만 주관체는 그것을 제공하는 영역이다.

① 주관체 (공적 영역)
주관체는 주관과 객관을 통일한 영역이다. 그리고 주관의 영역에는 주관과 객관의 경계면을 차지하는 영역이 있는데 그것을 내적 통일체라고 한다.

주관의 영역에는 이성이 있으며 그것은 개념을 구성한다. 그리고 이성의 중심에는 순수이성이 존재한다. 또한 주관의 영역에서는 자유가 발현된다.

주체의 영역에는 지성이 있으며 그것은 직관을 구성한다. 그리고 지성의 중심에는 순수지성이 존재한다. 또한 주체의 영역에서는 의지가 발현된다.

내적 통일체의 영역에는 통일력이 있으며 그것은 소통을 구성한다. 그리고 내적 통일체의 영역에는 통일력이 발현된다.

주관체의 영역에는 인간성이 있으며 그것은 통찰력을 구성한다. 그리고 인간성의 중심에는 순수인간성이 존재한다. 또한 주관체의 영역에서는 자유의지가 발현된다.

주관체는 그 전체가 태극으로 형상화되며 태극을 여덟 방향에서 보면 팔괘[3])이며 팔괘에 의미를 부여하면 팔강령이다.

---

3) 팔괘는 다음의 그림과 같이 태극을 여덟 방향에서 관찰하여 그려진 것이다. 이 그림은 태극과 팔괘의 관계를 한눈에 알 수 있게 설명하는 것이다. 보다 자세한 설명은 『천부경』(최동환 지음, 지혜의 나무, 2001, 246쪽)을 참고하기 바란다.

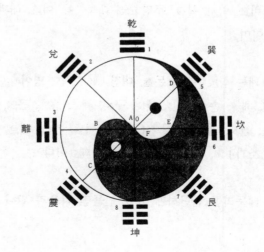

② 객관체(사적 영역)

객관체는 객관과 객체를 통일한 영역이다. 그리고 객관의 영역에는 객관과 객체의 경계면을 차지하는 영역이 있는데 그것을 외적 통일체라고 한다.

객관의 영역의 심법心法이 객체의 심방心房을 움직이고, 기운氣運이 객체의 기질氣質을 움직이며, 신형身形이 객체의 신체身體를 움직인다. 외적 통일체의 외적 통일영역은 객관과 객체를 결합하고 객관이 스스로 자치력을 가질 수 있게 한다.

객관체는 심법心法이 부여하는 동기력에 의해 심방心房이 움직이기 시작하고, 기운氣運이 부여하는 행위력에 의해 객체의 기질이 행위하며, 신형身形이 부여하는 행동력에 의해 신체身體가 행동한다.

객관체의 객관은 역경의 상경 30괘이며 객체는 하경 34괘이다. 이들은 각각 30개와 34개의 괘가 갖는 서로 다른 변화의 영역을 갖는다.

상경 30괘는 건乾, 곤坤, 둔屯, 몽蒙, 수需, 송訟, 사師, 비比, 소축小畜, 이履, 태泰, 비否, 동인同人, 대유大有, 겸謙, 예豫, 수隨, 고蠱, 임臨, 관觀, 서합噬嗑, 비賁, 박剝, 복復, 무망无妄, 대축大畜, 이離, 대과大過, 감坎, 이頤 괘卦이며

하경 34괘는 함咸, 항恒, 돈遯, 대장大壯, 진晉, 명이明夷, 가인家人, 규睽, 건蹇, 해解, 손損, 익益, 쾌夬, 구姤, 췌萃, 승升, 곤困, 정井, 혁革, 정鼎, 진震, 간艮, 점漸, 귀매歸妹, 풍豐, 여旅, 손損, 태兌, 환渙, 절節, 중부中孚, 소과小過, 기제旣濟, 미제未濟 괘卦이다.

이상의 테두리를 간단하게 표를 만들면 다음과 같다.

현실적 존재의 테두리(Category)표

현실적 존재							
공적 영역- 주관체의 영역				사적 영역- 객관체의 영역			
주관	주체	내적 통일체	주관체	객관	객체	외적 통일체	객관체
이성	지성	주관적 통일성	인간성	심법 心法	심방 心房	객관적 통일성	동기 動機
개념	직관	통일력	통찰력등	기운 氣運	기질 氣質	통일력	행위 行爲
자유	의지	통일력	자유의지	신형 身形	신체 身體	자치력	행동 行動
순수이성: 오로지 선하여 악함이 없음 순수지성: 오로지 깨끗하여 더러움이 없음 순수인간성:오로지 후하여 박함이 없음				64괘의 영역			
팔강령과 태극과 팔괘 (8=36)				상경30괘		하경34괘	
				건乾, 곤坤, 둔屯, 몽蒙, 수需, 송訟, 사師, 비比, 소축小畜, 이履, 태泰, 비否, 동인同人, 대유大有, 겸謙, 예豫, 수隨, 고蠱, 임臨, 관觀, 서합噬嗑, 비賁, 박剝, 복復, 무망无妄, 대축大畜, 이離, 대과大過, 감坎, 이頤		함咸, 항恒, 돈遯, 대장大壯, 진晋, 명이明夷, 가인家人, 규睽, 건蹇, 해解, 손損, 익益, 쾌快, 구姤, 췌萃, 승升, 곤困, 정井, 혁革, 정鼎, 진震, 간艮, 점漸, 귀매歸妹, 풍豊, 여旅, 손損, 태兌, 환渙, 절節, 중부中孚, 소과小過, 기제旣濟, 미제未濟	

위의 질서상태의 테두리표를 도형으로 표시하면 아래의 그림과 같다. 이제부터는 전체 테두리의 각 부분들을 나누어 설명한다. 그 첫번째가 주체이다.

10

주체

주체는　　객체의 원인이 되는 영역이다. 즉 객체는 원인을 주체
　　　　　　에게서 가져온다. 순수한 우리말로는 물적인 영역의
중심이라는 의미로 사용되는 '울'이다. 한가운데의 영역을 의미하는
말로 이 울을 둘러싼 담을 울타리라고 말한다.

　주체는 혼돈의 영역에서 사물의 영역의 중심에 위치한 신뢰의 영역
을 포함하는 영역이었다. 주체는 안으로는 순수지성과 지성과 의지가
존재할 수 있는 바탕이 되어주고 외부로는 주관과 객관과 밀접한 관계
를 유지하면서 객체의 중심이 되는 것이다.

　따라서 주체가 존재하지 않거나 기능이 정지되면 주관은 그 존재
근거를 잃고 객체와 객관도 더 이상 그 기능을 발휘할 수 없게 되며
무질서상태나 혼돈상태로 전락한다. 주체는 존재자의 물질영역의 원
인이면서 동시에 주관과 객관의 존재근거가 되는 것이다.

　주체는 곧 인간의 뇌가 존재하는 영역이다. 인간은 팔과 다리가
없어도 생명을 유지할 수 있다. 그러나 뇌가 없으면 생명도 없다. 뇌에
존재하는 생명력은 곧 주체의 영역에 근거를 둔 것이다.

　주체는 기억의 기능이 있다. 객관에서 만들어진 개념들은 주관의

자기의식에 의해 사고되며 그것은 기록에 의해 주체에 기억된다. 주체는 그것을 저장하고 있다가 주관의 자기의식이 필요로 할 때 그것을 사용하도록 해준다.

인간에게 기억장치는 뇌腦였다. 그러나 인간은 이에 만족하지 않고 여러 보조기억장치를 만들었고 그 대표적인 것이 책이다. 또한 그 수단이 문자이다. 문자와 책은 이미 인간의 뇌에 존재하는 것을 외부에 실현한 것에 지나지 않는다.

주체는 또한 계산의 능력이 있다. 주체의 중심인 지성은 객체의 감각과 지각과 촉각을 통해 주체가 인식한 것을 직관하고 그것을 계산한다. 이 계산에는 그 어떤 감정도 개입하지 않는다. 즉 도덕과 무관하다.

1) 지성

지성知性은 사물의 영역에 대처하고 다스리는 수단을 인간에게 준다. 사물의 영역에는 인과성因果性이 지배하고 있다. 이 인과성을 인식하는 것이 지성의 능력이다. 지성은 무의미한 지각知覺을 일거에 직관直觀으로 변하게 한다.

지성은 시공간과 인과를 한꺼번에 인식한다. 그럼으로써 지성의 최대의 관심사인 생명을 보전하고 유지할 수 있다. 동물도 인과성에 대한 선천적인 인식이 있다. 지성은 조금도 사고하지 않는다. 지성은 인과 인식적이며 계산적이며 동시에 부정적이다. 지성은 도덕에 대하여 조금도 관심이 없다. 지성의 관심사는 오로지 삶이다.

(1) 지성과 귀납歸納

지성의 인식은 귀납을 따른다. 즉 지성은 이미 결과에서 나타난 특수한 개별적인 사실을 근거로 인식한다. 이러한 인식은 필연성이 없다. 지성은 귀결에서 출발하는 귀납에 의한 인식을 하므로 필연성을 확보할 수 없는 것이다.

즉 특수한 개별적인 사실들은 처음부터 근거가 되기 어려운 것들이다. 아무리 노력을 해도 귀납에 의한 방법으로는 완전한 사례를 확보해서 일반적인 사실을 만들기가 처음부터 불가능한 것이다. 지성의 한계는 곧 귀납의 한계인 것이다.

또한 자연과학의 문제는 곧 지성의 문제이다. 자연과학은 늘 이러한 문제에서 벗어나지 못한다. 경험적 직관이 갖는 구체성이 추상적인 개념보다 확실한 방법이라는 것은 사실이지만 그것은 상대적인 사실에 불과한 것이다. 이렇게 비교함으로써 얻는 확실성은 우리의 삶을 편리하게는 해줄 수 있다. 그러나 그것이 우리가 찾는 확실성은 전혀 아닌 것이다.

(2) 지성과 물질

베르그송은 "지성은 유동적인 것을 싫어하고 자기가 접촉하는 모든 것을 고체화시킨다"[1]고 주장한다. 즉 지성은 과정을 매우 싫어하고 대신 고체화된 정적인 것을 추구한다는 것이다. 그리스 철학 이래 서구철학의 맹점이 바로 지성에 있다는 사실을 정확하게 집어낸 것이다.

지성은 사물의 영역의 중심이다. 지성이 직관하는 대상은 물질에

---

1) 베르그송, 『창조적 진화』. 서정철 역, 을유문화사, 1992, 61쪽.

대한 지각이다. 따라서 지각은 가장 먼저 물질이 있느냐 없느냐를 지각하는 것이다. 즉 존재인가 아니면 무無인가이다.

지성이 세계의 유일한 중심이라고 주장하는 철학자들에게는 우리 인간은 현상계에 살고 있는 하나의 현상이므로 인간의 존재는 무無가 아닐 수 없다.

지성중심의 철학이 허무주의, 니힐리즘으로 종착되지 않는다면 그 것은 무언가 이상한 것이다. 지성중심의 철학은 반드시 부정성과 무無 를 지향한다.

2) 순수지성- 검

순수지성의 순수한 우리말은 검이다. 검은 곰, 감, 일본에서는 가미 등으로 사용된다. 이는 모든 물의 자체임을 말한다.

우리 한겨레는 검을 신神으로 숭배했다. "검은 곰을 한자로 바꿔 웅熊, 현玄 등으로 쓴다. 우리나라 안에 존재하는 검재, 곰재는 곧 웅산 熊山으로 신산神山이다. 또한 신천, 검내, 곰내를 웅천熊川이라고 하는 것이다. 현묘玄妙는 신묘神妙이며 감바우, 검바우를 현암玄岩이라 한 다. 감골, 검골은 곧 신원神院이다. 우리말 검은 갬~감~검~곰~굼~ 금~김이 된다."2) 저명한 안호상은 검에 대한 한자어를 무려 130개를 찾아내고 그 중 일부를 다음과 같이 설명했다.

> 蓋馬개마, 蓋牟개모, 蓋개, 馬마, 牟모, 龕감, 甘賣감매, 甘감,
> 江강, 烏(가마귀오), 釜(가마부), 加가, 玄(가믈현), 阿莫아막, 儉
> 검, 劍검, 乾건. 黑(검을흑), 巨거, 鷄계, 慶경, 熊웅, 古彌고미,

---

2) 안호상, 『민족의 주체성과 화랑얼』, 배달문화연구원, 1967, 128쪽.

古馬고마, 固麻고마, 古고, 公공, 穴혈, 弓궁, 雲운, 屈굴, 仇구, 九구, 今勿금물, 今武금무, 今금, 金금, 斤근, 陰음, 祇磨기마, 祇味기미, 己汶기문, 耆기, 岐기, 箕기 등이다.[3]

세계의 그 어느 민족도 순수지성에 대해 이처럼 깊은 통찰을 한 바가 없는 것이다.

순수이성이 형체가 없으면서 만물의 중심이 되는 순간 형체가 있는 순수지성이 존재하기 시작한다. 따라서 순수지성은 순수이성에 의지하여 출현하는 형체가 있는 중심으로서 물자체의 그 자체가 되는 것이다.

순수지성은 선악과는 전혀 관련이 없다. 그럼에도 철학자들과 종교인들은 순수지성을 선악의 가치로 판단하려 했다. 왜냐하면 세계를 판단하는 방법이 선과 악이라는 두 가지 수단밖에 없을 경우 순수이성이 선이라면 순수지성은 악이 될 수밖에 없는 것이다.

그러나 한철학은 마음의 영역은 선과 악, 사물의 영역은 청과 탁, 인간성의 영역은 후와 박이라는 여섯 가지의 입체적인 방법을 사용하여 각기 다른 판단기준으로 판단한다. 무려 여섯 가지나 되는 이 기준을 그 동안은 단 두 개, 즉 선악으로만 판단한 것이다. 그리고 이 여섯 가지의 판단기준은 서로 복합하면서 6!의 다양한 판단기준을 가지게 하는 것이다.

바로 여기에 지금까지의 철학이 가지는 치명적인 문제가 있다. 특히 서양철학에서 말하는 도덕이 갖는 선악이분법과 그에 따른 단순성에

---

3) 안호상, 『민족의 주체성과 화랑얼』, 배달문화연구원, 1967, 129쪽.
위의 내용 중에서는 혼돈상태에서 단순한 음양관계를 설명하는 감과 밝에서의 감에 해당하는 것들도 포함이 되어 있다. 그러나 상당수의 한자어들이 우리가 논의하고자 하는 순수지성을 설명하는 검을 설명하는 것들이다. 그리고 우리의 조상들이 이 개념을 대단히 소중하게 생각하고 어떤 방법으로든 이를 표현하려고 애써왔음이 이 한자어들에서 잘 드러난다.

대한 문제가 드러난다. 이 이분법은 이원론적 일원론이므로 결국 단 하나의 기준만 남는 것이다. 상상할 수 없을 정도로 인간을 단순하게 만드는 도덕인 것이다.

순수지성은 생명 그 자체이다. 생명은 삶에 관계한다. 따라서 순수지성은 육체에 머물며 그 육체의 삶에만 봉사한다.

더러운 육체는 부패하며 그 생명이 곧 멈춘다. 깨끗한 육체는 늘 건강한 상태를 유지하며 오래 동안 생명을 유지해준다. 따라서 순수지성은 오직 깨끗하여 더럽지 않음으로써 생명 그 자체가 되어주는 것이다.

그러므로 생명체가 존재하는 한 순수지성은 절대로 깨끗하여 조금도 더럽지 않아야 비로소 그 생명은 존재한다. 만일 순수지성이 조금이라도 더럽다면 주체와 객체의 깨끗함의 그 자체가 되지 못할 것이다. 그 경우 순수지성은 아무런 역할을 하지 못하는 군더더기에 불과하게 될 것이며 또한 주체와 객체는 깨끗함에 대한 아무런 기준을 얻지 못함으로 해서 질서를 잃고 혼돈이나 무질서 상태로 전락할 것이다.

우리 민족은 생명이 탄생할 때 검줄을 대문 앞에 건다. 또 장을 생명체로 생각하여 장을 담글 때 장독에 검줄을 건다. 그리고 신성한 장소에 역시 검줄을 건다. 이 우리말 검이 곧 순수지성인 것이며 생명의 그 자체를 의미하는 것이다.

검줄을 건 내부에 외부인을 출입을 막는 것은 생명의 탄생에 있어서 더러움濁을 멀리하고 그 내부를 깨끗하게 淸 유지하여야 하기 때문이다. 생명이 태어난 신성한 장소에 인간이 드나들면 감기나 전염병 등이 옮을 수 있고 그것은 이제 막 태어나는 생명에 치명적인 것이다. 따라서 이때는 깨끗함淸을 제일의 가치로 삼는 것이다. 생명의 탄생에 검줄을 거는 행위는 순수지성이 갖는 절대로 깨끗하여淸 더러움濁이 없는 상태를 유지하려는 고차원적 철학행위이다.

선악개념은 이성의 영역에서 나타나는 것이며 지성의 영역은 오로지 청탁만을 묻는 것이다. 서양철학은 모든 것에 선악개념의 이원론을 부여하는 미신적인 철학을 만들었다. 따라서 그들이 볼 때 우리의 이러한 관습을 청탁의 관점이 아니라 선악의 관점에서 보아 미신행위로 생각한 것이다. 그러나 알고 보면 이 세상 모든 가치를 선악 둘만으로 나누어 판단하려 했던 서양철학의 철학방법이 바로 의심의 여지없는 미신인 것이다. 우리 한겨레가 선악, 청탁, 후박이라는 여섯 가지 관점으로 가치를 나누어 판단하는 관습이 진정한 철학행동인 것이다.

오늘날의 우리는 이러한 서양의 미신적인 철학, 주술적인 철학을 극복하고 순수한 우리민족의 차원 높고 고귀한 철학행동을 되살려야 하는 것이다. 얼마나 많은 서양미신, 서양주술이 우리의 차원 높고 고귀한 철학행동을 미신으로 몰아세웠는지 우리는 이제부터 세밀하게 따져보아야 하며 그 파괴된 가치를 원상회복해야 하는 것이다.

어머니에게는 선善을 묻지 않는다. 단지 깨끗하여 더러움이 없는 순수지성으로서의 청淸을 묻는 것이다. 우리 한겨레가 오랜 역사를 통해 수많은 고난을 겪으면서도 오늘날이 있는 것은 한겨레의 순수지성인 한겨레의 어머니들 때문이다. 국가와 민족에게 주어진 모든 악조건을 모두 헤쳐 나갈 수 있는 그 강력한 힘은 가정의 생명력이며 그 가정의 생명력은 어머니들의 영역이다. 여자와 어머니는 다르다.

어머니들이 깨끗한 어머니가 될 수 있고 또 깨끗한 어머니로 머물 수 있게 하는 능력은 가정의 능력이지만 그 이전에 민족의 능력이다. 어머니가 더러운 가정이나 그러한 가정을 가진 민족은 강력한 결속력을 가지지 못한다. 즉 가정의 물리적 바탕을 마련하지 못하기 때문이다. 서양과 비교해 우리나라의 가정이 비교할 수 없는 강력한 힘을 갖는 것은 우리나라 어머니들의 힘에 의지함이 큰 것이다.

국가에 있어서 생명력을 담당하는 군대와 기업, 사법부와 경찰 등이 깨끗한 순수지성에 머물 수 있게 하는 것은 국가의 능력이다. 순수지성은 가정과 민족과 국가를 영원하게 하는 능력이 있다.

(1) 선악과 청탁의 구분 문제

선악의 문제는 이성의 영역에서의 문제이며 추상적 영역의 또는 힘의 영역의 문제이다. 그리고 청탁의 문제는 지성의 영역의 문제이며 구체적 실재의 문제이다. 이 양자는 서로 대립될 수는 있지만 대체될 수 있는 것은 전혀 아니다.

순수지성은 사물의 영역에만 관여하면서 실재세계에서 생명 그 자체로서 삶에 관여한다. 순수지성이 단 일초라도 그 역할을 멈추면 생명은 즉시 주검으로 변하며 다시는 죽은 생명이 회복되지 않는다. 순수지성의 역할은 참으로 엄숙한 것이다.

순수지성은 주체와 직접적 객체를 통어하며 삶을 총지휘하는 지휘관이다. 이 순수지성을 관념의 세계의 입장에서 관찰한다면 인간이 가진 근본악根本惡일 수도 있을 것이다. 그러나 순수지성은 관념의 세계에서 다루어지는 영역이 아닌 것이다.

이처럼 청탁의 영역의 발견은 철학에 있어서 완전히 새로운 길을 열어주는 것이다.

(2) 반발력과 청탁의 문제

순수이성과 순수지성은 단순한 관념상의 문제만은 아니다. 그것은 실제로 생명에 작용하는 가장 큰 원동력의 문제이다. 순수이성은 생명의 원동력으로 작용함으로써 순수지성이 생명 그 자체로 존재하게 한다.

순수지성은 아무런 반발이 없다. 순수이성의 원동력을 그대로 받아 그것을 육체에 작용시킨다. 순수지성이 존재하는 주체의 영역은 순수 지성의 영역으로 역시 반발이 없어야 하지만 주체 역시 물질이므로 반발력이 작용한다.

우리가 자동차에 시동을 거는 순간 이성의 동기부여능력이 자동차의 객관의 심법心法에 부여되며 그 힘은 객체의 심방心房을 움직인다. 그리고 객관의 기운氣運을 움직이게 하여 객체의 기질氣質이 행위할 때 객체의 물체로서의 효율이 100%라면 아무런 저항이 없을 것이다. 그러나 기질은 효율이 100%일 수 없다. 그 효율이 100%가 되려면 물체의 내부가 완전히 깨끗하여 그 어떤 저항도 일으킬 수 없어야 한다.

이러한 저항력抵抗力은 물체의 내부가 이상적인 심방으로 조직되어 깨끗하다면 제로상태가 된다. 그러나 심법의 힘이 약하고 기질의 내부가 더러우면 저항은 그에 비례해서 커지는 것이다. 그것을 탁濁이라고 하는 것이지 악惡이라고 하는 것이 전혀 아닌 것이다.

(3) 과정의 상태가 악을 결정한다

철학은 악을 설정하는 방법에 의해 그 철학의 성격이 결정된다. 한철학은 과정의 상태가 악을 결정한다고 말한다.

가령 질서상태나 성취상태 또는 완성상태의 존재자들은 스스로 악을 행하는 것이 구조적으로 불가능하다.

그러나 혼돈상태 또는 무질서상태에서는 질서상태와 같은 차원에서의 생각은 불가능하다. 왜냐하면 인간성이 없는 상태이기 때문이다. 인간성이 없다는 것은 이성과 지성이 통일된 상태가 아니라는 것을 의미한다. 이와 같이 인간성이 없는 상태에서라면 악을 현실로 옮기는 것은 얼마든지 가능하다.

같은 인간이라도 놓여 있는 상태에 따라 악이 가능한 상태가 있고 불가능한 상태가 있는 것이다. 결국 악을 결정하는 것은 다른 그 어떤 것이 아니라 과정상의 상태인 것이다.

다시 말하면 악이 가능한 상태는 인간성이 자리 잡지 못한 상태라고 말할 수 있는 것이다. 즉 악은 인간성의 유무에 따라 결정된다.

3) 지각知覺의 종류

인간의 객체에서 주어지는 지각은 지성에 의해 직관으로 전환된다. 지성은 직관에 의해서만 세계와 자신의 객체를 인식하게 되는 것이다.

그동안 철학자들은 지각과 감각과 촉각에 대한 구별을 전혀 할 줄 몰랐다. 이 세 가지의 각覺이 구별되지 않으면 이성과 지성과 인간성도 구별할 수 없다는 것을 철학자들은 알지 못했다.

지각은 인간의 감정이 조금도 섞이지 않은 순수한 자연상태의 움직임만을 포착한다. 따라서 지각의 대상은 존재의 세계이며 구체성의 세계이다. 이것은 관념의 영역과는 아무런 관계가 없고 추상성과도 관계없다. 지각은 그야말로 완전히 존재론적이다.

지각의 종류는 생기와 썩은 기, 차가운 기와 뜨거운 기, 마른 기와 젖은 기로서 이는 인간이 의식주衣食住를 해결하기 위해 반드시 필요한 것들이다. 인간의 생명에 직접 관여하는 것으로서의 지각인 것이다. 지각은 기질내의 지각기관에 의해 얻어진다.

즉, 지성은 살아 있어서 생생한 것과 죽어서 썩은 것, 뜨겁고 차가운 것, 마르고 젖은 것에 대한 지각을 직관으로 전환하여 그것을 인식한다. 이 여섯 가지 지각은 지성이 자연을 인식하기 위한 바탕이 되는 것이다.

지성은 이 외에서 이 여섯 가지가 복합되어 일어나는 6!의 변화를 지각을 이용해 구별하고 계산하여 생명이 유지되고 활동할 수 있도록 한다.

지성은 스스로 깨끗하여 더러움이 없기 때문에 모든 종류의 지각에서 얻어진 직관에서 깨끗한 것과 더러운 것을 인식하는 것이다. 그럼으로써 지성은 깨끗한 것을 받아들이고 더러운 것을 피하기 때문에 생명활동에 대한 맹목적인 목적을 지탱할 수 있는 것이다. 만일 지성이 더럽거나, 더럽지도 깨끗하지도 않거나, 더럽기도 하고 깨끗하기도 하다면 지성은 결코 더럽고 깨끗함을 구별할 수 없다.

만일 지성이 깨끗하지 않다면 현실적 존재의 객체와 객관을 깨끗함으로 유지할 수 없다. 그러면 현실적 존재의 삶은 유지되지 못하는 것이다.

4) 의지와 행위

의지는 의욕하는 주체이다. 의지는 객체의 행위의 원인이다. 주체 안에서 지성은 밖에서 안으로 향하고, 의지는 안에서 밖으로 향한다. 지성과 의지가 통일될 때 행위가 일어난다.

의지는 생명보존만이 모든 것이다. 따라서 맹목적이다. 인간의 의지는 선악과 무관하게 행위에 작용한다. 기운에는 오로지 청탁만이 적용되어 있다.

인간의 의지가 자신의 생명을 보존할 수 있을 때 그 다음으로 관여하는 것은 생식이다. 생식은 생명의 연장으로 역시 생명과 불가분의 관계가 있다. 인간은 생식을 통해서만 자신의 생명을 무한히 연장할 수 있다. 인간은 생식을 통해 자신의 생명을 가장 깨끗하게 보존할 수 있는 것이다.

또한 의지가 사유와는 조금도 상관없이 작용한다는 것은 분명한 일이다. 즉 의지는 행위를 하되 이성과 자유가 통일하여 나타나는 동기를 필요로 하지 않고 직접 행위를 일으킨다. 의지가 일으키는 행위는 맹목적인 것이다.

그래서 바다거북의 새끼는 알에서 깨어나자마자 일제히 바다를 향하여 달려갈 수 있는 것이다. 왜냐하면 바다거북의 새끼의 지성은 바다를 향해 나가는 맹목적인 행위만이 삶을 유지하는 방법이라는 사실에 맹목적으로 충실하기 때문이다. 카멜레온은 살기 위해 벌레들을 잡아먹는다. 카멜레온의 지성은 생명을 유지하는 수단이 되는 먹이인 벌레와 자신과의 거리를 정확하게 계산하여 혀를 사용하여 순식간에 벌레를 잡는다. 동물들의 지성은 인간 못지않게 삶을 위해 치밀하고 정확한 계산능력을 사용하는 것이다.

이러한 동물들의 선천적인 본능이 그 동물들의 생명을 유지하는 데 결정적이라는 사실은 틀림없다. 그리고 이 행위는 이성이 주는 동기나 인간성이 주는 행동과는 아무런 관계도 없는 의지의 단독적인 맹목적인 행위일 따름이다.

인간의 오장육부는 이성과 자유와 아무런 상관이 없이 누가 시키지 않아도 제 할 일을 한다. 그것은 오직 의지가 작용하여 움직이는 맹목적인 행위일 뿐이다. 그것은 결코 행동이 아니다.

(1) 의지와 내적 본질

현상의 내적 본질이 의지자체이고, 그것에 대해서는 이유율도 적용되지 않기 때문에 의지 자체는 근거를 갖지 않는다[4]는 쇼펜하우어의 주장은 옳다. 현상의 내적 본질은 주체와 객체의 영역이 있다. 주체의 영역에서는 의지자체가 내적본질이 된다. 쇼펜하우어가 자연적인 원인은 모두가 의지가 나타나기 위한 기회나 동기를 주는 데에 지나지 않으며, 이 의지야말로 모든 물의 자체[5]라고 주장하는 것은 의지가 곧 모든 물의 자체, 즉 우리 한철학에서 말하는 '한'이라고 주장하는 것이다. 이것이 쇼펜하우어를 비롯한 모든 서양철학자들의 한계이다. 주체와 주관을 하나의 전체로 통일하지 못하고 주체나 주관 중 하나를 택해 그 영역의 중심이 모든 것의 중심이라고 보는 철학은 반쪽만의 철학이 되는 것이다.

쇼펜하우어의 이러한 결함은 의지가 곧 일자—者라고 명문화해서 주장하는 데서 의심의 여지가 없이 드러나는 것이다. 즉, 쇼펜하우어는 물 자체로서의 의지는 이미 말한 바에 따르면 어떠한 형태를 지닌 근거율의 제약도 받지 않는다. 그래서 의지의 현상은 근거율을 따르는 것임에도 불구하고, 의지 그 자체에는 아무런 근거가 없는 것이다. 또한 의지의 시간과 공간에 있어서의 현상은 무수히 많다고 할지라도, 의지 그 자체는 모든 다양성으로부터 자유롭다. 의지 자체는 일자—者인 것이다.[6]라고 말한다.

주관과 주체를 통합하지 못하고 하나만으로 본체계인 주관체 전체를 설명하려 할 때 쇼펜하우어와 같은 결정적인 결함이 나타나는 것이다. 이 문제는 곧 니체의 삶의 의지의 문제와 같은 것이다.

---

4) 쇼펜하우어, 『의지와 표상으로서의 세계』 곽복록 역, 을유문화사, 1992, 190쪽.
5) 쇼펜하우어, 『의지와 표상으로서의 세계』 곽복록 역, 을유문화사, 1992, 190쪽.
6) 쇼펜하우어 (§23,p.167) (수잔내 뫼부스, 『쉽게 읽는 의지와 표상으로서의 세계』 공병혜 역, 이학사, 2002, 120쪽)

(2) 의지와 부정성

의지가 추구하는 것은 언제나 삶이다. 삶의 가장 근본적인 것은
먹는 것이다. 먹는다는 것은 부정성이다. 우리는 동물과 식물을 부정
하여 죽임으로써 우리의 삶을 획득한다. 의지가 갖는 부정성과 우리의
삶과는 불가분의 관계를 갖는다.

모든 생명체는 모두 삶에 대한 의지를 가지고 있다. 따라서 모두가
다 삶을 위해 부정성을 사용한다. 가령 인간은 먹이사슬에서 가장
높은 위치에 있으므로 포식동물 중 최상위에 있다. 그 외 포식동물들
은 삶을 위해 초식동물을 부정함으로써 삶을 산다. 초식동물들은 식물
들을 부정함으로써 삶을 산다. 식물들은 땅과 대기에서 각종 필요한
것을 부정함으로써 삶을 산다. 살아 있는 것은 모두 부정성을 가지고
있다는 것은 그들이 모두 삶에 맹목적이라는 것을 의미하는 것이다.

헤겔은 이 부정성이 만물의 법칙이라고 생각한 것 같다. 그는 정신
현상학에서 꽃봉오리가 활짝 피면 새로 피어난 꽃에 의해서 부정되고,
활짝 핀 꽃은 열매로 인해 식물의 거짓된 현존재임이 밝혀지고, 열매
는 꽃봉오리를 대신해서 식물의 진리로서 등장한다는 부정성의 변증
법을 주장한다.

훗날 헤겔철학의 부정성의 변증법이 잘 설명된 이 예문은 만물의
의지가 갖는 부정성이다. 인간의 정신은 부정성의 의지와 긍정성의
자유가 있다. 이를 통일하는 것이 인간성인 것이다. 따라서 인간의
정신은 인간성으로 설명하는 것이 옳을 것이다. 인간의 정신을 부정성
으로 판단할 때 그것은 인간성에 대한 근본적인 혼란을 가져올 수
있다.

(3) 의지와 자유 그리고 자유의지

그동안 철학자들은 의지와 자유와 자유의지를 구별하는 방법이 전혀 없었다. 쇼펜하우어는 의지의 자유를 주장한다. 그런데 이 부분에 서양철학의 근본적인 병폐가 드러난다. 의지는 주체의 영역이고 자유는 주관의 영역인 것이다.

따라서 의지의 자유라고 말하는 것은 나무쇠 또는 돌나무를 주장하는 것과 같이 성립할 수 없는 모순이다. 칸트가 말하는 자유로운 의지도 이와 똑같은 나무쇠 또는 돌나무와 같이 성립할 수 없는 모순이다.

쇼펜하우어가 끊임없이 강조하는 의지의 자유는 모순이다. 의지는 그 자체로서 자유와는 달리 삶에 충실한 도구인 것이다. 자유는 그 자체로 인간에게 존재하는 삶의 목적인 것이다.

도구와 목적이 하나가 된다면 그것은 인간성의 영역이다. 그리고 그것이 외부로 나갈 때 한철학은 자유의지라고 한다.

(4) 의지意志와 악

의지는 주체의 영역에서 발현하는 삶을 위한 본능적인 것이다. 따라서 의지가 선악의 영역이 아님은 물론이다. 인간이 이성의 입장에서 보면 철저하게 삶의 맹목적인 의지는 악이라고 말하고 싶어질 것이다. 그러나 의지는 악이 아니다.

삶에 충실한 의지는 단지 청탁에만 관여한다. 선악은 이성의 영역인 것이다. 쇼펜하우어는 악인은 의지의 부정을 낳게 하는 인식에는 영원히 미치지 못한다[7]고 주장한다. 그리고 대부분의 성자나 금욕자들은 의지의 부정과 자기부정, 자기의지의 근절을 행동으로 표명한 사람

---

7) 쇼펜하우어, 『의지와 표상으로서의 세계』, 곽복록 역, 을유문화사, 1992, 478쪽.

들[8]이라고 주장한다.

쇼펜하우어는 의지의 부정을 선악과 연관시키고 있다. 그러나 의지의 부정은 선악과 무관하다. 그리고 의지는 부정의 대상이 결코 아니다. 의지가 악이 아니기 때문이다. 의지는 오로지 청탁에만 관여하는 것이다.

그리고 의지는 부정의 대상이 아니라 조화調和의 대상이다. 즉 인간성의 영역에서 자유와 함께 조화를 이룸으로써 인간다운 인간이 되게 하는 자유의지를 갖게 하는 중요한 역할을 하는 것이다.

지금까지 철학자들은 자유와 의지와 자유의지를 전혀 구분하지 못했다. 그럼으로써 자유와 의지와 자유의지는 인류에게 발휘될 아무런 근거를 가지지 못한 것이다. 인간사회에는 자유와 의지와 자유의지가 언제나 나타난다. 그러나 인류역사에서 그것을 한번도 제대로 설명한 적이 없는 것이다.

(5) 실천實踐

의지는 또한 실천의 원인이다. 마르크스는 실천에 대해 처음으로 분명한 교설을 세운 철학자이다. 마르크스는 지금까지 모든 유물론(포이에르바하의 유물론을 포함하여)의 주요한 결점은 대상, 현실, 감각이 단지 객체 또는 직관의 형태로만 파악되었을 뿐, 그것을 감성적인 인간의 활동 즉 실천으로 파악되지 않았으며, 주체적으로 파악되지 않은 데에 있다. 이 때문에 활동적인 측면은 유물론과 대립하여 관념론에 의해 - 관념론은 당연히 현실적이고 감성적인 활동 그 자체를 인식하지 못한 채 -추상적으로 발전되었다.[9]라고 말한다.

---

8) 위의 책, 462쪽.
9) 칼 막스와 프리드리히 엥겔스, 『독일이데올로기』 박재희 역, 청년사, 184쪽.

관념론이 추상적인 데 반해서 유물론은 구체적이다. 그런데 그 구체적인 유물론 철학에 인간의 활동 즉 실천이 파악되지 않음으로써 구체성을 상실하고 추상적이 되었다는 것이다.

마르크스는 실천론을 인간의 사유가 객관적 진리를 포착할 수 있느냐 없느냐 하는 것은, 이론의 문제가 아니라 실천의 문제이고, 인간은 실천을 통해 진리를, 즉 그의 사유의 현실성과 힘을, 그 현세성을 증명해야한다[10]고 설명한다.

마르크스는 실천을 주체가 담당하고 그것을 객체가 직접 행동한다는 사실을 강조한다. 그리고 인간이 실천을 통해서만이 그의 사유의 현실성과 힘을, 그 현세성을 증명한다는 말은 정당하다. 그리고 객관적 진리를 포착할 수 있는 것이 이론이 아니라 실천이라는 주장도 옳다. 실천은 한철학의 행위에 해당하는 말이다. 물론 행위를 통해 진리가 포착되기도 하지만 반드시 행위를 통해 포착될 수 있는 것만을 진리라고 말하기는 어렵다. 마르크스는 유명한 포이에르바하의 11번 테제에서 이제까지 철학자들은 단지 세계를 다양하게 해석해 왔을 뿐이며, 문제는 세계를 변혁시키는 것[11]이라고 주장했다. 이 주장은 행위와 주체와 객체의 역할에 대한 좋은 설명이 된다. 그러나 세계를 변혁시키기를 원한다면 그것은 주체와 객체만으로는 불가능하다. 그것이 마르크스의 한계이다.

진실로 세계를 변혁시키기를 원한다면 이성과 지성을 통일하는 인간성에 의지해야 하는 것이다. 즉 본체계인 주관체가 최적화되어야하고 또한 주관체가 객관체와 통일을 이루어야 비로소 세계의 변혁을 시작할 수 있는 것이다.

마르크스가 말하는 실천은 사물의 영역에서 지성과 의지가 통일되

---

10) 칼 막스와 프리드리히 엥겔스, 『독일이데올로기』 박재희 역, 청년사, 184쪽.
11) 칼 막스와 프리드리히 엥겔스, 『독일이데올로기』 박재희 역, 청년사, 188쪽.

었을 때 발생하는 행위이다. 그러나 행위만으로 세계를 변혁하는 것은 불가능하다. 그의 포이에르 바하의 11번 테제처럼 문제가 세계를 변혁시키는 것이라면 그것은 행위가 아니라 행동으로만이 가능한 것이다.

즉 이성과 지성의 통일체는 인간성이다. 그리고 자유와 의지의 통일체는 자유의지이다. 이 인간성과 자유의지가 결합할 때 행동이 일어나는 것이며 그것이 동기와 행위를 통일하는 것이다. 이 행동만이 세계를 변혁할 능력이 있는 것이다.

마르크스는 대단히 어려운 일을 지나치게 쉽고 단순하게 생각했음을 알 수 있는 것이다.

5) 주체의 종류

주체는 구체적인 실재의 영역의 '울'로서 중심영역이다. 이 중심영역은 존재자에 따라 다르게 나타난다. 개인의 내부도 하나의 소우주이다. 개인에게도 그 우주의 공적 영역으로서의 중심영역이 있는 것이다. 그 공적 영역에서 사물의 영역을 주체라고 하는 것이다. 개인에게 이 사물의 영역은 뇌腦라고 부르는 것이 중심이 된다.

가족의 주체는 가족의 공적 영역의 구체적인 실재로서의 그 집의 안방과 가족의 유전자와 가계보나 가보 등이다. 그리고 가족이 가지는 가족으로서의 삶의 의지와 가족의 삶을 유지하게 하는 가족의 지성이 가족으로서의 주체의 중심이다.

민족에 있어서의 주체는 민족공동체의 유전자와 민족공동체를 이끄는 민족적 성지 이를테면 우리의 경우 백두산과 태백산 등과 민족의식이 담긴 민족의 역사서와 주된 철학서와 종교경전 등이며 민족적

의지와 지성이다.

국가의 주체는 헌법서적과 수도首都와 정부청사 등이 될 것이다. 또한 국가가 가지는 국가로서의 삶의 의지가 곧 국가의 지성인 것이며 그것이 국가로서의 주체의 중심이다. 그리고 국가적인 의지와 지성이다.

인류의 주체는 인류의 유전자와 인류문명의 발상지와 모든 인류가 공감하는 철학서적과 세계사 등이 될 것이다. 그리고 인간이 가지고 있는 공통의식이 또한 주체이다. 또한 인류자체의 유전자가 될 것이다. 그리고 인류적인 의지와 지성이다.

우주전체에도 주체가 있어 그 주체가 객체의 원인이 되고 있다는 것을 우리는 인식할 수 없다. 그러나 우리는 우리가 사는 곳이 우주의 객체이며 이 객체의 원인으로서의 주체가 있다는 사실을 부정하지 못한다.

만일 우주의 주체가 전면적으로 부정된다면 그 순간 질서의 영역은 근거를 잃는 것이다. 그리고 우리는 혼돈의 영역이나 무질서의 영역으로 전락하는 것이다. 다시 말하면 우리가 사는 세계는 가상의 세계가 되고 만다.

우주에게도 우주의 의지와 지성이 존재한다는 것을 우리는 인식하지 못해도 이해를 할 수는 있다.

모든 존재자는 공적 영역으로서 사물의 영역을 가지고 있다. 존재자가 실재하는 사물로서 공적 영역을 가지고 있지 않다면 그 공적 영역은 사라질 가능성이 많다.

공적 영역은 실재하는 사물로 뒷받침될 때 건강하게 존재하는 것이다.

11

주관主觀 - 얼

주관은   내적 현상계인 객관의 그 자체이다. 순수한 우리말로
는 '얼'이다. 가령 얼이 빠졌다고 하면 주관의 영역이
없는 사람이라는 의미이다. 이 경우 주관이 없는 혼돈상태나 무질서상
태에 있는 사람이라는 말이다. 얼차려! 라는 말은 곧 잃어버린 주관의
영역을 다시 찾으라는 말이다. 무질서상태나 혼돈상태에서는 주관이
없는 상태이므로 질서상태를 회복하라는 말과 같다. 대단히 한철학적
인 말인 것이다.

주관은 추상적인 영역인 객관의 원인이 되는 영역이다. 주관은 추상
적 그 자체의 영역이다. 주관에는 두 가지의 서로 다른 능력이 있다.
하나는 인식認識을 하는 능력이다. 이 인식은 이성의 능력이다. 또
하나는 객관에 동기動機를 부여하는 능력이다. 이 능력은 이성理性과
자유自由가 결합하여 나타나는 능력이다.

주관은 혼돈의 영역에서 추상적인 영역의 중심에 위치한 신뢰의
영역을 포함하는 영역이었다. 주관은 질서의 영역에서 주체와 객체와
객관과 밀접한 관계를 유지하면서 원리의 영역인 객관의 중심이 되는
것이다.

313

따라서 주관이 존재하지 않거나 기능이 정지되면 주체와 객체는 단지 물질의 덩어리로 전락하고 만다. 다시 말해 주체와 객체는 주관이 있음으로 해서 그리고 주관과 함께 해야 그 정상적인 기능이 나타난다. 주관이 눈에 보이지 않는다고 해서 주체만을 생각하는 것은 극히 위험한 주술적인 생각인 것이다.

주관은 객체에서 들어오는 세 가지 인식 중에서 객관이 감각을 개념으로 받아들인 것을 사고한다. 주관은 자기의식의 영역이다. 이 의식의 영역이 있음으로서 뇌腦는 활동할 공간과 시간이 확보되는 것이다.

그리고 자기의식은 언어를 사용하여 타인과 구별한다. 언어가 없이 자기의식을 조직하기는 불가능하다. 생각하는 나는 곧 생각하는 나라는 언어를 통해 생각하는 나라는 자기의식을 확보하는 것이다.

따라서 칸트의 주관주의적 주관은 생각하는 주관을 내가 제거하면, 전 물체계가 사라지지 않을 수 없음이 명시된다. 물체계는 우리 주관의 감성 중에서의 현상이요, 이 주관의 표상방식 외 딴 것이 아니기에 말이다.[1]라고 주장한다. 칸트는 주체에 대해서는 고려하지 않았다.

주관과 객관은 긴밀하게 서로를 하나로 만들면서 인식을 성립시킨다. 자기의식은 개인 스스로 만드는 것이 아니라 사회의 공적 영역에 의해 자기의식이 주어진다. 그 주어진 자기의식이 자신만의 것으로 되는 것이 자아이다. 개인적인 공적 영역은 사회적인 공적 영역과 맞닿아있다. 이 영역에 의해 인간은 비로소 도덕적이게 되는 것이다.

대체로 지금까지의 철학자들은 주관과 주체를 제대로 구별하지 못하고 혼동하거나 섞어서 쓰고 있다.

① 주관과 생명력

주관은 이성과 자유가 발현되는 영역이다. 이 영역은 그동안의 철학

---

1) 칸트 순수이성비판 A 383

에서처럼 단순히 개념을 구성하는 영역이 아니라 주체와 결합하여 생명의 근원이 나타나는 영역인 것이다.

우리는 지속을 거슬러 올라갈 수 없는 하나의 흐름과 같은 것이라고 지각하고 있다. 의식은 우리 존재의 바탕이고, 우리가 잘 느끼고 있는 바와 같이, 그것은 우리가 교섭을 가지고 있는 사물들의 본질 그 자체[2]라고 베르그송은 말한다.

즉, 그는 시간의 시간인 지속의 영역을 의식으로 보고 있다. 그가 말하는 의식의 영역이며 존재의 바탕은 곧 주관의 영역이다.

베르그송은 "우리의 분석이 정확하다면 생명의 근원은 바로 의식이다. 혹은 초의식이라고 하는 편이 더 옳을지 모르겠다. 의식 혹은 초의식이라는 커다란 불꽃인 바……"[3]라고 설명한다.

생명의 근원을 주관의 영역인 의식으로 본 것은 옳은 것이다. 더구나 초의식, 만약 이것이 순수이성이라면 더욱더 옳은 것이다. 그는 명백하게 질서상태의 주관의 영역에 서서 철학을 진행시키고 있다.

베르그송은 "의식은 마치 뇌에서 분출되며, 의식활동의 세부사항은 뇌활동의 세부사항을 본보기로 하고 있는 것같이 보일 것이다. 그러나 실제로는, 의식은 뇌에서 분출되는 것이 아니다. 그런데 의식과 뇌는 서로 상응한다."[4]라고 하는 매우 중요한 말을 한다.

의식은 뇌에서 분출되는 것이 아니라는 것! 의식과 뇌는 서로 다른 영역이라는 것을 베르그송은 설명한다.

제임스도 이 부분에 있어 의미심장한 말을 하였다. 제임스는 두뇌가 의식을 산출한다는 증거는 하나도 없다고 말하였다. 도리어 두뇌야말로 의식이 세계에 대하여 효과 있게 작용하려고 노력할 때 사용되는 도구라는 데 대한 증거가 있는 것이다. 우리가 어떤 목적을 달성하기

---

2) 베르그송, 『창조적 진화』, 서정철 역, 을유문화사, 1992, 56쪽.
3) 베르그송, 『창조적 진화』, 서정철 역, 을유문화사, 1992, 211쪽.
4) 베르그송, 『창조적 진화』, 서정철 역, 을유문화사, 1992, 213쪽.

위해서 우리가 손을 쓰는 것과 꼭 마찬가지로, 우리는 우리의 두뇌를 쓰는 것5)이라고 주장했다. 이는 주관의 영역과 주체의 영역이 서로 다른 영역이라는 말과 같다.

의식이란 본래 인식이나 지적생활에 관계하는 것이 아니라고 제임스는 생각하였다. 정신에 대한 낡은 학설들은 너무나 이것을 인식하는데만 결부시켰다. 의식은 충동적이요, 정서적 혹은 정열적이요, 그 진행하는 동안 내내 의욕적이고 간혹 지적인 것일 따름6)이라는 것이다. 제임스는 주관영역이 가지고 있는 정적이고 동적인 능력을 말하고 있는 것이다.

제임스는 뇌와 의식의 관계를 의식이 우위가 되는 부정성의 변증법을 전개하는 듯한 모습을 보여준다. 그러나 뇌와 의식, 다시 말해 주체와 주관은 통합과 통일의 관계이지 부정성의 변증법적 관계는 전혀 아닌 것이다.

1) 이성理性

인간이 이성을 가지고 있다는 것은 자신의 삶을 전체적으로 한 번에 바라볼 수 있는 능력을 가지고 있다는 것을 말한다.

전체적으로 자신의 삶을 바라본다는 것은 반드시 기준점이 필요하다. 인간은 동물과 달리 자연에서 이러한 기준점을 찾을 수 있었다. 인간은 고대에서부터 하늘의 북극성에서 그 기준점을 찾았다. 북극성은 스스로는 움직이지 않으면서 모든 움직임의 중심이 된다. 따라서 인간은 북극성을 기준으로 세계를 전체로 파악할 수 있었다. 북극성은

---

5) 스터얼링 P. 램프레히트, 『서양철학사』 을유문화사, 1963, 647쪽.
6) 스터얼링 P. 램프레히트, 『서양철학사』 을유문화사, 1963, 647쪽.

곧 중심이며 모든 것을 스스로 밝히는 밝음이되 은하계 안에서 그 어떤 것으로부터도 빛을 받지 않는다.

그러나 북극성은 인간의 외부에 있는 것으로서 낮이거나 구름이 끼면 보이지 않는다. 따라서 인간은 그 기준을 우주에서 인간의 손바닥 안으로 끌어들일 방법을 찾아냈다. 그것이 나침반이다. 이제 인간은 비가 오나 눈이 오나 나침반으로 세계의 전체를 파악하고 그것에서 자신의 위치를 바라 볼 수 있게 되었다.

그러나 이 방법은 자신의 외부에 있는 기준점을 하늘에서 손바닥 안으로 끌어들인 것에 불과하다. 그 기준은 아직 인간의 외부에 존재하는 것이다.

인간은 인간의 내부에서 판단의 기준영역을 찾지 못하는 한 아무런 판단 기준도 없이 세상을 살거나 자신의 외부에서 판단기준을 가져와야 하는 것이다. 따라서 나침반은 애당초 인간의 기준을 가져다주지 못하는 것이다.

이제 인간은 인간의 내부에서 그 기준영역을 찾아야 하는 것이다. 그것이 가능하다면 인간은 그 어떤 것에도 도움을 받지 않고 스스로 자신만의 우주의 중심이 되어 세계 전체를 조망할 수 있고 스스로 상상하고 판단할 수 있다.

인간은 이성이 있으므로 일반 동물들과는 전혀 다른 자신만의 판단력을 가질 수 있으며 또한 우주를 자신의 내부에서 운영하게 되었다. 소위 추상적인 영역이라고 말하는 영역이 그것이다. 인간은 누구나 자신만의 우주를 운영할 수 있다. 인간은 이성을 가짐으로써 우주적인 존재가 된 것이다. 그리고 순수이성이 있으므로 절대로 선한 존재가 우주의 중심에만 존재하는 것이 아니라 인간의 중심에도 존재하게 된 것이다.

(1) 개념槪念

추상적인 영역인 객관에는 여러 가지 관념들이 뒤섞여 있다. 그 여러 가지 관념들 중에서 공통된 요소를 추려내어 종합해 얻은 하나의 보편적인 관념이 있다. 이것을 우리는 개념이라고 한다. 이와 같은 개념을 통해 인식할 수 있는 능력은 다른 동물과 인간을 구별할 수 있게 하는데 이것이 이성이다. 우리는 이성이 만들어내는 개념으로 참과 거짓 그리고 선악을 판단을 할 수 있다. 즉 이성은 원인에서 결과를 추리하며 또한 판단하는 것이다.

(2) 인식認識의 기준

이 세상의 모든 학자에게 진리란 무엇인가라는 물음처럼 당황스러운 질문은 없을 것이다. 특히 학자를 가르치는 학자인 철학자에게는 이 질문에 대한 답변에 철학자로서의 가장 중요한 것이 결정되는 것이다. 이 문제가 곧 이성의 문제이다.

진리가 인식과 그 대상의 일치라는 답변은 옳지만 부족하다. 진리가 인식의 대상의 구별 없이 모든 인식의 경우에 타당하다는 것은 옳다. 그러나 그 답변도 역시 부족한 답변이다.

진리의 문제는 순전히 인식의 기준과 대상의 일치에 관한 문제이기 때문이다. 따라서 인식의 기준이 무엇인가? 인식의 기준이 나의 내부에 있는가 아니면 외부에 있는가의 문제가 진리에 있어서 가장 중요한 문제가 되는 것이다. 또한 그것이 긍정성의 변증법적 바탕과 부정성의 변증법적 바탕 중 어느 것인가가 중요한 것이다.

인식의 기준이 나의 외부에 있다면 그 외부의 기준과 인식대상을 비교함으로써 참과 거짓을 구별할 수 있다. 그런데 그렇게 구별된

것은 결국 최종적으로 나에게 다시 되돌아오는 것이다. 이 부분은
대단히 중요하지만 언제나 무시되어 왔다. 이 경우 결국 판단은 나의
내부에서 하게 되지 않을 수 없다. 우리는 세계사에서도 매우 중요한
영향을 미친 세 가지 예를 통해 이 문제를 살펴보자.

① 헤겔의 이성의 교지狡智
헤겔은 역사철학에서 이성의 교지에 대하여 논한다. 가령

> 세계사적인 개인은 성실하게 이것을 하느냐 저것을 하느냐 하고
> 고려하는 것은 전혀 하지 않는다. 아무것도 고려하지 않고 한결같
> 이 그 목적을 향하여 돌진한다.7)

는 것이다. 세계사적 인물은 스스로 주체적으로 활동하고 있다고
생각하지만 사실은 절대정신, 절대이념인 신의 교활한 지혜에 의해
움직이고 있을 따름이라는 것이다.
헤겔의 주장은 인간은 스스로의 주인이 되지 못하고 오직 절대정신
에 의해 인간은 조종되고 있다는 것이 된다. 과연 역사를 움직인 사람
들이 아무런 목적 없이 신의 교활한 지혜에 의해 움직이는 꼭두각시였
는가? 이 경우 인간은 악하고 오직 절대정신만이 선한 것이다. 과연
그러한가?

② 아담 스미스의 국부론
인간을 악하다고 가정하고 외부의 어떤 존재를 가정해서 그 존재를
인식의 기준으로 설정하려는 똑같은 경우가 하나 더 있다. 그가 곧
아담 스미스이다.

---

7) 헤겔, 『역사철학』, 세계사상대전집 41권, 대양서적, 1972, 90쪽.

아담 스미스의 국부론은 자본주의 특히 자유주의의 성전聖典 으로 불리고 있을 정도로 오늘날에도 그 영향력은 근본적인 것이다.

헤겔과 마찬가지로 아담 스미스는 인간을 악한 존재로 보았다. 그는 인간을 자신의 이익만 아는 탐욕스러운 존재로 보았다. 그리고 헤겔이 절대정신을 분명하게 말한 것과는 달리 아담 스미스는 절대정신 대신 보이지 않는 손을 내세웠다. 그의 주장을 들어보자.

> 그가 생산물이 최대의 가치를 갖도록 산업을 운영하는 것은 오로지 그 자신만의 이득만을 위해서다. 그러나 그는 이렇게 함으로써 다른 많은 경우에 있어서와 같이 보이지 않는 손에 인도되어 스스로 의도하지 않았던 하나의 목적을 촉진하게 된다. 그가 이 목적을 전혀 의도하지 않았다는 것은 그 사회에 있어서는 이것을 의도하고 있었던 경우에 비해서 반드시 나쁜 것은 아니다. 그 자신의 이익을 추구함으로써 진실로 사회의 이익을 추구함으로써 진실로 사회의 이익을 증진코자 의도하였을 때보다 더욱 유효하게 사회의 이익을 증진시키는 수가 많은 것이다. 사회의 복리를 위해서 상업을 하는 체 하는 무리들이 사회를 위해 좋은 일을 많이 했다는 이야기는 아직껏 들어본 일이 없다.[8]

아담스미스는 악한 인간들이 보이지 않는 손에 이끌려 사회의 이익을 추구함으로써 복리에 도움이 된다는 주장을 했다. 아담 스미스는 헤겔과 마찬가지로 인간이 악하다는 근본적인 주장을 내세웠다. 그럼으로써 아담 스미스도 인식의 기준을 인간의 내부에서 가져올 수는 없었다.

보이지 않는 손이라는 인간외부의 경제의 법칙이 기준인 것이다. 그런데 사회의 이익을 가져오고 복지를 향상시키는 경제의 법칙을

---

8) 아담 스미스, 『국부론』 대양서적, 세계사상대전집, 31권, 1981, 288쪽.

만드는 존재는 어떤 경우에도 결국 인간인 것이다. 경제법칙은 보이지 않는 손이라는 신비한 존재가 아니라 인간이 직접 만들어내는 눈에 보이는 경제법칙인 것이다. 이 애매함이 곧 인간의 내부를 악하다고 생각하여 불신하는 기본적인 사고에서 오는 것이다. 그러나 결국 인간이 외부에 있다고 생각한 신비스러운 보이지 않는 손이라는 존재는 결국 인간 자신인 것이다.

③ 헤겔의 법철학

헤겔의 철학체계 전체는 이 문제와 밀접한 연관이 있다. 헤겔의 그 거대한 철학체계 안에는 윤리학이 없다. 윤리학이란 주로 주관적의미의 선악善惡을 다루는 것이다. 그러나 헤겔에게 인간은 악한 존재이다. 따라서 인간의 선을 다루지 않는다. 헤겔은 이렇게 말한다.

> 인간은 즉자적 혹은 선천적으로(자연적으로) 악이며 동시에 자기 속에의 반절 혹은 반성에 의해서도 악인 것이다.[9]

헤겔에게서 인간은 스스로가 스스로를 신뢰하는 일은 결코 있을 수 없다. 왜냐하면 인간은 본성이 악하기 때문에 스스로에게서 가지고 올 것은 악 밖에 없기 때문이다. 따라서 인간의 선을 다루는 윤리학이 헤겔에서 존재한다는 것은 있을 수 없는 모순인 것이다. 대신 인간의 악을 다스리는 법철학이 그에게는 윤리학을 대신하는 것이다. 그것은 필연적인 귀결이다.

헤겔에게는 자기가 없고 따라서 자기에 대한 신뢰의 영역이 없으며 자유의 영역이 있을 수 없다. 헤겔의 철학에서는 개인의 주관체가 인정될 수 없는 것이다.

---

9) 헤겔, 『법철학강요』 권응호 역, 홍신문화사, 1997, 194쪽.

자유의 영역이 확고하게 보장되지 않는 개인이나 사회가 인식을 자기 자신에게서 가져올 수는 없는 것이다. 따라서 그것은 자기 자신이 아닌 자신의 외부에게서 그것을 가져올 수밖에 없다. 헤겔에게는 그것이 법체계인 것이다. 그에게 법은 인간의 외부에 존재하는 인식의 기준인 것이다. 그것은 당연히 인간의 내부에서 인식의 기준을 확보하려는 윤리학을 대신하는 것이다.

그런데 법체계는 도대체 누가 만드는가? 그것도 역시 인간이다. 여기서 구제할 수 없는 순환논리가 발견되는 것이다. 인식의 기준이 나의 외부인 법체계에 있다면 그 법체계를 만든 인간의 내부로 다시금 인식의 기준이 돌아오지 않을 수 없는 것이다.

헤겔에게서는 인간이 악하므로 인간은 결코 인간의 내부에서 인식의 기준을 가져 올 수 없었다. 하지만 그가 인간 외부의 법체계에서 기준을 가져온다는 생각은 어리석은 것임이 드러난 것이다.

이 세 가지의 예에서 분명히 드러나는 것은 인식의 기준을 인간의 외부에 두는 그 어떤 논리도 순환논리가 된다는 사실이다. 결국 인간의 외부라고 생각한 인식의 기준은 모두 인간의 내부의 것이다. 인식의 기준이 외부에 있다는 주장은 성립되지 않는 것이다.

그렇다면 나의 내부에 인식의 기준이 존재한다면 나의 내부의 기준으로 인식대상을 비교함으로써 쉽게 참과 거짓을 구별할 수 있을 것이다.

그러나 여기에도 문제는 있다. 과연 그 내부의 기준도 여러 가지 관념중 하나일 터인데 그것이 어떤 권리로 다른 모든 인식의 기준이 되는가하는 문제가 발생한다. 그것이 순수이성인 '한'의 문제이다.

2) 순수이성 - 한

순수이성으로서의 한은 다른 말로는 한밝, 한얼 등으로 사용되는 용어이다. 한은 존재자의 원인이며 중심이다.

한은 인간의 중심에 존재하는 한과 대우주의 중심에 존재하는 한이 있다. 대우주의 중심에 존재하는 한은 수많은 존재자들의 중심이 되는데, 그 존재자들 모두의 중심에도 한이 존재한다. 그럼으로써 대우주의 중심인 한을 향해 모든 존재자들이 움직일 수 있다. 만일 존재자들의 중심에 한이 없으면 혼돈상태인 가능상태나 무질서상태로 전락함으로서 대우주의 질서에서 이탈하는 것이다. 헤라클레이토스는

> 세계에는 통일이 존재한다. 그러나 통일은 대립들의 결합에서 일어난다. 만물은 일자(一者 the One)로부터 비롯되며 일자는 만물로부터 비롯되는 것이다. 10)

라고 말했다. 그가 말하는 일자(一者 the One)는 그대로 우리 말 한이다. 그리고 통일은 그 이전에 사물영역과 관념영역의 통합에서 비롯되고 주관체와 객관체의 통일에서 비롯된다. 그리고 한이 주관체와 객관체로부터 비롯되며 또한 주관체와 객관체가 한으로부터 비롯된다. 한철학에서 설명하는 통합과 통일의 철학에 대해 헤라클레이토스는 그대로 말하고 있다. 서양철학자들은 헤라클레이토스로부터 거의 아무것도 배우지 못한 것이다.

순수이성을 한이라 하여 선하여 악함이 없다는 것은 그것이 이성과 지성과 인간성 그리고 자유와 의지와 자유의지의 시작점이 되기 때문이다. 시작점이 없다면 곧 혼돈상태로 다시 되돌아가거나 무질서상태

---

10) B. 러셀, 『서양철학사』, 최민홍 역, 집문당, 1979, 61쪽.

가 된다. 따라서 현실상태 즉 질서상태의 성립은 그 중심 순수이성인 한이 성립하면서 시작하는 것이며 질서상태의 끝도 그 중심에 한이 성립하지 않으면서 사라지는 것이다.

(1) 인간의 내재적인 무제약자 한

순수이성은 종교에서는 유일신으로 생각되었던 것이다. 칸트가 순수이성을 비판한다고 했을 때 그는 신이 가지는 무제약성을 오용한 독단론을 억제하겠다고 선언한 것과 같다. 그는 순수이성을 순수지성 즉 과학적사고의 원리의 지배하에 둔 것이다.

베르그송은 칸트의 선험철학은 단지 기계론에 덧칠을 한 것에 불과하다고 혹평했다. 과연 그의 철학은 경험론이 지배적이고 그 핵심은 기계적 원리가 작용하고 있다.

그러나 우리는 역학적 조직체를 검토하면서 칸트가 알 수 없다던 물자체가 역학적 조직체의 중심에 존재함을 알았다. 그리고 그가 신비로 생각하던 '하나의 물자체'이며 나아가 플라톤이 말한 선의 이데아이며 또한 아리스토텔레스가 말한 부동의 원동자이기도 한 것이다. 다만 플라톤과 아리스토텔레스 그리고 칸트는 그것이 인간의 중심에 존재하고 있다는 사실을 알지 못한 것이다.

역학적 조직체와 생명 특히 인간과는 매우 다르다. 따라서 역학적 조직체에서의 중심은 신비로울 것이 없지만 생명적 조직체 특히 인간에게서의 한은 여전히 우리가 알 수 없는 신비의 영역인 것이다.

우리는 순수이성으로서 절대선의 한이 인간의 내부에 무제약자로서 존재한다는 사실을 분명히 밝힐 수 있는 것만으로도 지금까지 철학사에 없었던 새로운 사실을 추가하는 것이다.

물론 순수이성은 지금까지 인류가 생각해왔던 것처럼 우주의 무제약자로서의 지위를 잃은 것은 전혀 아니다. 우주의 무제약자로서의 순수이성은 그대로 존재한다. 다만 한철학은 우주의 무제약자가 인간의 중심에 순수이성으로서 존재한다는 사실을 밝히는 것이다. 그리고 인간의 중심에 존재하는 무제약자가 인간 자신의 그 자체라는 사실을 설명하는 것이다.

(2) 우주와 인간의 무제약자로서의 한

우리는 여기서 분명히 선을 그어야 한다. 순수이성이 모든 경험의 필연적인 원인이 된다는 사실을 알 뿐 역학적 조직체의 중심과는 달리 인간의 순수이성의 존재를 증명할 방법은 여전히 없다는 것이다.

우리는 순수이성인 한이 완전한 인간성의 이념으로서, 인간성이 철저히 체득된 이상理想으로 인간의 중심에 존재하고 있다는 사실을 이해할 수 있을 뿐이다.

물론 우리는 완전한 우주성의 이념으로, 우주성이 철저히 체득된 이상으로서 우주의 중심에 존재하는 순수이성으로서의 한도 마찬가지로 단지 이해할 수 있는 것이다. 만일 한을 완전히 알 수 있다거나 증명할 수 있다는 사람이 있다면 그보다 더 뻔뻔스러운 자는 없을 것이다.

우리는 순수이성은 절대적인 무제약자이며 그것은 절대긍정성 그리고 절대완결성으로 존재함을 한계 지어진 범위 안에서 이해할 따름이다.

(3) 인류의 도덕의 원천인 절대선으로서의 한

순수이성은 존재자의 무제약적 근원이다. 인간이 현실적 존재로 질서상태에 존재할 수 있는 근본원인을 제공하는 존재가 순수이성이다. 순수이성이야 말로 진정한 선중의 선이다. 이 순수이성에 대해 절대선이라는 칭호는 타당하다.

인간이 선할 수 있는 원인은 곧 스스로의 중심에 절대선으로서의 순수이성을 가지고 있기 때문이다. 인간이 악할 수 있는 원인은 순수이성이 중심이 되는 질서상태에 존재할 수 없기 때문이다. 즉 인간이 혼돈상태나 무질서상태에 존재할 때에는 질서상태가 아니므로 순수이성이 발현하지 못한다. 그런 상태에서는 스스로의 중심에 절대선이 존재하지 않으므로 인간성의 영역이 존재할 수 없다.

인간성이 없는 인간은 동물이나 기계와 같다. 그와 같은 상태에서 악을 행하는 것은 얼마든지 있을 수 있는 것이다. 즉 인간에게 근원악이 있는 것이 아니라 인간은 언제든 혼돈상태와 무질서상태로 전락할 수 있는 것이며 그 때 악이 발생한다. 즉, 순수이성으로서의 한이 인간의 중심에 존재하지 않음으로써 악이 발생하는 것이다. 따라서 인류의 도덕의 원천은 질서상태의 인간의 중심에 존재하는 절대선인 순수이성으로서의 한인 것이다.

순수이성의 능력을 제한하여 순수지성에게 그 권리를 부여하는 칸트식의 도덕은 인간성이 말살된다는 점에서 위험한 것이다. 도덕의 영역은 칸트가 생각한 것처럼 순수이성과 순수지성의 전쟁터나 법정이 아니다. 도덕의 영역은 순수이성과 순수지성이 하나의 통일체로 존재하는 인간성의 영역이다.

(4) 일체존재자의 존재로서의 한

객체에 객관이 주어지지 않는 한 객체는 무질서에 불과하다. 그리고 객관 그 자체가 주관이며 주관의 주관이 순수이성으로서의 한이다.

326

예를 들어 객체인 자동차에 객관이 주어지지 않아 움직이지 못한다면 자동차가 아닐 것이다. 보다 정확히 말하자면 객체의 기질氣質에 객관인 기운氣運이 주어지지 않으면 움직이지 못하는 것이다. 그리고 신체身體에 객관인 신형身形이 주어지지 않는다면 자동차라는 형체조차도 없는 것이다. 즉 존재자체가 보이지 않는 신형에 의해 주어진다는 것이다.

무엇보다도 객체인 자동차의 심방心房에 객관인 심법心法이 주어지지 않는다면 자동차는 그것을 운전하는 주인의 마음을 얻는 그 순간까지는 자동차는 자동차가 아닌 것이다.

이와 같이 객체와 객관은 결국 심법心法이라는 상위의 원인이 있고 그 아래에 기운과 신형이 놓이게 되는 것이다. 그 심법心法의 원인은 주관이며 주관의 원인은 한이다.

따라서 한은 스스로는 보이지 않지만 모든 존재자의 원인의 원인으로써 일체 존재의 존재가 아닐 수 없는 것이다.

그리고 무제약자로서의 한은 자유의 동기와 의지의 행위와 인간성의 행동의 원인인 것이다.

(5) 한겨레의 원인으로서의 한

한은 무제약자이며 절대긍정자이며 절대선이다. 그것은 우주와 인간의 중심에 존재하는 선의 이데아이며, 부동의 원동자이며, 하나의 물자체인 것이다. 한겨레는 이와 같은 모든 존재자의 존재 그 자체인 한을 중심으로 하는 민족인 것이다.

우리 한겨레는 만물의 무제약자로서의 순수이성인 한을 민족의 이름으로 사용하고 있는 민족이다. 순수이성인 한이 우주의 무제약자로 존재하며 또한 인간 개개인의 중심에 무제약자로서 존재하듯 민족에게도 그 중심에 한이 존재한다는 것은 한철학의 창시자인 한겨레의 조상들에게는 당연한 사실이었다.

우리 한겨레는 출발할 당시 한을 한겨레의 본체계 즉 공적 영역의 중심에 세움으로써 질서의 영역을 창조했다. 그 본체계가 곧 한국, 배달국, 조선과 고구려, 백제, 신라와 단군과 해모수, 박혁거세, 서울과 평양, 서라벌 등이 의미하는 아침에 떠오르는 태양으로 상징되는 것이다.

이 한은 우리 겨레가 출발할 당시부터 하나님·하느님으로 불리며 우리겨레의 공적 영역의 중심으로 존재했다. 그럼으로써 우리 한겨레가 존재하는 한 이 공적 영역은 존속되는 것이다.

3) 자유와 동기부여

지난 철학에서 주관은 주로 인식론의 영역이었다. 그러나 생명체는 움직이는 것이며 그 움직이는 모든 것은 동기를 갖는다. 그 동기의 원인은 주관이 갖는 동기부여 능력이다. 자유는 관념적인 것이기도 하지만 존재론적으로 실재세계에서 움직이는 모든 것에 동기를 부여하는 능력이기도 하다.

칸트는 자유를 순수이성의 세 번째 이율배반에서 찾아낸다. 하르트만은

> 우리가 목적을 향하여 결정 지워져 있는 하나의 세계에서는 자유를 논할 수 없으나, 인과적으로 결정 지워진 세계에서는 자유를 논할 수 있다는 이런 관계를 맨 먼저 인식했다는 사실이 칸트의 천재적인 파악이다.[11]

라고 말하면서 칸트가 찾아낸 자유에 대하여 극찬하고 있다. 그런데 하르트만은 칸트의 업적에 대해 핵심을 비켜가고 있다. 칸트는 자유를 전체 과정에서 찾아내려고 한 서양철학 최초의 철학자이다. 즉 혼돈상 태에서 자유를 확보함으로써 질서상태로 대혁신을 할 수 있다는 생각 을 철학체계로 서양철학사에서 최초로 설명한 철학자이다. 바로 이 점이 세계철학사에서 칸트가 보여준 영웅적인 부분이다.

칸트는 순수이성비판의 가장 핵심적인 부분인 이율배반을 수학적 이율배반과 역학적 이율배반으로 나누고 역학적 이율배반인 세 번째 이율배반에서 자유를 유도해낸다. 저명한 칸트는 이렇게 말한다.

> 자연필연성이 현상에만 관계하고 ,자유는 물자체 그것에만 관계한 다면, 비록 우리가 두 종류의 원인성을 상정하거나 인정한다 하더 라도 모순이 생기지 않는다. 그러나 자유의 원인성을 이해하는 일 은 매우 곤란하거나 불가능할지도 모른다.[12]

칸트는 한철학이 말하는 동시태를 자연필연성이 지배하는 현상의 영역으로 보았다. 그리고 정시태를 자유가 나타나는 물자체의 영역으 로 보았다. 그리고 이 두개의 영역을 나누어서 생각한다고 해도 그것 은 모순이 생기지 않는다고 말한다. 그것은 우리가 지금까지 해온 작업으로 볼 때 너무나 당연한 말이다.

그리고 그는 자유의 원인성을 이해하는 일은 매우 곤란하거나 불가 능할지도 모르겠다고 했다. 이 말은 분명히 현상의 중심에 자유의 원인으로서의 물자체의 영역이 존재하지만 그 물자체의 영역을 설명 가능한 지식으로 만들기는 대단히 어렵거나 아예 불가능할지도 모르 겠다고 말하고 있는 것이다.

---

11) 하르트만, 『철학의 흐름과 문제들』, 강성위 역, 서광사, 1987, 82쪽.
12) 칸트, 「철학서문」, 『실천이성비판』 내 부록, 최재희 역, 박영사 2001, 336쪽.

칸트가 생각한 50 : 50의 비율로 대립하는 이율배반에서는 그가 말하는 자유의 원인성으로서의 물자체를 이해시키는 일은 매우 곤란하거나 불가능할지도 모르는 것이 아니라 결단코 불가능한 것이라고 말해야 한다.

칸트가 가장 크게 잘못 생각한 것은 동시태와 정시태는 외부의 힘의 대립처럼 50 : 50의 대립과 전혀 다른 매우 복잡한 대립을 이루고 있다는 사실이다. 이 대립은 36 : 64의 대립인 것이다.

칸트가 사용한 비판의 방법론은 모든 대립을 50 : 50의 비율에 맞추는 것이다. 칸트는 어떤 대립에 있어서 결코 어느 한편을 지지하는 법이 없다.

어느 쪽이든 대립의 한 쪽을 지지하는 사람은 자신이 주장하는 가장 뚜렷한 명제와 반대되는 명제가 또한 참이라는 사실을 발견한다. 그렇다면 모순되는 명제가 동시에 참일 수 없으므로 양쪽 다 자신이 틀렸다는 사실을 시인하지 않을 수 없게 되는 것이다.

상대방의 독선적인 주장을 허무하게 좌절시키는 일에는 더 이상 좋은 방법이 없다. 따라서 독단론자들의 무지를 일깨우는 일에 이상적인 방법인 것이다.

그러나 이 방법의 문제는 이 방법을 사용하는 사람이 먼저 자신에게 좌절해야 한다는 점이다. 결국 이 방법은 허무주의를 가르치는 셈이 된다. 어느 경우에도 이 방법은 생명의 생성을 만들어내지 못한다. 오히려 모든 생명의 생성을 무無로 돌리는 무자비한 방법론이다. 칸트는 이 방법에서 역학적 이율배반에서 해결을 찾았지만 그것은 그의 이율배반의 양자긍정적 방법을 파괴하지 않고는 불가능한 방법이다.

이 방법의 가장 큰 문제는 선악론에서 나타난다. 칸트의 비판적 방법론이 그 대표적인 실례가 된다. 칸트는 선善에 대하여 그 어떤 철학자보다도 더 풍부한 예를 들어 적극적으로 찬양한다. 마치 칸트는 선善의 전도사와 같은 모습인 것이다.

그러나 동시에 칸트는 틈만 나면 인간의 근본악에 대해 들고 나온다. 그 내용을 들으면 인간은 구제불능의 악으로 보인다.

칸트가 인간을 선하다고 주장했는가 아니면 악하다고 주장했는가를 알기 위해 그의 저서 전체를 아무리 샅샅이 뒤져도 그것은 헛수고에 불과하다.

칸트는 결코 그에 대해 분명한 답을 주지 않는다. 설혹 어떤 문장이 분명한 답을 준 것 같이 보여도 그것은 칸트의 근본의도와는 다른 것이다. 칸트가 원한 것은 순수이성의 이율배반인 것이다. 성선설을 주장하는 사람들에게 좌절을 안겨주고, 동시에 성악설을 주장하는 사람들에게 좌절을 안겨주는 것이 그의 목적인 것이다. 따라서 칸트는 인간은 선하면서 동시에 악하다는 주장을 한 것이다.

여기에서 칸트의 자유론은 거대한 난관에 부딪치게 된다. 그리고 그의 도덕론도 치명적인 문제에 부딪치게 되는 것이다.

자유의 영역은 반드시 선하여 악함이 없는 중심에서 발현된다. 즉 자신의 내부에 신뢰의 영역이 있을 때 그 신뢰의 영역을 바탕으로 자유의 영역이 형성된다.

가령 2차대전 후 나치의 전범재판인 뉴른베르크 재판에서 검사측 논고에서 "피고인들은 근본적인 도덕규범과 모순 되는 맹목적인 명령에 복종했다는 것으로 고발되었다. 그들은 이러한 복종을 할 것이 아니라 맹목적인 복종의 규칙을 위반하는 값을 치르더라도 이 도덕규범을 준수하려는 의지를 지녔어야 했었다.13)"라는 주장을 하려면 도덕규범을 어디에서 가져오는가가 중요하다. 그것을 국가가 만들었다 해도 스스로의 내부에 존재하는 기준인 선善에 비추어 판단할 수 있어야 한다.

---

13) J.이스라엘, 『변증법』, 황태연 역, 까치, 1977, 276쪽.

근본적인 도덕규범이라는 것을 어떤 형태로 존재하는 것인가? 그
것이 맹목적인 명령이어서 복종하지 말고 거부해야하는 것이었다면
그 기준을 어디서 가져와야 하는 것일까? 만일 그 기준이 나의 내부에
없다면 외부에 존재하는 기준들을 비교해서 그것들 중 복종해야할
기준을 찾아서 옳은 것을 선택해야하는 것이다. 과연 그것들 중 어느
것이 옳다고 비교하여 판단하는 것으로 유죄와 무죄를 가릴 수 있는
것일까?

인간 스스로의 내부에 오로지 선하여 악함이 없는 기준이 있을 때
도덕규범을 누가 만들었든 그것에 대해 옳고 그름을 판단할 수 있다.

나치가 만든 도덕규범이 진정한 도덕규범이 될 수 없다는 것은 우선
자신의 내부에서 판단하는 것이다. 또 그것을 다른 인류 단위의 공동
선과 비교하면서 어느 것이 옳은 것인가를 판단하는 것도 결국은 자신
의 내부에 존재하는 선이 없다면 불가능하다.

자유는 자신의 내부에 존재하는 선이 없다면 전혀 이루어질 수 없는
것이 명백하다.

칸트의 자유론의 문제는 자신의 내부에서 선악을 판단할 기준을
마련할 수 없다는 점에 있다. 왜냐하면 그는 인간의 본성이 선하기도
하고 악하기도 한 것으로 말하고 있기 때문이다.

그의 말처럼 인간에게 근본악이 있다면 인간의 내부에서 판단을
하는 것은 모조리 악한 것일 수밖에 없다. 그리고 그 어떤 도덕규범이
있다 하더라도 그 도덕규범은 인간에게 근본악이 있는 한 모조리 부정
됨으로 해서 도덕규범을 준수하려는 의지를 가지기는 불가능하다. 인
간의 근본적인 영역이 이율배반적으로 선하기도 하고 악하기도 하다
면 인간의 내부에서 판단하는 것은 악하기도 한 것으로 나타나고 선하
기도 한 것으로 나타날 것이다.

칸트와 그의 후계자들은 인간의 행동을 스스로의 중심인 순수이성

에서 발현하는 자유에서 출발하지 못했다. 그럼으로써 동기부여능력이 인간 자신에게 있다는 사실을 주장할 수 없었다. 따라서 어린아이들이나 유치한 미개인들에게 어울리는 당위當爲 따위를 윤리의 가장 근본적인 부분에 들고 나올 수밖에 없는 것이다.

자유인은 당위 따위에 구속되지 않는다. 그들은 스스로의 중심에 존재하는 절대선에서 원동력을 얻어 그것으로 행동한다.

칸트가 도덕철학 서문에서 말한 정언명법은 이러하다.

너의 준칙이 보편적인 법칙이 되도록 네가 동시에 의욕할 수 있도록 하는 그러한 준칙에 따라서만 행위하라.[14]

칸트가 말하는 '의욕할 수 있도록'이라는 말은 대단히 재미없는 농담이다. 의욕은 할 수 있도록 해야 한다는 식의 강제성을 갖는 것이 아니다. 의욕은 동기이며 동기는 스스로의 중심에서 가져오는 것이다. 아무런 강제성이 없는 그야말로 자유로운 것이다.

의욕은 할 수 있도록 해야 한다는 것은 자유를 가진 인간에게 할 말이 아니다. 그 말은 인간이 기계에게 움직일 힘을 주면서 하는 말이다. 즉 자동차에 시동을 걸며 너라는 기계는 주인인 내가 시동을 걸었으므로 움직일 동기 또는 움직일 의욕을 가져야 한다고 말하는 것이다.

또는 동물을 길들여서 너라는 동물은 주인인 내가 명령을 내렸으므로 움직일 동기 또는 움직일 의욕을 가져야 한다고 말하는 것이다.

칸트의 도덕철학은 단지 그 사회의 삶의 의지에 관여하고 있다는 것이 분명하다. 더욱 더 분명하게 하는 그의 말을 들어보자.

---

14) 칸트, 「도덕철학서문」, 최재희 역, 박영사, 2001년, 215쪽.

자기의 생명을 보존하려는 것은 의무요, 또한 각자는 자기의 생명을 보존하려는 직접적인 경향성을 가지고 있다. …… 죽기를 바라면서도 자기의 생명을 보존하며, 생명에 대한 사랑이나 경향성 또는 공포에서가 아니라 의무에서 생명을 보존한다면 이러한 준칙이야말로 도덕적 가치를 가지는 것이다.[15]

라고 주장해야 하는 것이다. 칸트에게는 어떤 상황에서도 생명을 유지하려는 의무야말로 최상의 도덕적 가치이다. 그는 이렇게 의무를 극찬한다.

의지의 준칙이 자율의 법칙과 필연적으로 조화롭게 있는 의지는 신성하고 절대적인 선의지이다. 절대적으로 선한 것이 아닌 의지가 자율의 원리에 종속하는 것(도덕적 강제)이 책무이다. 그러므로 책무는 신성한 존재자와는 아무런 관계도 없다. 이 책무로부터 행위해야 할 객관적 필연성을 의무라고 한다. 의무라는 개념을 우리는 법칙에의 복종이라고 생각하되……[16]

칸트가 여기에 이르러서는 그가 말하는 의무와 도덕은 단지 그 사회가 생명을 유지하기 위한 맹목적인 삶의 의지에 복종하는 것임이 드러나는 것이다. 그것은 전혀 도덕과 윤리가 아니며 선악과는 아무런 직접적인 관계가 없는 의지를 다루고 있는 것이다. 따라서 그는 이제 내놓고 도덕법을 존경하라고 강요한다.

의무는 (도덕)법에 대한 존경에서 하는 행위의 필연성이다. …… 결과로서가 아니라 근거로서 나의 의지와 결합되어 있는 것, 나의

---

15) 칸트, 『도덕철학서문』, 최재희 역, 박영사, 193쪽.
16) 칸트, 『도덕철학서문』, 최재희 역, 박영사, 233쪽.

경향성에 봉사하지 않고 이것을 압도하는 것, 적어도 선택을 할 때 경향성을 타산에서 제외하는 것, 즉 순법칙 자체만이 존경의 대상이 될 수 있고 또 명령일 수 있는 것이다. ······ 따라서 최종적으로 남게 되는 것은 나의 경향성을 포기하고서라도 이 법칙에 복종하라는 준칙뿐이다. ······ 이 존경심은 나의 의지가 나의 감성에 아무런 타자의 영향 없이 직접 법칙에 복종하는 의식을 말한다.[17]

칸트의 도덕철학이 결국 법철학과 비슷한 것이 될 수밖에 없으며 진정한 선악을 다루는 도덕철학 그리고 윤리학으로 되돌아갈 수 있는 길은 이제 멀어진 것이다.

자유는 칸트의 주장처럼 명령에 대한 복종을 가르치지 않는다. 인간의 윤리는 선악을 가르침으로써 자발적으로 도덕을 지키는 존재를 만드는 것이지 도덕법이나 실정법에 대한 복종을 가르치는 것이 전혀 아니다. 자발적으로 지키는 것과 복종과는 완전히 다른 것이다.

칸트는 비판이 없으면 이성은 이른바 자연상태 중에 있고 ,그것의 주장과 요구는 전쟁에 의하는 이외에는 대두케 할 수 없고 확실하게 할 수 없다[18]고 주장하며 전쟁이 아니라 비판에 의한 소송에 의해 해결하는 방법을 취해야 한다고 주장한다. 여기서 그가 말하는 자연상태와 그것을 해결하는 방법은 그의 철학 전반에 걸쳐 중요한 관점을 제공한다.

홉스의 주장처럼, 자연상태는 불법과 폭행이 지배하는 상태요, 사람은 그런 상태를 떠나 법적 강제에 복종해야 한다. 이 강제만이 우리의 자유를 억제하며, 그것을 모든 타인의 자유와 공존할 수 있도록 하고, 바로 그것으로 인해서 공공의 최선과 조화할 수 있도록

---

17) 칸트, 『도덕철학서문』, 최재희 역, 박영사, 196쪽.
18) 칸트 순수이성비판 B 779

한다.19)

즉, 칸트가 말하는 자연상태는 곧 홉스가 주장하는 만인에 의한 만인의 투쟁상태이므로 그것을 바로 잡는 방법은 오로지 법적 강제에 대한 복종만이 요구된다는 것이다. 결국 칸트의 도덕법은 홉스의 법적 강제에서 출발하여 그것으로 귀결되는 모습을 보이는 것이다.

한철학에 있어서 자유는 무제약적인 힘이다. 인간이 자신의 삶을 움직이는 동기를 자신의 주관에 존재하는 이성에게서 가져올 수 있을 때 비로소 인간은 자유롭다.

이성과 자유가 결합할 때 동기動機가 되며 그것이 객관의 심법영역에 대해 동기부여 능력을 갖는다. 만물은 자유가 갖는 동기부여 능력이 없다면 움직이지 못한다. 주관이 갖는 동기부여 능력에 의해 객관은 동기를 가지고 심법心法의 영역이 이루어진다.

객관의 심법은 객체에 직접적으로 동기를 부여함으로써 객체가 행동을 할 수 있는 것이다.

즉, 인간은 스스로의 중심인 주관에서 중심의 중심인 순수이성이 주는 원동력에 의해 동기부여 능력을 가지게 되는 것이다. 인간의 모든 동기는 스스로의 진정한 자아에게서 얻는 것이다.

한철학에서의 자유는 객관의 심법에 동기를 부여하는 힘이다.

4) 무제약자로서의 순수이성 '한'에 대한 문제

절대필연적인 무제약자가 세계의 중심에 존재한다는 생각은 인류가 고대인들로부터 물려받은 정신적 유산이었다. 그러나 인류가 인간

---

19) 칸트 순수이성비판 B 780

의 중심에 절대필연적인 무제약자가 존재한다는 사유의 수준에 도달한 것은 극히 소수에 불과하다. 그리고 그것이 엄밀한 철학의 수준에서 접근할 수 있었던 것은 고대 한국인과 18세기의 칸트였다.

그런 의미에서 칸트가 순수이성비판에서 제시한 제4이율배반이 철학사에 차지하는 위치는 막대한 것이다. 인간의 공적 영역에서 무제약적인 존재가 찾아질 수 있다는 가능성을 설명한 것은 철학의 모든 구조를 개편하고 인간의 모든 도덕을 완전히 개편할 수 있는 중요한 내용이다.

물론 칸트는 혼돈상태가 성립되지 않는 이율배반의 대립에서 질서상태를 형성하려는 무리가 있었다. 그럼에도 불구하고 그의 시도는 조금도 손상 없이 막중한 의미를 갖는 것이다.

하지만 칸트는 물론이고 그의 후계자들은 막상 이 부분이 차지하는 중요성을 전면적으로 부각시키지 못했다.

한철학은 이 부분에서 처음부터 인간의 중심에 존재하는 본체계에서 무제약자로서의 순수이성인 한이 위치하는 것을 철학의 가장 근본적인 내용으로 설정했다.

한겨레의 고유한 경전들에 나타난 내재적인 하나님[20]

경전	내용
천부경	"인간의 내부에 하늘과 땅이 있으며 그 중심에 하나님이 계시다." 인중천지일 人中天地一
삼일신고	"스스로의 본바탕에서 하나님의 씨앗을 구하라, 너의 뇌에 내려와 계시니라" 자성구자 항재이뇌 自性求子 降在爾腦

---

20) 이 여러 경전들의 원문과 해석의 필자가 해설한 아래의 책을 참조바람
최동환 해설, 『삼일신고』 지혜의 나무, 2000, 331쪽.
최동환 해설, 『천부경』 지혜의 나무, 395~444쪽.

단군팔조교	"하늘의 법은 오로지 하나요 그 문이 둘이 아니다. 너희는 오로지 순수한 정성이 하나같아야 너희의 중심에서 하나님을 보게 되리라." 천범유일불이궐문 이유순성일 이심내조천 天範惟一弗二闕門 爾惟純誠一 爾心乃朝天
원방각경	해와 달의 정기를 받은 아들을 위해 하나님께서 중앙에 내려와 계시다. 일월지자 천신지충 日月之子 天神之衷
중일경	"천하의 가장 큰 근본은 나의 마음 한가운데 위치한 하나님이다." 천하대본 재어오심지중일야, 天下大本 在於吾心之中一也 ,
천지인경	"하나님은 나의 중심에 내려와 계신다." 일신강충一神降衷
삼신일체경	"스스로의 중심에 하나님의 빛이 머무르고 있어 움직임이 없다." 자재광명 앙연부동自在光明 昂然不動

그것이 위의 자료에서 나타나는 순수이성으로서의 한이다.

그리고 그 기본설정에 의거해서 철학의 체계와 조직을 만들었고 그것에 의해 철학과 도덕론을 전개했으니 위에서 보이는 여러 경전들이다.

한철학과 칸트철학이 가장 중요한 문제를 두고 한자리에서 만나고 또한 다른 길을 가는 것이 칸트의 제4이율배반에서 나타나는 것이다. 이제 칸트가 진행했던 경로를 추적하여 문제를 해결해 나가기로 하자.

칸트의 네 번째 이율배반의 해결

칸트의 네 번째 이율배반의 해결은 철학사에서 가장 중요한 부분 중 하나이다. 정립측은 물자체의 영역에서는 절대필연적인 존재가 있을 수 있다는 주장이며 반정립측은 현상계의 영역에서는 절대필연적인 존재가 있을 수 없다는 주장이다.

선험적 이념의 네 번째 모순(이율배반)

정립	반정립
세계에는 그것의 부분이거나 혹은 그것의 원인이거나 간에, 단적으로 필연적인 어떤 존재(하나님)가 있다.	단적으로 필연적인 존재는 세계안에서거나 세계 밖에서거나 일반적으로 세계의 원인으로 실재하지 않는다.
증명	증명
감성계는 모든 현상의 전체로서 동시에 변화들의 계열을 포함한다. 왜냐하면 ,현상들의 계열이 없이는 감성계를 가능하게 하는 조건으로서의 시간계열의 표상이 우리에게 주어져 있지 않기 때문이다. 모든 변화는 시간적으로 선행하는 조건 아래에 성립하고, 이런 조건 아래서 필연적이다. 그런데 주어져 있는 개개의 제약된 것은 그것의 존재에 관해서 볼 때 단적으로 무제약인 것에 이르기까지 이르는 조건들의 완전한 계열을 전제한다. 그리고 이 단적으로 무제약적인 것은 절대로 필연적인 것이다. 이에, 이런 것의 결과로서의 변화가 실재한다면,(그것의 원인으로서) 절대필연적인 어떤 것이 실재함에 틀림없다. 그러나 이 절대필연적인 것은 그 자신 감성계에 속하고 있다. 만일 그것이 감성계 바깥에 있다고 가정해보라. 그러면, 이 필연적원인 자신이 감성계에 속하지 않으면서도, 그것에서 세계변화의 계열의 시초를 이끌어 내게 될 것이다. 이런 일은 불가능하다. 무릇 시간계열의 시초는 시간상으로 선행하는 것을 통해서만 규정될 수 있다. 이 때문에, 변화계열의 시초라는 최상조건은, 변화계열이 아직 있기 전의 시간에 실재해야만 한다(왜냐하면 시초란 있기 시작하는 시간이 먼저 흘러간 뒤에 나타난 실재이기에 말이다). 그러므로 변화들의 필연적 원인의 원인성은 즉 원인자체는 시간에 속하며 따라서 현상에 속한다.(현상에서는 시간만이 현상의 형식으로 가능한 것이다). 그러므로, 사람은 이 원인을 만상의 총괄로서의 감성계에서 분리하여 생각할 수 없다. 그러므로 단적으로 필연인 그 어떤 것(하나님)이 세계 자신의 안	세계 자체가 필연적인 존재다. 혹은 세계 안에 필연적인 존재가 있다고 가정하라. 그러면 다음 둘 중의 어느 것이다: (첫째경우) 세계 변화의 계열에 절대필연인, 따라서 무원인이 시초가 있는 것이 되나. 이런 일은 시간 중에서 모든 것이 규정되는 역학의 법칙에 어긋난다. (둘째 경우) 계열 자체는 시초가 없고, 이런 계열이 그것의 부분들에 있어서는 우연적이고 제약된 것이면서, 전체로서는 단적으로 필연이요, 무제약적인 것으로 되나, 이런 사태는 자체상 모순이다. 왜냐하면, 계열의 한 부분이라도 자체상 필연적 존재를 가지지 않는다면, 다수의 존재(부분의 총괄)가 필연적(존재)일 수 없기 때문이다. 이상과는 반대로, 단적으로 필연인 세계-원인이 세계 바깥에 존재한다고 가정해보라. 그러면, 이 세계의 원인은 세계 변화의 원인들의 계열에 있어서의 최상항으로서, 그 이후 항들의 존재와 (세계변화의)계열을 최초로 시작할 것이다. ※ 그런데 이렇게 되면, 세계 원인이 작용하기 시작한 것이기도 하겠다. 즉 이런 원인성은 시간 속에, 바로 이 까닭에 현상들의 총괄 속에, 다시 말하면 세계 속에 귀속하겠으며 따라서 세계원인 자신이 세계의 외부에 있지 않게 되겠다. 이런 사태는 처음의 전제(가정)에 모순된다. 그러므로, 세계 내에도, 세계 밖에도 (세계와 인과적으로 결합해 있는) 단적으로 필연인 존재는 없다.

> 에 들어 있다. (그것이 전 세계 계열 자체
> 이거나 혹은 전 세계 계열의 일부이거나
> 간에).

> ※ 시작한다는 말은 두 가지 의미로 해석된다. 첫째 의미는 능동적이다. 여기서는 원
> 인이 그것의 결과로서의 상태들의 계열을 개시한다는 말이다. 둘째 의미는 수동적
> 이다. 원인 자신 중에서 인과성이 생긴다는 말이다. 나는 여기서 첫째 의미에서 둘
> 째 의미를 추리하고 있다.[21]

칸트는 세계에 있어서 필연적인 연쇄는 자기의 원인이 되는, 자기가
출발했던 절대적인 필연적인 항으로 거슬러갈 수 있어야 한다는 것이
다. 그렇지 못하다면 그 필연적인 연쇄는 필연적인 연쇄가 아니라
단지 우연에 지나지 않는 것이다.

시간 속에서 원인과 결과의 법칙만이 존재하는 현상계에서는 이러
한 필연적인 항 즉 절대필연적인 존재가 있을 수 없다. 왜냐하면 다른
것은 항상 다른 것에 의해 조건이 지워지며 그것은 현상의 세계에
속하기 때문이다.

그러나 물자체의 영역 즉 본체계에서는 필연적인 항, 즉 절대필연적
인 존재를 물을 수 있다는 것이다.

제3이율배반을 통해 자유가 물자체의 영역 즉 본체계에서 나타날
수 있었다는 것은 칸트철학의 핵심 중의 핵심이다. 칸트는 물론 그의
후계자들도 이 부분에 집중적인 연구를 하고 있다.

그러나 그보다 더 근원적이고 더욱 중요한 것이 제4이율배반이었
다. 칸트는 제4이율배반에서 신학적 영역으로 넘어가 존재론적 신
존재증명과 우주론적 신 존재증명, 자연신학적 신 존재증명을 차례로
격파하여 당시 사회에 큰 충격을 주었다. 그리고 그것은 지금도 칸트
의 중요한 업적으로 칭송된다.

그런데 막상 제4이율배반에서 정말로 물어야 할 것은 실종되고 말

---

21) 칸트 순수이성비판 B 481~483

았다. 본체계에서 필연적 존재가 물음이 될 수 있다는 사실의 중요성에 비한다면 이 세 가지 신 존재증명의 파괴는 사소한 것에 지나지 않는다.

우리가 자동차에 시동을 건다는 것은 자동차에서 일어나는 변화계열의 시초이다. 즉 자동차의 모든 변화계열을 거슬러 가면 시동을 거는 순간의 원동력에 도달하는 것이다.

이 원동력은 세계의 외부에 존재하는 어떤 초월적인 존재가 주는 것일 수 없는 것이다. 당연하게도 이 절대 필연적인 원동력은 세계의 내부이며 더 나아가 현상의 중심에 존재하는 것이다. 따라서 칸트는

> 단적으로 필연인 그 어떤 것(하나님)이 세계 자신의 안에 들어 있다.(그것이 전 세계 계열 자체이거나 혹은 전 세계 계열의 일부이거나 간에).22)

라고 말할 수 있는 것이다. 여기서 세계가 현상계일 때 단적으로 필연적인 어떤 것(하나님)은 본체계의 안에 존재하는 것이다.

자유가 인간의 본체계에서 찾을 수 있는 것이라면 단적으로 필연적인 그 어떤 것(하나님)도 당연히 인간의 본체계 안에 존재하는 것이다.

즉, 절대 필연적인 존재는 우주 전체에서나 우주의 부분인, 다시 말해 인간에게서나 마찬가지로 그 외부에 존재하지 않는 것이다. 그 절대필연적인 존재는 현실적 존재의 내부에 존재한다. 이 경우 현상계가 아닌 물자체의 영역, 즉 본체계인 주관체의 영역에서는 절대필연적인 존재는 알맞다는 것이다.

이 말은 목적으로 결정지어져 있는 세계에서는 절대필연적인 존재를 물을 수 없지만 인과적으로 결정 지워져 있는 세계에서 자유를

---

22) 칸트 순수이성비판 B 483

논할 수 있는 것과 마찬가지로 절대필연적인 존재를 논할 수 있다는 말이다.

칸트철학에 있어서 가장 중요한 부분은 바로 이것이다. 칸트는 자유뿐 아니라 무제약적 존재도 본체계에서 찾을 수 있는 체계를 어쨌든 보여준 것이다. 즉 인간의 내부에서 절대필연적인 무제약적 존재 즉 하나님이 찾을 수 있는 체계의 가능성을 보여주었다.

그러나 칸트는 그가 제시한 체계에서 반드시 해야 할 주장을 하지 않았다. 칸트는 세계에 관해서만 최고완전자의 가정은 필연적일 수 있다[23]고 주장함으로써 그가 세운 체계를 그가 허무는 이상한 모습을 보여주었다. 즉 인간의 중심에 관해서 최고완전자의 가정이 필연적이라는 사실에 대해 그 스스로 부정한 것이다.

자유는 인간의 공적 영역 즉 본체계에서 나타나는 것이다. 그리고 자유가 인간의 본체계에서 나타날 수 있다면 절대필연적인 무제약자도 인간의 본체계에서 나타날 수 있는 것이다.

칸트는 근본악을 버릴 수 없기 때문에 자유가 인간의 본체계에서 나타나는 것이라고 분명하게 주장할 수 없는 어려움이 있다. 따라서 절대필연적인 무제약자가 인간의 본체계에서 나타난다고 주장하는 일에도 무리가 있다.

제3이율배반에서 나타난 자유를 인류의 구원이라고 주장하는 피히테를 비롯하여 하르트만을 비롯한 많은 철학자들이 찬양하지만 정작 제4이율배반에 대해서는 칸트와 마찬가지로 입을 다물고 있다. 18세기 이후 지금까지 단 한 사람의 철학자도 이 문제에 대해 입을 여는 사람이 없다.

만일 칸트가 절대필연적인 무제약자가 인간의 본체계에서 나타날 수 있다고 말할 수 있었다면 칸트의 철학은 이미 18세기에 한철학이

---

23) 칸트 순수이성비판 B 714

되어버렸을 것이다. 그 후에도 누군가 이 부분에서 절대필연적인 존재를 세울 수 있었다면 한철학이 자리잡을 독점적인 영역은 사라졌을 것이다. 그러나 아무도 없었다.

하지만 만일 칸트가 그와 같은 주장을 당시의 독일사회에서 했다면 칸트는 루소와 같이 고난의 삶을 살았을 것이다. 그러나 칸트는 루소와 같은 혁명가는 아니었던 것 같다.

이 부분은 칸트 이후 완전히 담론의 대상에서 사라져버린다. 아니 칸트 자신도 이 부분에 대해서는 더 이상 발전시키지 못했다.

그럼에도 불구하고 칸트는 질서상태의 현실적 존재의 중심에서 절대적 무제약자를 찾을 수 있다는 철학적 접근에 도달할 수 있었던 유일한 철학자였다.

한철학은 칸트와 전혀 다른 방법으로 이 영역에 와 있다. 즉 한철학은 이율배반이 아니라 긍정성의 변증법을 사용한다. 따라서 자유와 절대적 무제약자를 본체계에 존재할 수 있다고 말할 수 있는 유일한 방법을 제시한 것이다.

우리는 이미 자유의 영역의 중심에 존재하는 순수이성으로서의 한이 바로 무제한적인 선이며, 절대적 필연성으로서의 무제약자라는 사실을 안다. 고대의 한국인들은 이 부분을 하나님은 인간의 중심에 내려와 계신다는 의미로 일신강충一神絳衷[24]이라고 했다. 또는 천하의 가장 큰 근본이 되는 존재는 너의 중심에 내려와 계신 하나님이시다는 의미로 천하대본재어오심지중일야天下大本在於吾心之中一也[25]라고 했다. 그리고 자료에서 보듯 한겨레의 고유한 경전들은 모두 이 사실을 기준으로 철학을 전개하고 있다.

---

24) 이 내용은 단군조선의 11세 단군 도해님이 전해주신 단 65자의 경전 천지인경에 담긴 내용이다. (최동환, 『천부경』 지혜의 나무, 2000, 401쪽)
25) 이 내용은 단군조선의 3세 단군 가륵님이 전해주신 중일경에 담긴 내용이다.(최동환, 『천부경』 지혜의 나무, 2000, 421쪽)

한국인은 현세위주의 사상이 강하다. 죽은 다음 천국과 낙원이 있고 현세는 고통뿐이라는 이원론적 일원론의 사상과는 근본적으로 다른 것이다. 그 가장 큰 이유가 신이 현실을 사는 인간의 중심에 존재하기 때문이다.

따라서 현실을 신의 세계와 같은 이상세계로 만들 수 있다는 자신감이 한국인에게는 강력하게 존재하는 것이다.

칸트는 사실상 고대 한국인들이 생각했던 한철학의 핵심까지 도달할 수 있었다.

칸트가 가지고 있었던 근본적인 괴로움은 이 절대적 무제약자가 인간의 내부에 존재하는 절대적으로 선한 순수이성이라고 말할 수 없었다는 점에 있다.

어쨌든 향후 철학에서 가장 중요하게 다루어질 제4이율배반에서 나타난 철학의 가치는 철학의 중심으로 대우주와 소우주인 인간의 본체계에 절대적인 선을 동시에 설정하는 한철학이 출현하기를 기다리는 길밖에는 없었던 것이다.

5) 감각의 종류

주관은 자유에 관심이 집중되어 있다. 그리고 자유롭기 위한 도덕을 추구한다.

객체에 주어진 심방心房의 감각은 객관에서 심법心法의 영역에서 감정으로 바뀐다. 그리고 이성은 그것을 사유하고 그것에서 선악을 판단한다. 즉 이성은 객관의 심법心法이 심방心房의 감각을 즐거움과 두려움, 슬픔과 노여움, 탐욕과 싫어함이라는 여섯 가지 감정을 개념으로 사유하고 판단하는 것이다. 이성은 이 외에서 이 여섯 가지가 복합되어 일어나는 6!의 변화를 심법心法이 개념화한 것을 사고한다.

이성이 감정을 선과 악으로 구분할 수 있는 것은 이성 스스로 선하여 악함이 없는 순수이성에 의지하기 때문이다. 그럼으로써 이성은 선한 것을 받아들이고 악한 것을 피하기 때문에 도덕적일 수 있고 그로써 감정으로부터 자유로울 수 있다.

인간은 실로 스스로 선하여 악함이 없는 순수이성이 있음으로써 도덕적인 존재가 될 수 있다. 만일 인간의 이성이 악하든가, 선하든가, 아니면 선하지도 악하지도 않다면 인간은 결코 선악을 판단할 수 없다. 그것은 단지 동물이나 기계에 불과한 것이다.

우리가 인간의 본성이라고 말하는 것은 실로 이성을 말하는 것이다. 단지 삶을 위한 맹목적인 의지인 지성을 인간의 본성이라고는 말하지는 않는 것이다. 그리고 지성이 부정적이라고 해도 그것을 악하다고 말하지도 않는다.

6) 주관의 종류

개인의 주관의 영역은 그 개인이 가지고 있는 소우주의 공적 영역을 이루는 주체와 인간성의 영역 중 한 부분이다.

모든 가족공동체들은 나름대로 서로 다른 공적 영역으로서의 주관을 형성하고 있다. 그들의 족보에는 그들의 윗대 조상들이 나뭇가지처럼 이어져 자신에게까지 전달되었듯이 가족구성원이 이루고 있는 현재의 공적 영역으로서의 주관도 갑자기 어느 날 만들어진 것이 결코 아니다.

모든 가족의 공적 영역인 주관은 인류가 탄생하던 때부터 존재하던 주관이 지금까지 이어져 있다. 그것이 지금까지 수많은 세월동안 변형

되었겠지만 기본적으로 변치 않고 내려온 것도 있다. 그만큼 가족의 공적 영역으로서의 주관은 그 역사가 오래된 것이다. 모든 가족의 주관에는 가족으로 존재할 수 있는 나름대로의 중심으로서의 선善함을 가지고 있다. 그럼으로써 가족의 공적 영역이 되는 것이다.

민족의 공적 영역인 주관도 그 민족이 탄생한 이래 지금까지 변치 않고 존재하는 것이다. 민족의 경우 주관은 변치 않지만 시대에 따라 그 주관은 다르게 나타날 수 있다.

공적 영역으로서의 시대정신은 그 시대를 사는 대중들 전체를 통해 공통적으로 나타나는 것이 결코 아니다. 대중들에게는 전혀 알려지지도 않은 특정한 개인에 의해 시대정신이 드러나는 것은 조금도 이상한 일이 아니다.

가령 지금 생각해보면 일제강점기 시대의 조선의 시대정신은 만주에서 무장독립투쟁을 하던 여러 독립투사들 같은 소수의 선구자들에 의해 나타났다. 그러나 그 당시 국내의 일반대중들은 만주에서 독립운동을 한다는 사실은 마치 전설과도 같은 것이었다. 그리고 무장독립투쟁의 선봉장이었던 홍범도 장군과 같이 시대정신을 실천하는 인물들은 당시의 일반인들에게는 거의 알려지지 않았다.

마찬가지로 한단고기를 집필한 계연수 선생26)과 같은 분도 당시에는 거의 알려지지 않은 인물이었다. 그러나 계연수 선생이 원인이 되어 한단고기는 세상에 나타날 수 있었고 그 한단고기에 담긴 천부경, 삼일신고 등 한겨레의 고유한 여러 경전들의 진리에 힘입어 지금이 한철학은 씌어지고 있다. 선생의 생존 당시 거의 아무도 선생을 알지 못했고 지금도 마찬가지이다. 그러나 그 시대에는 단 한 사람의 선생에게 힘입어 한겨레의 공적 영역의 중심은 전해진 것이다. 만일

---

26) 계연수 선생은 홍범도 장군이 집필자금을 제공하여 구월산 단군굴에서 한단고기를 집필했다고 한다.

선생의 희생이 없었다면 우리는 한겨레의 공적 영역을 결정하는 가장 중요한 부분을 환각과 환영에 속으며 살아가고 있을 것이다. 즉 우리의 공적 영역의 적지 않은 부분이 사라졌을 것이다.

개인이 자신의 내부에서 공적 영역인 주관을 발견했다면 자신이 몸을 담고 있는 가족과 민족의 공적 영역도 반드시 파악하게 되는 것이다. 그리고 그것을 합일하는 것은 필연적인 것이다.

개인의 내부도 하나의 소우주이다. 개인이 자신의 내부에서 공적 영역인 주관을 발견했다면 가족과 민족과 국가와 인류의 공적 영역인 주관을 발견하고 그것과 합일하는 것은 필연적인 것이다.

공적 영역으로서의 주관은 주체가 손상되었어도 작동한다. 가령 만주는 우리 한겨레의 전통적인 공적 영역이 존재하던 터전이지만 고려와 조선 이래 우리 것이 아니다. 그러나 우리는 일제시대에 그곳에서 표연히 말을 타고 나타났던 만주독립군들의 모습에서 고조선과 고구려와 발해의 무사들이 말을 타고 달리던 모습이 합일되는 현상을 발견한다. 그것은 우리 한겨레의 주관에서 볼 때 자연스러운 현상인 것이다. 우리 한겨레의 공적 영역이 탄생한 곳이 만주이다. 따라서 만주가 남의 땅이 되었어도 한겨레의 주관은 여전히 만주를 고향으로 인식하는 것이다. 참으로 슬픈 일이 아닐 수 없다.

12

내적 통일영역

혼돈의 영역에서 구체적인 영역과 추상적인 영역의 경계면에서 이 양자를 통합한 신뢰의 영역은 질서의 영역에서는 통일영역이 된다. 통일영역은 주체와 주관을 통일하여 주관체가 존재할 수 있도록 하는 영역이다.[1] 통일영역에는 내적 통일영역과 외적 통일영역으로 나누어진다. 이 양자는 하나로 결합되어 있으면서 주관체와 객관체를 하나로 결합하는 원인이 되는 것이다. 실로 통일의 근원은 이 영역에 있는 것이다.

통일영역은 부정적인 지성과 긍정적인 이성을 통일하는 위대한 긍정성을 그 근본으로 가지고 있다.

통일영역은 내부로는 주관체의 영역을 하나의 전체로 조직하는 위대한 긍정성이며, 외부로는 객관체의 영역을 하나의 전체로서 조직하는 위대한 긍정성이다.

통일영역은 전체성이다. 통일영역은 언제나 그 내부에 주체와 주관

---

1) 주관체의 전체가 36으로 이루어질 때 주관은 21이며 주체는 15이다. 주관은 주체보다 6이 많다. 따라서 주관체가 차이를 가지고 생명의 힘을 발휘하는 근거는 주체와 주관의 경계면에 존재하는 이 6의 영역에 있음을 알 수 있는 것이다.

이 맞부딪치고 있는 그 중심에 위치하며 스스로 질서의 중심이 되고 있다.

인간은 통일영역이 있음으로 해서 스스로를 현실적 존재가 되는 것이며 다른 시간에 있으면서도 언제나 자기동일성을 유지하는 것이다.

내적 통일영역은 개인에게는 개인적 통일영역인 개성이 된다. 그리고 사회에게는 사회적 통일영역인 풍습이나 관습이 되는 것이다.

① 그동안 철학은 이성이 개념을 만드는 능력과 지성이 직관을 만드는 능력을 놓고 팽팽한 줄다리기가 있었다. 이성이 개념으로 만든 논리의 결론이 아무리 좋다 하더라도 그것은 지성이 직관으로 만든 명증성이 더 확실하다는 것이 지성의 능력을 지지하는 사람들의 생각이었다.

반면에 이성의 능력을 지지하는 사람들은 이성이 가설을 세우는 능력과 추리능력을 더 높게 평가했다.

그러나 한철학의 내적 통일영역에서 생각할 때 이러한 생각들은 유치한 것이다. 이성과 지성은 서로 싸워서 어느 하나를 택해야 할 입장에 있지 않다. 오히려 이 양자 중 하나라도 없다면 그것은 사용이 불가능한 것이다.

이 사용 불가능한 것을 사용할 때 그곳에는 인간성이 결여된 것으로 나타나는 것이다. 인간성은 반드시 지성과 이성을 모두 사용하여 직관과 개념을 하나로 통일할 때 나타난다. 그때만이 인간이 인간으로서 행세할 가장 기초적 여건이 마련되는 것이다.

② 선천적 통일영역과 후천적 통일영역
인간은 타고날 때 선천적 통일영역이 주어진다. 그것은 주체와 주관

을 결합할 때 어느 쪽에 더 치우치는가에 따라 그 사람의 통일영역이 다르게 된다.

주체 쪽에 치우치면 지성과 의지의 능력이 남보다 더 강조된 것이다. 그리고 이성과 자유의 능력이 그만큼 부족할 것이다. 주관 쪽에 치우치면 그 반대의 것이 될 것이다.

그러나 통일영역은 변한다. 그것은 이러한 주체와 주관을 통일하는 능력이 일정불변한 것이 아니라는 것을 말해준다. 후천적인 통일영역은 스스로가 또는 주어진 환경에 따라 선천적인 것과 달리 변하는 통일영역을 말하는 것이다.

③ 귀납과 연역의 통일

통일영역은 지성이 갖는 귀납의 능력과 이성이 갖는 연역의 능력을 통일하는 영역이다. 통일영역이 이 양자를 통일함으로써 인간성은 통일된 내용으로 인식하고 행동한다.

1) 내적 통일영역의 종류

내적 통일영역은 성격을 결정짓는다. 즉 지성과 이성 그리고 자유와 의지가 통일되는 비율은 존재자마다 다르다. 지성과 이성이 가진 능력 자체도 중요하지만 그것이 통일되는 비율도 매우 중요하다. 이러한 것들의 차이가 인간성과 동물성과 식물성을 결정짓는다. 그리고 민족성과 국가성과 인류성과 우주성을 결정짓는 것이다.

인간만의 온전한 내적통일성을 가진다. 그리고 인간끼리도 내적통일성은 모두 다르다. 그럼으로써 인간은 모두 같지만 성격은 모두 다른 것이다. 마찬가지로 모든 존재자는 그 존재자만의 내적통일성을 가지는 것이다.

인간은 만물 중에서 가장 온전한 내적 통일성으로 이성과 지성을 통일함으로써 인간성을 부여받은 것이다.

13
주관체

주관체는   본체계로서 현상계인 객관체의 그 자체이다. 즉 물
심자체이다.

순수한 우리말로는 '알' 또는 '밝[1]' 그리고 닥, 해, 새, 새밝[2] 등이
다. 알을 깨고 지도자가 출현하는 난생설화는 곧 그 부족의 주관체로
서 객관체인 부족민을 이끌 인간성을 상징하는 지도자의 출현을 의미
하는 것이다.

알은 통찰력과 밀접한 관계가 있다. 우리말 알음, 알다, 알이 등은
모두 알의 파생어이다. 이 의미들은 단순히 인식의 차원을 넘어 통찰
을 의미한다.

---

1) 혼돈의 영역에서 감밝으로 사용하는 밝은 용어는 같지만 그 사용은 전혀
다른 것이다. 우리가 눈을 깜빡인다든가 불빛이 깜빡인다에 사용하는 빡은
곧 혼돈의 영역에서 사용하는 밝이다. 그러나 중심으로서의 밝은 모두 주관
체의 영역을 설명한다.

2) 주관체는 곧 본체계로서 아침에 떠오르는 태양을 상징한다. 아침에 떠오르는
태양을 상징하는 용어로는 알과 닥, 새, 해, 밝, 새밝 그리고 한이 있다. 한은
그 뜻이 매우 다양하여 순수이성을 이르기도 하지만 주관체를 의미하기도
한다. 이 부분에 대한 의미는 이 책의 새밝론에서 다루었고 또한 한 · 밝 · 감
· 새 · 닥 · 알 · 해 · 말이라는 여덟 개의 용어는 모두 아침에 떠오르는 태양
의 의미이며 이 내용은 필자가 해설한 삼일신고 개정판에서 다루었다. (최동
환 해설, 『삼일신고』 지혜의 나무, 2000, 143~186쪽)

밝³⁾은 한자어로는 철哲이라고 한다. 철학哲學은 주관체의 학으로 주관체에서 발현하는 인간성을 다루는 학문이다. 인간성을 다루는 것은 곧 이성과 지성을 포함하는 것이 된다. 한철학은 순수한 우리말로 한밝알음알이이다.

우리나라의 속담에 철哲들었다는 것은 곧 밝들었다는 것이며 그것은 인간성이 들었다는 것으로서 인간성이 발현하는 주관체의 영역이 형성되었다는 의미이다. 즉 사람이 됐다는 의미이다.

최남선의 한밝문화론에서 설명되는 밝은 바로 주관체의 영역을 설명하며 그것에서 발현되는 인간성을 설명하는 밝이다.

닥은 머리를 의미하는 말로서 대갈-tangri-tengri-당굴-단군tangun이 된다. 몽고어 tangri 터어키어 tengri는 천제天帝를 의미한다. 우리말 대갈, 당굴, 단군은 머리의 의미로 나라의 머리 즉 본체계이며 주관체를 상징한다.

주관체는 시간과 공간 그리고 인과율의 지배를 받지 않는 영역이다. 주관체는 시간과 공간 그리고 인과율의 지배를 받는 현상계인 객관체의 본체가 되는 것이다.

이른바 칸트가 말하는 선천적이면서도 종합적인 판단, 다시 말해 경험 없이 성립하는 확장적 판단의 진정한 영역이기도 하다. 철학에서 중요하게 다루어온 보편개념은 주관체의 영역 안에서 찾아지는 것이다. 진리와 원리, 법칙, 가치 등은 모두 보편개념들이다. 이 개념들은

---

3) 저명한 김상일은 알, 감, 닥, 밝을 알층, 감층, 닥층, 밝층으로 나누어 각각 알층은 에덴동산 잠복기, 감층은 구석기 원시무리기, 닥층은 신석기 농경 모계 씨족사회, 밝층은 청동기 부계 도시사회 등으로 나누어 설명한다. (김상일 한밝문명론 지식산업사 1988년) 이는 즉 아리스토텔레스와 하르트만과 포퍼와 윌버의 계층이론을 순수한 우리말 알, 감, 닥, 밝에 적용한 것으로 보인다. 필자는 『한철학1 생명이냐 자살이냐』의 359~366쪽에서 이들 네 철학자들의 계층이론을 비판한 적이 있다. 필자는 계층이론 자체를 불신한다. 왜냐하면 한철학에는 서양철학식의 계층이론이 존재할 수 없다고 보기 때문이다.

작용하는 것이지 제약을 받는 것이 아니다. 또한 본질과 현상, 실체와 우유, 원인과 결과 등에서 말하는 본질과 실체와 원인도 마찬가지로 보편개념이다. 이들 중 물질은 주체에 속하는 것이며 개념은 주관에 속하는 것이다.

① 인식존재론

주관체는 인식과 존재를 하나의 전체로 통일하는 영역이다. 주관은 이성으로 인식하고 자유로서 동기부여의 힘을 갖는다. 주관은 마음의 영역인 객관의 그 자체이며, 주체는 사물의 영역인 객체의 그 자체이다. 주관체는 마음과 사물의 영역인 객관체의 그 자체로서 인식과 존재의 통일영역이다.

칸트의 순수이성비판은 필자가 보기에는 인식존재론적이다. 그는 사물과 마음의 영역을 통합하고 그것을 물자체라는 본체계와 현상계로 안과 밖을 나눈다는 점에서 한철학의 기본조직과 어느 정도 일치한다.

다만 그는 첫 단추를 잘못 꿰었다는 점이 끝까지 문제가 된다. 즉 이율배반의 비율이 50:50이었다는 것이다. 그 비율을 45:55로 생각할 수 있었다면 칸트철학은 이미 18세기에 한철학이 되고 말았을 것이다. 참으로 불가사의한 것은 칸트의 이 절묘한 철학을 제대로 이해하고 그 부족한 점을 채울 수 있었던 철학자가 어떻게 그동안 단 한명도 없었느냐는 것이다. 칸트의 위대함이 새삼 돋보이는 부분이며 또한 우리 한겨레의 조상들이 마련한 한철학이 얼마나 도달하기 어려운 차원의 것인지를 잘 말해주는 부분이다.

인식론적 철학자들과 존재론적 철학자들은 하나의 세계를 반쪽이라고 끝까지 우기며 세계가 반쪽이라는 사실을 어떻게 하든 성립시키려고 수많은 방법들을 고안해냈지만 그것은 모두 주술적 세계에 불과

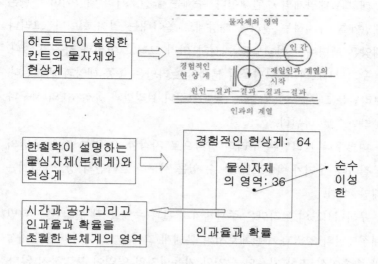

한 것이다.

인간은 인식의 영역과 존재의 영역을 동시에 갖는다. 존재의 영역 없이 인식은 처음부터 불가능하다. 눈을 뜨면 존재의 세계로서 세계를 중심으로 내가 움직이고 있으며, 눈을 감으면 인식의 세계로서 세계가 내 안에 들어와 나를 중심으로 돌아가는 것이다. 나는 세계의 안에 있으면서 동시에 세계의 중심이다. 이 사실은 당연하다. 그러나 매우 당혹스러운 것이다. 그 자체가 신비이기도 하다.

그러나 우리는 그러한 당혹스러우면서도 신비스러운 세계에 살고 있는 것이지 인간의 편의에 의해 단순하게 규정된 존재와 인식의 양자 택일적인 세계에서 사는 것은 아니다.

② 주관체와 동서사상

지구상의 만물에게 있어 태양은 생명의 근원이다. 태양은 원시시대 로부터 지금까지 인간의 온갖 사유의 중심인 점에서 변함이 없다.

태양은 태양계의 주관체이다. 주체는 물질로서의 태양이며 주관은 태양계를 유지하는 원리와 태양계로 쏟아내는 열의 힘이다. 그러나 태양은 생명체는 아니므로 지성과 의지 그리고 이성과 자유는 없다.

우파니샤드의 경우 만물의 본체인 브라만은 종종 태양과 비교된다. 브라만은 그 내부에 무성無性의 니르구나 브라만과 유성有性의 사구나 브라만으로 나뉜다.

니르구나 브라만은 우리의 감각으로 지각할 수 없는 절대 유일의 본질이다. 우리가 육안으로 볼 수 있는 사구나 브라만의 창조에너지는 태양4)이다.

우파니샤드의 브라만은 주관체의 주관과 주체를 잘 설명한다. 다만 내적통일의 영역과 주관체로서의 본체계 그리고 그 중심인 순수지성과 순수이성 또한 자유와 의지와 자유의지의 영역이 분명하지 않다.

우파니샤드의 아트만은 인간에게 내재하는 본체계를 설명한다는 점에서 탁월하다. 아트만도 브라만처럼 주체는 육체적인 나로서 자아 Jivatma 즉 주체와 영적인 자아 paramatma로 나뉜다. 이 점에서 우파니샤드는 탁월하다.

이 역시 내적통일의 영역이 빠져 있고 순수지성과 순수이성 또한 자유와 의지와 자유의지의 영역이 분명치 않다. 그리고 이 양자를 통일한 것이 인간성이라는 사실에 대해 우파니샤드는 도달하지 못했다. 이 인간성이 양자를 통일하여 행동하게 한다는 사실이 우파니샤드에서는 발견되지 않는다.

인도철학의 많은 학파에서는 이렇게 탐구된 아트만을 실체가 있는 것으로 봤다. 그러나 불교는 이 아트만의 실체성(불멸성)을 부정해버렸다. 불교에서 이 아트만의 실체성 부정을 구체화시킨 이론이 바로 저 삼법인三法印의 가운데 두 번째 항목인 제법무아설諸法無我說이

---

4) 『우파니샤드』 석지현 역, 일지사, 2000, 16쪽.

다.5)

결국 우파니샤드는 본체계, 즉 주관체의 실체성(불멸성)을 인정하고 불교는 인정하지 않는 것으로 갈리는 것이다.

그동안 철학에서는 마치 주관과 주체 중 어느 한쪽이 옳은 것인 듯 주체를 주장해왔던가 아니면 주관을 주장해왔다. 그러나 주관이든 주체이든 어느 하나만 존재한다고 생각한 것은 그동안의 철학이 혼돈의 영역 안에서 안주했을 뿐 질서의 철학에 이르지 못했음을 말해주는 것이다. 또한 아예 본체계의 영역인 주관체가 존재하지 않는다는 주장도 있는 것이다.

고대중국6)에서도 마찬가지이다. 주관체는 곧 태극이다. 무극이란 곧 한이다. 따라서 무극이 태극7)이라는 주장은 태극과 무극은 공히

---

5) 『우파니샤드』 석지현 역, 일지사, 2000, 24쪽.
6) 이 고대중국은 알타이어족들이 만든 문명으로 우리 한국인들의 조상에 해당하는 사람들이 살던 나라이다.
7) 주희는 태극을 이렇게 설명한다.
　　모든 사물마다 하나의 극을 가지고 있는데, 이것이 궁극적인 이이다. 천지만물의 이를 총괄하는 것은 바로 태극이다. 事事物物皆有個極 是道理極至 .... 總天地萬物之理 便是太極(朱子語類 卷 94)
　　또한 이렇게 설명한다.
　　무극이란 단지 궁극에 이르러 더 이상 갈 데가 없음을 표시한다. 지극히 높고, 지극히 현묘하며, 지극히 정미하고, 지극히 신비로워 더 이상 올라갈 곳이 없다. 주렴계는 사람들이 태극은 형체를 가지고 있다고 말할까봐, 무극은 태극이라고 하였다. 이는 아무것도 없는 가운데 지극한 이가 있음을 나타내었다.
　　無極只是極至更無去處了 至高至妙 至精至神更沒去處 濂溪恐人道太極有形 故曰無極而太極 是無之中有箇至極之理(朱子語類 卷 94) 馮友蘭, 『中國哲學史』 정인재 역, 형설출판사, 1977, 375쪽.
　　또한 이렇게 설명한다. "태극은 공간을 초월했으므로 주자는 "태극은 방소가 없고 형체가 없다."고 하였다. 太極無方所 無形體 (朱子語類 卷 94 유명종 『성리학과 양명학』 연세대출판부, 1994, 32쪽)
　　주희가 설명하는 태극은 부동의 원동자이다. 흔히 종교철학에서 신으로 설명하는 존재의 존재이며 한철학에서는 '한'이다. 그러나 부동의 원동자는 만물의 주재자로서 만물의 존재임에는 틀림없지만 그 모습은 질서의 세계에 명료하게 나타나는 것이며 혼돈의 세계에는 아직 그 모습이 명료하게 드러나지 않는다. 그리고 부동의 원동자는 질서의 세계의 주체의 중심이지 스스로

한이라는 말과 같다. 이는 주관체 없는 순수이성으로서의 한이 주장되고 있는 것이다.

주관체는 태극이며 태극을 부호화하면 팔괘이다.[8] 객관체는 64로써 64괘로 상징된다. 객체는 30으로 역경의 상경 30괘이며 객관은 34로써 역경의 하경 34괘를 상징하는 것이다.[9]

우리는 헤겔이 이성적인 것이야말로 현실적이고, 현실적인 것이야말로 이성적이라고 한 말을 받아들인다. 그러나 그러기 위해서 이성은 단지 주관의 중심일 뿐 아니라 주체의 지성과 긴밀하게 연결되어 협력하는 중심으로서의 이성이어야만 하는 것이다. 그럴 때 가장 이성적인 것은 가장 현실적이고, 가장 현실적인 것은 가장 이성적이다.

자유와 의지와 자유의지는 주관과 주체와 인간성의 영역이 하나로 통일된 주관체의 영역에서 발현된다.

후설의 경우 확고한 중심을 자신의 내부의 노에마와 노에시스라는 이원론으로 찾으려 했지만 그것은 불가능한 것이다. 마찬가지로 소쉬르의 경우에도 기표(시니피앙)과 기의(시니피에)로서 철학의 중심으로 삼으려했지만 그것은 불가능한 것이었다. 이 양자를 통합한 인간성의 영역이 전제되어야 하는 것이다.

우파니샤드는 객관체를 마야maya라고 말하며 그것을 환영으로 본

질서의 세계의 주체가 되지는 않는다. 이 질서의 세계의 주체가 곧 태극인 것이다. 따라서 주희의 태극에는 이름만 태극일 뿐 태극은 증발하고 부동의 원동자격인 무극만 태극의 이름으로 나타나있다. 그러므로 주희의 철학에는 아무런 실제적인 능력이 없는 태극이 철학체계의 중심역할을 함으로서 현실세계에 실제적인 실학實學으로서의 학문으로 역할을 하는 길이 근본적으로 매우 좁은 것이다.

8) 전체 100중에서 36은 태극이며 태극을 여덟 방향에서 보면 팔괘이다. 팔괘라는 여덟은 곧 1+2+3+4+5+6+7+8=36인 것이다.

9) 한철학에서는 역경에서 설명될 수 없었던 여러 가지 수수께끼가 풀리며 그것이 철학의 원리가 되는 것이다. 그 이유는 역경의 원리를 포함하는 천부경과 삼일신고와 366사라는 우리의 고유한 경전에 담긴 원리가 한철학에서 사용되고 있기 때문이다.

다. 이 점에서 플라톤과 아리스토텔레스와 같은 접근을 하고 있다. 즉 브라만과 아트만은 본체계로서 실재이고 마야는 현상계로서 환영이라는 것이다. 만일 본체계를 인정하지 않는 학파의 경우 세계는 모두 환상이며 무無가 된다.

우파니샤드에서 마야는 일종의 마술이란 뜻으로 브라만의 창조의지를 일컫는 말이며, 동시에 그 의지에 의해서 만들어진 이 현상계를 지칭하는 말이다. 10)

마야에는 두 가지 특성이 있다. 첫째, 흔들림 현상으로 흔들리는 물에 사물이 비치면 그 비춰진 사물은 무수히 분화된 것으로 보인다. 마야의 이 흔들림 현상 때문에 유일자인 브라만이 수많은 개체(아트만)처럼 분화되어 보인다. 이 잘못된 인식 때문에 삼사라(samsara:生死輪廻), 영혼의 기나긴 방황이 시작된 것이다.11)

둘째, 베일현상으로 커튼을 내리면 그 커튼에 가려 저쪽 사물이 희미하게 보인다. 이를 베일현상이라고 하는데, 마야의 이 베일현상 때문에 브라만의 빛이 은폐되어 버린다. 이 베일 현상으로 하여 인과법칙, 공간과 시간, 그리고 형체와 명칭(존재)들이 나타나게 된다. 이 베일현상은 우리의 올바른 식별력을 흐리게 하고, 그로 하여금 브라만을 감지하지 못하는 무지가 생겨난다12)는 것이다. 우파니샤드는 놀라울 정도로 기본개념이 플라톤의 철학과 유사하다.

플라톤이 국가에서 현상계의 인간을 동굴 속에 갇힌 죄수로 보는 것과 우파니샤드가 현상계를 흔들림 현상과 베일현상으로 보는 것은 동일한 철학을 가지고 있지 않으면 불가능하다고 생각될 정도이다. 플라톤의 이데아는 곧 우파니샤드의 브라만이며 아트만인 것이다.

우리는 이 양자의 문제가 무엇인지 이미 안다. 이들은 현상계 즉

---

10) 『우파니샤드』 석지현 역, 일지사, 2000, 24쪽.
11) 『우파니샤드』 석지현 역, 일지사, 2000, 24쪽.
12) 『우파니샤드』 석지현 역, 일지사, 2000, 25쪽.

객관체를 부정하고 본체계 즉 주관체를 긍정하는 것이다. 객관체는 동굴도 아니며 환상도 아니다. 주관체와 객관체는 하나의 전체를 이룰 때 비로소 우주이며 인간이다. 그것을 가능하게 하는 것이 곧 인간성이다. 이 양자는 인간성이 발휘하는 행동을 기대할 수 없다는 점에서 절망적인 것이다.

주관체는 안으로는 주체와 객체를 하나로 통일하고 밖으로는 객체와 객관을 하나로 통일하는 존재이다. 이로써 주관체는 객관과 객체의 모든 것을 받아들이고 또한 객관과 객체의 모든 움직임에 근거를 제공한다.

주관체는 객관체에게 모든 것을 다 줄 수 있어야 하며 동시에 모든 것을 다 받아들일 수 있어야 하는 것이다. 만일 주관체가 조금이라도 박하여 객관과 객체에게 모든 것을 주거나 받지 못한다면 자유의지의 영역인 주관체는 소멸하고 혼돈의 영역으로 전락하는 것이다. 주관체의 중심인 인간성은 오로지 후하여 박함이 없다는 명제가 생겨나는 것이다. 그리고 그 중심에는 오로지 선하여 악하지 않은 순수이성으로서 한이 존재하는 것이다.

③ 주관체의 다중성

주관은 21개의 다중적인 영역의 통합체이며 주체는 15개의 다중적인 영역의 통합체이다. 주관체는 다중적인 주체와 주관의 통일체로서 인간의 능력과 개성을 나타낸다.

인간은 주관과 주체가 각각 가지는 다양한 영역에서 어느 한 부분은 탁월하며 그 탁월한 만큼 다른 어느 한 부분은 부족하다. 사람마다 그 강약은 모두 다른 것이다. 인간의 주관체는 누구나 36개의 영역을 갖지만 그 능력과 개성은 모두 다른 것으로 36!라는 천문학적 경우의 수라는 다양성을 가지는 것이다.

어느 개인이 갖는 자아로서의 정체성은 36개의 다중적인 영역이 서로 다르게 통합되어 나타나는 것이다. 결코 어느 한사람에게만 주어진 원자적인 정체성의 영역이 있는 것이 아니다.

또한 이 다중적인 자아의 영역은 의식으로 나타나는 부분도 있지만 무의식으로 잠재되어 있는 부분도 있다. 우리는 흔히 자신에게 잠재되어 있는 다중적인 자아를 외부적인 존재로 오인하기도 한다. 다중적 자아는 인간이 가지는 엄청난 잠재력을 지닌 미지의 대륙이지만 그것은 단순히 귀신이나 신비한 존재정도 오인되는 경우가 많다.

또한 지금까지 지능지수(IQ)라고 하여 지능에 관해 그것도 매우 부족한 자료로 인간의 지적능력을 가늠해온 것은 큰 문제가 있다.

인간은 다중적인 주체의 영역이 갖는 지성의 능력과 의지의 능력 그리고 다중적인 주관의 영역이 갖는 이성의 능력 그리고 자유의 능력을 통합하고 통일한 총체적인 능력인 다중적인 인간성의 능력과 자유의지의 능력이 그 인간이 갖는 진정한 능력인 것이다.

1) 주관체와 말과 기억하기

주관이 가지는 자기의식이 자신만으로 존재하게 되는 개별성은 언어에 있다. 주관은 자아를 형성하는데 그 자아는 언어로 존재하는 것이다.

그러나 언어는 기억하기를 통해 주체화된다. 쓰기는 기억하기이며 그것은 자연스럽게 뇌에 저장되며 또한 인위적으로 책에 저장되며 인터넷에 저장되기도 한다.

말은 저장된 쓰기 없이 존재하지 못한다. 그리고 쓰기는 자기의식 속에 형성된 개념이 축약된 말 없이 존재하지 못한다. 말과 쓰기가 자아의 형성에 중요한 역할을 한다. 다시 말해 주관체에 의해 쓰기와 말이 하나가 되지 않고는 자아가 형성될 수 없다.

생각하는 나는 그것을 기억해내거나 기억시킬 주체가 있어야 하며 그것을 떠올릴 자기의식이 있는 한에서 생각하는 나이다.

헤겔이 정신현상학에서 순수한 자아로써의 자아가 언어 이외의 방법으로 거기에 있는 경우는 없다고 주장한 것은 주관의 영역에 해당되는 것이다. 그러나 데리다가 주장하는 쓰기는 주체에 대한 것이다.

데리다가 전개한 논쟁은 결국 글과 말의 부정성의 변증법 또는 지성과 이성의 부정성의 변증법 이외에 다른 것이 아닐 것이다.

우리는 주체와 주관이 하나가 될 때 비로소 인간은 자아를 갖는다고 말하는 것이다. 즉 쓰기와 언어는 모순률의 관계에 있는 것이 아니라 삼일률의 관계에 있는 것이다. 즉 자아형성= 기억하기+언어 인 것이다.

2) 촉각의 종류

주관체는 주관의 지성과 주체의 이성을 통합하는 영역으로서 인간성의 영역이다. 인간성은 소리, 색, 냄새, 맛, 성욕, 투쟁욕이라는 여섯 가지 인간적인 욕망과 그 복합적인 욕망을 받아들인다.

이 여섯 가지의 욕망은 살아서 움직이는 인간이 이성의 윤리적인 자유과 지성의 과학적인 의지를 포함하여 하나의 전체를 조직한 인간의 욕망이다.

이 인간의 욕망은 몸과 마음이 하나가 되어 움직이며 반응하고 작용하는 것이며 따라서 시공간적인 것이다. 이 여섯 가지 욕망은 철저히 인간적인 것이다.

물론 이 6가지 욕망은 6!=720개라는 경우의 수에 의한 복합적인 가능성의 욕망으로 나타나는 것이다.

주관체는 행동력에 관심이 집중되어 있다. 그리고 객관체로 하여금 행동을 하게 하고 그것을 주관한다.

객관체가 관장하는 촉각은 주관체가 예술적 욕망과 식욕과 성욕과 권력욕 등으로 받아들인다. 즉, 인간성은 소리와 색에 예술욕을 부여하고 냄새와 맛에 식욕을 부여한다. 인간성은 음란함과 부딪침에 성욕과 권력욕을 부여한다.

인간성은 스스로 후하여 박함이 없기 때문에 모든 종류의 촉각에서 받아들여진 욕망에서 후함과 박함을 직관함과 동시에 인식하는 것이다. 그럼으로써 인간성은 후하게 행동하고 박한 것은 피해 나간다.

3) 주관체의 종류

존재자는 누구나 자신의 우주를 가지고 있다. 그리고 모든 우주는 질서상태일 때 본체계와 현상계를 가지며 그 조직은 같다. 본체계는 곧 주관체로서 모든 우주의 공적 영역이다.

개인의 주관체의 영역은 개인이 가지고 있는 내적우주의 공적 영역이다. 개인이 자신의 내부에서 이 공적 영역을 찾아냈다면 그는 질서상태에 있는 현실적 존재이다. 그는 이미 사물로서의 중심인 주체와 생명력으로서의 중심인 주관을 통일한 인간성의 입장에서 행동한다.

이러한 입장은 개인이든 가족이든 민족이든 국가이든 인류이든 우주이든 다를 것이 전혀 없다. 이 모든 존재자의 공적 영역으로서의 주관체 영역은 서로에게 그물망처럼 연결되어 있다.

개인이 현실적 존재로서 공적 영역을 가지고 있다면 반드시 이 모든 존재자의 공적 영역과 합일을 추구한다. 그것이 민족에게는 시대정신으로 나타나며, 세계에는 세계정신으로 나타나며, 인류에게는 인류정신으로 나타나는 것이다. 이것은 결코 다른 것이 아니다.

헤겔에 있어서 세계사는 세계정신이 주도해서 세계정신이 목적하는 바에 따라 이끌어지는 것에 불과하다. 헤겔은 이렇게 말한다. 세계사는 단지 이 세계정신이 점차로 진리의 의식과 의욕에 도달해가는 과정을 가리키는 것 이외에 다른 아무것도 아니다.[13]

헤겔에게는 공적 영역이 세계에만 존재하는 것이다. 공적 영역이 개인에게 존재하지 않는 한 다른 모든 것도 존재하지 않는다는 사실을 그는 인정하지 않는다.

헤겔은 이렇게 말한다. 세계사적 개인은 성실하게 이것으로 하느냐 저것으로 하느냐 하고 이모저모 고려해 본다는 것은 하지 않는다. 아무 것도 고려하지 않고 한결같이 그 목적을 향하여 돌진한다.[14]

헤겔에게 세계사적 개인은 스스로의 공적 영역을 가질 권리가 없다. 단지 세계사적 개인은 세계의 공적 영역에 맹목적으로 복종할 뿐이라는 것이다.

헤겔은 세계성은 알아도 인간성에 대해서는 무지한 것이다. 인간이 자신의 내부에서 공적 영역을 발견하지 못하는 한 자신의 외부에서 그 어떤 공적 영역도 발견할 수 없다.

진정한 민족사적 개인, 세계사적 개인, 인류사적 개인은 모두 자신이 발견한 자신의 내부의 공적 영역을 민족과 세계와 인류의 공적 영역에 합일함으로써 그러한 인물이 된 것이다.

물론 우리는 이러한 사건에는 두 가지의 경우가 있음을 인정해야한다. 즉 개인이 스스로의 공적 영역과 민족과 세계와 인류의 공적 영역

---

13) 헤겔, 『역사철학』 세계사상대전집 41권, 대양서적, 1972, 114쪽.
14) 헤겔, 『역사철학』 세계사상대전집 41권, 대양서적, 1972, 89쪽.

과 합일함으로써 일어나는 사건이 있을 것이다.

그리고 개인이 혼돈상태에 있지만 외부의 공적 영역에 의해 자신도 모르게 행동한 경우도 있음을 부정할 수는 없을 것이다. 가령 전자가 김구 선생, 홍범도 장군 또는 계연수 선생과 같은 인물이라면 후자는 페루와 잉카를 멸망시킨 피사로나 코르테스와 같은 대악당으로 볼 수 있을 것이다.

우리 한겨레의 경우 한겨레의 공적 영역은 삼성三聖께서 창조한 이래 지금까지 변치 않고 전해진다. 그간 주체와 객체 즉 국토와 수도는 여러 번 옮겼지만 주관체는 변치 않고 전해져 주관체로서의 공적 영역이 오늘에 전해진 것이다.

한겨레의 주체로서의 수도는 옮겨가도 한겨레의 주체로서의 천부경, 삼일신고, 366사, 단군팔조교 등의 책은 남을 수 있었다. 이 책에는 한겨레의 생명력으로서의 주관이 담겨 있다.

따라서 우리는 한겨레의 주체로서의 이 책들을 통해 삼성三聖이래 한겨레에게 존재해온 주관을 확고하게 회복할 수 있는 것이다.

우리의 조상들은 국가의 수도만큼이나 이 책들이 중요하다는 사실을 잘 알았다. 그래서 가능한 한 유통이 쉽도록 이 책들을 간단하게 만들었다. 천부경은 81자이며 천지인경은 단지 65자이다. 그러나 이 두 경전은 한겨레의 생명력인 주관을 가장 잘 설명한다.

이러한 일을 해낼 수 있는 민족은 우리 한겨레뿐인 것이다. 우리 50대들은 소위 제3공화국시절의 국민교육헌장이라는 것을 안다. 그리고 그것을 만들기 위해 국가적으로 역량을 모았던 것을 안다.

삼성三聖이래 우리 한겨레의 공적 영역에 의해 전해지는 십수권의 경전들과 국민교육헌장을 비교해보라 ! 그러면 이 경전들을 만들기 위한 우리 고대국가들의 국력이 어렵지 않게 가늠될 것이다. 철학의 능력이 진정한 국력인 것이다.

한겨레의 공적 영역은 사라질 수 없도록 거대한 국력에 의해 수천 년을 두고 치밀하게 계획되어 있었다. 아무리 국력이 피폐할 때에도 이 한겨레의 공적 영역이 회복되면 우리 겨레는 철통같이 단결하여 어떤 어려움이든 견디어내고 다시금 강력한 나라를 이룰 수 있는 프로그램이 이 책들 안에 있는 것이다. 한철학은 그 프로그램을 설명하는 학문인 것이다.

4) 인간성

인간성을 논할 수 있는 철학은 행복한 철학이다. 예를 들어 칸트철학의 경우 인간성을 논하기가 매우 까다롭다. 그는 인간에게 근본악이 있다고 믿었기 때문이다. 헤겔과 같이 인간을 악하다고 단정 짓는 경우 인간성은 아예 언급조차 될 수 없다.

인간의 본성을 악하다고 보는 경우 인간성의 회복이나 인권이라는 말은 그 자체에서 극단적인 모순이 발생한다. 인간의 본성이 악할 경우 인간성을 회복하자는 말은 인간의 본성인 악으로 돌아가라는 말이다. 인권회복도 마찬가지이다. 인간의 본성이 악할 경우 인권은 회복되어서는 절대로 안 된다. 인권은 반드시 잔인하게 억압해야 한다. 왜냐하면 인권이 회복되는 순간 악할 수 있는 권리가 보장되는 것이기 때문이다.

따라서 인간성과 인권은 인간의 가장 근본적인 본성인 순수이성이 절대로 선하여 악함이 없다는 한철학에 의해서만 논해질 수 있다. 성악설을 근본으로 발전해온 서양철학은 인권과 인간성을 논할 근거가 전혀 없다. 이것이 서양문명이 피할 수 없는 근본적인 문제이며, 서양철학을 가로막는 거대한 장벽이다. 인권과 인간성이야말로 한겨레가 지키고 가꾸어온 인간의 근본적인 영역인 것이다.

필자는 한철학이 시작하는 『한철학1 생명이냐 자살이냐』의 시작부분에서 발자국을 쫓는 사냥꾼 이야기를 한 바 있다. 이 원시적인 사냥꾼들은 동물이 지나간 발자국만 보고도 어떤 동물이 지나갔으며 그 동물이 지금 어느 위치에서 무엇을 하고 있으며 앞으로 몇 시간 후에 어느 지점에서 무엇을 하고 있을 것이라는 사실을 알아내었다.

여기서 이 사냥꾼들이 보여준 것은 발자국의 상태를 보고 정확하게 계산하는 지성이며, 지성이 가져온 정보를 정확히 분석하고 추리하는 이성의 능력이며, 이 양자를 통일해서 행동을 취하게 하는 인간성이다. 이 사냥꾼들은 인간이 가진 이성과 지성과 인간성 전체를 철저하게 활용함으로써 현실적일 수 있는 것이다. 이러한 능력이 문자를 만들고 문명과 문화를 창조하고 철학을 창조한 것이다.

오늘날 현대인들은 이러한 인간성의 능력이 거의 완전히 퇴화하였다. 남아있는 것은 이성과 지성의 분리된 능력뿐이다. 특히 산업시대를 살아오는 동안 인간은 계산하고 삶에 충실한 맹목적인 지성의 능력만을 활용할 수 있을 따름이다.

이성의 능력은 종교나 문학, 예술 등의 분야에서 사용될 뿐이며 그나마 이 분야도 이성보다는 지성에 적응하는 과정을 강요당하고 있는 것이다.

이러한 상태에서 인간이 수십만 년 동안 발전시켜온 인간성의 능력은 급격히 쇠퇴한 것이다. 오늘날 현대인들은 인간성이라는 개념조차 모르며 그것을 경험적으로도 알지 못한다. 단지 아는 것은 이론적인 지성과 이성뿐이며 그것은 오히려 실재세계에서 행동을 일으키게 하는 인간성을 결정적으로 제약하는 결과를 가져오게 하는 것이다.

이것은 현대문명이 가지고 있는 결정적인 결함이며 반드시 극복해야할 영역인 것이다. 그 중심에 인간성이 있는 것이다.

철학사에서 그나마 인간성에 대해 언급이라도 할 수 있었던 철학자는 역시 저 유명한 칸트 정도이다. 그러나 그가 말하는 인간성은 그가 대립시키는 이율배반의 틀 안에서 방황하는 인간성인 것이다. 칸트는 인간성에 대해 이렇게 정의한다.

> 인간성에는 일종의 불순한 것이 있다. 그것은 필경 자연에서 유래하는 일체가 그렇듯이, 좋은 목적에 대한 소질을 포함하되, 역시 불순함이 있다. 즉 불순한 것이란, 인간의 참된 심정을 감추고, 세간인이 좋고 칭찬할 만하다고 생각하는, 일종의 가장된 심정을 전시하는 경향이다. …… 무릇 나중에 와서 진정한 (도덕적)원칙이 발전하고, 그것이 사람의 사고방식(심정)속에 옮겨지게 되는 때에는 저 전시적인 허위는 차츰차츰 센 공격을 받지 않을 수 없다. 왜냐하면, 그러하지 않으면 저 허위는 사람의 마음을 부패케 하고, 아름다운 가상이라는 잡초 아래서 선량한 심정이 자라나지 않게 하기 때문인 것이다.[15]

칸트의 인간성은 비판의 상태에서 놓인 인간들의 성향으로서 반드시 지성의 억제를 받아야하는 것으로 규정된다. 칸트가 말하는 인간성은 결코 혼돈의 영역과 질서의 영역을 상상하지도 못하도록 제약되어 있는 것이다.

칸트가 인간성에 대해 분명하게 설명한 것은 그의 3대 비판서가 아닌 종교철학에서이다. 그는 생물인 동시에 이성적 존재자로서의 인간의 인간성 소질[16]이라고 하여 인간성을 이성적 존재+생물로 보았다. 칸트는 다음과 같이 인간성을 경쟁심과 관련지어 설명했다. 즉

---

15) 칸트, 순수이성비판 B 775,776
16) 칸트,『종교철학』한철하 역 (세계의 대사상 칸트 16권 휘문출판사 1986년 301쪽)

타인과의 비교에서 본 자기를 행복하다 혹은 불행하다 판단하는 것이다. 이 자애自愛로부터 다른 사람 보기에 합당한 가치를 획득하려는 경향성이 생긴다. 근원적으로 이는 동등성의 가치를 얻으려는 경향성이다. 즉 아무에게도 자기를 능가하는 우월성을 허락하지 않으려는 경향이요, 이는 다른 사람이 이 우월성을 얻으려고 분투 노력하지나 않을까 하고 항상 염려하는 것과 관계된다. 이로부터 남보다 뛰어나려는 부당한 욕심이 생겨난다. [17]

인간성에 대해 서양철학이 논한 것은 이처럼 보잘것없다.
칸트가 순수이성비판에서 생각했던 인간성에 대한 생각은 판단력비판에서는 다음과 같이 다른 것으로 나타난다.

만일 모든 사람이 다른 모든 사람들에게서 쾌에 대한 또는 무관심적 기쁨에 대한 일반적인 소통이 가능한지 알아볼 것을 요구한다면, 인류 자체에 의해 명령된 원초적 계약이라도 존재하는 것처럼 어떤 지점에 도달하였을 것이다.[18]

아렌트는 이 원초적 계약에 대해 중요한 개념을 이끌어낸다. "이러한 계약은 단지 하나의 이념으로서, 이 문제들에 대한 우리의 반성을 규제할 뿐만 아니라 실제로 우리의 행위를 고무시킨다. 인간이 인간적일 수 있는 것은 모든 개인 속에 현존하는 인류의 이념에 의해서이며, 인간이 문명화되었다거나 인간적으로 되었다고 불릴 수 있는 것은 이 이념이 그들의 행위가 아니라 판단의 원리가 된 정도에 따른다"[19]

---

17) 칸트,『종교철학』한철하 역 (세계의 대사상 칸트 16권 휘문출판사 1986년 301쪽)
18) 판단력비판 §41 한나 아렌트의 칸트의 정치철학강의 김선욱역 푸른숲 2002 200쪽(전자책)의 내용이다.
   같은 부분이 다른 판단력비판의 번역서와는 판이하게 달라 한나 아렌트의 것을 사용하다.

는 것이다.

아렌트는 칸트가 말한 인류자체에게 명령된 원초적 계약에 의해 인간이 인간적일 수 있다고 주장한다.

정치적 저술과 《판단력 비판》에서도 이따금 나타나는 첫째 이념은, 인류 전체의 원초적 계약이라는 이념이다. 이 이념으로부터 인간성의 이념, 즉 그들이 공통으로 거주하고 공동으로 소유하며 세대를 걸쳐 물려주는 지구인 이 땅, 즉 이 세계에서 살고 죽는 인간들의 인간다움을 실제로 구성하는 이념이 도출된다.[20]

즉, 아렌트는 인간이 인간다움을 실제로 구성하는 이념은 칸트가 말한 인류 전체의 원초적 계약이라는 이념에서 찾고 있다. 그런데 칸트는 원초적 계약이라는 것으로부터 인간성을 설명했을 뿐 원초적 계약이 무엇인지에 대해 아무것도 설명한 바가 없다.

칸트는 먼저 설명해야 할 원초적 계약이라는 명제에 대해 아무런 설명 없이 그것으로부터 인간성이라는 인간에게 가장 중요한 개념을 설명해버린 것이다. 그리고 아렌트는 그러한 칸트에게서 인간성의 개념을 끌어내고 있다. 칸트와 아렌트의 인간성은 여기서 함께 근거를 잃어버리는 것이다.

칸트는 인간의 중심에 선을 세우지 못했다. 그럼으로써 궁색하게도 철학용어로서는 들어본 적이 없는 원초적 계약이라는 도무지 알 수 없는 개념을 들고 나온 것이다. 그것은 이미 철학이 아닌 것이다.

한철학은 처음부터 기준이 되는 오로지 선하여 악함이 없는 중심으로서의 순수이성을 기준으로 가지고 있다. 칸트와 아렌트는 이 순수이성으로서의 한을 중심에 세울 철학의 체계와 조직을 갖고 있지 못했

19) 한나 아렌트, 『칸트의 정치철학강의』 김선욱 역, 푸른숲, 2002, 200쪽(전자책)
20) 한나 아렌트, 『칸트의 정치철학강의』 김선욱 역, 푸른숲, 2002, 204쪽(전자책)

다.

아렌트가 말하는 평범한 악이라는 개념이 어디에서 문제가 되었는지 이제 분명하게 드러난 것이다. 아렌트에게 문제가 되는 것은 악이 아니라 선을 어디에서 가져오는가 하는 문제인 것이다. 아렌트는 칸트와 마찬가지로 그 문제에서 벽에 부딪친 것이다. 자신의 공적 영역에서 순수이성으로서의 선을 가져올 수 없을 때 칸트와 아렌트는 원초적 계약이라는 알 수 없는 신비한 영역의 것을 들고 나올 수밖에 없는 것이다.

(1) 상상력

인간은 어떤 일을 경험하기 전에 상상력으로 경험을 구성한다.[21] 인간은 세계라는 객관에 대해 나름대로의 영역을 구축하며 살고 있다. 그 세계라는 객관을 구축할 수 있는 능력은 오로지 상상력이다. 인간은 경험해보지 못한 세계에 대해 자신의 상상력으로 나름대로 자신만의 세계를 구축하는 것이다. 또한 상상력을 통해 인간과 인간은 서로 간의 공동상상력의 영역을 구축함으로써 소통과 통합과 통일의 바탕을 마련 할 수 있다. 상상력이 없다면 도대체 우리는 아무 것도 할 수 있는 것이 없는 것이다.

인간이 농경과 유목을 시작한 것은 곧 인간성의 상상력을 활용하기 시작했다는 것과 같다. 상상력은 씨를 뿌림으로써 그것이 열매를 맺는다는 사실을 예측할 수 있다. 그 씨가 식물일 때는 농경이고, 동물일 때는 유목이다.

---

21) 존재하지 않는 것을 현존하게 하는 능력인 상상력은 객관적 감각대상을 감각된 대상으로, 마치 그들이 내적 감각의 대상인 것처럼 변형시킨다. 그것은 대상에 대하여가 아니라 그것의 재현과정을 반성함으로써 발생한다. 한나 아렌트, 『칸트의 정치철학강의』 김선욱 역, 푸른숲, 2002, 178쪽(전자책)

이와 같은 상상력을 갖는 일에는 이성의 개념구성으로 인한 목적설정이 먼저 선행되어야 한다. 그리고 그 목적을 이루기 위한 수단은 지성의 직관적인 도움이 없으면 불가능하다. 즉 농경과 유목은 목적과 수단을 통일한 인간성만이 수행할 수 있는 것이다.

또한 이 상상력에 의해 인간은 그 목적을 성취하기 위해 어떠한 수단이 필요한가를 미리 생각해내어 계획한다. 이 역시 인간성이 하는 일이지 다른 것은 아니다. 그리고 그것이 어느 목적으로 어느 정도의 것을 어떤 수단으로 산출할 것이며 그 산출된 것이 어떤 목적에 어떤 가치를 가질 것인지를 미리 파악한다. 이러한 것은 이성과 지성만으로는 불가능한 인간성만의 상상력이다.

인간의 지성은 지각한 것을 직관으로 바꾸고 ,이성은 감각한 것을 개념으로 바꾼다. 인간성은 이것을 우선 상상력으로 통일하는 것이다. 이 상상력은 모든 인식의 본바탕으로 상상력 없는 인식은 불가능하다. 이 부분에 대해 먼저 이해한 사람은 칸트[22]이다.

그리고 순수이성비판 서문에서 인간의 인식에는 두 가지의 줄기가 있고, 이 두 줄기는 아마도 하나의 공통적인, 그러나 우리에게 알려지지 않은 뿌리에서 발생한다[23]고 말한다. 그리고 순수이성비판의 마지막 부분에서 우리 인식력의 일반적인 뿌리가 두개의 줄기(감성과 이성)로 갈라지는 점에서 출발한다[24]고 말한다. 아렌트는 칸트가 말한 인간의 인식기능의 공통적인 뿌리가 상상력이라고 말한다. [25]

그러나 칸트도 아렌트도 상상력이 본체계인 주관체의 영역에서 나

---

22) 종합일반은 구상력의 작용이다. 구상력은 마음의 불가결이면서도 맹목적(무의식적인)인 기능이다. 이런 기능 없이는 어떠한 인식도 가지지 않을 것으로 되, 이러한 기능을 우리는 드물게만 의식하고 있다.
  (칸트 순수이성비판 B104)
23) 칸트 순수이성비판 B 29
24) 칸트 순수이성비판 B863
25) 한나 아렌트,『칸트의 정치철학강의』 김선욱 역, 푸른숲, 2002, 214쪽(전자책)

타나는 인간성의 능력이라고 분명하게 말하지 못한다. 즉 상상력은 지성의 직관능력과 이성의 개념능력의 통일이라고 분명하게 말할 수 없는 것이다.

다시 말해서 올바른 상상력이 나타나기 위해서는 그 이전에 혼돈의 영역이 최적화되어야 한다는 것과 질서의 영역에서의 본체계도 최적화되어야 인간성이 발휘할 수 있는 최적의 상상력이 나타날 수 있다는 사실을 체계적으로 설명하기가 불가능한 것이다.

즉 칸트가 판단력비판에서 설명한 천재의 상상력은 본체계의 영역이 최적화되어 인간성이 모든 소리와 색, 냄새, 맛, 성욕, 투쟁욕에서 벗어나 이들 여섯 가지 촉각의 원인이 되는 영역에 도달했을 때 나타나는 것이다. 칸트와 아렌트가 끝내 이 부분을 설명할 수 없었던 것은 상상력이 존재하는 본체계에 대해 어느 정도 감지하고는 있었지만 그것을 분명하게 설명하는 방법을 알지 못했기 때문이다.

상상력을 설명하기 위해서는 단편적인 지식으로는 불가능하다. 상상력은 혼돈상태와 질서상태에 대한 체계와 조직이 완전히 설명될 때 비로소 그 안에서 인간성이 가진 능력의 하나로 설명될 수 있다.

누구나 꿈을 꿀 수는 있다. 그러나 현실이 되는 꿈은 아무나 꿀 수 없다. 그것은 인간성에 기초하는 것이어야 하기 때문이다. 그 꿈만이 모든 사람의 꿈으로 공유될 수 있고 그 때만이 모든 사람의 현실이 될 수 있는 것이다. 상상력은 아무나 가질 수 있는 흔한 것이 결코 아니다.

칸트는 이러한 전체의 체계와 조직에서 인간성을 설명할 수 없었기에 상상력에 대한 설명도 불가능한 것이다. 아렌트는 그러한 칸트철학을 바탕으로 함으로써 그의 소통행동의 철학이 근거를 잃게 되는 것이다. 주관체 영역의 최적화는 뒤에서 다시 자세히 설명한다.

(2) 판단력

아렌트는 아이히만에게서 전형적으로 나타나는 전체주의의 악, 즉 정치영역에서 최고의 악의 근원이 자리 잡고 있는 곳이 바로 이곳 - 판단하기를 거부하는 곳, 즉 상상력이 결여되어 당신이 대표해야만 하는 타인들을 당신의 눈앞에 등장시켜 고려하지 못하게 되는 곳[26] - 이라고 보았다.

즉 근현대사의 문제의 핵심을 판단력으로 보았다는 점에서 아렌트는 탁월하다. 아렌트는 인간정신의 가장 수수께끼 같은 기능들 가운데 하나인 이 판단기능을 의지라고 불러야 하는지, 또는 이성이나 어떤 제3의 정신적 기능이라고 불러야 하는지는 아직 미결정의 문제[27]라고 말하고 있다.

이 문제는 칸트에게서 확정되지 않고 아렌트에게로 넘어왔기 때문이다.

한철학은 상상력과 마찬가지로 판단력 또한 인간성의 영역이라고 분명히 말한다. 상상력은 존재하지 않는 것을 현존하게 하는 능력이다. 판단력은 현존하는 것에 대하여 지성이 직관하고 이성이 개념으로 만든다. 그리고 인간성은 이것을 통일하여 판단력으로 만드는 것이다. 그런데 그 과정은 다소 복잡하다.

판단력은 직관과 개념을 통일하는 것으로 그치지 않고 그것을 두 가지의 기준과 대조함으로써 얻게 된다. 그 하나는 인간의 보편적인 판단의 기준이다. 이것은 이미 나타나 있는 것이다. 즉 인간이 보편적인 진리라고 믿고 있는 기준이 되는 진리이다.

무엇보다도 자신의 순수이성이 절대로 악하지 않고 선하다는 기준

---

26) 한나 아렌트, 『칸트의 정치철학강의』 김선욱 역, 푸른숲, 2002, 273쪽(전자책)
27) 위의 책, 332쪽(전자책).

이 명확해야 하는데 그것은 과정이 갖는 상태에 의존하는 것이다.

인간은 누구나 선할 수 있도록 되어 있지만 의심의 여지없이 선한 중심을 가지고 있는 상태에 머물러 있지는 않다. 인간이 절대로 선한 순수이성을 자신의 중심에 분명하게 세울 수 있는 상태는 질서상태와 성취상태와 완성상태이다. 그 외의 상태에서는 절대선인 순수이성이 아직 중심에 존재하지 않는다. 따라서 이러한 상태에서는 올바른 판단력을 자신의 중심에서 가져올 수 없다.

이 경우 자신의 외부에 존재하는 보편적인 판단의 기준과 자신의 이성과 지성이 통일한 판단력을 비교해서 판단해야 하는데 이때에는 의심의 여지가 없이 올바른 판단을 보장할 수 없다.

우선 자신의 외부에 존재하는 보편적인 판단의 기준이라는 것은 자신이 선택한 주관적인 것이거나 자신이 속한 집단이 옳다고 믿는 것이 된다. 이와 같은 기준은 확고한 것이 아니다. 언제든 자신과 자신이 속한 집단의 이해가 바뀌면 그 기준도 바뀔 수 있는 것이다.

또한 자신이 이성과 지성을 통일하여 만든 판단력도 그 중심이 되는 순수이성의 선함이 중심에 존재하지 않았다면 전혀 믿을 수 없는 것이기 때문이다.

결국 판단력의 중심은 오로지 선하여 악하지 않은 순수이성이다. 그리고 순수이성이 존재함으로써 인간성이 존재하며 그 인간성이 판단력을 발휘하는 것이다.

인간은 판단을 해야 할 준비가 된 상태에서 최종적으로 자신의 중심에 존재하는 절대선에 의지할 수 있어야 한다. 그렇게 할 수 있는 상태를 스스로 만들어야 한다. 그것이 스스로 존엄한 인간이 되는 유일한 길이기 때문이다.

현실적 존재를 사회로 확대해서 생각해볼 때 사회의 인간성은 그 사회의 본체계로서의 사회성이라는 공적 영역으로 나타난다. 이 영역에 자신의 사유세계를 두고 생각하는 사람은 개인적 영역에서 생각하는 다른 사람들과는 다른 차원의 판단력을 가지고 있는 것이다.

칸트는 다른 모든 사람의 관점에서 생각하는 것을 판단력으로 생각한다[28]고 말함으로써 이 부분의 가치를 설명했다.

만일 어떤 사람이 자신의 판단 가운데 그토록 많은 사람들을 속박하고 있는 주관적이고 사적인 조건들로부터 스스로를 분리시켜, 자기 자신의 판단을 보편적 관점(그는 자신의 지반을 타인들의 관점으로 옮김으로써만 이것을 결정할 수 있다)에서 반성할 수 있다면 …… 그 사람은 '확장된 심성을 가진 사람'이라고 부를 수 있다. 칸트는 미적 판단과 취미를 공통감 또는 '공적 감각'이라고 적절히 부를 수 있다고 결론 맺는다.[29]

결국 칸트는 사회라는 현실적 존재의 본체계의 영역에서 판단하는 사람을 천재로 본 것이다. 즉 다른 모든 사람의 관점에서 생각하는 것을 판단력으로 생각한다[30]는 것이다.

다른 모든 사람의 관점에서 생각하는 것을 판단력이라고 보는 것은

---

28) 칸트는 "공통적 인간 오성의 준칙" 세 가지를 상술한다. 이는 (1)독립적으로 생각하기 (2)다른 모든 사람의 관점에서 생각하기 (3)항상 일관되게 생각하기이다. 여기서 우리의 관심을 끄는 것은 이 가운데 두 번째의 것으로서 칸트가 확장된 사고의 준칙이라고 지칭한 것이다. 왜냐하면 칸트에 따르면 판단에 속하는 것이 바로 그것이기 때문이다(첫째와 셋째의 것은 각각 오성과 이성에 적용된다).
 -판단력비판 §40 한나 아렌트의 칸트의 정치철학강의 김선욱역 푸른숲 2002 200쪽(전자책)-
29) 한나 아렌트 칸트의 정치철학강의 김선욱역 푸른숲 2002 294쪽(전자책)
30) 칸트는 "공통적 인간 오성의 준칙" 세 가지를 상술한다. 이는 (1)독립적으로 생각하기 (2)다른 모든 사람의 관점에서 생각하기 (3)항상 일관되게 생각하기이다. 여기서 우리의 관심을 끄는 것은 이 가운데 두 번째의 것으로서 칸트가 확장된 사고의 준칙이라고 지칭한 것이다. 왜냐하면 칸트에 따르면 판단에 속하는 것이 바로 그것이기 때문이다(첫째와 셋째의 것은 각각 오성과 이성에 적용된다).
 -판단력비판 §40 한나 아렌트의 칸트의 정치철학강의 김선욱역 푸른숲 2002 200쪽(전자책)의 내용이다.-

결국 자기 자신에게서 행동의 기준이 되는 순수이성이 실종되었음을 말한다. 이것이 칸트의 판단력이 갖는 결정적인 결함이다.

자신에게서 판단력을 가져올 공적 영역이 없다면 그 사회의 판단력을 가져오는 공적 영역을 간파하기가 불가능하다. 다른 모든 사람의 관점이 그 사회의 공적 영역이라는 근거는 전혀 없는 것이다. 사회란 어린아이보다 못한 유치한 행위가 거의 전 역사를 통해 주기적으로 나타나는 현장이다.

오히려 개인은 사회가 벌이는 그와 같은 유치한 행위를 여간해서는 하지 않는다. 칸트의 주장처럼 다른 모든 사람의 관점에서 생각하는 것을 판단력이라고 한다면 그 판단력은 그 사회가 정상적일 경우에는 문제가 없지만 정상적이지 못할 때는 치명적인 문제가 될 수 있다. 바로 히틀러시대의 대중들이 그러하지 않은가? 아이히만이 바로 그 경우 아닌가?

인간의 중심에 존재하는 순수이성으로 인간성의 영역이 나타나고 그것으로 판단력이 존재하게 하는 것은 어떻게 얻어지는 것일까? 칸트는 그것이 학교교육으로는 불가능하다고 말한다.

> 판단력은 소위 천부天賦의 기지機智가 갖는 특수한 것이라서 그것의 결핍을 어떠한 학교 교육도 보충할 수가 없다. 학교교육은 열등한 사람에게 다른 사람의 통찰로부터 빌려온 규칙을 많이 수여하고 그래서 말하자면 주입시킬 수 있지만 그런 규칙을 정당하게 사용하는 능력은 학도 자신이 가져야 하기 때문이다.[31]

맞는 말이다. 학교교육뿐 아니라 어떤 신기한 방법으로든 가르쳐주기도 배우기도 어렵다. 그러나 그것이 교육으로 가르쳐지지 않는 한

---

31) 칸트 순수이성비판 B165

교육은 이미 교육이 아니다.

교육의 목적은 올바른 인간으로서 인간성을 갖춤으로써 상상력과 판단력을 갖게 하는 것이다. 다른 것은 모두 부수적인 것에 지나지 않는다. 칸트는 천재들만이 이 영역을 배우지 않고도 아는 것으로 생각했다.

그러나 교육이 인간성을 위주로 이루어질 때 천재는 대량으로 원하는 장소에서 원하는 만큼 얻어질 수 있는 것이다. 단지 학교가 지성의 능력만 가르칠 때 스스로 인간성의 영역을 확보하는 극소수의 사람을 천재라고 하는 것이다. 인간성의 영역에서 판단할 수 있는 천재는 교육을 통해 배출되어야 하는 것이다. 이제 우리는 칸트철학이 피해갈 수 없는 문제가 여기에서도 어김없이 나타난다.

진정한 판단력은 자신의 본체계에서 사회의 본체계의 것을 찾아내는 능력이다. 칸트가 판단력이라고 생각한 다른 모든 사람의 관점에서 생각하기 이전에 자신의 관점에서 확고한 판단력을 얻어내고 그것을 다른 모든 사람의 관점과 비교해보는 것이다. 마지막으로 이 양자를 자신의 중심에 존재하는 순수이성의 선과 비교하는 것이다. 이 점을 칸트도 아렌트도 알지 못했다.

(3) 통찰력

어떤 사물이 어떤 상태에서 어떤 상태로 바뀔 것인지를 아는 능력이 통찰력洞察力이다. 어떤 사물이 무질서와 혼돈과 질서의 세 가지 상태에서 현재 어느 상태에 있으며 어떻게 바뀔 것인지를 아는 능력이 통찰력이다.

아무리 예리한 지성이 있어 과학적인 지식이 깊고 풍부하다 해도 그것은 통찰력을 얻는 것과는 무관하다.

378

아무리 풍부한 주관을 가지고 풍부한 윤리적 능력을 가지고 있다 해도 그것은 통찰력을 얻는 것과는 무관하다.

통찰력은 과정 전체를 바라보는 능력이다. 자신은 물론 어떤 존재가 처해있는 상태를 파악함으로써 그 상태가 어떻게 변할지의 추이를 알 수 있다. 이 능력을 현대인이 갖는 것은 거의 불가능하다.

가령 어떤 존재가 혼돈상태에 있다면 혼돈상태의 어느 부분에 위치해 있는가를 앎으로써 그 존재가 선택할 수 있는 영역을 알 수 있다. 그리고 그 존재가 취할 수 있는 최선이 무엇인가를 알 수 있다.

또한 어떤 존재가 자신을 질서상태에 놓이게 함으로써 사회를 질서상태에 놓고 볼 수 있다. 베르그송이 말하는 직관은 바로 이 상태에 어느 정도 접근한 것이다. 이 경우 본체계와 현상계를 생각하고 그에 맞는 일을 함으로써 그 사회가 존속하는 한 늘 함께 존속할 수 있는 최선을 찾아낸다.

존재마다 처해 있는 상태가 모두 다르고 존재마다 개성이 모두 다르다. 존재들은 모두 자신의 위치에서 최선을 다하려고 한다. 그러나 대부분 최선이 무엇인지를 모른다. 그들이 최선이라고 생각하는 것은 자신의 위치에서 할 수 있는 최선이 아니라 억지로 주입된 쓸모없는 목표에 지나지 않는다.

(4) 소통력疏通力

소통력은 상상력과 판단력과 통찰력을 모두 구비할 때 비로소 가질 수 있는 능력이다. 소위 칸트가 말하는 천재란 이 세 가지 능력을 가진 사람들을 말한다. 그러나 이 세 가지 능력을 가질 때 그것은 단지 예술의 분야뿐 아니라 모든 분야에서 천재적인 능력을 나타낼 수 있는 것이다. 칸트는 소통력이 교육을 통해 얻어질 수 없는 천부적인 것으로 보았지만 소통력은 교육을 통해서만 제대로 얻어질 수 있는 것이다.

이것은 우리가 통합의 영역에서 다루었던 하버마스식의 소통행위와는 전혀 다른 것이다.

(5) 생명력

이른바 인간의 중심에는 지성의 영역인 구체적인 영역과 이성의 영역인 원리의 영역은 서로 같은 세력으로 대립하고 있으되 그 경계영역이 있어 생명은 지속된다. 이 지속의 힘은 바로 그 경계영역에서 이루어지며 그것으로 양자를 통일한 중심이 인간성인 것이다. 인간성은 지성과 이성과 생명력을 통합함으로써 이루어지는 것이다. 베르그송이 말한 지속은 바로 이 부분이다.

물론 동식물도 이 영역은 마찬가지로 있지만 그것은 온전한 것이 아니기에 그들의 것을 인간성이라고 말하지는 않는다.

(6) 창의력創意力

도구와 목적을 하나로 통합할 수 있는 인간성의 영역이 확보된다면 창의력은 생겨난다. 즉 인간의 삶은 언제나 새로운 목적을 가지게 하는 것이며 그때마다 새로운 도구가 필요해진다.

이때 풍부한 상상력과 판단력이 결합하면 새로운 도구를 만들 수 있는 창의력이 생기는 것이다.

천재임에도 빛을 보지 못했던 쇼펜하우어도 인간성이라는 영역까지는 알지 못했다. 그는 지성에 과다한 권한을 부여하여 지성이 갖는 단순한 계산능력에 인간성의 영역인 위대한 발견까지 포함시키려 했다.

> R. 후크가 중력의 법칙을 발견하여 많은 큰 현상을 이 하나의 법칙에 환원한 것도, 이를 확정한 것도 오성에 의한 직관적·직접적 파악이었다. …… 이들 발견은 모두 결과에서 원인으로 올바르게 소급한 것에 불과한 것이다. 또 이렇게 하면 곧 같은 종류의 모든 원인 속에 나타나는 자연력이 동일하다는 것이 인식된다.[32]

위대한 발견의 바탕은 지성의 직관적이고 직접적인 파악이 갖는 능력이다. 그것은 결과에서 원인으로 올바르게 소급하게 해주는 것이다.

과학적 발견의 가장 핵심적인 능력은 오히려 가설을 세우는 것이다. 어떠한 지성의 규칙적방법도 가설을 세우는 방법을 제시한 경우는 없다. 가설을 세우는 방법은 오로지 이성의 고유한 능력이기 때문이다.

우리가 과학이 지성의 영역이라고 생각해온 것은 좁은 면에서는 옳다. 그러나 넓게 보면 과학 특히 위대한 발견과 같은 과학 본연의 영역에 있어서는 지성과 이성을 통일해서 사용하는 인간성만이 훌륭한 결과를 보장한다.

즉 지성적인 과학자는 주어진 수단만을 사용한다. 그 일에는 지성만으로 충분하다. 그러나 수단에 목적을 부여하여 새롭게 창조하는 일에는 인간성이 아니면 불가능한 것이다. 결국 인간성을 가진 과학자만이 새로운 수단을 창조하는 것이다.

그리고 새로운 수단을 창조하지 않는다 하더라도 수단을 사용하는 일에 있어서도 인간성을 가진 과학자가 인간이다. 지성적인 과학자는

---

32) 쇼펜하우어, 『의지와 표상으로서의 세계』 곽복록 역, 을유문화사, 1992, 63쪽.

인간이 아니라 스스로 도구가 될 가능성이 있는 것이다.

베르그송도 이점에서는 마찬가지의 착각을 하고 있다. 그는 다음과 같이 주장하고 있다.

> 인류가 지구상에 나타난 시기를 어느 시기까지 거슬러 올라가야 할까? 처음으로 무기가 제작되고 처음으로 도구가 만들어졌던 시기까지로 하자. 부셰 드페르트가 물랭키뇽의 채석장에서 발견한 …… 그것이 손도끼였다면 그것이 확실한 지성, 그것도 특히 인간의 지성에 의한 것이라고 하는 것을 누구 한사람이라도 의심할 수 없었다.[33]

인간이 도구를 만든 것이 인간만의 지성이라고 말하는 것이며 아무도 이를 의심할 수 없다고 주장한다. 그러나 필자는 의심을 넘어 베르그송의 주장을 전면적으로 부정한다.

지성은 단지 구체적인 영역에만 관여하며 그것은 인과율에만 관여한다는 쇼펜하우어의 주장은 옳다. 도구는 인과율에만 의지하는 지성에 의해 만들어질 수 없다. 발명은 인과율에서 얻은 직관을 이성이 활용할 수 있을 때 가능하다. 이와 같이 지성과 이성을 하나로 통일하여 사용할 수 있는 것은 인간성의 능력이다. 즉 창의력이다.

(7) 융통성融通性

주관체는 태극으로서 원을 이룬다. 이는 둥근 모양을 실제로 이루어냄으로써 막히거나 거치는 것이 없는 상태를 스스로 이루어낸 것이다. 태극은 문자 그대로 원융무애圓融無礙인 것이다. 이는 생명적조직

---

33) 베르그송, 『창조적 진화』 서정철 역, 을유문화사, 1992, 123쪽.

체는 모두 가지고 있지만 인간의 인간성만이 진정한 융통성을 발휘할 수 있다.

생명적 존재는 주어진 시공간에서 시시각각으로 변화하는 상황에 맞추어 그때그때의 사정과 형편에 맞추어 일을 처리해야만 한다. 이러한 융통성이 없는 생명적 존재는 생명을 유지할 수 없다.

역학적 조직체는 처음부터 융통성을 기대할 수 없다. 생물적 조직체인 식물에게도 이 능력은 그리 크지 않다. 동물의 경우에도 이 능력은 인간이 월등하게 우수한 것을 가지고 있다.

인간의 지성은 냉철한 과학적 능력을 지니고 있지만 단 한 점의 융통성도 발휘하지 못한다. 아니 융통성의 정반대의 능력이 곧 지성이다. 인간의 이성은 무한한 상상력과 엄격한 도덕적 능력을 지니고 있지만 결코 융통성을 이끌어내지는 못한다.

우리는 냉철한 과학적 지성이 얼마나 무서운 것인지를 잘 알고 있다. 그리고 엄격한 도덕적 이성이 얼마나 인간을 억압하고 질식시키는 것인지를 잘 알고 있다.

융통성은 질서상태에서 가질 수 있다. 시시각각 변화하는 세계를 인간의 현상계인 객관체가 정확하게 포착하고 그것을 본체계인 주관체가 그때그때 적절한 판단력을 내림으로써 현실적 존재는 현실적 존재로 남아 있을 수 있다.

혼돈 상태와 무질서 상태는 절대로 융통성을 가질 수 없다. 왜냐하면 외부의 변화를 감지하는 객관체가 없으며 그 변화를 파악하여 판단할 수 있는 주관체가 없기 때문이다.

(8) 명예심과 긍지

명예는 세상에서 훌륭한 존엄이나 품위를 말한다. 동물은 지성이 가진 삶의 의지에 의한 각종 생식이나 투쟁에 대한 행위가 있을 뿐이다. 존엄이나 품위는 당연한 말이지만 인간에게만 있다.

지성화된 현대세계에는 맹목적인 권력욕과 재물욕 그리고 생식욕만을 추구한다. 지성의 독점 권력은 인간을 이처럼 동물이나 기계로 만들어버리는 주술적인 위력이 있다. 그것을 우리는 부정성의 위력이라고 한다. 인간이 이처럼 개개인의 사적욕망에 사로잡혀 사적인 욕구에만 열중하고 있다면 그는 자신과 사회의 본체계를 인식할 방법이 없다.

개인의 본체계를 인식하는 사람은 스스로 인간이기를 추구한다. 사회의 본체계를 인식하는 사람은 사회의 사회다운 사회성을 인식한다.

그리고 자신의 본체계와 사회의 본체계를 일치시킨 상태에서 해야 할 일을 찾고 그 일을 수행한다. 본체계는 시간과 공간을 초월하는 영역이다.

그럼으로써 그는 시간과 공간을 초월해서 자신과 사회에 존재할 수 있게 되는 것이다. 명예와 긍지는 현상계에서 얻어지는 것이 결코 아니다. 그것은 본체계에서 얻어지는 것이며 인간성의 영역의 것이다.

지성의 독점권력으로 인한 주술로서 인간이 권력과 재물을 추구하여 그것을 얻는다 해도 그의 삶은 결과적으로 무無로 환원된다. 지성의 부정성은 모든 것을 부정하며 자신마저도 모두 부정함으로써 그 종착점이 무無가 되지 않을 수 없기 때문이다. 따라서 지성인에게는 그 삶에 보람이 있을 수 없다. 허무주의와 염세주의로 가지 않을 수 없는 것이다.

명예와 긍지란 자유의지의 영역을 가진 사람이 그 영역에서 나타나는 능력을 스스로 신뢰하고 그것에서 행동함으로써 얻어지는 떳떳함이며 당당함이다.

삶의 보람을 가지는 것은 명예와 긍지를 발견한 사람에게만 존재한다. 그 만이 삶의 보람을 가질 수 있는 당당하고 떳떳한 긍지가 있다.

명예와 긍지가 가치를 갖는 사회는 질서상태이다. 그러나 명예와 긍지가 가치를 갖지 못하는 사회는 혼돈상태나 무질서 상태인 것이다.

(9) 통일력

인간성이 주관과 주체를 통일하여 주관체를 이룸으로써 객관체가 출현하는 것이다. 인간성만이 이러한 주도적인 통일력을 갖는다. 현실적 존재의 인간성이 가지고 있는 통일력은 내부만을 통일시키는 것이 아니다. 현실적 존재가 관계하는 모든 상황에 통일력을 부여하여 무질서에서 혼돈의 영역을 이끌어내고 , 혼돈의 영역을 질서의 영역으로 혁신시킨다. 즉 통일을 이끌어낸다. 인간성이 가지는 통일력이야말로 인류의 희망이며 우리 한겨레의 희망이 아니겠는가?

5) 자유의지

자유의지는 자유와 의지를 통일한 능력이다. 자유만을 가지고 있으면 필연적으로 방종하게 되며 이루어질 수 없는 몽상적인 꿈속에서 살게 된다. 의지만을 가지고 있다면 맹목적인 짐승이나 기계와 다를 것이 없다.

인간은 자유와 의지를 하나로 통일한 자유의지를 가지고 있음으로써 자유롭되 방종하지 않으며, 의지를 가지고 있되 맹목적이 아니며 생각한다. 자유는 동기를 제공하고 의지는 행위를 제공한다. 동기가 없으면 만물은 움직임이 멈춘다. 행위가 없으면 만물의 지속적인 움직임은 없다. 그러나 동기만으로는 지속적인 움직임이 불가능하고, 행위는 단지 맹목적인 것이다. 따라서 이 동기와 행위를 통일하는 행동만이 인간을 인간답게 하는 것이다. 행동을 가능하게 하는 것이 자유의지인 것이다.

칸트는 자유와 의지의 이율배반에서 의지에 치우친 자유를 주장함으로써 기형적인 자유이며 괴상한 의지가 된 것이다. 즉 칸트는 자유의 영역을 잘라내어 의지의 영역에 부착했다. 그러나 의지는 단지 맹목적인 것에 불과한 것이다. 칸트는 자유와 의지를 통일하는 철학적 도구가 없었다.

인간성은 인식력을 통일함으로써 상상력, 판단력, 통찰력, 소통력, 통일력 등을 만들어낸다. 그러나 이들이 행동으로 나타나기 위해서는 자유의지와 결합해야 하는 것이다. 이들이 자유의지와 결합하지 못하여 행동하여야 할 때에 행동하지 못함으로써 인간성의 포기가 일어나는 것이다.

질서상태는 사유만으로 이루어지지 않는다. 모든 행동의 원인을 자신에게서 가져와 그것을 자유의지로 행동할 때 비로소 질서상태가 유지되는 것이다. 따라서 자유의지야말로 질서상태를 창조하고 유지하는 가장 직접적인 능력인 것이다. 바로 이 점을 칸트와 아렌트는 알지 못한 것이다.

(1) 행동능력으로서의 자유의지

이성은 목적을 주고 그 목적은 자유를 가능하게 한다. 지성은 수단을 주고 그 수단은 의지가 행위로 실천하게 한다. 인간성은 목적과 수단을 통일한다. 그리고 자유와 의지를 통일하여 행동으로 옮긴다.

자유의지에 의해 행동력이 객관화되면 그것은 객관에서 동기가 되고 객체에서는 행위가 되며 객관체로서는 행동이 되는 것이다. 결국

신체에 자유와 의지를 담아 행동력을 부여하는 자는 다름 아닌 자유의
지인 것이다.

(2) 용기勇氣와 자유의지

자유의지가 반드시 나타나야 할 때에 자유의지를 나타나게 하는
능력을 용기라고 한다. 가령 인간성이 자유의지와 결합하여 행동으로
나타나야 할 중요한 때가 있다. 그러나 그 행동이 현실적 존재의 안전
과 이익을 극히 위태롭게 할 때 판단력과 자유의지의 결합은 종종
무산될 수 있다. 이렇게 판단력과 자유의지가 결합해야 할 때 결합하
지 못하면 순간적으로 인간성의 포기가 일어나며 질서상태에서 혼돈
상태나 무질서상태에 빠지게 되며 그 때 악과 잔인성이 발생할 수
있다.

이 때 어떤 불이익을 당하더라도 인간성만은 지킬 수 있도록 자유의
지가 발동하여 그에 따른 행동을 취할 수 있게 하는 능력이 곧 용기이
다. 따라서 어떤 상황에서도 질서상태를 잃지 않게 하는 고귀한 능력
이 곧 용기인 것이다.

평상시에도 사소한 듯 보이는 일에도 우리는 판단력과 자유의지의
결합을 무산시킴으로써 스스로 인간성을 포기하고 해야 할 행동을
하지 못하는 경우가 자주 있다. 이 때 필요한 것이 역시 용기인 것이다.

용기가 있는 자는 꼭 필요할 때 인간성과 자유의지의 결합을 놓치지
않는다. 그럼으로써 해야 할 행동을 하지 못해서 질서를 잃는 일이
없다.

용기가 있는 사람이야 말로 가장 고귀한 인물이며 가장 위대할 수
있는 자질이 있는 것이다.

6) 순수인간성

순수인간성은 우리말로 한검이라고 한다. 즉 순수이성(한)+순수지성(검)= 순수인간성(한검)이 되는 것이다. 이는 인간성의 그 자체이다. 우주로 본다면 우주의 우주성의 그 자체일 것이다. 인류로 본다면 인류성의 그 자체이며, 민족으로 본다면 민족성의 그 자체일 것이다.

우리 한겨레의 차원에서 순수인간성 한검은 우리 한겨레의 그 자체로서 한겨레를 한겨레이게 한 자체이다. 그 존재를 우리는 왕검할아버지라고 부른다. 여기서 한검은 곧 왕검이다.

폭넓게 말하자면 우리가 삼성三聖으로 추앙하는 한인, 한웅, 한검 할아버지를 우리 한겨레의 순수인간성이라고 할 수 있을 것이다.

순수인간성은 인간 그 자체이다. 즉 이성의 자유와 지성의 의지를 통일하여 인간이 되게 하는 능력 그 자체인 것이다. 즉 공적 영역의 그 자체인 것이다.

인간성이 후하게 나타나면 그것은 도덕적이며, 박하게 나타나면 비도덕적이다. 따라서 순수인간성은 윤리를 결정짓는 그 자체이다. 순수인간성이 박하다면 인간은 도덕적인 인간의 탄생이 불가능했다는 사실을 알 수 있다. 왜냐하면 비도덕적인 존재로서의 인간은 어느 경우에도 도덕적인 인간이 되지 못했을 테니 말이다.

그러나 인간은 어디에서든 기본적으로 도덕적이다. 그것은 인간성의 본바탕에 도덕성이 있지 않으면 불가능한 일인 것이다. 따라서 도덕을 결정하는 인간성은 반드시 도덕적이어야 하며 그것은 절대로 후하여 박하지 않은 것이어야 한다.

그러나 인간은 비도덕적이기도 하다. 그것은 인간이 객체를 가지고 살아가는 한 삶에 충실해야 하며 삶과 도덕이 충돌하는 경우 삶을 택해야 하는 상태가 발생할 수 있기 때문이다.

물론 그러한 상태는 무질서의 상태이거나 혼돈의 상태이다. 따라서 도덕과 비도덕의 문제는 인간의 본성의 문제가 아니라 주어지는 상태의 문제인 것이다.

주어진 상태가 무질서한 상태라고 무조건 비도덕적인 것은 아니지만 그러할 가능성이 충분한 것이다. 또한 주어진 상태가 질서의 상태라 해도 비도덕적일 수 있다. 왜냐하면 인간의 본성에 문제가 있는 것이 아니라 질서의 상태는 완전한 상태가 아니라 언제든 무질서의 상태로 전락할 가능성이 있는 상태이기 때문이다.

7) 기억론記憶論

우리가 기억을 하는 능력은 주관체의 역할 중에서 가장 직접적인 것 중의 하나이다. 기억에는 두 가지가 있다. 그것은 주체기억과 주관기억이다. 주체영역의 기억과 주관영역의 기억은 전혀 다른 것이다.

베르그송은 주체영역의 기억을 습관적 기억이라고 설명한다. 이 기억은 습관과 암기로 인해 기계적으로 기억되는 것들이다. 이는 뇌를 사용하는 지성의 능력이다.

주관의 영역의 기억은 습관적 기억을 사용하는 형상기억이다. 즉 암기를 둘러싼 상황을 체계화하는 것이다. 이 기억은 의식 자체로서, 과거를 현재 위에 축적해주고 보존해주며 회상하는 능력에 의해 기계적인 습관기억을 밝혀주고 있다.[34]

베르그송이 말하는 의식자체란 곧 주관의 영역을 말하고 있는 것이다. 그리고 형상기억은 곧 이성의 능력임에 다름이 아닌 것이다.

흔히 뇌가 상해되는 경우 형상기억이 상실되는 것으로 믿어왔지만 뇌의 상해현상에 의하지 않고도 정신의 장애에 의해 그와 같은 형상기

---

34) 베르그송, 『창조적 진화』 서정철 역, 1992, 12쪽, 해설부분.

억이 소실될 수도 있다는 사실과, 그리고 뇌의 상해가 실어증을 야기한 경우에도 형상기억은 완전히 소멸되지 않는다는 것을 알았다.[35]

여기서 우리는 습관적 기억과 순수기억이라는 두 개의 기억을 통일하는 인간성의 기억능력을 생각할 수 있다. 즉 기계적인 기억과 그 기억을 둘러싼 상황을 체계화하는 것은 결국 인간성의 영역에 의해 계열화되는 것이다. 이 기억들은 인간성에 맞추어 인간에게 저장되고 사용된다고 보아야 하는 것이다.

즉 인간성의 영역에서 나타나는 촉각의 여섯 가지는 소리와 색깔, 냄새와 생식 그리고 경쟁상황 등이다. 우리는 기억을 단지 암기나 그것을 체계화하는 것에 그치는 것이 아니라 소리 나아가 음악이나 색채, 냄새 등으로 구체적으로 기억하고 재생하며 나아가 생식 즉 성욕에 대한 구체적인 기억과 재생, 또한 투쟁 상황에 대한 기억과 재생 등이다. 또한 이 여섯 가지 촉각이 복합되어 나타나는 여러 가지 상황 등이 인간성의 영역에서 구체적으로 기억되고 재생되는 것으로 볼 수 있는 것이다.

---

35) 베르그송, 『창조적 진화』 서정철 역, 1992, 12쪽, 해설부분.

14

객체 - 몸

현실적　존재의 내부에서 객체는 사물의 영역이다. 우리말로는 몸이라고 할 수 있다. 물리학은 이 영역을 동적, 정적, 전체적, 다원적으로 보며 이에 따라 철학의 이론 전체가 우왕좌왕해왔다.

한철학은 이 물리학적 관점을 모두 수용한다. 그러나 이 관점중 하나에 따라 만물이 조직되어 있다고 보지는 않는다. 오히려 이 모든 관점을 복합적으로 사용하여 객체를 보는 것이 옳다고 본다.

또한 우파니샤드와 플라톤식으로 객체를 환영幻影으로 보는 관점이 있다. 이 경우 객체는 무無이다. 본체계 즉 공적 영역을 인정하지 않고 무아無我를 주장하는 경우 모든 것은 무無일 것이다.

한철학은 객체를 현실적 존재의 필수불가결한 부분으로 본다. 따라서 객체가 환영(maya)이거나 무無라는 주장은 결코 받아들이지 않는다.

한철학에 있어서 객체와 객관 그리고 주체와 주관은 두 현존하는 실체로서 이들이 하나로 통일되어 질서상태의 현실적 존재를 이루는 것이다. 이것이 우주이며 세계이며 인류이며 민족이며 국가이며 가정이며 기업이며 개인이다.

만일 객체가 환영(maya)이거나 무無라면 이들 모두가 환영(maya)이거나 무無가 된다. 즉 사적 영역과 공적 영역이 모두 환영(maya)이거나 무無가 된다.

한철학에 있어서는 결코 용납되지 않는 논리이다. 한철학은 철저하게 현실적이다. 그러면서도 그 내부에 본체계라는 추상적인 영역을 갖는 것이며 공적 영역을 갖는 것이다.

현실적 존재의 객체는 심방心房과 기질氣質과 신체身體를 가지고 있다. 그 중심은 주체이다. 그리고 객체는 객관과 하나가 되어 서로 긴밀하게 협력한다. 심방心房에는 감각기관이 있어 감각을 얻어오며, 기질氣質에는 지각기관이 있어 지각을 얻어오며, 신체身體에는 촉각기관이 있어 촉각을 얻어온다.

또한 심방心房은 객관의 심법으로부터 동기를 얻어오고, 기질氣質은 객관의 기운으로부터 힘을 얻어오고, 신체身體는 객관의 신형으로부터 그 형태를 가져와 운동을 할 수 있게 된다.

객체의 영역에는 우연이 없다. 객체의 영역에서는 모든 논리의 법칙이 사라지고 철두철미한 원인과 결과의 연쇄 그리고 확률의 법칙만이 남는다. 객체의 영역에는 단지 있는 그대로의 구체적 세계의 인과법칙만이 존재할 뿐 추상적인 영역에서 말하는 진리나 오류는 존재하지 않는다.

객체는 객체를 움직이게 하는 원인의 영역으로 심방心房이 있다. 그리고 그 원인을 심방에서 얻어 실제로 움직이는 힘을 갖는 기질氣質이 있다. 또한 그 힘을 담아 개체로 행세하는 신체身體가 있다.

만일 심방이 없다면 기질에서 움직일 힘이 있고, 신체가 개체로서의 형태가 있다 해도 행동하지 못하는 것이다. 만일 기질이 없다면 객체가 움직일 원인을 갖고 있고, 그 형태가 있다 해도 움직일 힘이 없어못 움직이게 된다. 또한 심방과 기질이 있다 해도 신체가 없다면 형체가 없음으로 해서 움직일 근거가 없게 되는 것이다.

따라서 이 심방, 기질, 신체라는 객체의 3요소는 필수불가결한 것이다.

또한 객체는 객관으로부터 모든 마음과 원리 그리고 힘과 형태를 결합한 객관체로서만 존재하지 객체만으로 존재하지 않는다. 그리고 객관체는 그 내부에 주관체를 포함함으로써 현실적 존재가 되는 것이다.

우리는 철학에서 객체와 객관이 분리되어 있거나 객관을 무시하고 객체만으로 철학이 구성되거나 객체를 무시하고 객관만으로 철학을 구성한 것을 본다.

특히 객체만으로 철학을 구성하는 경우 철저한 원인과 결과만이 지배하는 인과율만이 지배하는 세계가 나타난다. 인도의 철학에서는 인과율이 인연으로 바꾸어 나타난다.

인과율만이 지배하는 세계는 부정성의 세계이며 결국은 무에 도달하는 세계가 된다.

제임스의 프래그머티즘은 역동적이고 다원적인 세계를 가정한다는 점에서 새로운 경험론을 제시한다. 그는 철학의 여러 논쟁도, 그 구체적인 결과를 검토해본다는 이 간단한 테스트에 걸어 볼 때 얼마나 많은 논쟁들이 즉시에 무의미한 것이 되어버리는가에 아니 놀랄 수 없다[1]고 주장한다.

제임스에게는 확실한 증거가 있을 때 그 증거만큼만 믿으라는 것이다. 그에게는 철학이 객체적세계의 의문을 해결하는 도구에 불과한 것으로 보인다. 그러나 철학은 객체적 세계가 아니라 생명적 과정을 다루는 학문인 것이다.

---

1) 제임스, 『프래그머티즘』 임영철 역, 휘문출판사, 세계의 대사상10, 170쪽.

① 꿈과 현실은 구분이 가능한가?

많은 철학자들이 의문을 가져왔던 것이 꿈과 현실이 구분이 가능한가하는 것이다. 인도의 베다와 프라나에서는 모든 인식을 꿈과 유사한 것 이상으로는 인식하지 않는다. 또한 도가의 장자는 꿈에 나비가 된 일이 있었다. 나비가 되어 스스로 기분 좋게 느낀 나머지 장자는 자기 자신인지를 몰랐다. 갑자기 깨어 보니 놀랍게도 장자 자신이었다. 장자가 나비가 되었는지, 나비가 꿈을 꾸어 장자가 되었는지 알 수 없다고 했다.

꿈과 현실이 구분이 안 되는 것을 인도의 베다철학과 장자의 도가철학이 같은 말을 하고 있는 것이다. 또한 불운했던 천재철학자 쇼펜하우어도 이들과 똑같은 방법으로 똑같은 말을 하고 있다.

> 우리에게는 꿈이라는 것이 있는데, 어쩌면 인생이란 꿈이 아닐까? - 좀 더 분명히 말하면, 꿈과 현실, 환영과 실생활 객관을 구별하는 확실한 표준은 있는 것일까? 꿈속에서의 직관은 현실의 직관보다 선명도 명확도가 떨어진다고 하는 구실은 전혀 고려할 가치가 없다. 왜냐하면 아직까지 아무도 이 둘을 비교해본 사람은 없었고, 다만 꿈의 기억과 현실의 기억을 비교할 수 있었을 뿐이기 때문이다.[2]

꿈과 현실을 구별할 수 없다고 주장하는 사람들은 모두 객체를 중시한다는 점에서 공통점이 있다. 객체가 환영(maya)이거나 무無라면 꿈과 현실이 무슨 차이가 있겠느냐는 것이다. 다시 말하면 현실자체가 이미 환영이며 허무한 것 이외에 아무것도 아니기 때문이다.

문제는 꿈과 현실이 어떻게 구분되는가 하는 것이 아니다. 그것은 세상이 객체만으로 이루어진 인과성이 지배하는 허무한 세계인가 아

---

2) 쇼펜하우어, 『의지와 표상으로서의 세계』 곽복록 역, 을유문화사, 1992, 57쪽.

니면 칸트와 같이 주관과 객관으로 이루어진 세계인가 아니면 한철학과 같이 객관체와 주관체로 이루어진 현실적 존재인가에 따라 그 관점이 달라지는 것이다.

물론 칸트는 당연하게도 꿈과 현실은 구분된다면서 그 건축학적 철학방법으로 철저하게 설명하고 있다. 필자는 그와 같은 논증은 의미가 없다고 본다.

한철학에 있어서는 꿈과 현실은 단지 과정에 있어서 상태의 문제이기 때문이다. 인간의 하루는 꿈이라는 가능상태에서 혼돈상태를 거쳐 현실이라는 상태로 변화하고 현실에서 혼돈이라는 상태를 거쳐 꿈이라는 상태로 변화하는 과정이다.

꿈이라는 상태도 현실이라는 시간 안에서 존재자가 꿈이라는 가능상태를 겪을 따름이다. 꿈이 현실과 구분되는가 아닌가는 꿈이 과정상에서 가능상태라는 사실에 대한 인식이 없기 때문에 하는 우문에 지나지 않는다.

인도의 베다철학과 장자철학 그리고 쇼펜하우어와 칸트는 모두 꿈과 현실의 문제를 정적인 차원에서 논증한 것이다. 하루는 물론 일년과 평생 등 모든 것은 과정상에서의 상태의 변화라는 것을 그들은 알지 못한 것이다. 모든 것은 단지 과정인 것이다.

② 객체와 무

객체는 구체적인 실재의 영역이다. 인간은 객체인 육체를 가지고 태어난다. 그리고 육체를 가지고 태어나는 순간 이미 어느 순간 멈추게 되는 생명시계를 가지고 태어나는 것이다. 인간은 매시간 주어진 시간을 부정하며 사는 것이다.

결국 인간은 객체를 위주로 볼 때 태어나는 순간 죽음을 향해 한걸음씩 발을 옮기는 것에 불과하다. 여기서 염세주의가 출현한다. 철학은 객체만을 인정하는 철학이 있다. 또 객체와 주체를 함께 인정하는 철학도 있다. 이 경우 객관과 주관은 인정되지 않는다.

이러한 철학은 객체의 모든 것은 부정성이라는 사실을 인정하지 않을 수 없다. 육체의 모든 것은 무엇보다 먼저 주어진 시간을 시시각각 부정하는 것이다. 그럼으로써 시간이 끝나는 곳을 향해간다. 그 시간이 끝나는 곳에 무無가 있다. 물론 주어진 시간은 당연히 무無에서 출발한 것이다. 이른바 무無에서의 창조론과 무無로의 종말론이다.

우리가 사는 세계를 이와 같이 물질의 세계로 보고 그와 대립되는 정신의 세계가 존재한다는 것이 무無의 철학이 말하는 이원론이다. 이러한 생각은 결국 철저한 허무주의, 염세주의로 빠지지 않을 수 없는 것이다.

또한 세계가 주체와 객체로 이루어져있다고 생각할 때 주체는 곧 의지이다. 그런데 의지는 맹목적인 삶에만 관심이 있다. 따라서 의지는 부정적이며 그것에서 행복을 찾는다는 것은 처음부터 불가능한 것이다.

객체가 환영(maya)이거나 무無라면 주체와 객체가 함께 사라지게 된다. 그리고 나서 남는 것은 무無이다. 즉 허무虛無이다.

따라서 이러한 허무주의에서 자유를 발견하기는 불가능하다. 이러한 사고에서는 주관체와 객관체가 통일된 전체로 만들어지기가 불가능하며 그러한 상태에서 자유는 있을 수 없는 것이다.

그러나 세계를 객체만으로 또는 객체와 주체만으로 보는 것은 철학이 아직 혼돈의 영역도 최적화하지 못했다는 말에 불과한 것이다.

③ 객체와 인식

칸트에게는 개념이 없으면 인식을 위한 아무런 수단도 남지 않는다. 그는 주관에서 현상계인 객관으로 향하기 때문이다.

화이트헤드는 이 방법과 반대의 방법을 취한다. 칸트가 주관에서 객관으로라면, 화이트헤드는 객체에서 주체로이다.

> 그래서 과정을, 객체성으로부터 주체성에로, 즉 외적 세계를 여건으로 만드는 객체성으로부터 하나의 개체적 경험을 성립시키는 주체성으로 나아가고 있는 것으로 설명한다. 따라서 유기질철학에 따른다면, 어떠한 경험의 행위 속에도 지성의 기능이 포함되어 있지 않을 경우 인식이란 존재하지 않게 된다.[3]

화이트헤드는 칸트의 인식과 반대로 객체에서 주체로 향하는 인식을 말하고 있다. 이와 같은 인식은 쇼펜하우어도 같은 방법을 취하고 있다. 그는 지성이 가지는 직관적·직접적인 파악으로 인식이 이루어지는 것을 설명한다.

쇼펜하우어와 화이트헤드는 모두 칸트의 반대편에 서있는 것이다. 말하자면 칸트가 주관과 객관을 그의 철학영역으로 삼았다면 쇼펜하우어와 화이트헤드는 주체와 객체를 그들의 철학영역으로 삼은 것이다.

화이트헤드는 칸트가 주관에서 객관을 설명한 것과 반대로 객체에서 주체를 설명하는 전혀 새로운 방법을 고안했다. 화이트헤드는 이렇게 말한다.

> 유기질 철학은 칸트철학의 전도이다. 순수이성비판은 주관적 여건이 객관적세계의 현상 속으로 이행해 들어가는 과정을 기술하고 있다. 유기질의 철학이 기술하려는 것은 객체적 여건이 어떻게 주체적 만족 속으로 들어가는가 하는 것, 그리고 객체적 여건에 있어서는 질서가 어떻게 주체적 만족의 강도를 제공하는가 하는 것이

---

3) 화이트헤드, 『과정과 실재』 오영환 역, 민음사, 2001, 299쪽.

다. 칸트에 있어서 세계는 주관으로부터 출발한다. 유기질의 철학에서는, 주체가 세계로부터 출현한다.[4]

칸트에 있어서 세계는 주관으로부터 출발하지만 자신의 철학은 주체가 세계로부터 출현한다는 것이다.

한철학은 물론 이 양자를 통일하는 자이다. 한철학의 객체는 쇼펜하우어와 화이트헤드의 것을 포함한다. 그러나 매우 세분되어 있다. 이 예민한 통찰력은 한겨레의 특징이다.

한철학의 객체는 심방, 기질, 신체로 구분된다. 그리고 심방에는 객관의 심법이 부여되어 하나가 된다. 또 기질에는 객관의 기운이 부여되어 하나가 되고, 신체에는 객관의 신형이 부여되어 하나가 된다. 물론 이들은 다시 주관체와 하나가 된다.

그리고 객체에 존재하는 감각·지각·촉각기관은 감각은 이성이, 지각은 지성이, 촉각은 인간성이 각각 사용하는 것이다.

④ 감각, 지각, 촉각

현실적 존재에서 객체라고 함은 현실적 존재의 내부에 존재하는 객체를 말한다. 현실적 존재의 내부는 객체이며 외부는 객체적 세계이다. 객체는 객체적 세계와 직접 맞닿아 있다.

객체는 혼돈의 영역에서 구체적인 영역이었고 질서의 영역에서는 보다 세분화된 역할을 갖는다.

질서의 영역에서의 구체적인 영역인 객체는 단순한 대립만을 하는 것이 아니라 객관과 주관과 주체와 밀접하게 연관되며 자신의 역할을 하는 것이다. 객체는 사물을 있는 그대로 감각하고 지각하고 촉각함으로써 철저하게 존재론의 영역이다. 그러나 객체의 인식기관이 인식자

---

4) 화이트헤드, 『과정과 실재』 오영환 역, 민음사, 2001, 191쪽.

료를 객관에게 넘겨주어 인식하게 함으로써 객관으로 하여금 인식론적 영역을 가지게 한다. 존재론의 영역이 먼저 주어지고 인식론의 영역이 주어지는 것은 당연한 것이다.

그러나 이러한 관계가 마르크스가 말한 것처럼 물질이 정신을 결정하는 것과 같이 서로의 관계가 부정성의 변증법적 관계에 놓여 있는 것은 결코 아니다. 그보다는 오히려 반대의 관계이다. 즉 객체의 존재영역과 객관의 인식영역은 철저하게 긍정성의 변증법적 관계에 있는 것이다.

객체는 생산과 소비 그리고 인간적 행동을 객관의 원리에 의해 직접 수행한다. 이러한 행동을 하는 과정에서 객체는 세계와 직접 접촉한다. 객관이 제공하는 원리에 의해 객체는 심방과 기질과 신체를 통해 감각과 지각과 촉각을 한다.

경험론자인 로크는 어느 때 인간은 관념을 갖기 시작했는가 라는 질문을 받는다면 처음으로 감각할 때라고 함이 참다운 대답이라고 나는 생각한다[5]고 주장했다. 로크는 감각에 대하여 이렇게 설명했다.

> 우리들의 감관은 개개의 가감적 사물에 관여하며, 그들 사물이 감관을 감촉하는 갖가지 방법에 관여하며, 그들 사물이 감관을 감촉하는 갖가지 방법에 응하여 사물의 여러 가지 개별적 지각을 마음에 전한다. 이렇게 해서 우리는 노랑이며 하양이며 뜨겁다 차갑다며 부드럽다며 딱딱하다며 쓰다 달다며 모든 가감적 성질이라고 하는 것에 대한 관념을 얻는다. 우리가 갖는 관념의 대부분인 이 커다란 원천은 전혀 감관에 의존하며 감관에 의해 지성에 제공되는 것이므로 나는 이 원천을 감각이라고 부른다.[6]

상쾌 또는 불쾌는 두 가지가 다 감각 또는 내성의 거의 모든 관념

---

5) 로크, 『인간지성론』 한상범 역, 대양서적, 세계사상대전집 31권, 1981, 59쪽.
6) 위의 책, 57쪽.

에 결부되어 있어 감관이 밖에서 만든 감촉이든 마음속의 은밀한 생각이든 우리 속에 쾌고快苦를 가져다주지 않는 것은 거의 없다.[7]

로크는 대표적인 경험론자로서 경험세계를 무엇보다 중요시 했음에도 감각과 지각과 촉각에 대한 구별을 제대로 하지 못하고 있다. 이러한 점은 칸트를 비롯한 모든 철학자에게서 공통적으로 발견된다.

객체의 감각과 지각과 촉각을 구별하지 못한다면 심방과 심법, 기질과 기운, 신체와 신형도 구별하지 못하는 것이며 최종적으로 이들을 제약하는 이성과 지성과 인간성에 대해서도 구별을 하지 못하며 나아가 자유와 의지와 자유의지에 대해서도 구별을 할 수 없다는 사실을 우리는 쉽게 발견한다.

가령 로크가 말하는 상쾌 불쾌 또는 즐거움과 고통은 한철학에서는 감각感覺에 해당하며 이는 객체에서는 심방心房의 영역이며 객관에서는 심법心法의 영역에서 관장하며 그것은 주관에서의 이성의 도덕적 능력이 통어하는 영역이다.

또한 뜨겁다, 차갑다는 것은 한철학에서는 지각知覺에 해당하는 것이다. 이는 객체에서는 기질氣質의 영역이고 객관에서는 기운氣運의 영역에서 관장하며 그것은 주체에서의 지성知性의 과학적 능력이 통어하는 영역이다.

노랑이며 하양은 한철학에서는 촉각觸覺에 해당하는 것으로서 이는 객체에서는 신체身體의 영역이며 객관에서는 신형身形의 영역에서 관장하며 그것은 주관체에서의 인간성人間性의 인간적인 능력이 통합하는 영역이다.

이처럼 로크는 인간의 경험적인 영역을 단순하게 분류하고 또한 이성과 지성과 인간성을 지성으로 단순화하여 생각하고 있는 것이다.

---

7) 로크, 『인간지성론』 한상범 역, 대양서적, 세계사상대전집 31권, 1981, 63쪽.

칸트의 경우 12테두리는 지성의 영역이기도 하지만 이성과 인간성의 영역이기도 하다. 그 모든 것을 칸트는 모두 다 지성의 영역으로 만들어버린 것이다.

한철학은 경험적 세계를 감각과 지각과 촉각이라는 인식의 수단으로 각각 나누어 다시 각각 6가지 총 18가지로 분류하여 설명한다. 이 모든 인식의 수단은 인식의 원인이 되는 이성과 지성과 인간성이 통어하고 파악하는 것이다.

여기서 인식된 것들은 인식기관에 의해 규정된 것이다. 즉 우리는 우리의 인식기관에 의해 인식하는 것이지 그것과 실제는 동일하지 않다는 것이다.

즉 똑같은 장미를 보아도 잠자리의 인식기관이 얻어내는 시각과 거미의 인식기관이 얻어내는 시각은 다르다. 거미는 장미가 자신의 인식기관이 얻어내는 시각과 동일한 것으로 생각할 것이며, 잠자리도 잠자리 나름대로 그렇게 생각할 것이다. 하지만 이들이 인식한 것과 장미의 실제모습은 다른 것이다.

인간의 경우에도 이와 조금도 다르지 않다. 인간의 인식기관이 얻어내는 18가지의 감각과 지각과 촉각은 인간이 인식한 것일 뿐 그 대상과 일치한다는 보장은 어디에도 없다.

인간의 지성과 이성과 인간성은 인식기관이 얻어낸 감각과 지각과 촉각에서 그 참과 거짓을 구분하는 능력이 있다.

객체는 또한 자연의 일부로서 자연과 한시도 떨어지지 않고 교류하고 있다. 객체는 자연 안에서 직접 노동을 통해 생산하고 소비한다. 그리고 객체를 통해 생식행위를 함으로써 자신을 영원히 살아있게 만든다. 즉 객체는 언제나 행동하는 것이다.

또한 이성의 그 어떤 고결한 이상도 객체가 행동으로 실천하지 않는 한 그 이상은 단지 잠꼬대에 지나지 않는 것이다. 객체는 지성과 이성과 인간성이 무엇을 실어주는가에 따라 그 행동이 결정되는 것이다.
이와 같은 감각과 지각과 촉각이 갖는 여러 가지 배경의 원리를 표로
만들면 다음과 같다.

감각과 지각과 촉각 및 그 배경원리

분야	본성	객관	객체	인식 기관	18가지의 현상들					
도덕적	이성	심법	심방	감각	기쁨	두려움	슬픔	분노함	탐냄	싫어함
과학적	지성	기운	기질	지각	생기	썩은기	추운기	열기	마른기	젖은기
인간적	인간성	신형	신체	촉각	소리	색	냄새	맛	성욕	투쟁욕

1) 인간의 본성이 생물학적 객체를 만든다

객체는 객관에 의해 형태形態가 주어진다. 즉 객체의 심방心房과
기질氣質와 신체身體는 각각 객관의 심법心法과 기운氣形과 신형身刑
에 의해 그 형태形態를 갖추는 것이다.

예를 들면 신체身體에 눈이 있을 때 그것은 단지 물질에 불과한
것이지만 신형身形이 주어짐으로써 눈의 형태를 가질 수 있는 것이다.
그리고 그 눈은 기질氣質의 도움으로 움직일 수 있고 표정을 담을
수 있는 영역을 확보할 수 있다. 그리고 그것을 실제로 움직이는 능력
은 기운氣運에 의해 주어진다.

또한 눈은 심방心房의 도움을 받아 마음을 표현할 수 있는 영역이
주어진다. 그리고 눈에 감정을 표현하는 능력은 심법心法에 의해서
가능하다.

이와 같은 객체와 객관의 관계는 물론 주관체에 의해 제약되고 또한
운동된다. 이 관계를 감각과 지각과 촉각에서 살펴보자.

(1) 이성이 객체를 변화시키는 경우

기쁨, 두려움, 슬픔, 분노함, 탐함, 싫어함이라는 여섯 가지 감정은 심방이 감각을 통해 심법心法에 작용한 것이다. 심법은 이 여섯 가지 감정을 실재인 것으로 받아들이지만 그것이 실재라는 증거는 아무것도 없다. 이성은 이 감정들을 논리적으로 분석하고 그것에 대해 선과 악을 판단한다. 따라서 이성의 역할이 없다면 인간은 단지 허깨비에 불과한 현상들을 진실로 판단하고 행위하게 되는 것이다.

예를 한 가지 들어보자. 이 여섯 가지 감정을 억제하지 못하는 사람은 악을 행하게 되며 악을 행한 만큼 반드시 현실세계에서 저항을 받게 될 것이다. 그 저항은 반드시 자유를 억압하는 것으로 돌아올 것이다. 그리고 그 부자유와 저항은 다시 자신에게 돌아와 마음에 상처를 남기며 마음의 상처는 심방의 상처가 되며 그것은 다시 객관과 객체의 전체를 변화시킨다. 따라서 그 사람의 표정은 시간이 가면 갈수록 일그러지고 눈빛과 낯빛은 어두워진다.

반대로 이 여섯 가지 감정을 억제한 사람은 사람들에게 환영을 받을 것이며 그 사람의 표정은 시간이 가면 갈수록 밝게 될 것이며 눈빛과 낯빛은 깨끗해질 것이다.

즉 자신의 중심에 존재하는 이성의 선에 순응하면 객관은 선해지고 객체는 무리가 없다. 그러나 이성의 선에 역행하면 객관의 능력은 악해지고 객체는 고통스럽다.

객관이 선해지면 객체는 청淸한 흔적을 반드시 남기고 객관이 악해지면 객체는 탁濁한 흔적을 반드시 남기는 것이다. 인간은 이성을 따르느냐 아니냐에 따라 결국 객체에 그 흔적이 나타나는 것이다. 인간의 얼굴과 목소리, 눈빛, 걸음걸이, 자세 등에서 그것은 숨길 수 없는 것이다.

(2) 지성이 객체를 변화시키는 경우

향기로움, 썩은 냄새, 차가움, 뜨거움, 마른 움직임, 젖은 움직임이라는 여섯 가지 움직임은 기질이 지각을 통해 기운氣形에 작용한 것이다. 그러나 기氣는 이 여섯 가지 움직임이 실재인 것으로 받아들이지만 그것이 실재라는 증거는 어디에도 없다. 지성은 이 움직임들을 인과적으로 분석하고 그것에 대해 깨끗함과 더러움을 판단한다. 따라서 지성의 역할이 없다면 인간은 생명의 유지에 해가 되는 움직임들을 참으로 인식하고 행위하고 실천하게 되는 것이다.

지성은 생명에 대한 맹목적인 의지를 가지며 그것은 기운氣運에 작용하고 기운氣運은 기질氣質을 변화시키고 기질氣質은 객체의 전체에 영향을 준다. 예를 한 가지 들면 더운 곳에 사는 인류는 몸의 표면적을 줄여서 더위를 견딤으로써 생명을 유지하려는 의지를 자신의 기운氣運에 싣고 기질을 변화시킨다. 즉 코를 낮게 하고 신체 전체를 왜소하게 만드는 것이다. 반대로 추운 곳에 사는 인류는 몸의 표면적을 넓게 하고 지방을 축적함으로써 추위에 이기게 하고, 코를 높임으로써 차가운 공기를 덮게 하는 장치를 마련했다.

이는 모두 지성이 가진 삶에 대한 맹목성이 객관과 객체에 작용한 때문이다. 인간의 모든 신체는 결국 삶에 대한 맹목적 의지에 의해 자연에 적응하면서 그 모습 자체가 바뀌는 것이다.

(3) 촉각이 객체를 변화시키는 경우

소리, 색, 냄새, 맛, 성욕, 투쟁욕이라는 여섯 가지의 촉각은 신체身體가 촉각을 통해 신형身形에 작용한 것이다. 그러나 신형身形은 이 여섯 가지 욕망이 실재인 것으로 받아들이지만 그것이 실재라는 증거는 아무것도 없다.

인간성은 욕망을 인간적으로 분석하고 그것에 대해 후함과 박함을 판단한다. 따라서 인간성의 역할이 없다면 인간은 인간이라는 자체의 유지에 해가 되는 욕망들을 후함으로 인식하고 행동하고 실천하게 되는 것이다.

인간성은 이성의 자유의지와 지성의 맹목성을 통일하면서 또한 인간만의 독특한 인간적인 욕망을 가지고 있다. 이 인간적인 욕망은 객관의 몸에 작용하고 주관의 신체에 작용하여 신체를 인간적인 욕망에 맞추어 변화시킨다.

소리의 경우 말은 그야말로 가장 인간적인 것으로서 인간의 객관은 말로 단어와 개념을 만들어 내지 않고는 사유자체가 불가능할 정도로 객관에서 말은 중요한 것이다. 그것이 리듬을 가진 음악이 될 때는 예술이 되는 것이다.

또한 인간적인 욕망의 표현으로서의 말은 객관만이 아니라 객체를 다른 동물들과는 완전히 다른 발성기관으로 발전시켰고 그것은 인간의 입 모양까지 바꾸어 인간의 외형까지 바꾼 것이다. 인간의 발성기관은 같은 영장류들과는 비교할 수 없을 만큼 정교하다.

색의 경우도 인간적인 것으로서 인간의 객관은 수많은 색을 구분하며 인간의 객체는 색을 구분하는 눈으로 진화했다.

냄새의 경우도 인간적인 것으로서 인간의 객관은 수많은 냄새를 구분하며 인간의 객체는 냄새를 구분하는 후각기관으로 진화했다.

맛의 경우도 인간적인 것으로서 인간의 객관은 수많은 맛을 구분하며 인간의 객체는 맛을 구분하는 혀로 진화했다.

성욕의 경우도 인간적인 것으로서 인간의 객관은 수많은 성욕의 표현을 구분하며 인간의 객체는 다른 동물과 같이 성욕을 생식의 수단뿐만 아니라 쾌락의 수단으로도 사용할 수 있도록 그 모양과 기능을 바꾸어버렸다.

식물의 경우 맹목적인 삶의 의지는 순수하게 생식을 위한 것이기는 하지만 자신의 생식기를 만천하에 공개하고 있으며 그것을 온갖 자극적인 색으로 표현하고 향기를 풍김으로써 삶의 의지를 실현한다. 우리는 그것을 꽃이라 부른다.

인간의 경우 옷을 입고 있으며 또한 신체구조상 꽃의 전략을 사용할 수 없다. 그러나 인간은 다른 동물과 달리 마주봄으로 해서 남성과 여성이 자신의 성별에 따른 전략에 맞게 코와 입 그리고 표정과 눈빛, 목소리와 몸짓 등을 변화시키고 있다.

권력욕도 인간적인 것이다. 동물은 다른 동물과의 투쟁을 위해 싸우거나 생식을 위해 동족끼리 싸우는 것이 보통이다. 인간은 다른 모든 동물과의 싸움에서 승리하여 이제는 인간끼리 싸운다. 인간의 객관은 개인의 투쟁을 위한 수많은 격투기를 가지고 있으며 집단끼리의 투쟁을 위한 수많은 병법을 가지고 있다. 또한 이러한 객관은 객체의 손발을 싸움을 위해 바꾸고 그것도 부족해 각종 전쟁도구를 만들었다.

인간의 인간성은 모든 객체를 인간의 욕망에 맞추어 그 기능과 모습이 다른 동물이나 영장류와 획기적으로 다르게 바꾸어 버린 것이다. 인간성은 결국 지금의 인간의 모습과 능력으로 인간을 바꾸어 버린 것이다.

다른 생명체들도 인간과 마찬가지이다. 호랑이는 호랑이성이 있기 때문에 호랑이의 형체와 호랑이로서의 능력을 가지게 된 것이다. 마찬가지로 소나무는 소나무성이 있기 때문에 소나무의 형체와 능력을 가지게 된 것이다. 인류는 인류성이 있기 때문에 인류의 형체와 능력을 가지게 된 것이다. 민족은 민족성이 있기 때문에 민족의 형체와 능력을 가지게 된 것이다. 우주는 우주성이 있기에 우주의 형체와 능력을 가지게 된 것이다.

2) 객체의 종류

객체는 존재자가 가지고 있는 소우주의 구체적인 실재의 영역이다. 모든 존재자의 정신적 활동은 객체를 통해 이루어지고 그 객체에 흔적이 남는다.

존재자가 개인일 경우 개인의 객체는 개인의 심방과 기질과 신체이다. 개인은 이 객체의 영역을 주관체와 객관과 하나가 되어 그들의 삶을 이루어나간다. 그리고 그 삶은 그의 객체에 그대로 흔적이 되어 남는다.

가족의 객체에서 남편은 가족의 심방을 주관하여 악이 외부로부터 들어오는 것을 막는다. 주부는 가족의 기질을 주관하여 더러움이 외부로부터 들어옴을 막는다. 부부는 일체가 되어 가족 전체의 신체를 주관하여 박함이 외부로부터 들어옴을 막는다.

또한 가족이 그들만의 공동재산을 가지고 있다면 그것은 객체가 될 것이다. 가령 주택이나 자동차 그리고 동산과 생산수단 등이 객체가 될 것이다.

민족적 이성은 민족의 심방을 주관하여 악이 외부로부터 들어오는 것을 막는다. 민족적 지성은 민족의 기질을 주관하여 더러움이 외부로부터 들어옴을 막는다. 민족성은 지성과 이성이 일체가 되어 민족 전체의 신체를 주관하여 박함이 외부로부터 들어옴을 막는다.

또한 민족은 그들만의 공동재산을 가지고 객체가 될 것이다. 민족의 터전으로서의 땅과 생산수단 그리고 그들의 역사적 유물과 유적 등이 객체가 될 것이다.

국가의 객체는 국가 그 자체로서의 국토와 국민 그리고 생산수단 등이다. 국가의 객체는 생산과 소비와 민족적인 행위를 하는 물적 영역이다. 국가적 이성은 국가의 심방을 주관하여 악이 외부로부터 들어오는 것을 막는다. 국가적 지성은 국가의 기질을 주관하여 더러움이 외부로부터 들어옴을 막는다. 국가성은 지성과 이성이 일체가 되어 국가전체의 신체를 주관하여 박함이 외부로부터 들어옴을 막는다.

국가단위의 객체는 국가공동체이며 국토와 생산수단이다. 또한 국민과 국토와 국토 위의 각종 토목시설과 건축물 그리고 생산시설, 예술품 등은 모두 객체가 되는 것이다.

그리고 시대정신이 역사 속에서 활동하고 남긴 객체화한 시대정신으로서의 유적과 유물들이 있다.

그리고 철학에서 주체를 강조하는 철학은 객체를 강화하는 경향이 있고 주관을 강조하는 철학은 주관을 강화하는 경향이 있다. 국가의 객체는 생산수단과 무武와 기술과 과학 등의 분야이기도 하다. 국가가 나라를 지키는 무武와 생산수단과 기술 등의 분야가 취약하면 그 국가는 혼돈으로 전락한다.

존재자가 무엇이든 그의 공적 영역은 객체가 존재할 때 공적 영역도 활발하게 존재할 수 있다. 객체가 없다면 공적 영역도 제대로 존재할 수 없을 것이다.

15

객관 - 마음

객관은 마음이다. 그리고 세계의 원리요, 힘이다. 전통적인 정적인 철학으로 볼 때 객관은 추상적인 관념의 영역이다. 아리스토텔레스의 철학이 객관의 영역에 대해 설명한 질과 량은 타의 추종을 불허할 정도로 압권을 이룬다. 그의 사고의 세 가지 근본 원리와 개념, 테두리, 판단, 추리, 삼단논법 등 그 많은 것들이 객관의 법칙이라고 말할 수 있다.

그러나 한철학에서 객관은 이와 같은 정적인 능력 이외에 동적인 능력을 추가한다. 객관은 객체와 직접 연결하여 단지 물질에 불과한 객체를 살아서 움직이며 기능을 할 수 있도록 만들어준다. 또한 다원성을 추가한다.

객관의 심법心法은 객체의 심방心房에 직접 동기를 부여하여 움직일 수 있도록 한다. 그리고 객관의 기운氣運은 객체의 기질氣質에 행위할 수 있는 힘을 부여한다. 이로써 객체는 심방에서 주어진 명령에 따라 기운을 얻은 기질을 움직일 수 있게 되는 것이다.

즉 객관은 철저하게 관계적이다. 객체와 주관과 주체와 긴밀하게 연결되어 있다. 한마디로 말하면 객관이 없으면 주관체와 객관체는 즉시 무력화되고 마는 것이다.

가령 현실적 존재가 군대라고 하고 전쟁 중이라고 해보자. 상대방 군대의 객관 중 가장 중요한 것 중 하나가 통신과 컴퓨터 정보망일 것이다. 이 적군의 객관을 컴퓨터 바이러스와 전파방해를 사용해 파괴한다면 적군의 군대는 객관의 기능의 상당부분이 무력화될 것이며 그 순간부터 주관체와 객체가 하나의 전체로 통일되지 못하고 갑자기 혼돈상태나 무질서 상태로 전락하게 될 것이다. 주관체와 객관체가 하나로 통일되지 못하고 혼돈상태에서 서로 대립하는 관계에 있거나 대립마저 파괴된 무질서 상태에 있다면 그 군대는 아무리 수가 많고 강력한 무기가 있어도 단지 오합지졸에 불과한 것이다. 군대의 힘을 단순히 객관의 힘이라 말할 수는 없지만 객관이 차지하는 역할의 막중함은 이처럼 크다.

또한 전쟁을 하거나 앞두고 있는 적대국가에 불만세력을 부추겨서 내분이나 내란이 일어나게 하고 악성소문을 퍼뜨리는 것도 다름 아닌 적대국가의 객관의 능력을 마비시키려는 방법인 것이다. 국가가 관이라는 주관체와 민이라는 객관체가 통일되지 못하고 서로가 불신하고 반목하는 혼돈 상태나 무질서 상태에 있다면 그 국가는 이미 전쟁하기 전에 국력을 내부 문제로 모두 소모해버리는 것이다. 이는 싸우기 전에 이미 패배한 것이다. 객관은 눈에 보이지 않지만 그것이 파괴되는 순간 그 존재자가 개인이든 기업이든 군대든 국가든 생명력이 활동하는 영역이 파괴된 것이다.

그리고 객관의 신형身形은 물질에 불과한 객체의 신체身體에 일정한 형태를 가질 수 있도록 하여 행동하게 해주는 것이다. 이로서 신체는 이를 테면 간은 간의 형태를, 다리는 다리의 형태를 가질 수 있다. 또 더 멀리 본다면 인간은 인간의 형태를 새는 새의 형태를 가질 수 있는 것이다.

410

이렇게 신형이 신체에 형태를 부여함으로써 나름대로의 형태를 가지게 된 객체는 기운을 얻은 기질을 가지고 움직일 수 있고, 그 움직이는 것은 심법을 부여받은 심방이 주관체의 명령에 따라 객관체로서 운동할 수 있는 것이다.

생명력이 늘 활동하는 영역이 객관이다. 고대문명의 폐허나 미이라는 객관이 제로상태인 객체이다. 그것에는 생명력이 없는 껍데기만 남아있는 것이다. 객관이 존재하는 객체라야 생명체이다.

자동차를 생각해보라. 그것이 서 있을 때는 단지 객체이다. 그러나 움직일 때는 이미 객관으로서의 동력이 작용하고 있는 것이다.

하나의 문명이 탄생하려면 도시와 치산치수의 시설 등이 갖추어져야 한다. 그것이 만들어졌을 때 그것은 단지 객체에 불과하다. 그 시설을 최대한 가동시키고 그 효과를 가능한 한 많은 사람들이 혜택을 입도록 만드는 것은 객관의 힘이다.

문명에 생명력을 불어넣는 것은 문화이다. 문화는 곧 객관이다. 문화 없는 문명은 물질의 덩어리이며 움직이지 못하는 자동차에 불과한 것이다. 살아있는 인간은 모두 객관이 존재한다. 객관이 없다면 이미 그는 이 세상 사람이 아니다.

객관은 결코 추상적인 개념에 국한하지 않는다. 객관은 보이지 않을 뿐 생명력이 살아서 움직이는 영역인 것이다.

철학은 그동안 객관에 대해 정적이고 관념적으로만 생각해왔다. 물론 관념적인 객관도 객관이다. 그러나 그와 같은 객관은 살아서 움직이는 생명체로서의 인간과 세계와 자연을 설명하지 못한다. 객관은 동적, 정적, 전체적, 다원적인 면을 모두 수용하는 것이다.

존재가 곧 과정일 때 객관은 역사이다. 개인이나 민족 그리고 인류의 객관은 과정으로서 역사를 갖는 것이다. 객관은 시시각각 움직이며 하나의 상태에서 다른 상태로 늘 바꾸며 스스로 과정이 된다. 물론

이 때 객관은 객체를 움직이며 변화한다는 사실에 대해 그동안 철학자들은 생각하지 못했다.

자동차가 움직일 때 그것은 객관이 객체를 움직이는 것이다. 마찬가지로 각급 단위의 인간이 스스로 과정이 되어 역사를 가질 때 필연적으로 객관과 객체는 하나의 전체가 되어 움직이는 것이다.

그동안의 철학은 객체와 객관을 하나로 생각한 적이 없었다. 그것은 반쪽의 철학에도 미치지 못하는 것이었다. 왜냐하면 객관과 객체가 하나의 전체가 될 때 그것의 원인이 되는 영역이 주관과 주체 즉 주관체이기 때문이다.

객관은 객체의 원리가 된다. 가장 통속적으로 말하자면 객체는 몸이요, 객관은 마음인 것이다. 이 몸과 마음이 혼돈의 영역과 다른 것은 대립하되 그 중심에 자신과 자유의 영역인 주관체가 있어 질서의 세계에 존재하기 때문이다.

그러나 한철학에서 말하는 객관은 마음으로 설명되는 단순한 영역이 아니다. 우선 객관은 내부적 객관과 외부적 객관으로 나뉜다. 내부적 객관은 지금 설명한 그것이며 외부적 객관은 현실적 존재가 부딪치는 사회와 자연계의 객관이다.

우리가 객관적 타당성을 논한다면 그것은 인류사회의 객관과 내 자신의 주관과의 일치가 이루어진 경우를 말하는 것이다.

① 행동은 감정에서 생긴다

보통의 인간은 완전한 현실적 존재가 아니다. 대개 무질서의 상태나 혼돈상태 또는 불완전한 현실 상태에 있다. 따라서 행동을 지배하는 것은 즉흥적인 감정이지 물자체의 영역 다시 말해 주관체의 영역을 지배하는 인간성에 의해 행동이 일어나는 것은 아니다.

그러나 새밝사람은 감정에 의해 행동하지 않는다. 반드시 이성과 지성을 통일하여 인간성에 의해 행동을 일으킨다.

② 지도의 단순환위

세계로서의 객체는 사물이다. 육지와 해양의 분포가 사실 그대로 존재하는 사물의 세계이다. 그러나 지도는 객관의 영역으로서 추상적이다. 이 객체의 구체성과 객관의 추상성이 가장 극명하게 나타나는 단순환위가 바로 지도이다.

지도에 그려진 국경선이라는 것은 인간이 만든 추상적인 것에 불과하다. 가령 아프리카나 중동의 지역은 유럽 열강들에 의해 추상적으로 그려진 것에 불과하다. 그것은 조금은 구체적일 수 있지만 절대적인 구체성은 없다.

즉 추상성이 사물에 대해 제한적으로 참일 수는 있다. 그러나 추상성은 사물에 대해 전면적으로 참인 것은 불가능하다. 즉 지도의 국가가 보여주는 추상성이 약간은 맞을 수 있어도 , 그 지도의 추상성이 사물 그대로라고 말할 때 그것은 착각을 일으키는 것에 불과하다.

③ 바둑과 장기

바둑과 장기는 그 자체가 물질이라는 객체로 이루어졌다. 그러나 바둑과 장기는 수많은 규칙으로 이루어졌다. 그 규칙들은 마치 인간사회의 규칙들과 흡사한 것이다. 이러한 규칙들이 존재하면서 바둑과 장기는 단순한 물질덩어리에서 인간의 흥미를 끄는 놀이이며 인격을 수련하는 도가 될 수 있는 것이다. 이와 같은 규칙들을 우리는 객관이라고 말하는 것이다.

④ 신화와 객관

가령 현실적 존재가 알타이어족이라면 반드시 알타이어족 전체의 객관을 설명하는 알타이신화가 있다. 알타이신화나 한겨레만의 신화가 없다면 알타이어족을 하나로 묶을 가장 중요한 객관이 없는 것이다. 마찬가지로 현실적 존재가 한겨레라면 한겨레만의 신화가 있어 한겨레를 하나로 묶는 것이다.

신화는 단순히 언어의 집합이나 무의식의 영역이 아니라 현실적 존재의 객관으로서 동기와 행위와 행동의 바탕이 되는 것이다.

1) 객관의 종류

개인의 객관은 사회의 객관에게 대부분의 것을 받아들인다. 언어와 법과 규범 등은 개인이 만드는 것이 아니라 사회의 객관에서 받아들이는 것이다.

그리고 그 사회의 객관은 그 사회가 시작되던 때의 공적 영역에서 동기와 행위와 행동의 힘을 가져오는 것이다. 따라서 객관은 공적 영역과 불가분의 관계에 있는 것이다.

또한 객관은 시공간 안에서 역사가 된다는 매우 중요한 의미를 갖는다. 개인은 인생이며, 가족은 가족사이며, 민족은 민족사이며, 인류는 세계사로서의 역사를 각각 갖는 것이다.

이 역사는 모두 객관의 영역으로서 이 역시 각각의 공적 영역에서 그 동기와 행위와 행동의 힘을 가져오는 것이다.

국가의 교육, 법, 관습, 제도, 언어, 인문과학, 자연과학, 예술 등은 모두 객관이 된다. 이 객관은 그 국가공동체의 개인들의 객관 안에서 찾을 수 있는 것이다. 그 개인들의 객관 안에 존재하는 객관들이 국가의 객관이 되는 것이다.

객관이라는 눈에 보이지 않은 존재는 개인과 국가에 밀접하게 연결되어 있다. 만일 국가에 객관이 없다면 그 국가의 객체들은 쓸모가 없어지면서 당장 혼돈과 무질서의 상태로 전락할 것이다. 모든 객체는 객관에 의해 움직이는 것이다. 그리고 그 객관은 국가공동체를 이루는 개인들의 객관 속에 들어가 있다.

마찬가지로 개인들에게 객관이 없다면 그는 움직이는 원리와 힘이 없는 객체만을 가지게 됨으로써 세상을 살 능력이 없어지는 것이다.

국가에서 객관은 문文의 분야이며 문文의 분야가 취약하면 역시 그 국가는 단지 동물적인 괴물에 불과한 것이다. 문文이란 지식과 관습·풍속·법률·사회·형태·국가·도덕·취미·이상 등이 모두 포함되는 광범위한 것이다. 인류의 객관은 각종 인류적인 풍습과 언어, 도덕 등이다.

이렇게 보면 종교는 인류의 객관의 영역이고, 과학은 인류의 객체의 영역에 해당되는 것이다. 이로써 그동안 역사 속에서 종교가 과학을 박해하고 과학이 종교를 멸시하는 행동이 얼마나 어리석은 것인지 잘 말해준다. 종교와 과학은 당연히 공존하는 분야이며 서로 협력하는 분야인 것이다.

우주는 시공간 속에서 우주사를 만들어나간다. 우주사는 장구하지만 인류와 민족과 국가의 역사는 장구하지 않다.

(1) 사회적 객관

현실적 존재가 사회일 때 객관은 사회적 객관이다. 모든 개개인은 주어진 사회적 객관 안에서 태어나 교육받고 살아간다. 사회적 객관은 그 사회가 만들어 수용한 지식체계로서의 모든 학문과 종교 그리고 풍습과 기질 등을 포함한다. 사회적 객관 안에 민족도 국가도 수용되는 것이며 이들이 역사를 갖는 것이다.

사회적 객관은 그 사회의 공적 영역인 주관체에게서 원인을 가져오지만 반드시 일치하는 것은 아니다. 즉 공적 영역은 그 사회가 만들어진 초기상태가 계속 지속되는 것으로 불변이다. 그러나 사회적 객관은 시대에 따라 필변하는 것이다.

가령 우리 한겨레의 경우 단군시대에 만들어진 초기상태의 공적 영역이 지금까지도 이어진다. 즉 아직도 우리네 할머니들은 단군왕검이 직접 전한 단군팔조교의 내용을 늘 입에 담고 있다. 말하자면 짚신도 짝이 있다거나, 열손가락 깨물어서 아프지 않은 손가락이 없다는 내용은 모두 단군팔조교[1]의 내용이다. 이 내용이 거의 오천년간 우리의 민간에 공적 영역으로 전해내려 오는 것이다.

---

1) 단군팔조교의 여덟 개 가르침 중에서 세 번째 가르침은
"하늘을 나는 새와 땅을 다니는 짐승도 짝이 있고 다 떨어진 신발도 짝이 있나니 너희들 사내와 계집들은 서로 화합하여 원한을 갖는 일이 없도록 하고, 질투함이 없도록 하고, 음탕함이 없도록 하라."이다.
네 번째 가르침은
"너희는 열손가락을 깨물어보아라. 손가락이 크든 작든 똑같이 아프지 아니한가? 서로 사랑하되 헐뜯음이 없고 서로 도와주되 다툼이 없다면 가정도 나라도 모두 부흥하리라."이다.
(최동환, 『천부경』지혜의 나무, 2000, 419쪽 부록)

16
외적 통일영역

서로 다른 시간에 있어도 자기동일성을 의식하고 있는 것이 인격이다. 주관체에서의 인격은 인간성의 영역이다. 그리고 객관체에 있어서의 인격은 외적 통일영역이다. 이 외적 통일영역은 객관체이면서도 자기동일성을 유지하려고 한다는 점에서 매우 중요한 역할을 한다.

인간의 객체는 단순한 물질이 아니라 유기체이며 고도로 발달한 유기체이다. 유기체는 서로가 복잡하게 엉켜있으면서도 서로가 서로에게 수단이면서 동시에 원인이 되기도 하는 인과성을 가지고 있는 것이다.

외적 통일영역은 객체의 각 부분이 스스로 수단이면서 목적일 수 있도록 하는 것이다.

외적 통일영역의 영역은 혼돈의 영역에서 구체적인 영역과 추상적인 영역을 통합하는 믿음의 영역에서 얻어진 것이다. 즉 그 통합적인 믿음의 영역은 주관체에서는 내적 통일영역이 되었다. 그리고 객관체에서는 외적 통일영역의 영역이 되는 것이다.

혼돈의 영역에서 전체가 10이었던 통합적 믿음의 영역은 주관체에서 6으로써 내적 통일영역을 이루었고, 나머지 4가 객관체에서 외적 통일영역의 영역이 되는 것이다. 이 비율에서 결국 주관체와 객관체의 주도권의 비율이 6:4에 지나지 않는다는 사실을 알 수 있는 것이다. 즉 근소한 차이가 말해주는 것은 객관체도 외적 통일영역에 의해 대단히 자율적이고 능동적이라는 사실을 말해주는 것이다. 이 부분에 대해서는 동서양의 철학이 모두 생각하지 못하고 있다. 주관체가 객관체를 절대적으로 지배하는 것으로 생각하는 것은 완전히 오류로 나타난 것이다.

외적 통일영역은 통합적인 능력이 그 독특한 능력이다. 이 능력으로 객체와 객관은 하나로 통합되는 것이다. 그리고 외적 통일영역은 자율적이며 능동적인 것이 그 독특한 능력이라는 사실을 알 수 있다.

여기서 독특한 능력이라는 말은 자신 이외의 것에 대한 수단으로서가 아니라 스스로 목적 그 자체라는 말이다. 따라서 절대적인 가치와 존엄성이 있다는 말이다.

객관체는 이 외적 통일영역에 의하여 주관체와는 별도로 자율적으로 그리고 능동적으로 행동할 수 있다. 따라서 객관적이면서 나름대로의 독특한 능력을 가지고 있는 절묘한 영역인 것이다.

물론 이 모든 능력은 외적 통일영역과 내적 통일영역이 원래 하나이며 질서의 영역에서도 하나로 굳게 통일되어 있다는 바탕 위에서 가능한 것이다.

생명력은 객관과 객체의 경계면에 위치하는 외적 통일영역의 영역이 반드시 필요하다. 외적 통일영역의 영역이 없다면 객관은 30이며 객체도 30이 된다. 따라서 부호가 다른 30과 30이 결합하면 제로가 되어 생명력은 사라지고 만다.

주관체가 생명력을 가질 수 있는 것은 주관체의 영역에서 주관이 15, 주체가 15이며 한의 영역이 6임으로써 가능하다. 즉 이로써 주관과 인간성의 영역은 6+15=21이 되어 통합된 주관의 영역을 만들고 주체의 영역은 15가 됨으로써 주관의 영역이 객관의 영역보다 더 큰 세력이 생겨나고 그 차이가 생명력이 되는 것이다.

이와 같은 사정은 객관체에서도 똑같이 일어나는 것이다. 즉 외적 통일영역이 4로서 객관과 하나의 전체를 이룸으로써 객체보다 4가 많은 세력을 얻게 된다. 이 4라는 세력의 차이에 의해 객관체는 활동을 할 수 있고 생명력을 유지할 수 있는 것이다.

외적 통일영역이 갖는 이 능력은 또한 존재론과 인식론을 하나로 통합하게 하는 내적 통일영역과 하나의 전체를 조직하면서 인간에게 실제적인 행동력으로 나타나게 하는 것이다. 내적 통일영역이 없다면 인식론과 존재론은 하나로 통일될 수 없다. 마찬가지로 외적 통일영역이 없다면 의지와 자유를 통일한 자유의지를 담은 행동력은 나타날 수 없는 것이다.

따라서 인간이 존재영역과 인식영역에 동시에 사는 존재임이 명백함에도 불구하고 그것을 설명하지 못함으로써 철학은 인식론과 존재론이 언제나 분리된 채로 존재할 수밖에 없었던 것이다. 외적 통일영역이야말로 철학의 미래인 것이다.

1) 외적 통일영역의 종류

개인의 외적통일영역은 지성과 이성과 인간성의 명령을 받지 않고도 자율적이고 능동적으로 활동을 하는 능력이 있다.

가령 인간이 병에 걸렸을 때 지성과 이성과 인간성과는 다른 자율적이고 능동적인 힘이 객관과 객체에서 생겨나 병을 퇴치하게 위해 모든 힘을 집중시킨다.

외적 통일영역의 능력은 그 어떤 약이나 의술보다도 더 강력한 힘을 발휘하여 인간의 건강과 생명을 지켜주는 것이다. 그 어떤 약이나 의술이라 해도 인간이 스스로 가지고 있는 이 외적 통일영역의 능력의 보조에 불과한 것이다. 그러나 돈은 의사들이 받는 것이다.

또는 개인이 어떤 위급한 상황을 맞았을 때 마찬가지로 주관체와 관계없는 능력이 객관체에 스스로 나타나 그 상황을 제대로 해결할 수 있도록 스스로 객관체를 변화시킨다.

외적 통일영역은 각각의 가정이나 씨족마다 다르다. 가정이나 씨족이 모두 다른 객체와 객관을 가지고 있기 때문이다. 따라서 이를 통합한 인격은 다를 수밖에 없는 것이다.

우선 가족이라는 결속력은 국가가 침범할 수 있는 영역이 아니다. 가족은 스스로 생각하고 스스로 움직이며 스스로 행동한다. 그 외에 민간기업이나 사회단체 그리고 수많은 공식적인 모임과 비공식적 모임 등이 모두 자율적이고 능동적인 영역을 확보하고 있다. 이들은 모두 외적 통일영역들로서 스스로 객체를 움직인다.

또 가족이 어떤 위급한 상황을 맞았을 때 가장이나 주부라는 주관체가 아닌 객관체로서의 가족 전체가 그 위기상황을 제대로 해결할 수 있도록 스스로 객관체를 변화시킨다. 또 위기상황이 아니더라도 가족 전체는 스스로의 인격을 가지고 해야 할 바를 함으로써 주관체와는 다른 능력을 발휘한다. 이 외적 통일영역이 나타나지 않거나 그 반대되는 힘이 작용하는 가정은 반드시 멸망한다.

민족은 각종 하위 단위의 조직들을 가지고 있으며 그 조직들은 능동적이고 자율적으로 움직이는 것이다. 이 조직들의 집합을 민족의 외적 통일영역이라고 한다.

어느 민족이 외부의 적에 의해 멸망하거나 멸망할 위기에 있을 때 그것은 주관체의 무능에 의해서이다. 따라서 주관체인 국가가 그 기능을 발휘하지 못할 때 아무런 힘이 없는 백성들이 스스로 조직체를 만들어 스스로 외부의 적과 싸우는 것을 우리는 잘 알고 있다.

이것이 민족에 해당하는 외적 통일영역의 위력이다. 임진과 정유의 왜란에 국가가 국가이기를 포기하고 국가 관리들이 도망간 그 텅 빈 곳에 백성들이 벌떼 같이 일어나 의병을 조직하고 왜군과 싸운 것을 우리는 안다. 또한 일제시대에도 만주와 국내에서 의병들이 일어나 일제와 싸운 것도 우리는 안다. 또한 1997년 IMF 구제금융체제하에서 전 국민이 금모으기 운동을 전개하여 세계인들에게 깊은 감명을 주었다. 비록 국가의 공적 영역으로서의 정부가 무능해서 이러한 국가 비상사태가 발생했지만, 주관체인 정부와 상관없이 움직이는 외적 통일영역이 객관체에 건재함으로써 사적 영역인 국민 전체가 하나로 뭉쳐 이와 같은 운동을 할 수 있었음을 보여준 것이다.

또 위기상황이 아닌 평소에도 국가와 민족전체는 스스로의 인격을 가지고 해야 할 바를 능동적이고 자율적으로 행동함으로써 주관체와는 다른 능력을 발휘한다.

질서의 세계를 사는 현실적 사회에서 명백하게 존재하는 외적 통일영역이야말로 현실적 사회가 갖는 강력한 힘이다. 이 힘이 정치에서는 민주주의의 토대이며, 전쟁에서는 강력한 전쟁능력戰爭能力이며, 생산현장에서는 폭발적인 생산력이며, 사회에서는 놀라운 결속력이다. 이는 현실적사회가 맞는 모든 환경에서 현실적 사회가 발휘하는 강력한 힘의 원천이다.

이 외적 통일영역이 나타나지 않거나 그 반대되는 힘이 작용하는 국가와 민족은 반드시 멸망한다. 이 경우 객관체는 정말로 인도철학에서 말하는 환영(maya)이 되는 것이며 ,서양철학에서 말하는 무無가 되는 것이다.

주관체로서의 국가가 객관체를 이끈다고 보는 것은 철학의 원리를 모르는 유치한 사람들의 생각이다. 물론 주관체로서의 국가는 객관체의 원인이 되어주어야 한다.

전체 100의 중심을 주관체인 36이 차지하여 국가를 이루었을 때 그것은 관官이며 객관체인 64는 민民이다. 객관체인 민民이 모든 것을 관에게 의지하는 것은 아니다. 객관체인 민도 스스로 주관을 가지고 자율적이고 능동적으로 움직이는 것이다.

객관체인 민民에는 주관체와 상관없이 스스로 자기 할 일을 하는 크고 작은 수많은 조직들이 있다. 이 조직들은 이름을 가지고 정부에 등록된 경우도 있겠지만, 그보다는 이름 없이 조직되어 스스로 자율적이면서 능동적으로 활동하는 무명의 조직 또는 개인들이 그보다 더 많은 것이다. 이 조직과 개인들이 객관체를 스스로 움직이게 만드는 외적 통일영역들이다.

국가가 나라를 다스리는 것은 실로 객관체 내부에 존재하는 이 외적 통일영역의 힘을 빌릴 수 있을 때 가능한 것이다. 또한 외적 통일영역은 주관체에 대립하여 생각하고 움직이는 능력이 있어 주관체와 객관체를 긴장관계로 이끌기도 하며 또한 통일관계로 이끌기도 한다.

인류를 이끄는 주관체가 무엇인지는 잘 알려지지 않았다. 그것이 유엔인지 또는 지역별 국가의 연합인지 또는 다른 어떤 것인지에 대해서는 좀 더 연구할 필요가 있을 것이다.

그리고 객관과 객체를 하나로 결합하여 스스로 해야 할 일을 찾아서 하는 인류차원의 외적 통일영역들은 각 분야에서 언제나 존재하고 있다고 보아야 할 것이다.

우주를 이끄는 주관체가 무엇인지는 거의 알려지지 않았다. 그러나 우주적 규모의 객관과 객체를 하나로 결합하여 스스로 해야 할 일을 찾아서 하는 우주적 차원의 외적 통일영역들은 각 분야에서 언제나 존재하고 있다는 사실을 우리는 인식할 수는 없지만 이해할 수는 있다.

우리는 이제 객관체에 외적 통일영역이 존재하는 한 인도철학에서 말하는 환영(maya)이나 서양철학에서 말하는 무無는 문자 그대로 그들만의 환각이나 무에 지나지 않는 것임을 자신 있게 말할 수 있다.

17

객관체 - 누리

현실적　존재가 인간일 때 객관체는 순수한 우리말로 몸과 마음이며 세계일 때는 누리라고 부른다. 그것이 우주 전체인 경우 온누리라고 말한다. 개인일 때는 몸과 마음인 것이다.

주관체가 본체계로서 불변하는 영역임에 비해서 객관체는 필변하는 현상계의 영역이다. 따라서 모든 생명을 가진 존재자는 주관체와 객관체를 따로 갖는 것이 아니다. 그 내부에 본체계로서의 주관체와 현상계로서의 객관체를 함께 가지고 있는 것이다.

한철학은 현상계를 환영maya나 지하 감옥쯤으로 보는 인도철학이나 플라톤식의 설정에 결코 동의하지 않는다. 그렇다고 본체계를 인도철학의 브라만이나 아트만 또는 플라톤의 이데아계만큼 가치를 두지 않는 것도 아니다.

한철학은 공적 영역으로서의 본체계 없는 현상계 또는 현상계 없는 본체계를 상상하지 못한다. 한철학은 현상계와 본체계가 항상 하나의 일체를 이룸으로써 역학적 조직체나 생명적 조직체가 존재한다고 설정하는 것이다.

따라서 필변의 원리의 지배를 받는 현상계는 그 자체가 객체와 객관과 외부적 통일체가 하나가 된 통일체로서의 객관체이다. 이 객관체는 불변하는 원리의 지배를 받는 주관체와 하나의 전체로 통일됨으로써 현실적 존재가 가능한 것이다.

동서양의 철학은 과거나 지금이나 늘 통일적인 존재자로서의 존재자를 설정하지 못함으로써 본체계와 현상계가 하나의 전체로서 통일된 존재자를 사유하지 못했다.

따라서 객관체를 생명체로서 주관체와 통일체를 이루는 대상으로 생각하지 못한 것이다. 그러므로 객관체를 객관체로 다루지 못하고 객체나 객관 중 하나를 선택하여 그것으로 만물을 설명할 수 있다고 믿었던 것이다. 그리고 그 상태가 정적, 동적, 전체적, 다원적 중 어느 하나에 치중하여 모든 것을 설명할 수 있다고 믿었다. 이런 생각은 결코 생명체로서의 존재자를 설명할 수 없다.

① 객관체는 일정한 주기가 있다

주관체는 객관체를 통제하지만 주관체가 통제하기 불가능한 독특한 주기週期가 객관체에 있다.

모든 존재자는 이러한 주기를 내재하고 있다. 즉 모든 존재자는 존재자 나름대로의 일정한 주기가 내재되어 있는 것이다.

태양은 태양 나름대로의 일정한 주기가 있고 태양계의 항성들은 그들 나름대로의 독특한 주기를 가지고 있다. 동물은 동물대로 식물은 식물대로 공통된 주기가 있고 각 존재자별 독특한 주기가 있다.

주관체가 상관할 수 없는 객관체만의 주기는 우선 생로병사와 같은 것이다. 이 생로병사는 존재자마다 모두 다른 주기가 내재되어 있다.

우리는 이미 객관체가 상경과 하경으로 나뉘며 그것이 총 64개의 괘로 나타남을 안다. 그것은 다시 6개의 효爻가 있음으로 해서 384개의 서로 다른 패턴을 갖는 사건을 갖는다.

객관체가 갖는 이 주기야 말로 철학에 있어서 최대의 관심사이며 해결과제인 것이다. 이 문제는 다음 책에서 다루게 된다.

② 객관체와 역경의 상하경 64괘

서양철학에서 사용하는 개념인 객체와 객관과 동양철학의 정수인 역경의 근본구조인 상하경이 어떻게 일치할 수 있는가 하는 문제는 비상한 관심을 불러일으킨다. 서양철학은 생겨난 이래 주체와 주관 그리고 객체와 객관이 하나의 전체로 조직될 수 있다는 생각을 가진 철학자가 없었다.

동양철학의 핵심인 역경도 사정은 이와 같다. 하도낙서의 전체가 상극의 영역45와 상생의 영역 55로서 이의 합이 100수로서 우리말 온이다. 동양철학에서 이 하도와 낙서를 하나로 통합하려는 생각을 가진 철학자는 없었다.

그리고 그 전체가 안과 밖으로 나뉘어 밖은 64괘의 상경30괘와 하경34괘가 자리 잡고 안은 36으로서 태극이 자리 잡는다는 사실을 지난 3천 년간 동양에서 그 누구도 상상하지 못했다.

그런데 우리는 주관체인 태극이 주관체로서 주관과 주체를 통일한다는 사실을 증명함으로써 이미 서양철학의 물자체의 문제를 근원적으로 해소하고 이성과 지성의 대립을 통일했다.

이것은 동양철학의 태극과 서양철학의 물심자체의 통일이었다. 이제 우리가 알아보려는 것은 객체가 역경의 상경이며 객관인 역경의 하경이라는 것이다.

먼저 우리는 역경의 상경과 객체가 같은 원리라는 사실을 확인해보자. 객체는 인과성이 지배하는 물질의 세계이다. 우리는 역경의 상경도 그와 같은 인과성이 지배하는 물질의 세계를 설명함으로 증명해야 하는 것이다.

그 사실은 쉽게 증명된다. 객체로서의 세계의 근원을 설명하려는 철학자가 가장 먼저 설명해야 할 대상이 무엇이냐고 물어본다면 그것은 하늘이며 그 다음이 땅이다. 따라서 역경의 상경의 구조는 가장 먼저 하늘을 설명해야 하며 그 다음에 땅을 설명해야만 한다. 그래야 그것이 객체를 설명하는 상경이 될 수 있기 때문이다.

과연 역경의 상경은 그러한 구조로 이루어져 있는가 ? 그 답은 그렇다 이다. 역경은 가장 먼저 하늘을 건괘乾卦로 설명했다. 건乾은 문자 그대로 하늘을 설명하는 괘이다. 그 다음 땅을 곤괘坤卦로 설명했다. 곤괘는 문자 그대로 땅을 설명하는 괘이다. 우리는 이것으로 역경의 상경이 객체를 설명하고 있음을 이해하는 일에 부족함이 없을 것이다.

다음으로 역경의 하경이 객관을 설명하는 것인지를 살펴보자. 객관은 객체에 동력과 원리를 부여한다. 즉 자동차가 객체라면 객관은 그것을 움직이는 힘과 원리이다. 자동차가 움직이기 위해서는 가장 먼저 운전자의 마음에 심법이 주어져야 한다. 심법이 주어짐으로써 시동을 걸고 그 순간 자동차라는 객체가 감응하여 자동차는 움직인다. 그리고 시동을 끄는 순간 감응은 끝나고 자동차는 멈춘다. 그러나 자동차가 멈춘다고 자동차가 파괴되어 자동차가 아니게 된 것은 아니다. 따라서 자동차는 멈춘 것이지 아직 자동차가 아닌 것은 아니다.

따라서 역경을 제작한 철학자는 역경의 하경의 시작은 객체를 감응시키는 내용으로 시작해야만 한다. 그리고 하경의 끝은 그것을 끝내는 내용으로 종결하되 그것은 객관의 종말을 의미하는 끝은 아닌 것을 하경은 반드시 설명해야만 한다.

과연 그러한가를 확인해보자. 역경의 하경의 시작은 31번 괘인 함괘咸卦에서 시작한다. 함괘의 의미는 문자 그대로 감응感應이다. 역경을 제작한 철학자는 객관이 객관일 수 있는 가장 근본적인 원리인 심법으로서의 감응을 하경이 시작하는 괘에 정확하게 배치했다.

그리고 역경의 끝은 기제괘旣濟卦라는 괘가 63번 괘로 주어진다. 그것은 이미 끝났다는 의미이다. 이것은 객관이 객체에 작용하는 일을 멈추었다는 의미이다. 그러나 그것이 죽음이 아닌 한 객관은 객체에 작용하는 것을 멈추지 않는다. 따라서 작용이 끝났지만 아직 살아있으므로 끝난 것은 아니라는 언표가 반드시 있어야 한다. 그것이 역경의 마지막 괘인 64번째 괘 미제괘未濟卦이다.

우리는 이제 역경의 설계원리가 한철학의 객관체의 원리라는 사실을 이해할 수 있게 된 것이다. 우리가 역경의 상경과 하경의 원리와 객체와 객관의 원리가 하나라는 사실을 인식함에 있어서 이 정도의 설명만으로도 더 이상 설명이 필요하지 않으리라고 생각한다. 이제 우리는 절대 확실한 수학적방법과 그것에 대한 충분한 논리적 설명까지 할 수 있게 된 것이다.

우리는 이로써 동양과 서양의 철학이 서로 다르게 발전해 왔지만 그 원리는 동일한 것이라는 사실까지 확인하게 된 것이다. 즉 객관과 객체의 통일체인 객관체가 곧 역경의 상경과 하경의 통일체인 상하경인 것이다. 이제 역경에 대한 연구는 근본적으로 발상이 완전히 바뀌어야 한다.

우리는 이미 역경의 가장 근본적인 원리인 하도낙서와 상경과 하경의 원리를 수학원리로 설명했고 그것을 서양철학의 객관과 객체와 함께 충분히 설명할 수 있었다.

중요한 문제는 아직 산더미처럼 쌓여 있다. 지금까지 역경은 문장을 어떻게 해석[1]하는가에 수천 년의 시간을 소모해왔다. 한철학은 더 이상 그런 문제에 관심을 두지 않는다. 문제는 역경의 64괘의 구조와

---

[1] 역경에서 원리를 알려주지 않고 문장의 해석에 치우쳐온 것은 역경의 원리가 그동안 묻혀졌던 중요한 원인이다. 마찬가지로 우리의 고유한 경전인 천부경, 삼일신고, 366사도 문장의 해석에만 치우침으로써 그 문장이 있도록 만든 원리에 눈을 감고 있었던 것이다. 이 고대 경전들의 원리는 수학에 있었음을 한국과 중국의 철학자들은 알지 못했던 것이다.

내용에 대한 확실성이 무엇이냐는 것이다.

이 문제는 수십 년의 연구로 해결될 만큼 단순하지 않다. 수천 년 동안 이 문제는 문제로조차 제시된 적이 없기 때문이다.

③ 왜 객체와 객관이며 상경과 하경인가?

역경이 왜 하경과 상경의 순서가 아니고 상경과 하경의 순서인가? 왜 객관과 객체가 아니라 객체와 객관의 순서인가?

그동안 동양철학은 이와 같이 근원적인 문제는 다룰 생각조차 하지 않았다. 서양철학의 경우도 마찬가지이다. 이 문제에 대해서는 그동안 철학에서 최소한의 억견조차도 주어지지 않았다. 이와 같은 가장 근본적인 문제에서부터 분명한 확실성이 주어지지 않을 때 철학은 문학이 되는 것이다.

이 문제는 주체와 객체의 시작과 끝 , 그리고 주관과 객관의 시작과 끝, 그리고 주관체와 객관체의 관계가 문제가 된다.

주체와 객체에 있어서 그 시작은 객체이다. 먼저 직접적 객체인 몸이 근원적 객체인 세계와 접촉을 할 때 그것에 대한 결과로 주체가 인식을 한다. 직접적 객체인 위장이 비어 있을 때 주체는 삶을 위한 의지가 발동하여 먹기 위해 움직인다. 즉 인간의 의지는 모두 직접적인 객체의 요구에 의해 수동적으로 움직이는 것이다.

삶에 대한 의지가 최소한의 범위에서 충족되었을 때 인간 이성의 자유는 나래를 펼친다. 이 때 자유는 객관에 작용하여 객체를 움직인다. 식사를 하고 나서 의지가 만족할 때 비로소 어떤 감흥이 생기며 그 때 인간성이 이 의지와 자유를 통일한 자유의지와 결합하여 행동을 하게 되는 것이다.

따라서 순서는 먼저 객체 즉 상경이 시작하고 다음에 객관 즉 하경이 그것을 받는 것이다.

④ 객관체와 과학

과학은 객관체의 영역이다. 흔히 과학을 객체의 영역이라고 말하는 것은 현상계의 원리에 대한 이해가 부족하기 때문이다. 과학의 대상은 객체지만 과학의 원리는 객관인 것이다. 즉 자연상태의 객체에서 어떤 일정한 원리가 있음을 밝혀내고 그것을 활용하는 것이 과학이다. 따라서 과학이라 함은 사물과 원리를 통일한 상태를 말하는 것이므로 과학은 객관체의 영역이라고 말해야 하는 것이다.

인간이 과학을 아무리 발전시킨다 해도 과학은 그 자체로서의 한계가 있다. 즉 과학이 밝힐 수 있는 원리는 최대의 한계가 전체의 64%에 불과하다. 그나마 그 원리는 그 중심영역인 36%에서 가져올 때 가능하다.

과학의 법칙을 살펴보면 그 원리의 최종적인 것에서 이미 알 수 없는 것으로부터 시작하고 있음을 알 수 있다. 과학은 알 수 없는 것에서 모든 것을 시작하지 않을 수 없는 것이다. 그 알 수 없는 것이 36%의 공적 영역의 것이다.

근대철학자와 현대철학자들의 무모함은 이와 같이 허술하기 짝이 없는 과학을 철학의 철학으로 설정하고 있다는 점이다. 과학은 결국 알 수 없는 영역을 불가피하게 가지고 있다. 그리고 그 알 수 없는 영역에서 과학을 시작하지 않으면 안 된다. 따라서 과학은 전혀 믿을 수 없는 학문이다. 또한 전혀 근거를 가지고 있지 않는 학문이라고 말해도 좋다. 아니 그 근거를 불변하는 중심인 공적 영역 즉 철학에서 가져오지 않으면 안 되는 것이다.

그러나 우리가 이 학문을 믿지 않고 살기는 불가능하다. 그렇다고 일반 생활인이 아닌 한철학의 입장에서 과학에 맹목적인 무한한 신뢰를 보낼 수는 없다. 우리가 과학을 믿는다면 그밖에 다른 방법이 없으므로 신뢰할 수 있는 방법이 나오기 전까지만 할 수 없이 믿어주는 것에 불과하다.

철학은 과학을 포함하여 과학이 알 수 없지만 그것에서 시작하지 않으면 안 되는 영역에 대한 결정적인 지식을 제공해주는 역할을 하는 것이다.

철학이 철학의 하위 학문인 과학에서 그 원리를 가져다 쓰는 것은 철학의 타락이요, 좌절에 불과한 것이다. 철학의 철학은 없다. 철학은 그 어디서도 철학의 원리를 가져올 수 없다. 철학은 반드시 스스로가 스스로의 원인이 되어야 하는 것이다.

과학은 과학의 원인이 되는 영역을 가지고 있다. 그 영역이 전체의 36%인 것이다. 그 영역이 주관체이다. 칸트가 알 수 없다고 말하던 물자체의 영역이다.

그리고 우리가 객관체와 64괘가 하나라는 사실에서 과학도 결국 64괘와 같은 원리라는 사실도 드러났다. 최초로 동양과 서양의 지식이 하나가 되는 영역을 우리는 발견한 것이다. 이 영역은 우리 한국인이 개척할 수 있는 매우 미래적인 영역이 될 것이다.

1) 객관체의 종류

객관체는 곧 현상계이다. 우리가 익히 안다고 생각하는 우리의 몸과 마음의 결합체, 가정, 기업, 민족, 국가, 세계, 우주 등이 모두 현상계이다.

공적 영역으로서의 본체계는 객관체와 언제나 하나의 전체를 이룬다. 필변하는 현상계에서도 가장 빠르게 변화하는 영역이 시장일 것이다. 시장에서 성공하는 방법이 필변의 원리에 있다고 본다면 부족한 생각일 것이다. 시장이야말로 가장 빠르게 변하지만 가장 본체계 즉 공적 영역과 밀접한 관계가 있는 것이다. 어떤 물건이나 서비스를 파는 입장에서 기본원칙을 공적 영역에 둘 경우, 그 원칙은 현상계를 살아가는 일반인들의 본체계와 무의식 중에 합일됨으로써 지지를 얻는다.

즉 공적 영역의 근본은 신뢰이다. 이 신뢰를 지키는 것은 공적 영역에 합일함으로써 만인의 공적 영역과 말없이 합일하는 것이다. 또한 우리 한겨레공동체의 경우 우리가 한겨레로 출발할 때부터 존재해온 우리의 공적 영역이 존재한다. 그 공적 영역에 합일시키는 기업은 말없이 모든 소비자의 공적 영역과 합일시킴으로서 지지를 얻게 되는 것이다. 반대로 아무리 거대한 기업이라도 한겨레공동체의 공적 영역에 반하는 행동을 했다면 그 기업은 반드시 무너지는 것이다.

만일 정치가 시시각각으로 필변하는 민심에 모든 것을 걸 수밖에 없는 것이라면 한겨레공동체의 공적 영역에 정치를 합일시키는 정치가가 결국 성공한 정치가가 되는 것이다.

아무리 천재적인 능력이 있는 정치가라도 한겨레의 공적 영역에 반하는 정치가는 반드시 대중의 지지를 잃게 되는 것이다.

필변하는 객관체의 영역이 가정이든 기업이든, 민족이든, 국가든, 인류든 반드시 그것은 공적 영역인 주관체와 합일될 때 그 존재자는 생명을 유지할 수 있는 것이다.

18

주관과 주체와 주관체의 최적화

인간은   혼돈상태를 창조적으로 최적화함으로써 스스로를 질서상태로 혁신할 수 있다. 그리고 그 질서상태는 주관과 주체와 주관체의 영역을 최적화함으로써 질서상태를 바르게 확보하여 생명력을 창조적으로 최적화시킬 수 있다.

1) 주관영역의 최적화의 여섯 가지 원리

주관영역 안에서 이성과 자유가 객관의 감각기관이 받아들인 여섯 가지 감각에 영향 받지 않고, 오히려 주관이 여섯 가지 감각의 그 자체가 되는 감각으로 객관을 움직일 때 최적화는 이루어진다.

인간의 마음의 틀인 심법心法은 심방心房의 감각기관으로부터 받은 여섯 가지 감각과 그 복합체들로 만든 감정들로 인해 선악이 뒤섞여 있는 것이다. 따라서 선악에 대한 인식의 중심인 이성에게 판단을 구하지 못한다면 주관의 영역은 성립하지 못한다.

혼돈상태는 그 선함을 중심에 분명하게 세우지 못함으로써 혼돈의 영역이 되는 것이다. 혼돈상태가 절대로 선하여 악하지 않은 순수이성을 중심에 세우는 순간 존재자는 확고한 이성의 영역을 얻은 것이며 그로써 질서의 영역은 확보되는 것이다.

심방의 감각기관이 얻은 감각을 심법은 감정으로 만든다. 따라서 우리의 여러 가지 감각은 심방의 것이며 감정은 심법의 것이다. 즉 우리가 장미를 보고 기쁜 감정을 가지는 것은 인간의 인식기관인 심방이 감각한 것을 심법이 감정으로 구성한 것이다. 반면에 장미를 먹고 사는 벌레는 장미를 보고 아무런 감정을 느끼지 않을 것이다. 벌레의 경우 장미를 먹으면 살고 먹지 못하면 죽기 때문에 벌레의 삶에 대해 맹목적인 지성은 장미를 먹이로 직관할 뿐이다.

또 같은 인간이라도 장미를 파는 꽃집 주인의 경우 장미에 대한 감정은 일반인과는 전혀 다를 것이다. 장미가 잘 팔릴 경우 장미가 좋아 보이고 안 팔리면 나빠 보일 것이다. 이 경우 장미는 어물전에서 생선가게의 주인이 생선에 대해 느끼는 감정과 다를 것이 없을 것이다. 이미 그것은 일반인이 장미에 대해 갖는 마음의 틀인 심법과는 다른 것이기 때문이다.

우리는 우리의 순수이성이 오로지 선하여 악하지 않는 한에서 자유가 얻어진다는 사실을 안다. 인식은 전혀 신뢰할 수 없으며 그 감각이 형성한 마음의 틀인 심법도 믿을 수 없는 것이다.

흔히 부정성의 변증법은 이 감정들을 모두 부정해버릴 수 있다고 생각함으로써 결코 간단하지 않은 문제를 대단히 간단한 것처럼 억지로 만들어버린다. 그러나 이 감정들은 억지로 부정하기를 갈망한다고 해서 부정당할 만큼 단순한 것은 아니다.

그리고 부정성은 이성의 능력이 아니라 지성의 능력이다. 지난 철학의 역사에서 이성과 지성을 구분 못하는 경우를 많이 보아왔다. 그 대표적인 경우가 바로 자유의 획득에 지성의 맹목적인 부정성을 사용하는 것이다.

감정은 살아서 움직이는 심방의 감각기관을 통해 끊임없이 들어오는 감각에서 만들어지는 것이므로 심방과 심법이 살아있는 한 이 감정들을 지워버리는 방법은 없는 것이다. 심방이 없다면 이미 죽은 것이므로 인식의 대상이 되지 못할 것이다.

바닷물의 표면에 파도가 일어나면 그 안에 존재하는 바닷물이 어떤 상태인지 알 수 없어진다. 인간의 마음의 표면에 존재하는 여섯 가지 감정과 그 복합감정이란 인간의 마음의 표면에서 일어나는 무한하게 변화하는 모습의 파도와 같은 것이다. 이것을 잠재우지 않는 한 진정한 마음의 모습은 드러나지 못한다.

따라서 가장 먼저 마음의 틀인 심법心法의 표면에서 움직이는 감정을 가라앉힐 때 비로소 자신의 마음이 가진 본모습을 발견할 수 있다. 이것은 결코 독점적 지성의 종착영역인 무無의 지향이 아니다.

마음을 비운다는 말은 바다의 파도를 잠재우기 위해 바닷물을 모두 비운다는 말과 같다. 즉 마음을 무無로 만든다는 것이다. 그것은 지성의 맹목적인 부정성을 마음에 사용하는 것이다. 즉 마음을 부정할 수 있다고 상상하는 것이다. 마음을 물건으로 취급하는 것이다.

이성의 능력을 지성의 능력으로 착각하는 것보다 더 큰 무지는 없는 것이다. 우리가 헛된 망상에서 벗어나 직접 바다에 가보면 바닷물을 비운다는 말이 얼마나 불가능한 것인가를 즉각적으로 알 수 있다. 설혹 바닷물을 모조리 비운다고 해서 바닷물이 있던 공간이 무無가 되는 것은 결코 아니다. 어떤 경우에도 무無의 상태는 없는 것이다.

마찬가지로 감정은 단 한줌도 결코 마음대로 부정하여 억지로 무無로 돌릴 수 없다. 그러나 우리는 마음을 다만 잠잠하게 만들 수 있다.

무無의 경지와 정靜의 경지는 근본적으로 다르다. 정靜은 움직임이 무無하다는 것이지 존재가 무無하다는 것은 결코 아니다.

435

감정들을 정靜한 상태로 만들 때 비로소 이성은 마음의 틀인 심법의 영역을 고요한 감정의 영역으로 만들 수 있다.

현실적 존재는 그 단위가 개인이든 기업이든 국가든 마음의 틀인 심법이 감정들을 억제하며 고요한 상태를 유지할 때 심방이 얻어온 감각들을 심법이 올바른 감정으로 만들었는지 이성은 판단할 수 있는 것이다.

오로치 선하여 악함이 없는 순수이성, 즉 한은 이때부터 자유를 현실적 존재에게 보장하는 것이다. 마음을 정靜하게 만드는 방법을 자기 자신의 중심인 이성에서 찾지 않고 자신의 외부에서 그것을 얻으려 하거나, 육체 또는 물질을 사용하는 그 순간 자유를 잃고 그 무책임한 지성이나 외부의 어떤 것에 종속되는 것이다. 자유를 확보한 자라야 올바른 동기를 심법에 부여하고 그 올바른 동기를 부여받은 심법이 심방을 올바르게 움직일 수 있는 것이다.

무릇 모든 존재자의 공적 영역은 이 여섯 가지의 감정이 주관의 영역에서 최적화될 때 성립한다. 이로써 존재자는 스스로가 45:55의 통합의 단계에서 36:64의 통일을 위한 준비의 첫 단계에 들어서는 것이다. 즉 불변하는 태극의 영역에서 주관의 영역 21을 최적화함으로써 필변하는 64의 영역에서 34에 해당하는 객관의 영역이 통제되기 시작한 것이다. 이는 내재적인 선善의 영역을 확보한 것으로 전체적인 선善의 영역을 확보하는 시작이다.

이제 여섯 가지 감각과 그것을 각각 어떻게 최적화하는지 구체적으로 알아보자

(1) 즐거움

즐거움이라는 감정은 우리의 심방의 감각기관이 감각하여 마음의

틀인 심법이 만든 것이다.

예를 들면 우리의 감각기관은 영화나 게임 또는 어떤 실재 사건에 대해 감각하고 그것을 마음의 틀인 심법이 즐거움이라는 감정으로 만든다. 그러나 그 즐거움은 그 영화나 게임 또는 어떤 실재 사건과 아무 관계도 없는 것이다.

이성은 모든 감정의 원인이므로 영화나 게임 또는 어떤 실재 사건을 분석해보면 그것이 단지 감각기관에 의한 것이며 또한 마음의 틀인 심법이 만든 감정에 불과한 것임으로 안다.

이성은 심법이 만들어낸 즐거움이라는 감정을 부정하지 않고 긍정한다. 이성은 지성이 이성의 역할을 할 때처럼 모든 감각과 개념을 환상이나 무無로 환원시키지는 않는다. 심법이 만들어낸 감정은 자연스러운 것이며 그 감정이라는 것은 인간이 수십만 년간 진화시켜온 탁월한 영역이기 때문이다. 그 감정은 나름대로 큰 가치가 있는 것으로서 그것을 부정하고 박멸할 이유는 없다.

주관의 이성은 감정이 단지 심방의 감각기관에 의해 만들어져 마음의 틀인 심법이 그것을 감정으로 만든 것임을 판단한다.

그리고 단순한 감각에서 만들어낸 즐거움들의 어지러움을 가라앉히고 대신 고요함으로 주관을 채운다. 그럼으로써 객관의 심법의 영역은 어리석고 혼란한 감정들의 어지러움을 잠재우고 고요함을 유지한다.

이로써 주관의 이성과 자유는 외부로부터 그 어떤 영향도 받지 않고 대신 외부로 자신의 능력을 최대한 발휘할 수 있게 된다.

(2) 두려움

두려움이라는 감정은 우리의 심방의 감각기관이 감각하여 마음의 틀인 심법이 만든 것이다.

예를 들면 우리의 심방의 감각기관은 외부의 천둥과 번개와 같은 대상에 대해 감각하고 그것을 마음의 틀인 심법이 두려움이라는 감정으로 만든다.

그러나 그 두려움은 번개와 천둥과 그 어떤 관계도 없는 것이다. 번개와 천둥은 인간이 감각하는 것처럼 무서움을 주는 것이 결코 아니다. 그것은 단순한 자연현상에 불과한 것이다.

이성은 모든 감정의 원인으로서 오로지 선하므로 스스로의 선함과 천둥과 번개 소리를 비교해보면 그 천둥과 번개의 소리가 단지 감각기관에 의한 것이며 또한 마음의 틀인 심법이 만든 감정에 불과한 것임으로 안다. 따라서 그것이 악함이 아니라는 것을 판단하는 것이다.

이성은 심법이 천둥과 번개의 빛과 소리에 대한 감각을 두려움이라는 감정으로 받아들인 것을 부정하지는 않고 긍정한다. 이성은 지성이 이성의 역할을 할 때처럼 모든 감각과 개념을 환상이나 무無로 환원시키지는 않는다. 실제로 번개가 나를 내려칠 가능성도 없지 않은 것이다. 그 두려움이라는 감정도 인간이 필요해서 오랜 세월 진화시켜온 영역인 것이다. 따라서 그것을 부정하고 박멸하는 것은 어리석은 일이며 또한 불가능한 일이기도 하다.

주관의 이성은 감정이 단지 심방의 감각기관에 의해 만들어져 마음의 틀인 심법이 그것을 감정으로 만든 것임을 판단한다.

그리고 단순한 감각에 불과한 두려움들의 어지러움을 가라앉히고 대신 고요함으로 주관을 채운다. 그럼으로써 객관의 심법의 영역은 어리석고 혼란한 개념들의 어지러움을 잠재우고 고요함을 유지한다.

이로써 주관의 이성과 자유는 외부로부터 그 어떤 영향도 받지 않고 대신 외부로 그 능력을 최대한 발휘할 수 있게 된다.

(3) 슬픔

슬픔이라는 감정은 우리의 심방의 감각기관이 감각하여 마음의 틀인 심법이 만든 것이다.

예를 들면 우리의 심방의 감각기관은 사랑하는 사람의 죽음이나 이별과 같은 대상에 대해 감각하고 그것을 마음의 틀인 심법이 슬픔이라는 감정으로 만든다.

그러나 그 슬픔은 죽음이나 이별과 그 어떤 관계도 없는 것이다. 죽음이나 이별은 인간이 감각하는 것처럼 슬픔을 주는 것이 결코 아니다. 그것은 단순한 죽음으로 단지 누구에게나 주어진 생명시계가 멈춘 것이다. 그것은 누구에게나 닥쳐올 것이며 아무도 막을 수 없는 것이다. 그리고 죽음이 그러할진대 만나고 헤어짐은 말할 것도 없는 것이다. 인간은 사랑하는 사람이 죽고 그들로부터 헤어지게 되는 것이 처음부터 정해져 있는 것이다.

이성은 모든 감정의 원인으로서 오로지 선하므로 스스로의 선함과 죽음과 헤어짐을 비교해보면 그 죽음과 헤어짐이 단지 마음의 틀인 심법이 만든 감정에 불과한 것임을 안다. 따라서 그것이 악함이 아니라는 것을 판단하는 것이다.

이성은 심법이 죽음과 헤어짐에 대한 감각을 두려움이라는 감정으로 만든 것을 부정하지 않고 긍정한다. 이성은 지성이 이성의 역할을 할 때처럼 모든 감각과 개념을 환상이나 무無로 환원시키지는 않는다. 죽음과 헤어짐에 대한 슬픈 감정은 자연스러운 것이기 때문이다. 그 슬픔이라는 감정도 인간이 필요해서 진화시켜온 영역인 것이다. 따라서 그것을 부정하고 박멸할 이유는 없으며 또한 슬픔을 없애기는 불가능한 것이다.

주관의 이성은 감정이 단지 심방의 감각기관에 의해 만들어져 마음의 틀인 심법이 그것을 개념으로 만든 것임을 판단한다.

그리고 단순한 감각에 불과한 두려움들의 어지러움을 가라앉히고 대신 고요함으로 주관을 채운다. 그럼으로써 객관의 심법의 영역은 어리석고 혼란한 개념들의 어지러움을 잠재우고 고요함을 유지한다.

이로써 주관의 이성과 자유는 외부로부터 그 어떤 영향도 받지 않고 대신 외부로 그 능력을 최대한 발휘할 수 있게 된다.

(4) 분노함

분노함이라는 감정은 우리의 심방의 감각기관이 감각하여 마음의 틀인 심법이 만든 것이다.

예를 들면 심방의 감각기관이 부당하게 억압받거나 무시당하는 상황을 감각하고 그것을 마음의 틀인 심법이 분노함이라는 감정으로 만든다.

그러나 그 분노함은 억압이나 무시와 그 어떤 관계도 없는 것이다. 억압이나 무시는 인간이 감각하는 것처럼 분노함을 주는 것이 결코 아니다. 그것은 그 억압과 무시를 하는 대상에게 그렇게 할 수 있도록 원인을 내가 주었기 때문일 가능성이 더 많다. 내가 억압과 무시를 당할 원인을 상대방에게 주지 않았는데 상대방이 나에게 억압과 무시를 할 가능성은 거의 없다.

이성은 모든 감정의 원인으로서 오로지 선하므로 스스로의 선함과 억압과 무시를 비교해보면, 그 억압과 무시가 단지 감각기관에 의한 것이며 또한 마음의 틀인 심법이 만든 감정에 불과한 것임으로 안다. 따라서 그것이 악함이 아니라는 것을 판단하는 것이다.

이성은 심법이 죽음과 헤어짐에 대한 감각을 두려움이라는 감정으로 받아들인 것을 부정하지 않고 긍정한다. 이성은 지성이 이성의 역할을 할 때처럼 모든 감각과 개념을 환상이나 무無로 환원시키지는 않는다. 억압과 무시에 대한 분노라는 감정은 자연스러운 것이기 때문이다. 그 분노라는 감정도 인간이 필요해서 진화시켜온 영역인 것이다. 따라서 그것을 부정하고 박멸할 이유는 없으며 그렇게 하기도 불가능한 것이다.

그리고 내가 분노에 대한 원인을 제공하지 않았음에도 상대가 억압과 무시를 했을 경우도 있는 것이다. 또한 그 원인을 제공했다 하더라도 억압과 무시로 대하는 상대방이 정당한 것인지에 대해 어떻게 판단할 것인지는 생각해보아야 할 문제이기 때문이다.

주관의 이성은 감정이 단지 심방의 감각기관에 의해 만들어져 마음의 틀인 심법이 그것을 감정으로 만든 것임을 판단한다.

그리고 단순한 감각에 불과한 분노들의 어지러움을 가라앉히고 대신 고요함으로 주관을 채운다. 그럼으로써 객관의 심법의 영역은 어리석고 혼란한 개념들의 어지러움을 잠재우고 고요함을 유지한다.

이로써 주관의 이성과 자유는 외부로부터 그 어떤 영향도 받지 않고 대신 외부로 그 능력을 최대한 발휘할 수 있게 된다.

(5) 탐냄 貪

탐함이라는 감정은 심방의 감각기관이 감각하여 마음의 틀인 심법이 만든 것이다.

예를 들면 심방의 감각기관은 명예나 이익과 같은 대상에 대해 감각하고 그것을 마음의 틀인 심법이 탐냄이라는 감정으로 만든다.

그러나 그 탐냄은 명예와 이익과 그 어떤 관계도 없는 것이다. 명예와 이익은 인간이 감각하는 것처럼 탐냄을 한다고 얻어지는 것이 결코 아니다. 명예와 이익은 단지 선하고 깨끗하고 후하게 세상을 살다보면

441

오는 것이며 또한 속절없이 가기도 하는 것이다. 원하는 명예와 이익을 얻을 만한 아무런 선함과 깨끗함과 후함이 없었음에도 그것을 탐낸다면 그것을 얻는 순간부터 얻은 만큼 고통만 커지는 것이며 언젠가는 얻은 만큼 다시 고통으로 내놓아야 한다.

이성은 모든 감정의 원인으로서 오로지 선하므로 스스로의 선함과 명예와 이익을 비교해보면 그 명예와 이익은 단지 감각기관에 의한 것이며 또한 마음의 틀인 심법이 만든 감정에 불과한 것임으로 안다. 따라서 그것이 선함이 아니라는 것을 판단하는 것이다.

이성은 심법이 명예와 이익에 대한 감각을 탐냄이라는 감정으로 받아들인 것을 부정하지는 않고 긍정한다. 이성은 지성이 이성의 역할을 할 때처럼 모든 감각과 개념을 환상이나 무無로 환원시키지는 않는다. 명예와 이익에 대해 탐내는 감정은 자연스러운 것이기 때문이다. 그 탐냄이라는 감정도 인간이 필요해서 진화시켜온 영역인 것이다. 따라서 그것을 부정하고 박멸할 이유는 없으며 또한 그렇게 하기도 불가능하다.

주관의 이성은 감정이 단지 심방의 감각기관에 의해 만들어져 마음의 틀인 심법이 그것을 감정으로 만든 것임을 판단한다.

그리고 단순한 감각에 불과한 명예와 이익들의 어지러움을 가라앉히고 대신 고요함으로 주관을 채운다. 그럼으로써 객관의 심법의 영역은 어리석고 혼란한 개념들의 어지러움을 잠재우고 고요함을 유지한다.

이로써 주관의 이성과 자유는 외부로부터 그 어떤 영향도 받지 않고 대신 외부로 그 능력을 최대한 발휘할 수 있게 된다.

(6) 싫어함

싫어함이라는 감정은 심방의 감각기관이 감각하여 마음의 틀인 심

442

법이 만든 것이다.

예를 들면 우리의 심방의 감각기관은 추함과 불이익 등과 같은 대상에 대해 감각하고 그것을 마음의 틀인 심법이 싫어함이라는 감정으로 만든다.

그러나 그 싫어함은 추함과 불이익 등과 그 어떤 관계도 없는 것이다. 추함과 불이익은 단지 심방의 감각기관이 받아들인 것을 마음의 틀인 심법이 감정으로 만든 것에 불과하다.

외면이 추하다면 그만큼 내면이 아름다울 수 있다. 그리고 불이익을 감수하지 않고 이익만을 얻겠다면 결국 아무런 이익도 얻지 못할 것이다.

이성은 모든 감정의 원인으로서 오로지 선하므로 스스로의 선함과 추함과 불이익 등의 감정을 비교해보면 그것들은 단지 감각기관에 의한 것이며 또한 마음의 틀인 심법이 만든 감정에 불과한 것임으로 안다. 따라서 그것이 악함이 아니라는 것을 판단하는 것이다.

이성은 심법이 명예와 이익에 대한 감각을 싫어함이라는 감정으로 받아들인 것을 부정하지는 않고 긍정한다. 이성은 지성이 이성의 역할을 할 때처럼 모든 감각과 개념을 환상이나 무無로 환원시키지는 않는다. 추함과 불이익에 대해 싫어하는 감정은 자연스러운 것이기 때문이다. 그 싫어함이라는 감정도 인간이 필요해서 진화시켜온 영역인 것이다. 따라서 그것을 부정하고 박멸할 이유는 없으며 또한 그렇게 하기도 불가능하다.

주관의 이성은 감정이 단지 심방의 감각기관에 의해 만들어져 마음의 틀인 심법이 그것을 개념으로 만든 것임을 판단한다.

그리고 단순한 감각에 불과한 명예와 이익들의 어지러움을 가라앉히고 대신 고요함으로 주관을 채운다. 그럼으로써 객관의 심법의 영역은 어리석고 혼란한 개념들의 어지러움을 잠재우고 고요함을 유지한다.

이로써 주관의 이성과 자유는 외부로부터 그 어떤 영향도 받지 않고 대신 외부로 그 능력을 최대한 발휘할 수 있게 된다.

2) 주체영역의 최적화의 여섯 가지 원리

지성이 주체의 중심에서 객체의 원인이 되어 줄 때 주체는 객체의 원인이 되는 영역으로 존재할 수 있다. 즉 의지의 영역이 확보되는 것이다.

인간의 행위의 틀인 기운氣運은 객체의 기질氣質의 지각기관이 받은 여섯 가지 지각知覺과 그 복합체들을 기氣로 만든다. 따라서 기氣는 청탁이 뒤섞여 있는 것이다.

존재자의 내부적 객체와 외부적 객체에게는 생생한 기, 썩은 기, 차가운 기, 뜨거운 기, 마른 기, 젖은 기라는 기氣와 그 복합적 기氣가 있다.

기氣가 탁해졌을 때 지성과 의지의 영역은 형성되지 못한다. 지성과 의지의 영역은 자신의 내부에 절대로 확실한 깨끗함을 확보할 때 생겨난다.

그러나 혼돈상태는 그 깨끗함을 중심에 분명하게 세우지 못함으로써 혼돈의 영역으로 머무는 것이다. 혼돈상태가 절대로 깨끗하여 더럽지 않은 지성을 중심에 세우는 순간 존재자는 확고한 지성과 의지의 영역을 얻은 것이며 그로써 질서의 영역은 확보되어가는 것이다.

이 기氣들은 청탁이 있으며 그것은 지각知覺에 의해 기질과 기운에 전달된다. 의지는 기질과 기운을 통해 그 6가지의 기氣와 그 복합적 기氣들을 고르게 한다.

그럼으로써 내부적인 기氣가 고르게 되면 존재자는 건강한 활력을 갖게 된다. 인체의 경우 오장육부를 비롯한 모든 몸의 기氣는 인간의 자유에 의해 움직이는 것이 아니라 의지에 의해 움직인다. 의지는 생명의 유지에 맹목적인 것이다. 외부적인 기氣가 고르게 되면 존재자는 의식주의 문제가 해결되어 생명은 안전하게 되는 것이다.

이 여섯 가지의 기氣는 인간의 안이든 밖이든 어느 것이든지 인간에게 적당한 정도로 조절되어야 한다. 그럼으로써 이 여섯 가지 기氣들은 기의 영역이 탁해짐을 방지하고 본래 가지고 있던 깨끗함을 유지할 수 있는 것이다.

자연의 여섯 가지 기氣를 최적화하여 지성과 의지의 영역을 최적화한 자라야 올바른 직관을 하고 행위를 기운에 부여하고 그 올바른 행위를 부여받은 기운이 기질을 올바르게 움직일 수 있는 것이다.

이로써 존재자는 스스로가 45:55의 통합의 단계에서 36:64의 통일을 위한 준비의 둘째 단계에 들어서는 것이다. 즉, 불변하는 태극의 영역에서 주체의 영역을 확보함으로써 필변하는 64의 영역에서 30에 해당하는 객체의 영역이 통어되기 시작한 것이다. 이는 내재적인 청淸의 영역을 확보한 것으로 전체적인 청淸의 영역을 확보하는 시작이다.

이제 여섯 가지 지각과 그것을 각각 어떻게 최적화하는지 구체적으로 알아보자.

(1) 생생한 기氣

생생한 기氣는 살아 있는 생명이 내뿜는 힘으로 인간의 생명유지에 필수적인 기이다. 생명력은 내부적으로 생생한 기로 가득 차 있다. 또한 만물은 이 생생한 기氣로 인해 생명이 유지되며 썩은 기氣로 인해 생명이 끊어진다.

주체는 삶에 충실히 봉사한다. 따라서 의식주를 직관하고 그것이 생생한 기氣를 뿜으면 의지는 그것을 취하고 그렇지 않으면 취하지 않음으로써 인간은 목숨을 유지할 수 있다. 이와 같은 행위는 인간뿐 아니라 모든 동물이 공통적으로 행하는 것이다.

(2) 썩은 기氣

인간과 대부분의 동물들이 생명을 유지할 수 있는 것은 직관을 통해 썩은 음식을 구분하여 그것을 피할 수 있는 행위능력에 있다. 그것은 삶에의 맹목적인 지성과 의지의 능력이다. 지성은 깨끗함과 썩은 것을 직관하고 의지는 깨끗함을 취하고 썩은 것을 멀리하는 행위를 한다.

(3) 차가운 기氣

지성과 의지는 오로지 맹목적으로 삶에 충실히 봉사한다. 따라서 차가운 기를 직관하고 조절함으로써 생명을 보존하여 행위 할 수 있는 힘을 얻는다. 이 같은 행위는 인간뿐 아니라 모든 동물이 공통적으로 행하는 것이다.

(4) 뜨거운 기氣

인간과 대부분의 동물들이 생명을 유지할 수 있는 것은 직관을 통해 지나치게 뜨거움을 피하고 적당한 따뜻함을 유지할 수 있는 행위능력에 있다. 그것은 삶에의 맹목적인 지성과 의지의 능력이다. 지성은 지나치게 뜨거운 것을 직관하고 의지는 따뜻함을 취하고 뜨거운 것을 멀리하는 행위를 한다.

(5) 마른 氣

인간의 지성과 삶의 의지는 마른 기를 조절함으로써 생명을 유지하고 생활을 가능하게 할 수 있었다.

(6) 젖은 氣

인간의 지성과 삶의 의지는 젖은 기를 조절함으로써 생명을 유지하고 생활을 가능하게 할 수 있었다.

3) 주관체 영역의 최적화의 여섯 가지 원리

주관체가 객체의 신형으로부터의 여섯 가지 촉각에 제약받지 않고 주관체의 영역에서 오히려 그 촉각들의 그 자체를 객관체에 부여할 수 있을 때 주체영역의 최적화는 이루어진 것이다.

인간의 행동의 틀인 신형身形은 신체身體의 촉각기관으로부터 받은 여섯 가지 촉각觸覺과 그 복합체들로 인해 후박厚薄이 뒤섞여 있는 것이다. 따라서 후박에 대해 인간성이 통찰을 하지 못한다면 자유의지의 영역은 성립하지 못한다.

존재자에게는 소리, 색, 냄새, 맛, 성욕, 투쟁심이라는 욕망慾望이 있으며 이 욕망은 6가지이지만 그 복합욕망은 720가지가 된다 (6!=720). 이 욕망들은 후박이 있으며 박한 욕망에 사로잡혀있는 한 인간성의 영역은 형성되지 못한다.

가령 소리는 단지 자연음일 때 그것은 청각으로서 지각의 대상이 되고 기운은 이를 기氣로 만든다. 그러나 이러한 지각에 불과한 소리를 인간은 감정으로 받아들인다. 이 때 소리는 지각과 감각의 복합인 촉각이 되는 것이다. 이 촉각은 신체의 촉각기관에 의해 신형이 욕망으로 만드는 것이다.

색의 경우 그것은 단지 시각으로서 지각의 대상으로 기운은 이를 기氣로 만든다. 그러나 인간은 감각의 영역에서 감정으로 받아들인다.

마찬가지로 냄새, 맛, 성욕, 투쟁심등도 지각과 감각의 복합인 촉각으로 받아들이는 것이다. 그리고 이 촉각들은 신체의 촉각기관에 의해 신형이 욕망으로 만드는 것이다.

신체身體의 촉각기관을 통해 들어오는 촉각觸覺들이 만든 욕망에 신형身形이 사로잡힌다면 객체와 객관은 한시도 쉴 새 없이 이 욕망들에게 시달릴 것이며 그 결과 객체와 객관은 시달린 만큼 소모되어 그 형체가 박薄하게 될 것이다. 따라서 자유의지는 행동을 할 수 없게 된다.

자유의지의 영역은 자신의 내부에 인간성이 절대로 확실한 후함을 확보할 때 생겨난다. 인간성의 영역이 절대로 후하여 박하지 않은 후함을 중심에 세우는 순간 존재자는 확고한 자유의지의 영역을 얻은 것이며 그로써 자유의지는 행동을 할 수 있다.

자신의 내부에 존재하는 원리로서의 인간성으로 객체의 신체를 통해 객관의 신형으로 들어온 이 욕구들 가운데 후한 것과 박한 것을 통찰해낸다. 그리고 후함만을 받아들임으로써 스스로 천해짐을 막고 귀해지는 것이다.

살아있는 존재자가 인간성의 영역을 확보할 수 있는 유일한 방법은 소리, 색, 냄새, 맛, 성욕, 투쟁심과 그 복합적 욕망들을 금하는 것이다. 그럼으로써 자유의지는 천박함을 떨쳐내고 귀한 행동을 신형에 부여하여 신체로 하여금 귀하게 행동할 수 있도록 함으로써 마음껏 세계를 향하여 행동할 수 있다.

448

여기서 촉각을 금함으로써 나타나는 경지는 존재가 무無하다는 것과는 다르다. 그것은 촉각을 지배하는 촉각으로서 순수한 촉각이라는 의미이다. 즉 소리, 색, 냄새, 맛, 성욕, 투쟁심을 금한다는 것은 가장 순수한 촉각의 경지인 무성無聲, 무색無色, 무취無臭, 무미無味, 무음無淫, 무저無抵의 경지에 이르는 것이다. 이는 순수인간성의 영역을 말하는 것이다. 존재의 무라는 것은 존재할 수 없고 생각할 수 없는 괴상한 상태를 의미하는 것은 아니다.

무릇 모든 존재자의 공적 영역은 이 여섯 가지의 욕망이 최적화된 주관체의 영역에 성립한다. 이로써 존재자는 스스로가 45:55의 통합의 단계에서 36:64의 통일을 위한 준비의 셋째 단계에 들어서는 것이다. 즉, 불변하는 태극의 영역을 확보함으로써 필변하는 64의 영역이 통제되기 시작한 것이다.

즉, 주관과 주체를 통일한 불변의 영역으로서 36이며 태극으로 부호화되고 팔강령으로 의미가 주어진 주관체는 객관과 객체를 통일한 필변의 영역으로서의 64이며 64괘로 부호화된 객관체와 하나로 통일하는 통일의 단계에 들어서게 되는 것이다. 이는 내재적인 후厚의 영역을 확보한 것으로 전체적인 후厚의 영역을 확보하는 시작이다.

이제 여섯 가지 촉각과 그것을 각각 어떻게 최적화하는지 구체적으로 알아보자.

(1) 소리

우리가 다루는 소리는 지각의 청각영역에서 감지하는 움직임으로 나타나는 파장이지만 그것은 또한 인간의 감정을 담고 있다. 따라서 소리는 지각과 감각을 통합하는 주관체의 영역으로 인간성의 영역이다.

플라톤 이래 서양철학은 말을 로고스로서 무엇보다 중요시하였다. 소리란 곧 말이며 말은 형이상학의 근원[1]이다. 그러나 인간성은 말을 먼저 멈추라고 명령한다. 말을 멈추지 않는 한 자신의 내부에서 인간성을 발견하기는 불가능한 것이다.

무성無聲은 소리가 없는 것이 아니다. 그것은 가장 후한 소리이다. 말을 멈추고 무성無聲에 이르면 자신의 내부에 존재하는 인간성의 소리를 들을 수 있다. 뿐만 아니라 말을 멈추면 상대방의 인간성이 말하는 소리도 들을 수 있다. 더 나아가 말을 멈추면 모든 존재자의 공적 영역이 말하는 소리도 들을 수 있고 또한 모든 존재자의 공적 영역과 말없는 대화를 나눌 수 있다.

말로 일을 하려는 순간 일은 멈추고, 일로 말을 하는 순간 무성無聲의 경지에 이르러 자유의지가 행동하기 시작하는 것이다. 그러나 너도 나도 말을 하고 행동이 따르지 않는 말로써 모든 것을 이루려 한다면 그 존재자들의 인간성은 파탄을 맞으면서 당장 질서의 영역에서 혼돈의 영역으로 전락할 것이다.

또한 소리는 음악이다. 인간성은 음악을 멈추고 인간성이 들려주는 음악을 들으라고 말한다. 나아가 모든 존재자들의 공적 영역에서 들리는 음악을 들어보고, 그들과 더불어 공적 영역에서의 진리의 협주곡을 함께 연주해볼 때 삶의 아름다움은 자유의지가 행동으로 움직이게 될 것이다.

외부의 소리와 음악을 멈추면 내면의 인간성이 들려주는 풍부한 소리와 음악이 들려나오기 시작한다. 그것이 진정으로 후한 소리와 음악이며 인간성이다.

소리는 인간성을 나타내는 것 중 가장 대표적인 것이다. 그러나

---

[1] 데리다는 로고스 중심의 이성주의에 반대하며 대신 문자의 중요성을 강조한다.

인간성을 알기 위해서는, 진정한 인간성에 도달하기 위해서는 그 소리를 내는 소리의 주인을 만나야 한다. 소리를 내는 소리의 주인은 소리가 없다. 인간성은 소리 없는 소리로 말을 하고, 노래를 하며 온갖 소리의 부호를 모두 다 만들어낸다.

따라서 우리가 인간성을 알고 인간성에 도달하기 위해서는 제일 먼저 소리 없는 소리에 도달해야 한다.

소리 없는 소리인 무성無聲에 이를 때 모든 존재자의 공적 영역은 서로 대화를 하며 자신의 자유의지가 비로소 활동한다. 일은 자유의지가 행동할 때 시작되고 진행되는 것이다. 행동을 하지 않으면서 말로 행동을 대신하려고 하는 한 그것이 개인이든 기업이든 국가든 자유의지는 사라지고 아무 쓸모없는 말들이 잔치를 벌이는 것이다. 가장 후한 소리가 곧 무성無聲인 것이다.

(2) 색

우리가 다루는 색은 지각의 시각영역의 질감이지만 인간의 감정이 담긴 것이므로 인간성의 영역이다.

우리의 인간성은 색을 물리침으로써 인간적인 능력을 구하라고 말한다. 색은 눈과 마음을 현혹함으로써 우리의 내면에 존재하는 인간성이 드러나지 못하게 한다.

인간성은 무색無色을 권한다. 무색은 색이 없는 것이 아니다. 가장 후한 색이 곧 무색으로서의 흰색이다. 우리가 외부에서 모든 현란한 색을 물리침으로써 인간성이 가지고 있는 후한 색이 내면에서 현란하게 나타나기 시작한다. 그것이 진정으로 후한 색이다. 모든 존재자의 공적 영역의 색은 무색無色이다.

인간에게 색은 미술과 건축, 의상 등으로 나타난다. 색은 지성이 직관을 통해 그 규칙을 만들고 이성이 개념을 만들어 객관에서 그 법칙을 주고 객체가 그것에 해당하는 색을 구별하거나 만들어낸다. 따라서 미술과 건축, 의상 등이 없다면 인간성을 발휘하기가 불가능하다. 인간성은 자유와 의지를 통일하여 색으로 표현하는 것이다.

색은 인간성이 나타나는 것이다. 그러나 인간성을 알기 위해서는, 진정한 인간성에 도달하기 위해서는 그 색을 내는 색의 주인을 만나야 한다. 색을 내는 색의 주인은 색이 없다. 인간성은 색이 없는 색으로 색깔을 내고, 그림을 그리고 옷을 만들며 온갖 색의 부호를 모두 다 만들어낸다. 무색無色은 모든 존재자의 공적 영역을 깨어나게 한다.

따라서 우리가 인간성을 알고 인간성에 도달하기 위해서는 먼저 색이 없는 색에 도달해야 한다.

무색無色에 이를 때 비로소 자유의지는 활동한다. 해야 할 일을 하려는 사람은 색으로 세계를 구분하지 않는다. 무색無色으로 일을 하려 할 때 비로소 자유의지가 행동하기 시작한다. 왜 우리가 백의민족인가가 여기서 잘 나타나는 것이다.

(3) 냄새

우리가 다루는 냄새는 지각의 후각영역의 화학반응이지만 인간의 감정이 담긴 것이므로 인간성의 영역이다.

냄새는 촉각을 자극하며 여러 가지 욕망을 직접 촉발한다. 우리의 인간성은 모든 냄새를 물리치라고 말한다. 무취無臭는 냄새가 없는 것이 아니다. 그것은 가장 후한 냄새이다. 우리가 외부에서 모든 냄새를 물리침으로써 인간성이 가지고 있는 후한 냄새가 내면에서 나타나기 시작한다. 그것이 진정으로 후한 인간성이다.

냄새는 인간성이 나타나는 것이다. 그러나 인간성을 알기 위해서는,

진정한 인간성에 도달하기 위해서는 그 냄새를 내는 냄새의 주인을
만나야 한다. 냄새를 내는 냄새의 주인은 냄새가 없다. 인간성은 냄새
가 없는 냄새로 냄새를 만들고, 요리를 하며 차를 만들고 꽃을 기르며
온갖 냄새의 부호를 모두 다 만들어내고 그것을 활용한다. 모든 존재
자의 공적 영역의 냄새는 무취無臭이다.

따라서 우리가 인간성을 알고 인간성에 도달하기 위해서는 먼저
냄새가 없는 냄새에 도달해야 한다.

무취無臭에 이를 때 비로소 자유의지는 활동한다. 해야 할 일을 하
려는 사람은 냄새로 세계를 구분하지 않는다. 무취無臭로 일을 하려
할 때 비로소 자유의지가 행동하기 시작한다.

(4) 맛

우리가 다루는 맛은 지각인 미각영역의 화학반응이지만 인간의 감
정이 담긴 것이므로 인간성의 영역이다.

맛은 미각을 자극하여 여러 가지 욕망을 직접 촉발한다. 우리의
인간성은 모든 맛을 물리치라고 말한다. 무미無味는 맛이 없는 것이
아니다. 그것은 가장 진한 맛이다. 우리가 외부에서 모든 맛을 물리침
으로써 인간성이 가지고 있는 후한 맛이 내면에서 나타나기 시작한다.
그것이 진정으로 후한 인간성의 맛이다.

맛은 인간성이 나타나는 것이다. 그러나 인간성을 알기 위해서는,
진정한 인간성에 도달하기 위해서는 그 맛을 내는 맛의 주인을 만나야
한다. 맛을 내는 맛의 주인은 맛이 없다. 인간성은 맛이 없는 맛으로
맛을 만들고, 요리를 하며 의술과 차를 만들고 온갖 맛의 부호를 모두
다 만들어내고 그것을 활용한다. 모든 존재자의 공적 영역의 냄새는
무미無味이다.

따라서 우리가 인간성을 알고 인간성에 도달하기 위해서는 먼저 맛이 없는 맛에 도달해야 한다.

무미無味에 이를 때 비로소 자유의지는 활동한다. 해야 할 일을 하려는 사람은 맛으로 세계를 구분하지 않는다. 무미無味로 일을 하려할 때 비로소 자유의지가 행동하기 시작한다.

(5) 성욕

우리가 다루는 성욕은 삶에 충실한 의지에 의거한 생식의 영역이지만 인간의 감정이 담긴 것이므로 인간성의 영역이다.

성욕은 촉각을 자극하며 여러 가지 욕망을 직접 촉발한다. 우리의 인간성은 모든 음란함을 물리치라고 말한다. 무음無淫은 성욕을 물리치라는 말이 아니다. 무음은 오히려 가장 후한 성적 영역이다. 난잡한 성적문란을 없앰으로써 내면에서 인간성이 가지고 있는 후한 성욕이 드러난다. 그것이 진정으로 후한 인간적인 성욕이다.

성행동은 인간성이 나타나는 것이다. 그러나 인간성을 알기위해서는, 진정한 인간성에 도달하기 위해서는 그 성행동을 하는 성행동의 주인을 만나야 한다. 모든 존재자의 공적 영역의 성욕은 무음無淫이다.

인간성은 가장 후한 성욕으로 성행동을 하고 생식을 하며 온갖 성행동의 부호를 모두 다 만들어내고 그것을 활용한다.

따라서 우리가 인간성을 알고 인간성에 도달하기 위해서는 먼저 가장 후한 성욕으로 이루어내는 성행동에 도달해야 한다. 그것이 성욕 없는 성욕인 무음無淫이다.

무음無淫에 이를 때 비로소 자유의지는 활동한다. 해야 할 일을 하려는 사람은 음란함으로 세계를 구분하지 않는다. 무음無淫으로 일을 하려할 때 비로소 자유의지가 행동하기 시작한다.

(6) 투쟁심

우리가 다루는 투쟁심은 삶에 충실한 의지에 바탕을 둔 생존본능의 영역이지만 인간의 감정이 담긴 것이므로 인간성의 영역이다.

다툼은 투쟁심을 자극하며 여러 가지 욕망을 직접 촉발한다. 우리의 인간성은 모든 투쟁심을 물리치라고 말한다. 우리가 외부에 대한 모든 투쟁심을 물리치고 무저無抵에 이르면 인간성이 가지고 있는 후한 대화의 능력과 토론의 능력 그리고 경쟁의 능력이 드러난다. 그것이 진정으로 후한 인간성의 투쟁심이다.

인간에게 투쟁심은 일과 싸움과 운동, 경쟁, 전쟁 등으로 나타난다. 투쟁심은 지성이 직관을 통해 그 규칙을 만들고 이성이 개념을 만들어 객관에서 그 법칙을 주고 객체가 그것에 해당하는 투쟁심을 구별하거나 만들어낸다. 따라서 일과 경쟁과 싸움 등이 없다면 인간성을 발휘하기가 불가능하다. 인간성은 자유와 의지를 통일하여 투쟁심으로 표현하는 것이다.

투쟁심은 인간성이 나타나는 것이다. 그러나 인간성을 알기 위해서는, 진정한 인간성에 도달하기 위해서는 그 투쟁을 하는 투쟁심의 주인을 만나야 한다. 투쟁을 하는 투쟁심의 주인은 투쟁심이 없다. 인간성은 투쟁심이 없는 투쟁심으로 투쟁심을 만들고, 일을 하고 싸움을 하며 운동을 하며 온갖 투쟁심의 부호를 모두 다 만들어내고 그것을 활용한다. 모든 존재자의 공적 영역의 투쟁심은 무저無抵이다.

따라서 우리가 인간성을 알고 인간성에 도달하기 위해서는 먼저 투쟁심이 없는 투쟁심에 도달해야한다.

즉 무저無抵가 가장 후한 투쟁심으로서 그것이 인간성이라는 것을 아는 방법은 투쟁심을 금하는 것이다.

무저無抵에 이를 때 비로소 자유의지는 활동한다. 해야 할 일을 하려는 사람은 투쟁으로 세계를 구분하지 않는다. 무저無抵로 일을 하려 할 때 비로소 자유의지가 행동하기 시작한다.

4) 소통행동과 최적화

야스퍼스의 말로 표현하면, 진리란 내가 소통할 수 있는 것이다. 과학에서의 진리는 다른 사람이 반복할 수 있는 실험에 의존한다. 그것은 일반적 타당성(general validity)을 요구한다. 철학적 타당성은 그러한 일반적 타당성을 가지고 있지 않다. 철학적 타당성이 반드시 가져야 하는 것은 칸트가 ≪판단력 비판≫에서 취미판단에 대하여 요구했던 것으로 일반적 소통가능성(general communicability)이다. 왜냐하면, 특히 인간 자체와 관련된 모든 문제에 대하여 자신의 생각을 소통하고 말하는 것은 인류의 자연적 소명(natural vocation)이기 때문이다.[2]

진리가 내가 소통하는 것이라면 그것은 공적 영역이 최적화된 상태에서만 가능한 것이다. 즉 주관과 주체와 주관체가 창조적으로 최적화된 상태에서 가능한 것이다.

이 소통행동의 문제에 대해 생각해낸 철학자는 역시 이름 높은 칸트이다. 칸트는 인간이 가지고 있는 판단력과 상상력을 비판한다.

칸트는 상상력은 천재에 의해서 발휘된다고 생각하고 그 천재를 일반인들의 취미가 판단한다는 대립을 성립시킨다. 따라서 미적예술의 문제에 있어서, 거기에 천재가 나타나는 것과 취미가 나타나는 것과는 어느 것이 더 중요한가를 묻는다면, 그것은 미적예술에 있어서 구상력(상상력)이 판단력보다도 더 중요한가 어떤가를 묻는 것과 똑같

---

2) 한나 아렌트, 『칸트 정치철학강의』, 북토피아, 141-142쪽.

은 것3)이라고 말하는 것이다.

그러나 칸트는 "미적 예술을 위해서는 ……상상력과 지성, 영혼, 취미가 필수적이라고 명백히 말했다. 그리고 그는 어떤 주에서 앞의 세 기능은 네 번째의 기능-취미, 다시 말해 판단-에 의해 연합된다고 덧붙였다. 더욱이 영혼은- 이성과 지성, 그리고 상상력과는 다른 기능으로서- 천재로 하여금 그의 생각에 대한 표현을 발견하도록 해주는데, 그것들을 통해 산출된 정신의 주관적 상태가 영혼에 의하여 …… 다른 사람들과 소통될 수 있다.4)라고 말하는 것이다.

본래 천재의 본질은 어떠한 학문으로도 가르쳐줄 수 없고, 또 어떠한 면학勉學으로도 배울 수 없는 미묘한 관계5)라고 말한다. 오직 천재에게만 영감이 있되 그것은 가르칠 수도 없고 아무리 부지런하게 배워도 배울 수 없는 것이다.

여기서 아렌트가 이성과 지성과 상상력과 다른 기능으로 천재만이 가지는 영혼이라고 말하는 것은 상상력과 판단력을 통합하는 영역이라고 말할 수 있을 것이다.

이 영혼이 소통행동능력을 가진 것이며 진리의 능력을 가진 것이다. 이 영혼에 의해 상상력이 나타나고 또한 일반인의 취미를 이끌어냄으로써 그에 대한 판단력을 갖게 하는 것이다.

우리는 아렌트가 영혼이라고 말하는 영역은 곧 상상력과 판단력을 통합하는 영역으로서 주관체라는 사실을 알 수 있다. 즉 본체계, 다시 말해 공적 영역을 말하는 것이다.

칸트와 아렌트는 어떻게 이러한 일반적 타당성 또는 소통행동능력을 이끌어낼 수 있는가는 생각하지 못하고 있다. 그것은 주관체의 영역을 최적화할 때 가능하다. 상상력의 근원은 순수이성이며, 상상력

---

3) 칸트 판단력비판 § 50 -구상력에 (상상력)을 포함시킨 것은 필자임-
4) 한나 아렌트, 『칸트의 정치철학강의』 김선욱 역, 푸른숲, 2002, 74쪽(e-book)
5) 칸트 판단력비판 § 49

과 판단력은 곧 인간성의 능력이다.

우리가 논의하려는 것은 인간의 상상력과 판단력의 영역을 어떻게 얻어내는가 하는 문제에 있다. 그것은 주관체의 영역에서 소리, 색, 냄새, 맛, 성욕, 투쟁심이라는 객관체의 필변하는 움직임에서 완전히 벗어나 무성無聲, 무색無色, 무취無臭, 무미無味, 무음無淫, 무저無抵의 공적 영역의 경지에 도달할 때 천재들의 영감이 나타나는 것이다.

이 경지에 도달하기 위해서는 주관의 감각과 주체의 지각 역시 최적화되어야 하는 것이다. 그리고 그 방법론은 신비주의자들이 그들끼리만 통하는 것으로 약속하고 일반인들은 알 수 없으며, 또한 알 필요가 전혀 없는 괴상스러운 방법이 아니다. 그 방법은 우리가 다룬 것처럼 학문의 영역에서 검증 가능한 방법론이어야 하는 것이다.

우리는 인간성과 자유의지를 결합한 행동이야말로 진리를 소통시킬 수 있는 소통행동능력임을 알 수 있는 것이다. 다시 말해서 인간성과 자유의지를 결합한 행동이 개인과 가정과 기업과 민족과 국가와 인류의 공적 영역이 하나로 합일되게 함으로써 소통이 이루어지는 것이다. 즉 모든 존재자의 공적 영역은 진리의 영역이며 그것은 인간성과 자유의지의 결합에 의해 서로 소통이 되는 것이다.

19
통일론

인간성과　자유의지를 결합한 행동이 진리를 소통시키고 인간
과 인간을 소통시키는 것이라면 그것이 어떤 방법
으로 이루어질 수 있는 것인가에 대해 세계의 지식계는 아직 아무런
방법을 내놓지 못하고 있다. 이 방법론의 목적은 공적 영역과 사적
영역 즉 본체계와 현상계의 통일이다.

가령 국가를 공적 영역으로 생각할 때 국민은 사적 영역이다. 그러
면 국가가 스스로에게서 국가성과 자유의지를 결합한 행동을 국민에
게 취하여 국가와 국민이 통일된 생명체로서의 현실적 존재가 될 수
있는가 하는 문제가 대두된다. 이 문제야 말로 세계사에서 그 이름을
드러낸 모든 국가가 당면한 최대의 과제였지만 국가와 국민이 통일을
이룬 경우는 거의 없다고 말해도 무방하다.

국가가 아니라 민족, 기업, 가정 그리고 개인 나아가 인류도 마찬가
지이다. 주관체와 객관체를 하나로 통일하는 일이야말로 그 존재자가
당면한 최대의 관심인 것이다. 왜냐하면 통일에 의해서 생명체로서의
최적의 환경인 질서상태가 주어지기 때문이다.

통일을 이루지 못한 존재자들은 생명체로서 혼돈상태나 무질서상

태에 머물러야 한다. 그것은 생명체에게 주어진 시간과 공간에서 단지 최단시간만 사용하고 그 생명체는 해체된다는 것을 말하는 것이다.

따라서 주관체와 객관체의 통일을 이루어 질서상태를 유지하는 것이 모든 단위의 생명체가 이루어내지 않으면 안 되는 절체절명의 목표인 것이다.

철학은 실로 모든 살아있는 존재자들이 가지는 최대의 목적이 달성되도록 그 원리를 제시하는 학문이 아니면 안 되는 것이다. 그러나 지난 삼천 년간은 다른 학문도 아닌 철학이 주관체와 객관체의 통일을 결정적으로 파괴한 핵폭탄이라는 점이 인류에게 주어진 가장 큰 불행이었다. 철학이 곧 인류에게 가장 무서운 흉기요 적이었던 것이다.

필자가 먼저 밝힌 철학의 세 가지 방법론 중 부정성의 변증법은 통합과 통일을 완전히 파괴하는 방법론이다. 이율배반은 통합과 통일을 멈추게 하는 방법론이다. 통합과 통일을 가능하게 하는 방법론은 오로지 긍정성의 변증법뿐인 것이다.

우리 한겨레의 고대 철학자들은 본체계와 현상계를 통합하는 첫 단계의 방법을 완성했다. 그것은 팔강령八綱領이라고 하는 방법이다. 팔강령은 곧 팔괘八卦에 의미를 부여한 것이다. 팔강령은 우리 한겨레의 고유한 경전인 366사에 한마디의 설명 없이 단지 그 내용만 펼쳐져 있었다. 즉 팔괘와 연결되는 아무런 언급도 없이 366사의 구성요소로 섞여 있었다.

필자는 이 366사라는 경전을 연구하던 중 팔강령이야말로 동서고금의 철학에 없었던 진리중의 진리라는 사실을 알았다.

그러니까 팔강령은 태극과 64괘를 통일하는 방법론(100=36+64)을 말하는 것이다. 다시 말하면 공적 영역과 사적 영역의 통일이며 본체계와 현상계를 통일하는 방법론인 것이다. 필자는 팔강령에 팔괘를 그려 넣었다. 이는 366사의 저자가 역경의 진정한 저자라는 사실을 말해주는 것이다.

한철학은 공적 영역과 사적 영역의 통일에 대해 이미 더 이상 추가할 수도 없고 조금이라도 뺄 것이 없는 방법론을 이미 수천 년 전에 제시하고 있다. 우리에게 주어진 이 세계를 아름답고 평화로운 세계라고 보는 것은 시인이나 소설가의 입장일 수는 있지만 철학자의 입장이 아닐 것이다. 철학자의 눈에 비치는 이 세계는 분명히 비참하다. 인간은 언제 어디에서나 고통 받고 있으며 옛날과 달라진 것은 그 고통의 방법뿐이다. 그러나 그 비참함을 환영과 환각이라고 주장하는 것은 현실을 외면하고 도피하려는 비겁한 자의 치사한 주장일 뿐이다.

지금까지의 철학으로는 대립하는 세력의 관계는 부정성의 변증법과 이율배반의 방법 이외에는 없다. 즉 강한 세력이 약한 세력을 부정함으로써 지배하는 것이다. 또는 강한 세력과 약한 세력이 팽팽하게 서로를 견제하는 것이다.

무력을 사용하면 강한 쪽이 약한 쪽을 부정함으로써 파괴와 살육과 억압을 통해 모든 일이 간단히 해결된다. 그러나 그렇게 이루어진 체계는 다시금 간단히 허물어진다.

무력이 아니라 인간성과 자유의지를 사용하여 통합과 통일을 이루었을 경우 그 과정에 파괴와 살육과 억압 없이 이루어진다. 다소 시간은 걸리지만 이렇게 해서 이루어진 통합과 통일은 여간해서는 허물어지지 않는다. 이것이 긍정성의 변증법적 통합과 통일이 필요한 이유다.

질서상태는 본체계와 현상계가 하나의 전체를 이루는 상태이다. 그리고 진정한 질서상태는 본체계와 현상계가 하나로 통일된 상태이다.

이 영역은 오로지 고대 한국인에게서만 상상되었고 완성된 철학으로 존재한다. 한철학은 고대한국인의 철학을 복원하여 그것을 현대에 맞게 회복하는 것이다

개인이 육체를 가지고 있는 한, 민족이 민족공동체를 가지고 있는

한, 국가가 국가공동체를 가지고 있는 한, 인류가 인류공동체를 가지고 있는 한 어떤 경우에도 고통에서 벗어나기는 어려운 것이다. 또한 인간의 마음이 무한한 욕망을 추구하는 한 아무리 물질이 풍요해도 늘 빈곤 속에서 벗어날 수 없는 것이다.

이 현상계의 고통에서 벗어나게 하는 설계도를 만드는 일이 철학자의 일이다. 철학은 유치하고 위험한 단계에서 벗어나야 한다. 그리고 현상계와 본체계를 분명히 구분하고 이 양자를 어떻게 통일하는가에 모든 노력을 경주해야 하는 것이다. 철학이 할일과 할 수 있는 일은 오로지 이 일만은 아니지만 이보다 더 근본적인 일은 없다.

그럼으로써 현상계에서 피할 수 없는 한계를 극복하고 인간들은 진정으로 살아갈만한 삶을 가질 수 있게 되는 것이다.

그동안 인간이 가졌던 희망은 관념으로 사물의 영역을 지배하는 기적이었지만 그것은 단지 무지에서 오는 착각에 불과했다. 또는 구체적인 사물을 지배하는 지식으로 추상적인 관념의 세계를 지배하는 기적이었지만 그것도 단지 무지에서 오는 착각에 불과했다.

우리가 필요한 것은 기적이 아니다. 인간의 노력, 즉 피와 땀과 눈물로 이루어낼 수 있는 현실적인 성과인 것이다.

인간이 이루어낼 수 있는 최선이자 최고이며 최대의 성과는 인간이 스스로 이루어내는 본체계와 현상계의 통일 이외에 다른 것에서 구할 수 없다. 그 통일은 오로지 인간 스스로 자신의 피와 땀과 눈물로 이루어내는 것이지 그 어떤 신비스러운 힘이나 과학의 힘으로 이루어질 수 있는 것이 아니다.

이 경지는 동양철학으로 말하자면 태극과 64괘의 통일이며, 인도철학으로 말하면 브라만(아트만)과 마야의 통일이며, 서양철학으로 말하면 물자체와 현상계와의 통일이다.

동서양의 철학에서 본체계와 현상계의 통일은 상상 밖의 세계였다.

동양에서 64괘와 태극을 통일한다는 것은 상상조차 하지 못하던 일이다. 인도철학도 브라만(아트만)에 도달하는 일에 모든 것의 초점이 맞추어져 있지 마야와의 통일은 꿈도 꾸지 못했다.

서양철학은 아직까지도 물자체의 정체조차 파악하지 못하고 있으며 자유조차 설명할 철학적 체계가 없다. 따라서 서양철학에서 물자체와 현상계의 통일에 대해서는 아무도 상상조차 하지 못했다.

그러나 이와 같은 통일이 있지 않고서 인간은 우선 자기 자신과 완전한 소통을 하지 못한다. 그리고 개인과 가정과 기업과 민족과 국가와 인류는 서로가 소통을 원활하게 하지 못한다. 나아가 인간은 자연과 정상적인 소통을 하지 못한다.

지금까지 철학이 만든 설계도는 부정성의 변증법으로 부정하고 박멸하거나 이율배반으로 대립하는 것뿐이었다. 모든 학문은 그 설계도를 자신의 분야에 적용했다. 그리고 모든 현상계는 그 설계도에 의해 지배받았다. 한철학은 완전히 새로운 설계도를 제시하는 것이다. 그리고 기존의 철학이 제시한 모든 설계도들은 한철학이 제시하는 새로운 설계도의 부분이 되는 것이다.

1) 통일 변증법 팔강령[1]

---

[1] 팔강령은 우리 한겨레의 삼대경전인 천부경, 삼일신고, 366사 중에서 366사에 나타나는 내용이다. 366사는 인간의 모든 일에서 생기는 모든 문제를 366개의 항목으로 나누어 그 옳은 해결방법을 설명하는 경전이다. 이 경전은 여덟 개의 테두리로 나누어져 있는데 그 여덟 가지의 테두리가 곧 팔강령이다. 원래 본문에는 팔강령이 팔괘에 의미를 부여한 내용이라는 것은 나타나 있지 않다. 그러나 필자는 이 경전을 읽고 팔강령이 곧 팔괘에 의미를 부여한 것이라는 사실을 알아내고 팔강령에 팔괘를 부여했다. 그리고 366사도 역경의 64괘가 384효로 이루어진 것에 시작과 끝을 제거하여 생긴 숫자임도 발견하게 되었다. 이로써 우리 한겨레만이 가지고 있는 고유한 경전인 366사는 변화의 책인 역경을 불변의 진리의 책으로 만든 것이며 이 양자는 하나의 정신세력이 만들었다는 추측이 가능하게 되었다. 366사와 팔강령에 대한 자

본체계와 현상계, 즉 주관체와 객관체가 서로를 긍정하고 하나의 전체로 통일하는 방법은 긍정성의 변증법에 의해 가능하다.

즉 주관체와 객관체가 서로를 행동으로 긍정함으로써 하나의 전체를 조직하는 변증법인 것이다. 이 변증법은 이미 사물의 영역과 추상적인 영역이 긍정성의 변증법으로 통합한 그 위에 다시금 안과 밖이 나뉘어 서로가 서로를 긍정하여 통일을 이룬다는 점에서 보다 더 차원 높은 긍정성의 변증법이다. 즉 통합의 변증법인 한변증법 제1법칙에 이어 이번에는 통일의 변증법으로 한변증법 제2법칙이 설명되는 것이다. 한변증법 제2법칙인 100=36+64는 팔강령에 의해 완성되는 것이다.

주관체의 인간성과 자유의지가 결합하여 정성과 믿음과 사랑과 구제(성신애제誠信愛濟)라는 네 가지 테두리를 최적화하는 과정상의 행동으로 나타난다.

객관체는 주관체의 행동에 대해 네 가지의 테두리를 최적화하는 과정상의 행동으로 나타난다. 그것은 각각 재앙과 복과 보답과 응함이라는 화복보응禍福報應이다.

이렇게 팔강령의 여덟 가지의 테두리를 최적화해가는 과정은 주관체와 객관체 즉 공적 영역과 사적 영역이 서로 행동을 통하여 소통하며 서로를 완전하게 통일하는 것이다.

우리는 주관체가 태극을 이루고 있다는 사실을 알고 있다. 이 행동과 반응이라는 여덟 가지의 강령 즉 팔강령은 각각 여덟 가지의 괘 즉 팔괘에 해당하는 것이다.[2]

세한 내용은 필자가 해설한 『366사(참전계경)』(지혜의 나무, 2000년)를 참고하기 바란다.

2) 즉 성誠= 건괘乾卦, 신信= 태괘兌卦, 애愛= 이괘離卦, 제濟=진괘辰卦, 화禍=손괘巽卦, 복福=감괘坎卦, 보報=간괘艮卦, 응應= 곤괘坤卦가 그 것이다.

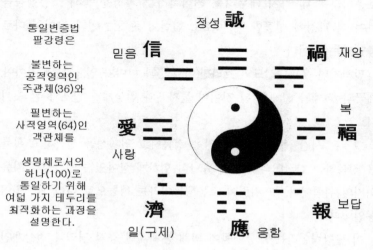

주관체와 객관체를 통일하는 통일변증법 팔강령

통일변증법
팔강령은

불변하는
공적영역인
주관체(36)와

필변하는
사적영역(64)인
객관체를

생명체로서의
하나(100)로
통일하기 위해
여덟 가지 테두리를
최적화하는 과정을
설명한다.

정성 誠

믿음 信

禍 재앙

복 福

愛 사랑

濟 일(구제)

應 응함

報 보답

주관체의 영역은 본체계의 영역으로서 현상계인 객관체의 영역과 달리 시간과 공간과 인과율과 확률을 초월하는 영역이다. 그리고 성신애제誠信愛濟는 바로 인간이 시간과 공간과 인과율 그리고 확률의 영역을 뛰어넘는 영역에 현실적 존재가 진입할 수 있게 해주는 것이다.

현실적 존재가 개인이든 사회이든 정성과 믿음과 사랑과 구제(성신애제誠信愛濟)를 최적화하는 행동으로 나타날 때 본체계의 영역은 현상계와 소통을 확보할 수 있는 것이다. 이것은 곧 인간성과 자유의지를 통일하는 행동이 정성과 믿음과 사랑과 구제라는 과정을 차례로 통과하며 공적 영역과 사적 영역이 소통하는 것이다.

화복보응禍福報應은 현상계인 객관체가 본체계인 주관체와 일체가 됨으로써 본체계와 현상계 즉 주관체와 객관체가 서로가 가진 능력을 최대한 발휘할 수 있는 진정한 질서상태의 현실적 존재가 되었다는 사실을 말하는 것이다.

즉, 현상계인 객관체가 본체계인 주관체의 소통행동에 답하여 화복보응이라는 네 가지 테두리를 최적화하는 과정을 통해 소통행동을 하여 이 과정에 성공할 때 비로소 현실적 존재는 안과 밖이 하나로 통일되는 것이다.

말하자면 우파니샤드의 브라만(아트만)과 마야가 일체가 된 것이며, 태극과 64괘가 일체가 된 것이며 물자체와 현상계가 일체가 된 것이다.

그것은 시간을 정복하고 공간을 정복하고 인과성을 정복하고 확률을 정복하는 한국인의 가슴에 유난히 힘차게 살아있는 인간성과 자유의지의 위력이다. 그 위력이 소통행동이라는 행동으로 나타나는 힘이 통일이다.

이 팔강령이라는 소통행동에 의해 본체계인 공적 영역과 현상계인 사적 영역이 하나로 통일되는 것이다.

(1) 제1단계 통일행동 정성誠 (제1강령)

주관체는 주관체이기 이전에 혼돈의 영역을 긍정성의 변증법으로 통합하면서 출발했다. 극심한 대립에서 통합의 영역이 창조적으로 최적화되면서 객관체의 원인이 되는 주관체의 영역이 성립되었다.

따라서 주관체의 바탕에는 항상 극심한 대립이 존재하고 있으며 바로 그 극심한 대립이 주관체가 주관체인 이유를 근본적으로 제공하는 것이다. 즉, 주관체는 존재자의 사적 영역의 극심한 대립의 중심에 존재하는 공적 영역인 것이다.

사적 영역의 극심한 대립은 언제든 공적 영역을 위협하여 혼돈상태나 무질서상태로 되돌릴 수 있다. 이 위험한 상태를 안전한 상태로 전환시키는 일은 능동적인 주관체가 수동적인 객관체와 일체가 되도록 노력하는 일 이외에는 없다.

정성은 주관체만이 실행할 수 있는 자율적이고 능동적인 소통행동이며 통일행동의 테두리이다. 자기원인으로서의 인간성과 자유의지를 가지지 못한 주관체는 인간성과 자유의지를 행동으로 실현하는 정성을 객관체에 대하여 나타낼 수 없다. 자신의 중심이 선악과 청탁과 후박으로 혼란에 빠진 존재자에게 인간성과 자유의지를 결합한 행동이 나타나기는 불가능한 것이다.

인간성과 자유의지가 결합한 행동의 실현으로서의 정성은 기복신앙으로서의 정성과는 다르다. 기복신앙으로서의 정성은 스스로의 생산적인 피와 땀과 눈물로 노력함 없이 피와 땀과 눈물로 노력해야만 얻어질 수 있는 대가를 기대하는 파렴치한 행동이다. 이는 관념이 사물로 변하기를 바라는 주술인 것이다. 그리고 주술이기에 앞서 대가를 얻기 위한 목적으로 하는 이기적인 행동이다. 그것은 관념으로 사물을 변화시켜보겠다는 무지에 의한 주술이며 신비주의에 불과하다.

칸트의 경우 자기원인으로서의 주관체를 세울 수 없어서 주관만으로 철학체계를 세웠다. 그리고 그 주관이 절대로 선하다는 주장을 할 수 없었다. 그는 원인악原因惡을 버릴 수 없었기 때문이다. 칸트는 판단의 원인을 자신의 내재적인 이성과 지성과 인간성에서 가져올 수 없었다. 이 점은 다른 서양철학자들에게도 마찬가지이다.

정성은 직접 객관체와 일체가 되기 위해 모든 정성을 다한 피와 땀과 눈물에 의한 행동으로만 나타난다. 말은 필요 없는 것이다. 행동으로 말을 하려는 사람은 말로 행동을 하는 사람과는 달리 말없이 행동한다. 사물의 세계의 변화는 행동한 만큼만 일어난다. 자유의지를 바탕으로 한 행동은 자신의 행동에 정성을 담아 직접 객관체를 변화시키는 것이다.

이는 이기적인 기복행동이 갖는 어리석은 무지와는 전혀 다른 실제적인 변화를 위한 실제적인 행동인 것이다. 그것도 모든 정성을 담은 행동인 것이다.

또한 모든 정성을 담은 행동은 그 중심에 인간성이 있으며 그 인간성의 중심에 오로지 선하여 악하지 않은 순수이성으로서의 한이 있다. 이 순수이성으로서의 한이 정성을 통해 자신에게서 발현되고 그것이 인간성과 자유의지와 결합하여 행동으로 실현될 때 상대방의 중심에 존재하는 순수이성으로서의 선이 깨어나며 또한 인간성이 열리면서 이 때 소통행동이 시작되는 것이다.

(2) 제2단계 통일행동 믿음信(제2강령)

주관체가 자유의지로서 모든 정성을 담아 객관체에 소통력과 통일력으로 지속적으로 행동했다면 그 정성이 쌓이고 쌓이게 되어 주관체와 객관체는 믿음을 얻는 과정에 도달할 수 있을 것이다.

주관체와 객관체의 관계에 있어서 존재할 수 있는 믿음은 그 이전에 반드시 정성의 영역이 최적화 될 때 가능한 것이다. 주관체가 객관체에 모든 정성을 다하였을 때 주관체와 객관체는 믿음의 영역을 형성하게 되는 것이다. 이것이 제2단계 통일행동의 테두리인 믿음이다.

우리가 혼돈의 영역을 최적화할 때 이루었던 신뢰의 영역은 통합을 위한 것이었다. 그런데 팔강령에서 이루는 신뢰는 통일을 위한 과정으로 이와는 근본적으로 다른 것이다.

(3) 제3단계 통일행동 사랑愛(제3강령)

정성의 과정이 최적화되면 믿음의 과정으로 혁신하고, 믿음의 과정이 최적화되면 사랑의 과정으로 혁신한다. 즉 사랑이라는 과정은 그 이전에 반드시 지극한 정성이 쌓이고 또한 지극한 믿음이 쌓일 때 형성되는 것이다.

여기서 사랑이라는 개념은 인간성과 자유의지가 결합하여 행동으로 실현되는 사랑이다. 이와 같은 사랑의 가장 근본적인 원칙은 용서이다. 사랑한다는 것은 말로 하는 것이 아니다. 사랑은 절대로 용서할 수 없는 행동을 그 어떤 제약에 의해서가 아니라 인간성에서 나타나는 자유의지에 의해 말없이 용서하는 행동으로 실현할 때 비로소 사랑한다고 말한 것이다.

쇼펜하우어는 모든 순수한 사랑은 동정同情이며, 동정이 아닌 사랑은 아욕我慾이라고 말한다. 아욕은 에로스이고 동정은 아가페3)라고 주장한다. 이러한 것이 소위 선진국가라는 서양식 사랑의 수준인 것이다. 그것도 일반인들이 아니라 차원 높은 세계적인 철학자가 설명하는 사랑이다.

서양식 사랑과는 감히 비교할 수 없는 경지를 우리 한겨레의 사랑은 말하고 있다. 한국은 인간성에 있어서 절대 선진국인 것이다. 이른바 선진국들이 아무리 많은 비용을 쏟아 부어도 우리 한겨레가 가진 공적 영역에 자리 잡은 인간성에 도달하기는 불가능할 것이다. 그것은 시장 원리라는 사적 영역의 비용의 문제가 아니다.

다만 우리가 진정으로 우리가 가진 귀한 것이 무언지 모르는 가운데 급속히 천박한 서양문화에 젖어들면서 우리의 값으로 환산이 되지 못하고 우리의 공적 영역이 흐려지고 있음이 안타까운 것이다.

주관체가 객관체를 대상으로 정성과 믿음을 다하고 도저히 용서할 수 없는 것들도 최대한의 범위에서 용서할 수 있는 자격을 갖추고

---

3) 쇼펜하우어, 『의지와 표상으로서의 세계』, 곽복록 역, 을유문화사, 1992, 454 쪽.

또한 그 자격 위에서 용서했다면 주관체는 사랑을 실천한 것이다.

주관체가 객관체를 사랑하는 방법은 다양한 것이다. 그러나 가장 큰 원칙은 용서이다. 이것이 제3단계 통일행동의 테두리인 사랑이다. 물론 사랑의 영역은 그 이전에 믿음의 영역이 확보되어야 하며 또한 정성의 영역이 확보되어야 한다.

(4) 제4단계 통일행동 구제濟(제4강령)

주관체가 객관체를 향하여 정성과 믿음과 사랑의 테두리를 확보했다면 주관체는 이제 객관체에 대한 일을 할 수 있고 어려움을 구제할 수 있다.

즉 객관체의 모든 문제를 해결해 나갈 수 있는 테두리를 비로소 얻은 것이다. 다시 말해 주관체가 정성과 믿음과 사랑을 얻지 못한 상태에서 객관체에 대하여 일을 하고 어려움을 구제를 한다는 것은 마치 갯벌 위에 집을 짓는 것과 같다.

주관체는 반드시 객관체에게 정성과 믿음과 사랑의 영역을 최적한 다음에 비로소 할 일을 할 수 있다. 인간성과 자유의지를 결합한 행동은 일을 통해서만이 구제가 가능하다.

주관체가 정성과 믿음과 사랑이라는 선행과정 없이 객관체를 구제하겠다고 행동하는 것은 천박한 것이다. 그리고 인격적으로 모독하는 것이다. 만사에 상황에 따라 완급이 필요하겠지만 어느 경우에도 정성과 사랑과 믿음의 바탕 위에 구제를 논하는 것이 순서인 것이다.

그러나 이 구제는 남을 구제하는 것이지 자신을 구제하는 것을 구제라고 말하지 않는다. 즉 스스로의 피와 땀과 눈물로 남을 돕는 것이 아니라 남의 불행을 바탕으로 자신들의 궁극적인 이익을 도모하는 경우가 무엇을 의미하는지 사람들은 잘 모른다. 설혹 그것이 상대에게

도움이 된다고 하더라도 그 일은 자신의 사적 영역을 위한 것이므로 상대방의 공적 영역에 공감을 불러일으키지 못한다.

구제를 하겠다면서 사실은 대상이 되는 사람들의 정신세계를 부정하고 박멸하는 무서운 일들은 해서도 안 되고 받아들여서도 안 되는 것이다.

모든 사적 영역의 욕망을 억제한 상태에서라야 공적 영역에서 정성과 믿음과 사랑의 과정이 일어나고 그것이 구제의 과정으로 연결되는 것이다. 그럴 때 비로소 상대방의 공적 영역과 합일이 일어나며 합일을 넘어 통일을 바라볼 수 있는 것이다.

이로써 주관체가 행동하는 통일을 위한 긍정성의 변증법의 네 가지 테두리의 과정이 최적화되었다. 이제는 객관체가 네 가지의 반응으로 조직된 테두리들의 과정을 최적화한다.

(5) 제5단계 통일행동 재앙禍(제5강령)

주관체가 객관체에게 정성과 믿음과 사랑과 구제를 실현하는 과정은 오로지 공적 영역에서 확고하게 존재할 때 가능한 것이다. 만약 그 소통과 통일의 행동에서 공적 영역이 아니라 사적 영역을 위한 일이 있었다면 지금까지의 모든 정성과 믿음과 사랑과 구제의 테두리를 최적화한 과정은 무효가 된다.

즉 주관체가 사적 영역을 위한 일을 했다면 객관체 모르게 숨기는 것이 있었거나, 혼자만 아는 것이 있었거나, 속이는 것이 있었거나 하는 등의 바람직하지 못한 일들이 반드시 있었을 것이다.

주관체가 통일행동의 과정에서 이 같은 사적인 행동이 있었다면 과정이 진행되는 동안 그것이 아무리 미세한 것이었다 해도 객관체가 반응을 나타내는 단계에 와서 엄청난 재앙으로 나타나게 된다. 이 경우 질서상태는 다시 혼돈상태로 되돌아간다.

객관체는 그동안 주관체가 진행시켰던 네 가지 테두리를 최적화하는 과정에 대해 반응함에 있어 마치 거울처럼 주관체의 행동을 되갚아주는 것이다. 그것은 객관의 영역에서 자율적이고 능동적으로 움직이는 세력인 외적 통일영역에 의해 주도되는 것이다.

예를 들어보자. 주관체가 국가일 때 객체중 하나인 국토에 정성과 믿음과 사랑과 일을 진행시키는 일에 소홀히 했다면 국토는 반드시 그것을 되돌려준다. 즉 국가의 기본의무는 치산치수인데 치산치수에 실패하면 곧바로 그 국가는 위태로워진다. 국토를 망가뜨리는 일은 잠시면 충분하지만 망가진 국토를 회복하는 일은 장기간을 소요하는 것이다. 이는 객관인 실정법을 제대로 만들지 못한 것이며 그 법을 집행하는 공적 영역이 일을 제대로 하지 못한 것이다. 또 국가는 국토를 지키는 국방의 의무가 있다. 이것이 지켜지지 못한다면 국가는 이미 국가가 아닌 것이다.

또한 국토의 소유권을 국가가 가져서 그것을 이상적으로 운영한다면 더 바랄 것은 없겠지만 그 어떤 국가도 국민에게 국가가 국토의 소유권을 위임받을 정도로 신뢰받기는 어렵다. 따라서 국토의 소유권은 대체로 개인들이 갖게 되는 것이다.

그러나 국토의 소유권을 개인이 나누어 가질 때 경쟁을 통해 극소수의 개인들이 독점하는 결과가 생기게 된다. 이와 같은 일을 방치할 경우 국가는 필연적으로 다시 혼돈의 상태로 돌아가는 것이다. 생산수단을 국가가 가지는가 아니면 개인이 가지는가 하는 문제도 국토의 소유권 문제와 똑같은 것이다.

또한 국민에 대해서 정성과 믿음과 사랑과 구제라는 네 가지 테두리를 최적화하는 소통과 통일의 행동을 소홀히 했다면 국민은 반드시 그 국가를 따르지 않을 것이다. 이 역시 객관인 실정법과 관습과 문화와 사회적 통념 등을 잘못 만들고 ,잘못 이해하고 ,잘못 집행하고 또한 잘못 관리한 것이다.

공적 영역인 주관체의 네 가지 테두리의 최적화가 이와 같은 문제를 드러낸다면 사적 영역인 객관체는 주관체를 인정하지 않을 것이며 이 때 주관체와 객관체는 그 정도에 따라 분리가 일어나 다시금 혼돈으로 돌아갈 수 있다. 최악의 경우 무질서로 돌아갈 수도 있는 것이다. 이것이 주관체에 대한 객관체의 첫 번째 반응인 것이다.

주관체가 객관체를 주도하지만 객관체도 역시 통일행동의 주인공으로서 주관체의 행동에 대해 능동적으로 행동하는 것이다.

통일행동이란 긍정성의 변증법으로서 주관체와 객관체가 똑같이 행동하는 가운데 서로간의 문제가 극소화될 때 비로소 이루어지는 것임을 말한다.

소위 민심이 천심이라는 말은 적극적이고 능동적으로 행동하는 민심에 의해 국가가 다스려진다는 민주주의의 기본원리를 말하는 것이다.

만일 주관체가 네 가지 긍정성의 변증법적 행동을 하는 동안 숨기거나 속이거나 혼자만 알았던 일들이 모두 공개되고 그것이 객관체에게 받아들여질 정도의 것이거나 혹은 악의적인 것이 아니라면 주관체와 객관체는 다음의 통일행동의 테두리를 최적화하는 과정으로 넘어갈 수 있는 것이다.

(6) 제6단계 통일행동 복福(제6강령)

이제 주관체와 객관체는 서로를 긍정하며 통일의 시작이 있게 된다.

그 시작은 주관체가 사랑을 실천한 일에 대한 반응으로서의 복이라는 테두리를 최적화하는 과정으로 나타난다. 즉 주관체와 객관체가 통일되는 첫 순서는 주관체가 객관체에 대해 도저히 용서할 수 없는 일들을 용서했을 때 그것에 대한 반응으로 시작되는 것이다. 그것이 주관체와 객관체에게는 복福으로 나타나는 것이다. 주관체와 객관체가 드디어 통일의 과정으로 본격적으로 진입한다면 주관체와 객관체에게 그보다 더 큰 복이 어디에 있겠는가?

그러나 살아있는 공적 영역인 주관체가 살아있는 사적 영역인 객관체에게 도저히 용서할 수 없는 일을 용서하는 경지의 사랑이 주관체 외부의 존재에게서 구하는 것이어서는 안 된다.

용서는 스스로의 내부에 스스로를 의지하는 확고한 선과 깨끗함과 후함이 있을 때 비로소 가능하다. 즉 모든 판단과 행동의 기준을 자기 자신에서 찾을 수 있을 때 용서는 가능해지는 것이다. 용서가 가능해졌을 때 비로소 객관체는 그것을 복으로 되돌려 준다는 것이다.

만일 절대적인 기준인 순수이성으로서의 한이 자신에게 있지 않고 외부에서 어떤 기준을 찾아 용서한다면 그것은 자신이 용서한 것이 아니라 외부의 그 존재가 용서한 것이다. 그러한 일이 가능하다는 그 어떤 보장도 없겠지만 가능하다해도 그것은 긍정성의 변증법이 성립하지 못하며 또한 용서도 아니다.

외적 통일영역은 주관체의 사랑이 진정 모든 것을 용서하는 것이었을 때 그것을 복으로 돌려주기 위해 전체 객관체가 행동하도록 움직이는 것이다.

(7) 제7단계 통일행동 보報(제7강령)

주관체와 객관체의 통일은 사랑에 대한 반응으로 복이 되면서 이루어지기 시작하고 그것은 다시 주관체의 믿음의 테두리를 최적화한 객관체의 보답의 테두리의 최적화로 긍정성의 변증법은 더욱더 효력을 키워가는 것이다.

외적 통일영역은 주관체가 베푼 믿음이 진정 모든 약속을 이행하는 것이었을 때 그것을 보답으로 돌려주기 위해 객관체가 행동하도록 움직이는 것이다.

보답의 테두리의 최적화는 믿어준 만큼의 질과 양으로 하는 것이다. 믿음의 과정이 확고할 때 비로소 보답의 과정도 확고한 것이다. 진실로 믿어주고 또한 그 믿음에 대해 확실하게 보답할 때 주관체와 객관체가 통일하는 길은 이제 활짝 열린 것이다.

(8) 제8단계 통일행동 응應(제8강령)

주관체가 객관체에게 처음으로 시작한 통일행동인 정성은 가장 나중에 그 반응으로 나타난다. 왜냐하면 최초의 통일행동인 정성이 최종적인 통일행동인 응함의 테두리를 최적화함으로 종결되기 때문이다.

주관체의 통일행동에 대한 반응은 가장 분명하게 드러나는 사랑에서 시작하여 믿음의 반응으로 나타나지만 가장 결정적인 반응은 역시 최초의 통일행동인 정성에 대한 반응인 것이다.

외적 통일영역은 주관체의 정성이 진정 모든 조직체의 마음을 움직이는 것이었을 때 그것을 응함의 테두리를 최적화함으로 돌려주기 위해 전체 객관체가 행동하도록 움직이는 것이다. 정성에 대한 반응인 응함의 테두리는 가장 늦게 나타나지만 이 모든 통일행동의 과정들을 결정짓는 것이다.

이로써 주관체가 객관체에게 행동한 네 가지의 긍정성의 변증법적 과정이 성공적으로 실천되었고, 그에 대한 반응으로서 객관체가 행동한 네 가지의 테두리를 최적화하는 긍정성의 변증법 과정이 성공적으로 실천되었다.

이로써 주관체와 객관체는 각각 여덟 가지의 테두리를 최적화하는 긍정성의 변증법을 행동하면서 하나의 전체로 통일을 이루어 낸 것이다.

전체는 진리라는 주장과 전체는 비진리라는 주장이 모두 얼마나 빗나간 사유인가를 알게 된 것이다. 물론 이들은 주관체와 객관체라는 전체를 사유하지도 못했다. 그리고 보다 중요한 것은 전체는 긍정성의 변증법적 과정이라는 사실이다.

2) 통일론의 결론

긍정성의 변증법 제2법칙은 주관체와 객관체의 일체를 위한 첫 단계의 영역을 우리에게 열어준 것이다. 이 법칙은 주관체가 진정한 주관체로 객관체와 하나로 통일이 되는 길을 열어준 것이다.

그러나 우리는 이 통일이 통일을 여는 첫 단계의 방법이지 완전한 통일이라고 말해서는 안 된다. 그동안 철학자들은 인간세계에서 가장 어려운 일을 가장 쉬운 방법으로 가능하다고 주장해왔다. 그러나 그것은 관념의 세계에서는 가능하지만 현실세계에서는 전혀 실현 불가능한 일이었다. 그것은 철학이 아니라 주술이었고 미신이었을 뿐이다.

한철학은 가장 가치가 있고 그럼으로써 가장 어려운 일에는 가장 힘들고 오랜 과정이 반드시 필요하다고 말한다. 그리고 그 구체적인 과정을 세세하게 설명한다. 그리고 그 가치 있는 일의 실현은 피와 땀과 눈물이 소요될 뿐 반드시 현실에서 인간의 노력으로 가능하다고 말하는 것이다.

우리가 긍정성의 변증법인 팔강령을 통해 얻을 수 있었던 것은 현실상태의 통일이다. 현실상태의 최적화와 통일은 반드시 그 다음 상태인 성취상태로의 혁신을 가능하게 한다.

우리는 이제 겨우 현실상태의 통일에 와 있을 뿐이다. 아직도 우리가 갈 길은 멀다. 그러나 지난 삼천 년간 아무도 오지 못했던 전인미답의 경지에 우리가 와있는 것은 분명하다.

철학은 결코 단순하지 않다. 왜냐하면 인간과 세계가 결코 단순하지 않기 때문이다. 철학은 결코 쉬운 것이 아니다. 왜냐하면 인간과 세계가 결코 쉽게 이해되고 소통되는 존재가 아니기 때문이다. 그러나 철학은 결코 비인간적인 것은 아니다. 왜냐하면 인간이 인간일 경우에만 단순하지 않고 쉽지 않은 모든 것을 해결할 수 있기 때문이다.

20

열린사회론

열린사회와 　닫힌사회라는 용어는 베르그송이 도덕과 종교의 두 원천에서 사용했고 그것을 포퍼가 열린사회와 그 적들에서 다시 사용했다.

포퍼는 열린사회와 그 적들에서 닫힌사회와 열린사회를 이렇게 정의한다.

> 마술적 사회나 부족사회, 혹은 집단적 사회는 닫힌사회closed society라 부르며, 개개인이 결단을 내릴 수 있는 사회는 열린사회open sosiety라 부르고자 한다.[1]

그의 정의에서 나타나는 열린사회와 닫힌사회의 가장 큰 기준은 그 사회의 체제가 전체적인가 아니면 다원적인가인 것이다.

사회를 보는 기준은 그 외에도 정적인가 동적인가, 전체적인가 다원적인가, 유물론적인가 관념론적인가의 구분이 있다. 한철학은 이들 모두를 포함한다.

---

1) 칼 포퍼, 『열린사회와 그 적들』 이한구 역, 민음사, 2002, 141쪽.

포퍼가 주장하는 열린사회란 자본주의로서 자유주의를 표방하는 사회일 것이다. 그것은 동적이며 다원적이며 유물론적인 사회이다. 그가 비난하는 닫힌사회란 정적이며 전체적이며 관념론적 또는 유물론적인 사회이다.

사회란 포퍼가 아는 것처럼 열린사회와 닫힌사회라는 두 개의 사회에서 열린사회가 선이 되고 닫힌사회가 악이 되어 선이 악을 구축하는 단순한 것이 아니다. 이 경우 사회는 생명체가 아니라 단지 관념에 불과한 것이다.

사회는 살아 있는 생명체로서 과정상에 있는 것이며 여러 상태에서 여러 가지 가능한 만큼의 다른 사회가 있을 수 있는 것이다.

따라서 포퍼가 동적이며 다원적이며 유물론적인 사회를 이상사회인 열린사회로 생각하고, 정적이며 전체적이며 유물론적인 닫힌사회를 악의 사회로 생각하는 것은 이미 성립할 수 없는 논리이다.

더구나 포퍼의 주장은 닫힌사회를 적으로 규정하고 있다는 점에서 그의 논리는 핵폭탄처럼 위험한 부정성의 변증법이다. 그것은 세계를 둘로 나누어 그 중 하나를 부정하고 박멸함으로써 통일을 이루겠다는 저 페르시아의 짜라투스트라 이래의 진부하기 짝이 없는 고질적인 이분법인 것이다.

우리는 두 개의 서로 다른 개념을 내세워 그 중 하나를 선이라 하고 나머지를 악이라고 하고 적으로 몰아세워 제거하는 철학은 혼돈의 영역도 발생시킬 수 없는 철학임을 알고 있다. 그것은 단지 무질서의 철학일 따름이다. (그것에 철학이라고 이름을 붙여야 한다면)

포퍼가 그의 열린사회와 그 적들 속에서 비난한 헤겔과 마르크스 그리고 화이트헤드 중에서 특히 헤겔과 마르크스의 부정성의 변증법을 끈질기게 비난한 것은 옳다. 그러나 문제는 부정성의 변증법이 얼마나 문제가 있는 것인가가 아닌 것이다. 그보다는 부정성의 변증법을 극복할 방법이 있는가 아닌가이다. 있다면 그것이 무엇인가이다.

포퍼가 헤겔과 마르크스 그리고 화이트헤드를 비난하고 그가 내세운 것은 고작 그가 말하는 열린사회이다. 포퍼는 그다지 열려있지 않은 사회를 열린사회라고 억지로 주장하기 위해 위대한 철학자들의 시시콜콜한 자료까지 들추어내며 비난을 퍼부으며 시간과 아까운 종이를 낭비하고 있는 것이다.

그는 헤겔과 마르크스의 부정성의 변증법을 격렬하게 비난했지만 그가 사용한 방법도 역시 헤겔과 마르크스, 화이트헤드를 부정하는 부정성의 변증법이라는 사실은 서양철학의 현주소를 여실히 보여주는 재미없는 농담이다.

우리는 포퍼식의 부정성의 변증법이 불러오는 것은 분열과 파괴이지 통합과 통일일 수 없다는 사실을 이미 알고 있다.

반면에 열린사회와 닫힌사회의 논리를 처음으로 설명한 베르그송은 다른 방법으로 다른 테두리를 설명하고 있다.

베르그송의 닫힌사회는 법과 관습에 구속되는 도덕적, 종교적 삶을 설명한다. 베르그송의 열린사회는 평범함을 넘어서는 뛰어난 지도자에 의해 열려지는 경지를 설명하고 있다. 성인이나 영웅들이 사랑의 약진으로 이 세상에 새로운 질서를 열며 새로운 도덕은 창조되는 것이다.

베르그송이 말하는 열린사회는 한철학에서 설명하고 있는 새로운 인류적 주관체의 등장으로 무질서와 혼돈에서 새로운 질서가 창조되는 과정을 나름대로의 방법으로 설명하는 것으로 보인다.

베르그송은 창조적 추진력을 가진 특정인물이 열린사회를 연다는 사실을 설명하고 있는 것이다. 베르그송의 이 열린 사회론은 한철학이 설명하고 있는 현실적사회의 내용을 나름대로 설명하고 있으나 결코 같은 것은 아니다.

1) 역경의 지혜 수출서물首出庶物

한철학의 현실적사회의 객관체의 모습과 역경의 조직의 모습은 같은 것이다. 한철학의 객관체는 그 숫자가 64개였다. 역경의 괘의 총 개수는 64괘이다.

그리고 한철학의 객관의 총 갯수는 34개였다. 역경의 상경의 괘의 총 갯수는 34괘이다. 한철학의 객체의 총 갯수는 30개였다. 역경의 하경의 괘의 총 갯수는 30괘이다.

한철학의 현실적사회의 주관체의 36개는 역경에서 설명되지 않는다. 그것은 366사의 팔강령에서 설명이 된다. 왜냐하면 역경은 변화의 원리를 설명하는 변화의 책이기 때문이다.

역경에서 말하는 수출首出의 수首는 머리이고 머리는 곧 둥글, 당굴, 대가리, 탱그리 등으로 주관체를 설명하는 것이다. 이는 고대 알타이 어족의 사고와 일치하는 것이다.

현실적사회의 객관체는 필변의 원리에 의해 늘 변화한다. 그러나 주관체는 불변의 원리에 의해 변함이 없는 것이다. 따라서 주관체는 불변의 원리가 설명되는 366사에서 설명되는 것이다.

천부경과 삼일신고와 366사는 역경과 완전히 하나의 원리로 서로 이어져 있는 것이다. 그리고 그것이 한철학의 현실적 사회를 조직하는 것이다.

우리가 현실적 사회를 설명하기 위해서는 반드시 공적 영역을 주관체로서 불변의 원리로 설명하고 사적 영역을 객관체로서의 필변의 원리로 설명해야 한다.

마찬가지로 역경의 저자가 필변의 원리를 설명하기 위해서 반드시 공적 영역은 불변의 원리를 근거로 하지 않으면 안 된다. 따라서 역경의 원문 내부에는 반드시 공적 영역을 설명하는 불변의 원리인 주관체의 원리가 드러나 있지 않으면 안 된다는 사실을 우리는 유추할 수 있다.

사적 영역의 필변의 원리를 설명하기 위해 공적 영역의 불변의 원리를 동원하지 않고서 필변의 원리를 설명할 수 있겠는가?

우리가 이 사실을 안다면 역경의 본문에서 불변의 원리를 찾아내는 것은 어려운 일이 아니다. 어떤 사람이 역경을 지었다 하더라도 이 핵심적인 내용은 반드시 역경의 시작 부분에 나타내어야만 하는 것이다.

2) 열린사회와 수출서물首出庶物

역경의 첫 번째 괘인 건괘乾卦의 단전象傳에는 우리가 지금까지 다루어온 주관체와 객관체를 한번에 설명하는 다음과 같은 내용이 있다.

건도변화 각정성명 보합태화 내이정
乾道變化　各正性命　保合太和　乃利貞
　　수출서물　만국함령
　　　首出庶物　萬國咸寧

ㄱ) 건도변화乾道變化
위의 내용에서 건도변화는 단순한 건괘의 변화가 아니라 건괘가 변화를 일으키게 한 근원의 변화를 말한다. 즉 64괘가 시작되게 한 근본적인 변화를 말하는 것이다. 즉 순수이성으로서의 한의 출현이다.

ㄴ) 각정성명各正性命

482

객관체의 변화에 대한 근원으로서의 주관체는 그 내부에 주관과 주체가 있다. 그 주관을 우리는 성性이라 불렀고 주체를 명命이라 불렀다. 이 양자가 전체의 중심에 자리 잡을 때 주관체와 객관체는 분명히 구분되며 안으로는 공적 영역이 나타나고 밖으로는 사적 영역이 나타난다.

ㄷ) 보합태화保合太和

주관과 객관 즉 성명性命이 하나로 통합하여 크게 조화를 이루니 이것이 곧 태극太極인 것이다. 즉 공적 영역이 출현하여 시적영역과 하나의 통일체를 이루는 것이다.

ㄹ) 내이정乃利貞

보합태화로 중앙에 태극이 출현하여 인간성과 자유의지를 통합한 행동으로 주관체와 객관체를 통일한다면 현실 상태는 통일된 것이다. 따라서 이제부터는 성취상태와 완성상태로 혁신할 기반이 마련된 것이다.

우리 역사에서는 성취상태를 재세이화, 완성상태를 홍익인간이라고 한다.

자체적 통일을 이룬 현실적 존재는 그 다음으로 성취상태인 재세이화를 이루는 것이며 그것이 역경에는 이利로 나타난다. 그리고 성취상태를 이루었다면 그 다음으로 완성상태를 추구하는 것이니 그것을 홍익인간이라고 부르는 것이다. 이를 역경은 정貞이라고 부른다.

ㅁ) 수출서물 만국함령首出庶物 萬國咸寧

주관체를 머리로 본다면 객관체는 몸이며, 주관체를 국가로 본다면 객관체는 민중이며, 주관체를 중심국가로 본다면 객관체는 만국萬國

이다.

따라서 혼돈상태에서 자유를 얻어 태극인 주관체가 출현함은 머리가 출현한 것이며, 정부가 출현한 것이며, 중심국가가 출현한 것이다. 그리고 자유와 의지와 자유의지가 최적화되고 정부와 국민이 하나로 통일되고 성취상태와 완성상태를 이루는 만국이 모두 태평함을 얻게 되는 것이다.

이것이 바로 '아침의 떠오르는 태양'이 추구하는 목적이다. 즉 수출 서물의 수首는 곧 태양을 말하는 것이며 서물은 세계를 말하는 것이다.

따라서 수首를 나라로 본다면 아침에 떠오르는 태양과 같은 나라는 바로 고조선이며 고구려, 백제, 신라, 발해, 고려, 조선이다.

수首를 지도자로 본다면 단군, 해모수, 고주몽, 온조, 박혁거세 등이다. 수首를 수도로 본다면 아사달, 평양, 풍납(하남 위례성), 소부리, 서라벌 그리고 서울이다.

또한 수首를 미래적으로 본다면 한철학을 배우고 실천하는 아침에 떠오르는 태양과 같은 존재가 된 평범한 시민들이다.

그 목적은 성취상태인 재세이화와 완성상태인 홍익인간인 것이다.

3) 개천開天과 열린사회

혼돈의 상태에서 통합의 영역에 공적 영역으로서 태극인 주관체가 생겨나고 동시에 사적 영역인 객관체가 생겨나는 것은 질서의 대표적인 예로서 생명의 창조력의 놀라운 발현인 것이다.

우리 한겨레는 혼돈의 대립에서 자유의 영역인 주관체의 발생을 두고 개천開天이라고 불렀고 그로 인해 자유를 얻은 백성을 특히 64민(六十四民)[2]이라고 부른 기록이 있다. 이 개천開天의 주관체와 객관체를 우리는 한겨레라고 부르는 것이다.

이 역시 어스름을 깨고 세상을 밝히는 아침의 태양을 상징하는 개념과 다르지 않은 것이다.

우리가 하늘을 열었다고 말한 개천은 곧 혼돈상태에서 자유와 의지와 자유의지를 얻었음을 말하는 것이고 그것이 질서의 상태를 열었음을 말하는 것이며 공적 영역을 창조했음을 말하는 것이다.

그리고 이와 같이 공적 영역인 주관체를 최적화하고 또한 최적화된 주관체와 객관체의 통일행동이 성공하여 완전히 통일되었다면 그러한 사회를 우리는 열린사회라고 불러야 하지 않겠는가?

(1) 열린사회를 영웅과 성인들이 창조하는가?

베르그송은 평범함을 넘어서는 뛰어난 성인이나 영웅과 같은 지도자들의 사랑의 약진으로 열린사회가 전개된다고 생각하고 있다. 그리고 역경의 수출서물도 역경의 저자 이전의 고대사회의 위대한 영웅에 의해 혼돈의 상태에서 만국이 다스려지던 질서의 상태를 설명하고 있다. 과연 성인과 영웅만이 진정한 의미의 열린사회를 창조하는 것인가?

과거에는 그랬을 것이다. 무질서에서 혼돈의 영역을 만들어내고 다시 혼돈의 영역에서 질서의 영역으로 혁신을 이루어낸 인물들을 우리는 성인이며 영웅이라고 부른다.

그러나 우리는 우리가 예상할 수 없는 시기에 예상할 수 없는 장소에서 예상할 수 없는 인물로서 성인과 영웅이 출현하는 것을 원치 않는다. 우리는 이 성인과 영웅이 예측 가능한 상태에서 출현하기를

---

2) 백성은 64종족이 있었고 무리는 3000이 있었다. 民有六十四徒有三千
   계연수, 『한단고기』 임승국 역, 정신세계사, 184쪽.

원한다.

(2) 성인과 영웅은 철학이 만들어낸다

우리는 성인과 영웅이 우리가 원하는 만큼의 숫자로, 그리고 원하는 시간과 장소에 예상 가능한 인물로서 출현하기를 바라는 것이다.

우리는 무질서에서 혼돈을 만들어내고 혼돈에서 질서로 혁신할 수 있는 성인과 영웅이 우리가 접하는 모든 분야에서 언제든 만날 수 있을 정도로 많이 출현하기를 희망한다.

베르그송이 그러한 인물들을 성인과 영웅으로 설정한 것은 역사적인 과거의 일이다. 그들은 학문으로서의 철학의 테두리를 초월한 인물이기 때문이다.

결국 베르그송은 학문으로서의 철학의 테두리 내에서 종교적인 종말론적 묵시록을 쓰고 있는 것이다. 다시 말해 그는 철학이 학문으로 성립할 수 있는 가능성을 스스로 제약했고 그 가능성을 막고 있는 것이다.

서구철학의 비극은 그들이 무질서와 가능상태에서 혼돈과 질서를 창조할 학문을 만들어낼 자신을 잃고 자유를 확보하지 못함으로써 결국은 모든 학문의 학문인 철학이 종말론적 묵시록으로 될 수밖에 없다는 점에 있다.

이 점에서 한국은 독일을 생각할 필요가 있다. 독일은 철저한 장인정신이 살아있는 나라이다. 그들은 그 장인정신을 과학분야에까지 발전시켰다. 그럼으로써 철저한 그들의 장인정신은 그들의 각급학교에서 체계화되었고 과학적인 천재는 어느 날 갑자기 나타나지 않았다. 대신 그들은 그들이 원하는 시간과 장소에서 원하는 만큼 과학적 천재들을 얻을 수 있었다. 그 철저한 독일정신은 철학분야에서도 천재들의 출현을 예측 가능한 상태에서 기다릴 수 있었다.

우리 한국은 세계에서 인간성에 관한 한 절대 선진국이다. 우리 한국은 제대로 된 교육을 통해 노력하면 독일이 과학천재, 철학천재들을 예측 가능한 상태에서 얼마든지 얻을 수 있었듯이 성인과 영웅들을 예측 가능한 상태에서 원하는 만큼 얻어 필요한 모든 곳에 보낼 수 있을 것이다.

베르그송이 기대하는 묵시론적 성인과 영웅은 우리에게 조금도 필요하지 않다. 우리는 현실에서 우리가 만든 제도에서 길러내어 스스로 인간성과 자유의지를 결합하여 행동함으로써 세계를 변화시키는 현실적인 성인과 영웅을 필요로 한다. 그것도 시급하게 그리고 엄청나게 많은 수를 필요로 하는 것이다.

(3) 열린사회는 평범한 사람들이 창조할 수 있다

지금까지 분리된 주관과 주체 그리고 객관과 객체를 사용한 모든 학문은 혼돈의 영역조차 만들 수 없는 철학을 근거로 한 학문들이었다. 칸트의 빛나는 예지는 무질서에서 혼돈과 질서를 추구함으로써 진정한 의미의 자유를 설명했다는 점에 있다. 다만 그의 철학의 바탕에는 뉴턴의 역학이 깔려 있음으로 해서 진정한 의미의 혼돈과 질서를 발생시키기는 불가능했고 또한 진정한 의미의 자유를 설명하기도 어려웠다. 칸트가 프롤레고메나에서 학문으로서의 형이상학은 가능한가라고 물었을 때 그것은 불가능한 것이었다. 칸트의 형이상학은 주체와 객체라는 물적 영역이 없고 또한 비판의 체계는 아무것도 확신시킬 수 없는 체계이기 때문이다.

한철학은 무질서에서 혼돈과 질서의 철학 다시 말해 통합과 통일의 철학을 분명히 제시한다. 더 이상 한철학은 어느 날 갑자기 출현하는 성인과 영웅에 의해서 창조되는 혼돈과 질서를 조금도 기대하지 않는다. 이러한 종말론적 묵시론은 모든 학문의 학문으로서의 철학에 대한 더할 수 없는 모욕인 것이다.

한철학은 우리 주변에서 얼마든지 만날 수 있는 지극히 평범한 사람들이 사회의 모든 분야에서 성인과 영웅의 역할을 떠맡을 수 있다고 말한다.

예를 들면 아마존의 정글이나 아프리카의 혼란스러운 나라의 평범한 사람들도 한철학의 원리를 배워서 지식을 얻고 현실에서 행동할 용기를 얻을 수 있다면 얼마든지 그들의 부족과 사회의 무질서에서 혼돈과 질서를 창조함으로써 베르그송이 말하는 성인과 영웅이 될 수 있다고 확신하는 것이다.

철학이 무질서에서 혼돈과 질서를 창조할 수 있는 원리를 설계도로 만들 수 있다면 그것을 현실에서 행동으로 반드시 옮기게 하는 용기만이 문제로 남는다.

따라서 한철학을 이해하는 사람들은 어느 날 갑자기 나타난 정체불명의 성인과 영웅이 지배하는 사회를 좋아하지 않는다고 주저 없이 말할 수 있어야 한다. 대신 한철학은 평범한 사람들 속에서 수많은 성인과 영웅으로서의 철인들이 출현할 수 있게 하는 학문의 학문으로 존재한다.

그리고 그 철인들이 사회의 모든 분야에서 정성과 믿음과 사랑과 구제라는 생명의 운동을 전개하게 하는 열린 학문이다. 그럼으로써 한철학은 열린사회를 창조하는 가장 현실적인 열린 학문인 것이다.

21

신바람론

이제 우리는 신바람이 무엇인지에 대해 쉽게 대답할 수 있는 단계에 도달했다. 우리는 순수이성이라는 오로지 선하여 악함이 없는 무제약자가 우리의 중심에 존재함을 안다. 그리고 오로지 깨끗하여 탁함이 없는 순수지성이 우리의 중심에 존재함을 안다. 그리고 이 양자를 통합한 순수인간성이 오로지 후하여 박함이 없는 상태로 존재함을 안다.

이 세 가지의 본바탕이 인간의 내부에 자리 잡으면 인간은 혼돈상태에서 질서상태로 변혁하게 된다. 그리고 주관체의 영역에서 이성과 지성과 인간성의 영역이 최적화되고 또한 주관체와 객관체가 통일될 때 현실적 존재는 그 단위가 개인이든 기업이든 국가든 발휘할 수 있는 모든 힘이 최적화되어 외부로 나타난다. 그것을 우리는 신바람이라고 부르는 것이다.

1) 신바람이 나타나는 행사

우리는 신라와 고려에서 국가적으로 행한 팔관회가 불교와 아무런 상관이 없는 박혁거세 또는 불구내弗矩內 또는 볼㐬 뉘, 광명이세光明理世라는 같은 의미로 '아침에 떠오르는 태양'을 상징하는 국가적인 대행사 '밝의 뉘'라는 사실을 안다.

그리고 이를 옛날 부여국에서는 영고, 고구려에서는 동맹, 예국에서는 무천이라고 불렀음도 안다.

2) 신바람을 나게 하는 제도

우리 한겨레는 아침에 떠오르는 태양을 상징하는 인물들이 서양철학에서처럼 어느 날 갑자기 나타나는 영웅과 성인처럼 등장하는 것을 기대하지 않았다.

대신 사회가 아침에 떠오르는 태양과 같은 인물들을 길러냈다. 그것이 곧 풍월도, 풍류도, 화랑도, 수박도이며 이는 모두 배달길이며 새밝길이다.

선배, 조의선인, 화랑, 선비 등의 이름은 모두 아침에 떠오르는 태양을 상징하는 인물이거나 그렇게 되기 위해 공부하는 사람들이다. 즉 이들은 모두 한철학의 현실적 존재이거나 되기 위해 공부하는 사람들이다.

다시 말해 사회에 신바람을 일으키는 주인공들이 곧 이들 현실적 존재들이며 이들을 길러내는 제도가 곧 배달길, 새밝길이다.

3) 신바람의 표현으로서의 춤과 노래

인간성과 자유의지가 통합한 행동으로서의 팔강령의 과정이 성공하여 주관체와 객관체가 하나로 통일되었을 때 그 벅차오르는 선과 깨끗함과 후함은 자연스럽게 춤과 노래로 나타나는 것이다.

국가도 마찬가지이다. 국가의 문무백관이 모두 배달길, 새밝길을 닦은 주관체로서 팔강령의 주인공이 되어 객관체인 백성들을 대한다면 그 나라는 현실적 존재가 될 것이다.

또한 이러한 현실적 존재는 나라를 지키고 번성하게 할 것이다. 즉 모든 과학적 지성과 도덕적 이성과 인간성을 동원하여 농사를 지을 것이다.

따라서 농사는 치산치수가 제대로 이루어진 상태에서 이루어지고 조세는 20분의 1에 불과하니 농사는 늘 잘 될 것이며 또한 백성들은 부유할 것이다. 매년 10월(양력으로 11월) 추수 때면 대체로 풍년이 들어 나라는 현실적 존재로서 흔들림이 없다는 사실을 확인하게 되는 것이다.

이러한 현실적 존재로서의 문무백관과 만백성들이 추수를 하는 10월(양력11월)이면 자연스럽게 춤과 노래가 나오지 않을 수 없는 것이다. 신바람이라는 것은 바로 이러한 것이다.

신바람은 주관체와 객관체가 통일될 때 나타난다. 그리고 혼돈상태일 때 사라진다. 따라서 신바람의 근원은 인간성과 자유의지인 것이다.

인간성과 자유의지를 소중하게 대하는 대표적인 예가 사람을 살리는 일에 있고, 인간성과 자유의지를 무시하는 대표적인 예가 사람을 죽이는 일에 있다. 따라서 우리 한겨레가 10월에 하늘에 제사를 지낼 때 죄수를 석방하고 사형수를 살려주는 전통은 바로 인간성과 자유의지를 중요시하기 때문이다. 사형수도 인간일 때이므로 그의 내부에는 하늘과 땅과 한이 늘 존재한다. 천부경은 그래서 인중천지일人中天地一이라고 한 것이다. 부여의 영고에서 형벌과 옥사를 중단하고 죄수를 풀어준다는 기록이 바로 이러한 것이다. 인간을 극히 존중하는 일이 우주의 무제약자에 대한 지극한 존경과 통한다고 본 것이다.

이러한 인간존중의 전통은 신라의 팔관회로 이어져 삼국유사에는 팔관회를 설하고 죄인을 석방하면 외적이 침략하지 못한다고 기록하고 있다.[1] 이러한 전통은 고려에서 대대로 이어져 행해졌다.[2] 이러한 지극한 인간성 존중의 전통이 우리 한겨레에게 존재하던 신바람의 바탕이었음을 잘 말해주는 것이다.

현실적 존재는 무슨 일을 해도 신바람이 나게 한다. 왜냐하면 그 일은 누가 시켜서 하는 것이 아니라 스스로의 주관체의 영역에서 가져온 판단으로 행동하고 실천하는 일이기 때문이다.

다시 말해 신바람은 자신과 자유를 가진 현실적 존재만이 가질 수 있는 현상이다.

이른바 고대사에서 외국의 사가들이 입을 모아 우리의 조상들이 즐겼다고 기록한 노래와 춤은 바로 이러한 인간성과 자유의지에 대한 존중에서 시작된 통일행동에서 나타나는 신바람나는 현상인 것이다.

4) 역사 속의 신바람

신바람은 거의 불가능할 정도로 어려운 일을 최악의 조건에서 해내는 사람들에게서 어김없이 나타나는 현상이기도 하다. 인간성과 자유의지가 없는 사람들은 힘든 일을 하려고 시도조차 하지 못한다.

---

[1] 삼국유사 권3 황룡사 구층탑
[2] 문종은 11차 팔관회를 거행하는 동시에 사형수에게 삼심제를 실시하고, 숙종은 재위 10년간에 11차 팔관회를 거행하는 동시에 5차 사형수를 석방하고, 명종은 12차 팔관회를 거행하는 동시에 10차 사형수를 면형하고, 고종은 13차 팔관회를 거행하는 동시에 9차 사형수를 석방하였다.
(최인, 『위대한 조국』 새문화출판사, 1968, 41쪽)

우리는 역사 속에서 신바람을 두 가지 유형으로 나누어 생각할 수 있다. 하나는 무武의 영역이며 또 하나는 문文의 영역이다.

무武의 영역은 을지문덕, 강감찬, 최영, 이순신과 같은 무관들의 활약이 역사 속에서 두드러지게 나타난다. 이들은 일반적으로는 도저히 상상하기 불가능한 일들을 현실에서 해냈다.

그러한 기적이 가능했던 이유는 그 군대의 주관체와 객관체가 통일체가 되어 발휘할 수 있는 모든 힘이 다 발휘되어 그 통일의 힘이 신바람으로 나타났기 때문이다.

그리고 무武를 비롯한 모든 영역이 신바람을 일으키는 것은 그 신바람이 일어나도록 원리를 제공하는 문文이 없다면 불가능한 것이다. 그러나 우리 한겨레의 무武는 누구나 알지만 문文에 대해서는 정작 아는 사람이 거의 없다.

우리 한겨레는 한겨레만이 가지는 문文이 있어서 개인과 사회가 현실적 존재를 이룰 수 있었고 신바람을 일으키는 인물들을 배출하여 신바람나는 사회를 만들었다.

한겨레의 문文과 그것을 전해주신 분들을 생각해보면, 천부경, 삼일신고, 366사를 남겨주신 한웅과 단군왕검 할아버지, 중일경을 남겨주신 단군 가륵, 천지인경을 남겨주신 단군 도해, 영세위법을 남겨주신 단군 감물, 원방각경을 남겨주신 발귀리선인이 계시다. 그리고 개물교화경을 남겨주신 고구려의 고주몽, 366사를 편찬한 고구려의 을파소, 다물흥방가를 남겨주신 을밀선인과 삼신일체경을 남겨주신 을지문덕이 계시다. 또한 삼일신고를 해설한 발해의 대조영과 임아상, 그리고 난랑비서를 지은 신라의 최치원, 한단고기를 편찬한 구한말의 계연수 등이 계시다.

그야말로 고대의 고조선이전부터 구한말까지 일관되게 전해온 문文의 전통이 우리에게 있는 것이다. 즉 한겨레의 공적 영역을 창조하고 유지하고 발전시킨 분들이다.

이들은 모두 한철학이 탄생할 바탕을 마련해주신 분들이다. 이 모든 분들이 공적 영역 안에서 스스로 신바람을 일으키는 존재자가 되지 못했다면 위와 같은 불멸의 경전과 역사서 등의 책들은 결코 세상에 빛을 보지 못했을 것이다. 즉 문文은 공적 영역을 창조하고 발전시킨 다. 그리고 무武는 그것을 온전하게 지키는 것이다.

5) 신바람과 평화

우리의 역사에는 기존의 상식으로는 이해할 수 없는 부분들이 있다. 고조선이나 고구려 등과 같이 강력한 국력을 가진 나라들이 왜 중원을 통일하려 하지 않았는가 하는 점이다.

가령 수나라의 대군을 격파한 고구려가 패전으로 공황상태에 빠진 수나라에 직접 쳐들어가 수나라를 정복할 충분한 가능성이 있었다. 우리의 역사에서 그와 같은 기회는 한 두 번이 아니었을 것이다. 그러 나 우리의 고대국가들은 그런 침략전쟁, 정복전쟁을 벌이지 않았다.

그 이유를 우리는 이해할 수 있을 것이다. 남을 부정해야 자신이 긍정이 되는 저열한 단계의 사고수준에서 우리는 벗어나 있었다. 남을 부정하지 않고도 스스로 긍정이 되는 질서상태에 늘 있었기 때문이다.

우리의 고대국가는 질서상태에 존재함으로써 국가의 자체 내에서 대립이 극복된 상태이다. 따라서 다른 나라를 공격함으로써 국내의 정치적 질서를 안정시키는 헤겔식의 부정성의 정치철학의 단계를 넘 어서 있었다. 헤겔은 전쟁을 그 안에 윤리적 주체의 본질적 계기가 현존하는 정신이며 형식이라고 찬양한다. 전쟁을 통해 세계정신이 구 현되는 것이다.

전쟁이란 결과적으로 민족을 강하게 만들 뿐 아니라, 국내에 있어
서 반목하고 있는 국민은 대외전쟁에 의해 국내의 평온을 얻는 것
이다. 물론 전쟁에 의해 소유물은 안정성을 잃게 되겠지만, 이렇듯
물건이 안전하지 않다는 일이야말로 필연적인 운동 그것이다.……
그럼에도 불구하고 전쟁은 사항의 본성에 뿌리를 두고 있을 경우
불가피하게 일어날 수밖에 없다. 뿌려진 씨앗은 또다시 싹을 틔우
는 것이고, 요설은 역사의 엄숙한 반복 앞에서는 침묵을 하는 것이
다.3)

헤겔이 전쟁이란 결과적으로 민족을 강하게 만들 뿐 아니라 국내에
있어서 반목하고 있는 국민은 대외전쟁에 의해 국내의 평온을 얻는
것이라고 주장하는 것은 우리 주변 국가들이 가지고 있었던 부정성의
변증법적인 저급한 수준의 정치철학이요, 전쟁철학이다.

우리의 고대국가들은 긍정성의 변증법을 사용함으로 해서 국내의
정치불안을 극복한 상태이므로 이미 더 이상 강력해질 수 없는 질서상
태에 있었던 것이다.

따라서 어리석은 주변국가에서 전쟁을 걸어오면 막는 것으로 충분
하지 구태여 그 나라를 정복할 필요가 없었던 것이다. 불필요한 전쟁
을 하여 천상천하에 가장 소중한 인간들의 생명을 빼앗을 이유가 없었
던 것이다. 생명은 아군과 적군을 막론하고 이 세상에서 가장 소중한
것이기 때문이다.

인간성이 국가의 중심에 국가성으로 존재하는 나라에서 남의 나라
를 침략한다는 것은 명분이 없으므로 대중들의 호응을 얻지도 못하는
것이다. 또한 남의 나라를 침략하여 자신의 백성과 남의 백성을 죽이
는 일에 신바람이 날 이유도 없는 것이다.

이것이 우리 한겨레가 세계를 정복하지 않은 이유이다. 세계를 정복

---

3) 헤겔, 『법철학강요』 권응호 역, 홍신문화사, 1997, 420쪽.

할 능력이 없어서 정복하지 않은 것이 결코 아닌 것이다. 같은 알타이 어족인 몽골과 투르크족이 모두 세계를 정복하고 유라시아대륙에서 세계국가를 열 개 이상 건설한 것과의 차이가 바로 이 점에 있는 것이다.

그러나 우리 한국인은 머지않아 세계에 수천 년을 갈고 닦아온 인간성의 시대를 활짝 열 것이다. 그 때 우리는 세계인들의 인간성을 일깨워주고 세계인의 신바람을 일으키며 진정한 평화를 전파하는 세계인의 스승으로서 수천 년간을 닦아온 인간성을 세계에 빛내게 될 것이다.

6) 신바람과 과정

개개의 존재자들의 공적영역이 최적화되고 사적영역과 하나가 되었을 때 주체할 수 없는 신바람이 발생한다. 그리고 이는 다음 상태로의 창조적 혁신을 이끈다.

즉 개개의 존재자들의 공적영역과 사적영역이 하나로 통일된 상태에서는 필연적으로 그 중심에 존재하는 순수이성이 전체존재자의 순수이성과 합일을 이루게 되는 것이다. 이 합일을 자기발견自己發見 또는 성통광명性通光明이라고 말한다.

이때부터 그 이전 상태로는 상상할 수 없었던 새로운 상태로의 창조적 대혁신으로의 과정을 바라볼 수 있게 되는 것이다. 이 새로운 과정들을 각각 자기성취自己成就와 자기완성自己完成이라고 부르며 우리의 역사에서는 재세이화在世理化, 홍익인간弘益人間이라고 부르는 것이다.

이 전체과정을 우리의 위대한 조상들은 성통공완性通功完이라고 말한 것이다. 어찌 함부로 이 네 글자를 쉽게 입에 담을 수 있겠는가?

22

결론

독자들이 　여기까지 이 짧지 않은 책을 읽으며 인내력을 가지
고 필자와 함께 여러 가지 문제에 대해 대화를 나누
었다면 한 가지 의문을 가질 수 있을 것이다.

그것은 여기가 종착점이냐는 것이다. 우리는 우리가 속한 곳에서
가장 높은 산에 올라가 그 정상에 서보고서야 그 산보다 더 높은 산이
있다는 것을 안다.

마찬가지로 지금까지의 철학이 목표로 했거나 상상하지 못한 경지
에 도달함으로써 그보다 더 높은 경지가 존재한다는 사실을 비로소
알게 되는 것이다.

한철학 시리즈는 이제 이 책으로 종착점이 아니라 겨우 시작의 영역
을 얻었다. 우리는 이 책에서 혼돈상태를 최적화하여 통합의 상태에
이르게 하는 방법론을 얻었다. 그리고 질서의 상태를 최적화하여 통일
의 상태에 이르는 방법론을 얻었다. 그러나 혼돈상태의 이전과 질서상
태의 이후의 상태는 아직 논하지도 않았다. 다시 말해 우리는 아직
전체과정에서의 한철학은 논해볼 여유조차도 없이 여기까지 쉬지 않
고 달려온 것이다.

필자는 이제 이 책으로 한겨레의 위대한 조상들께서 전해준 한철학의 전체과정인 성통공완性通功完에서 성통性通, 즉 성통광명性通光明의 테두리를 설명했다. 이제야 비로소 공완功完의 테두리인 재세이화在世理化, 홍익인간弘益人間를 설명할 수 있는 바탕이 겨우 마련된 것이다.

필자는 이 부분을 가능하면 짧고 간단하게 설명하려 한다. 하지만 이 성취상태와 완성상태 부분이 우리 한겨레가 출발 당시 만천하와 만년의 역사를 향해 선포했던 재세이화와 홍익인간의 이상일 때 지금까지의 책보다 더 정성이 들어갈지언정 소홀히 할 수는 없는 것이다. 이 책에서 설명한 성통광명의 테두리는 세계철학사에 처음으로 선보이는 새로운 내용으로 가득 차 있었다. 그리고 이제부터 다음 책들로 설명할 재세이화在世理化, 홍익인간弘益人間의 테두리야말로 우리 한겨레의 진면목이자 인간의 진면목이다.

우리 한겨레의 성스러운 조상들께서 전해준 성통공완性通功完이라는 네 글자에 숨겨진 진리야말로 철학 그 자체라는 사실을 모두가 이해할 수 있도록 어떻게 설명할 것이며, 어떻게 그것이 현실에서 행동으로 옮겨져 문자 그대로의 재세이화在世理化, 홍익인간弘益人間으로 실현되게 할 것인가 하는 문제는 이제부터가 시작인 것이다.

우리는 한철학의 전체과정에서 속한 이들의 상태들 모두를 속속들이 알고 난 후에야 비로소 우리가 도달할 수 있는 한계를 설정할 수 있을 것이다.

여기까지 길고 쉽지 않았던 한철학의 과정을 필자와 함께 해준 독자에게 감사한다.

강신항, 『계림유사 고려방언 연구』, 서울, 성균관대학출판부, 1980.

강연안, 『주체는 죽었는가』, 서울, 문예출판사, 1996.

고이즈미, 요시유키, 『들뢰즈의 생명철학』, 이정우 역, 서울, 동녘, 2003.

김상일, 『한사상』, 온누리, 서울, 1990.

김상일 『한철학』, 전망사, 서울, 1985.

니이체, 『권력에의 의지』, 강수남 역, 서울, 청하, 1988.

니이체, 『도덕의 계보』, 박준택 역, 서울, 박영사, 1981.

니이체, 『선악의 피안』, 박준택 역, 서울, 박영사, 1985.

니이체, 『인간적인 너무나 인간적인』, 최혁순 역, 서울, 인문출판사, 1988.

롤랑 바르트, 『현대의 신화』, 이화여대기호학연구소 역, 동문선, 1997.

루드비히 포이에르바하, 『기독교의 본질』, 박순경 역, 서울, 종로서적, 1982.

마르크스, 『경제학-철학 수고』, 김태경 역, 서울, 이론과 실천, 1987.

마르크스, 『자본 1-1』, 『자본 1-2』 김영민 역, 서울, 이론과 실천, 1987.

마르크스, 『철학의 빈곤』, 강민철/김진영 역, 아침, 1989.

마르크스, 『헤겔 법철학 비판』, 홍영두 역, 아침, 1989.

마르크스/엥겔스, 『독일이데올로기1』, 박재희 역, 서울, 청년사, 2001.

말론 호글랜드, 『생명과학이야기』, 강혜묵/김경진 역, 서울, 진솔서적 : 손성호님
        기증.

베르그송, 『도덕과 종교의 두 원천』, 강영계 역, 서울, 삼중당, 1976.

베르그송, 『시간과 자유의지』, 정석해 역, 서울, 삼성출판사, 1983.

베르그송, 『창조적진화』, 서정철/조풍연 역, 서울, 을유문화사, 1992.

소광희, 이석윤, 김정선, 『철학의 제문제』, 서울, 지학사, 1983.

소광희외, 『고전형이상학의 전개』, 서울, 철학과 현실사, 1995.

엥겔스, 『자연변증법』, 윤형식/한승완/이재영 역, 서울, 중원문화, 1989.

엥겔스, 『루드비히 포이에르바하와 독일고전철학의 종말』, 남상일 역, 서울, 백산
        서당, 1989.

엥겔스, 『반듀링론』, 김민석 역, 서울, 새길, 1988.

이황/이이 『퇴계집, 율곡집』, 정종복 역, 대양서적.

쟝 보드리야르, 『소비의 사회』, 이상률 역, 문예출판사, 2000.

쟝 보드리야르, 『시뮬라시옹』, 하태환 역, 민음사, 2001.

쟝 보드리야르, 『사물의 체계』, 배영달 역, 백의, 1999.

존 B.캅, 『과정신학과 목회신학』, 이기춘 역, 서울, 대한기독교출판사, 1983.

질 들뢰즈, 『니체, 철학의 주사위』, 신범순/조영복 역, 서울, 인간사랑, 1996.

질 들뢰즈, 『의미의 논리』, 이정우 역, 서울, 한길사, 2002.

최동환, 『천부경』, 개정판, 부천, 삼일, 1995, 서울, 지혜의 나무, 2000.

최동환, 『366사(참전계경)』, 부천, 삼일, 1996, 서울, 지혜의 나무, 2000.

최동환, 『천부경의 예언론1』, 부천, 삼일, 1993, 지혜의 나무, 2000(예언의 열쇠).

최동환, 『한역』, 서울, 강천, 1992, 지혜의 나무, 2000.

최동환, 『혼돈과 파천황』, 부천, 삼일, 1997, 지혜의 나무, 2000.

최동환,『삼일신고』, 개정판, 서울, 지혜의 나무, 2000.
최동환,『삼일신고』, 초판, 서울, 하남출판사, 1991.
최동환,『천부경』, 초판, 서울, 하남출판사, 1991.
칸트,『순수이성비판』, 대양서적, 1972.
칸트,『순수이성비판』, 최재희 역, 박영사, 2004, 46쪽.
칸트,『실천이성비판』, 최재희 역, 박영사, 2001.
칸트,『판단력비판』, 이석윤 역, 박영사, 2001.
칸트,「프로레고메나」,「영원한 평화를 위하여」, 서동익 편역, 휘문출판사, 1986.
페르디낭 소쉬르,『일반언어학 강의』, 최승언 역, 민음사, 1997.
하르트만,『인식과 윤리』허재윤/금교영 역, 서울, 형설출판사, 1994.
하르트만,『자연철학』, 하기락 역, 부산, 신명, 1993.
하르트만,『존재학 범주론』, 하기락 역, 서울, 형설출판사, 1996.
하르트만,『존재학원론』, 하기락 역, 서울, 형설출판사, 1983.
한국정신문화연구원,『한국민족문화대사전』, 1996, 각천스님 기증.
한나 아렌트,『칸트의 정치철학강의』, 김선욱 역, 서울, 푸른숲, 2002.
헤겔,『논리학』, 전원배 역, 서울, 서문당, 1982.
헤겔,『법철학강요』, 권응호 역, 서울, 홍신문화사, 1997.
헤겔,『정신현상학 1,2』, 임석진 역, 서울, 지식산업사, 1997.
헤겔,『철학강요』, 서동익 역, 서울, 을유문화사, 1983.
화이트 헤드,『과정과 실제』, 오영환 역, 서울, 민음사, 2001.
화이트 헤드,『과학과 근대사상』, 서울, 오영환 역, 삼성출판사, 1982.
화이트 헤드,『이성의 기능』, 정연홍 역, 대구, 이문출판사, 1988.
Richard Appignanesi, 포스트모더니즘 이두 이소영역

찾아보기

504

505

509

최동환

동국대학교 졸업.
저서로는 『천부경』, 『삼일신고』, 『366사(참전계경)』, 『한역』,
『한철학1 생명이냐 자살이냐』등이 있다.
homepage : www.hanism.com
e-mail : webmaster@hanism.com
연락처 : 부천우체국 사서함 144호

한철학 2

통합과 통일

초판발행 / 2005년 10월 10일
지은이 / 최동환
발행처 / 지혜의나무
발행인 / 이의성
등록번호 / 제1-2492호
주소 / 서울 종로구 관훈동 198-16 남도빌딩 3층
전화 / 02-730-2211, 팩스 02-730-2210
ISBN 89-89182-34-4